〈報道写真〉と戦争 1930-1960

白山眞理

吉川弘文館

目　次

はじめに――「報道写真」とは何か

1　はじめに

「報道写真」とは、ドイツ語のルポルタージュ・フォト（Reportage photo）の訳語で、グラフ誌などで物事を伝える組写真を指す。

我が国に「報道写真」という概念を移入したのは名取洋之助（1910–1962）である。一九三一年、二一歳の時にドイツで写真家となった名取は、日本への出張取材でものにした清新な写真でヨーロッパグラフ誌の寵児となった。ヒトラーの外国人ジャーナリスト規制によって一九三三年に日本へ拠点を移した彼は、ドイツで携わっていたルポルタージュ・フォト、即ち、「報道写真」を日本で実践するために、制作集団「日本工房」を立ち上げた。

この頃の日本の新聞や雑誌は、印刷技術が発展途上であったこともあり、写真が満載されている現在とは全く異なる状況にあった。また、事件や事故などのニュースを伝えるために既成組織の一員となって写真を写すことは、名取の望みではなかった。独立した写真家として社会に場を得て世界に発信する仕事が稀であったにもかかわらず、彼はそれを目指した。

一方、一九三〇年代初頭の木村伊兵衛（1901–1974）は、広告写真の場で活躍しつつ、社会で活用される写真のあり方を同人誌『光画』の仲間と探っていた。名取の帰国によって、彼の語る「報道写真」に理想を見出し、三二歳の時に名取とともに日本工房を創設して仕事を重ねた。

翌一九三五年、写真館での修行途中だった二六歳の土門拳（1909-1990）が、日本工房へ入社した。名取の厳しい仕込みによって一人前の写真家となり、一九三九年に国際文化振興会へ移籍後も、社会と深く関わる写真に自らの思いをこめた。

我が国で初めて「報道写真」を標榜した日本工房に集った若き彼らは、それぞれに活躍して日本の「報道写真」を形作った。ビジュアル表現の主媒体がテレビやインターネットでなく雑誌だった一九三〇年代、日本を伝える彼らの写真には強力な発信力があった。

その写真を見ると、大半が生活や文化を題材にしたものであることに気がつかされる。世情が大きく揺れた満洲事変勃発から太平洋戦争敗戦まで、日本写真史上に輝く三人が「報道写真家」としての地位を確立したのは、事件や戦場ではなく、日常を撮った写真によってであった。

ひるがえって、現在は、新聞などの報道メディアに掲載される写真は全て「報道写真」と指す事が多い。さまざまなニュース現場に赴き、戦場や貧困などの困難を伝えるカメラマンを「報道写真家」とするのが一般的である。言葉は時代によってその概念を変転させることがあるが、「報道写真」の「社会派」「告発」というイメージと、今や美術館に納まる名取ら三人の作品がもつイメージは、大きく隔たっている。（土門の「リアリズム写真」によるキャンペーンは戦後のある時期に集中し、終生の仕事の中では突出している）。この隔たりを考えるためには、「報道写真」に何があったのか、事実把握と周辺実態を解き明していくしかない。

終戦から約七〇年、占領終結からも六〇年以上経ったが、写真史研究は芸術潮流や表現への思索が主であり、戦中の実態については詳らかにされていなかった。また、社会学などの分野で写真に注目する研究が多くなってきた現在、「報道写真」と言うときに、新聞社に所属するカメラマンの仕事と個人の写真家たちの仕事が混同されがちである。メディアと写真の背景を時代を追って見直すために、ここでは、名取、木村、土門に代表される報道写真家たち、そして、写真雑誌とアマチュア写真が戦争とどのように関係して、その後どのように展開したのかを、一九三〇年から一九六〇年前後の記事や公文書資料などとともに、客観的、具体的に論述しようと試みる。

なぜ、どのようにして写されたのか。どのように使われたのか。「報道写真」とは何か。現実を写す仕事の中で、写真家は何を成したのか。写真と社会の関係を考察することによってこの大きな命題への答えが導かれ、戦中のみならず、戦後写真の解き明かしに通じると信じる。

chapter 1

第一章　「報道写真」の成立

——木村伊兵衛・名取洋之助・土門拳の活躍——

一　「国際広告写真展」と木村伊兵衛

一九三三年二月、合資会社小西六本店（現・コニカミノルタ）のモダンな六階建てビルが、日本橋区室町三丁目に新築完成した。一九二三年の関東大震災以降業務を行なっていた仮営業所の所在地と、三井合名会社所有地とを交換して建設したものだ。

同社は、一九二三年に「小西写真専門学校」を設立してプロ写真師の養成に務める一方で、大衆向けのパーレットカメラ[1]の拡販を目的とした全国組織「パーレット連盟」を一九二六年に創設してアマチュアの趣味写真家の育成も行なっていた。それらが実を結び、一九三一年の売上高は約六〇〇万円となり、一五年前の約一二倍にも達していた。本店ビルのお披露目会は、営業開始二日前の三月十五日に関係者を招待して行なわれた。小西六の社史『写真とともに百年』[2]には、その際配られた引き出物として、彫刻家・平櫛田中[3]の大黒天像と、『新築記念』という非売冊子の写真が掲載されている。

昭和一桁という時代を反映し、アールデコの装飾文字や飾り絵の入ったA４変判型のこの冊子は、

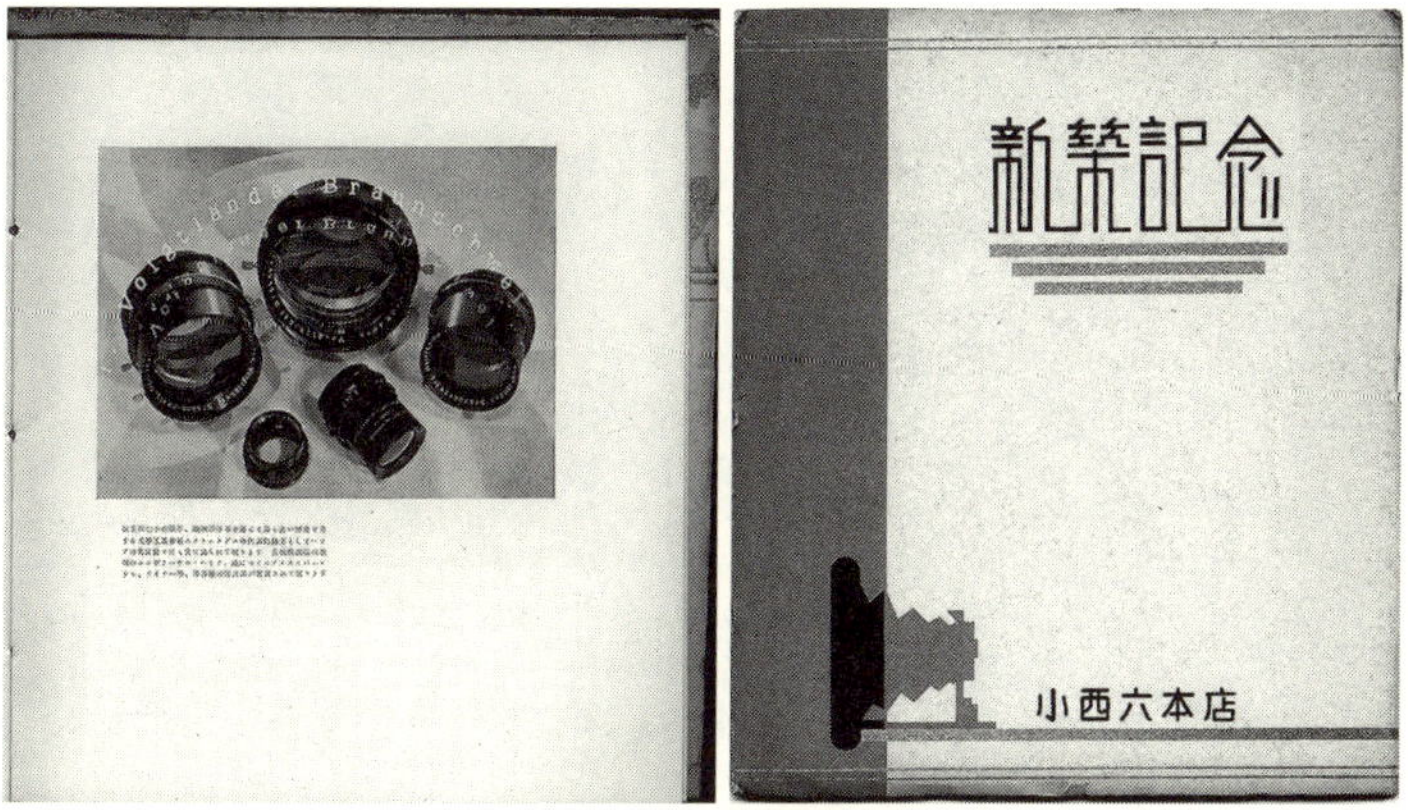

図１　右：表紙　左：ヘリアレンズ『新築記念』　小西六本店，1933年

扉を含めて五二頁中綴じの造本で、背に太い綴じ紐が結ばれ、構成は大まかに二部に分けられる。前半は、建物の外観写真一頁、内部パース二頁、挨拶文一頁、建物内部・屋上写真八頁などの公式的な一三頁で、周囲に余白を巾広くとっている。後半は、裁ち落とし写真を多用するなどレイアウトにも工夫をこらした写真集で、搭屋や階段、照明などの建築ディテールを撮った「建築美」が四頁、続いて、小西六の製造部門・六櫻社製のカメラ「アイデア」から、イムピリアル、イルフォード、オリエンタル、東洋乾板株式会社の製品群まで、取り扱い商品を二八頁に亘って紹介している。

　前半の新築建物の外観写真などは、従来の建築写真と同様にアオリを効かせて垂直線を正しく表現するスタティックな手法で撮られていて、写真雑誌各誌の新築紹介記事には、この写真が掲載されている。これに対して、後半の「建築美」はいかにも当時流行の「新興写真」のスタイルで、建物を見上げる角度や階段手すりのディテールなどで斜めの線を強調している。これらは、震災復興後の建築の美しさを訴えるコントラストの高いシャープな写真で、公式的な写真に比べると生き生きして躍動感がある。

そして、一番多くの頁を費やしている取り扱い商品の写真群もまた、平板なライティングのカタログ的な写真ではなく、光と影が効果的な画面構成だ。カメラ、レンズなどの光学機器四六点とフィルムなど多数は、ほとんどが一枚の写真で一頁を占める写真集同様の構成で、その大多数が低い位置からのライティングで白バックに影を長く伸ばし、オブジェとしての美しさを感じさせる。

例えば、六櫻社製一六ミリ活動写真映写機「サクラスコープ」の写真には、一六ミリ活動映画「サクラグラフ」の大小数種の化粧箱の上にフィルムを引き出した写真を天地逆に重ね焼きして、視線を引きつける。ホクトレンデル社の「ヘリア」レンズは、五本のレンズを配置した写真に、アップでとらえたレンズ前枠のブランド名が重ね焼きされている。航空写真機やレントゲン写真機器は、機器本体の写真とそれらによって撮された写真とで機能が一目瞭然となっている。これらの写真は、細部までクリアーに見せながらも、光と影が無機質なものの中にある美を探り出し、フォト・モンタージュ、ハイコントラスト印画、抽象的な画面構成などの技法を駆使する見事な「新興写真」だ。

注目すべきは、この商品写真を、木村伊兵衛が撮っていることだ。撮影者の名前は、この冊子にも、また、『写真とともに百年』にも掲載されていない。しかし、小西六が後援していた写真雑誌『写真月報』の一九三三年四月号は、囲み記事で「新築記念として作られた写真帖」に触れ、「芸術的に撮影した所謂商品写真のオンパレード」が「木村伊兵衛氏の撮影にかゝる」ものであることを記している(4)。

木村と言えば、ライカによるスナップショットの名手であり、戦後は「秋田」や街角シリーズなどで著名な写真家だ。戦前には、野島康三、中山岩太ら尖端的写真家とともに創刊した「新興写真」の代表的写真同人誌『光画』[5]でも、東京の町を題材にした作品を多数発表している。そもそもは写真趣味が高じて写真館を経営していた木村だが、一九二九年に長瀬商会へ入社後には、広告部長・太田英茂の下で制作した花王石鹸の〈純粋度九九・四％〉のシリーズ広告でもスナップショットが使われている。一貫して街と生活を題材にしていた木村にとって、一九三二年末頃に撮影されたと考えられる写真帖の「芸術的に撮影した所謂商品写真のオンパレード」は、どのような位置を占めているのだろうか。まず、一九二〇年代の広告写真について振り返ってみよう。

図2　花王石鹸広告『報知新聞』1931年4月27日

一九二二年に、片岡俊郎、井上木它、河口写真館が制作した寿屋の〈赤玉ポートワイン〉ポスターは、肩も顕わな女性がワイングラスを手にしていて、わが国初めてのセミ・ヌードポスターとされている。この後の一九二五年と一九二六年に、寿屋は、写真コンテスト「赤玉盃獲得写真競技会」（賞金三〇〇〇円、後に三五〇〇円）を開催した。これは広告写真を対象とする写真コンテスト

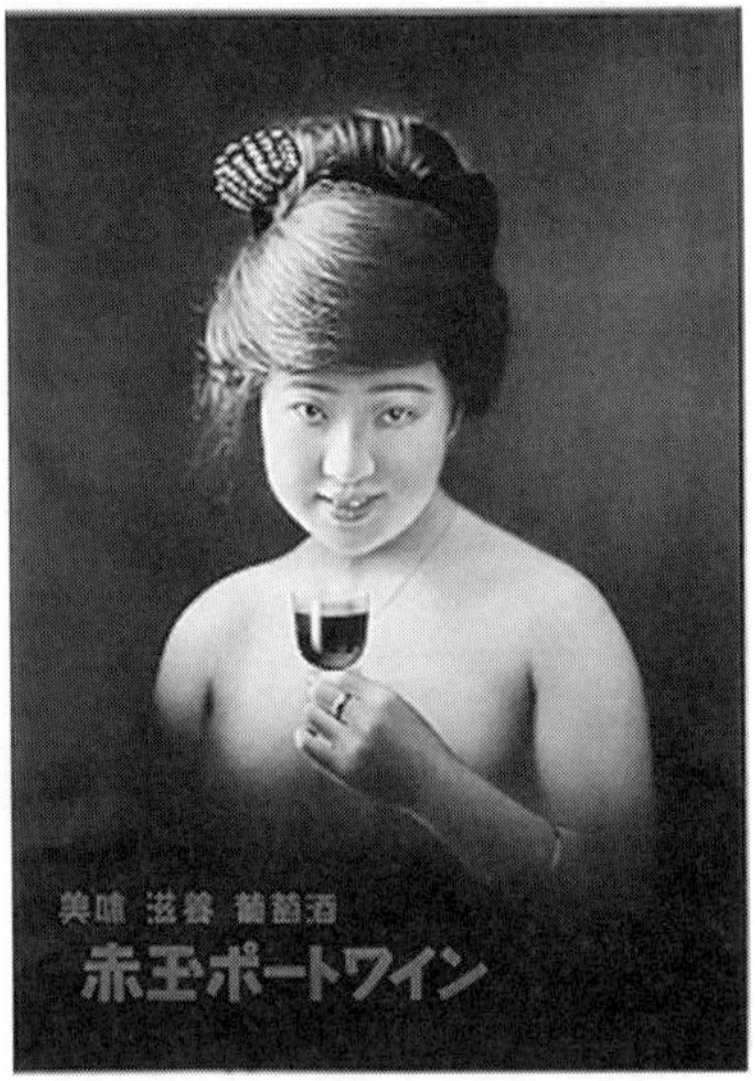

図3 〈赤玉ポートワイン〉1922年
『日本の広告美術―明治・大正・昭和1』美術出版社，1967年

の嚆矢となり、第一回だけでも六〇〇〇点の応募があったという。しかし、日本光画芸術協会を主催する淵上白陽(6)が審査にあたり、「構成派」の作風が主流になった同展の入選作品を見ると、どの写真も題材の中に商品（赤玉ポートワイン）を取り入れた「芸術写真」であり、キャッチフレーズを入れるスペースが考えられている訳ではなく、そのまま実際の広告に使用できるものではなかった。

このような中で、広告に使用することを目的とした写真制作に本格的に取り組もうとする写真作家が出てきた。一九二四年に、鈴木八郎(7)と斎藤鵠児(8)は、写真団体「表現社」を結成して商業写真を研究し始めた。一九二六年一一月、鈴木と金丸重嶺(9)は、共同事業として、日本初のコマーシャル・フォト・スタジオ「金鈴社」を東京神田和泉町に設立し、一九二九年からはこれを金丸単独で運営して、中将湯や、後に木村が携わる花王石鹸などの広告写真制作にあたった。

写真師の義兄に影響を受けて子どもの頃から写真に興味を持っていた金丸は、語学力を生かして東京通関株式会社に就職した後に写真の道に入った経歴を持つ。一九二四年にデザイナー（当時は図案家と呼ばれていたが）の杉浦非水が中心となって国内初の造形家集団「七人社」が結成されていたが、一九二七年には同社に金丸も参加した。

金丸は、この頃、広告に使われる写真の用途は、ポスター、カタログ、ショーウィンドー用の各種写真、チラシ・パンフレットなどで、雑誌・新聞広告については「最近新聞印刷が非常に進歩してきた為に写真利用の広告が目立って増えた[10]」としている。そして、「利用の拡大に従つて急速の進歩を示してゐる。無意識に利用してゐた時代から、現在に於いては意識的に広告目的、広告使命を考察して巧みな撮影技巧によってややもすれば単調化されんとする画面にアトラクティブな力を与へ、心理的幻惑的な表現手法さえも加へて顧客への訴求と興味を引くことに努力してゐる。その為には、従来の限られたる写真機の機械的描写から脱して、巧みな機械の操作によつて個性の表現に全能力を発揮させねばならない[11]」と、従来とは異なる目的をもった写真制作のために写真家の取り組みが重要だと指摘している。

一九二九年一二月号の写真雑誌『アサヒカメラ』では、「最近世間に生まれてくる幾多の新語の内でも「『広告写真』の如きは最率直に概念を伝ふるに便宜な新語[12]」であり、モホリ=ナギ[13]の「写真は光の形成」という概念から生まれた写真が商業美術に応用されるようになったと解説した。同好の中で完結する趣味写真でなく、社会一般を対象とする広告写真は、金丸ら先駆者の努力によって、新しい写真表現の場と認識されつつあった。

写真雑誌『アサヒカメラ』一九三〇年三月号は、「写真の商業化号」と銘打って特集を組んだ。同誌初代編集長であり、当時朝日新聞社企画部長だった成沢玲川[14]は、「写真家の技術を、強ひて芸術の

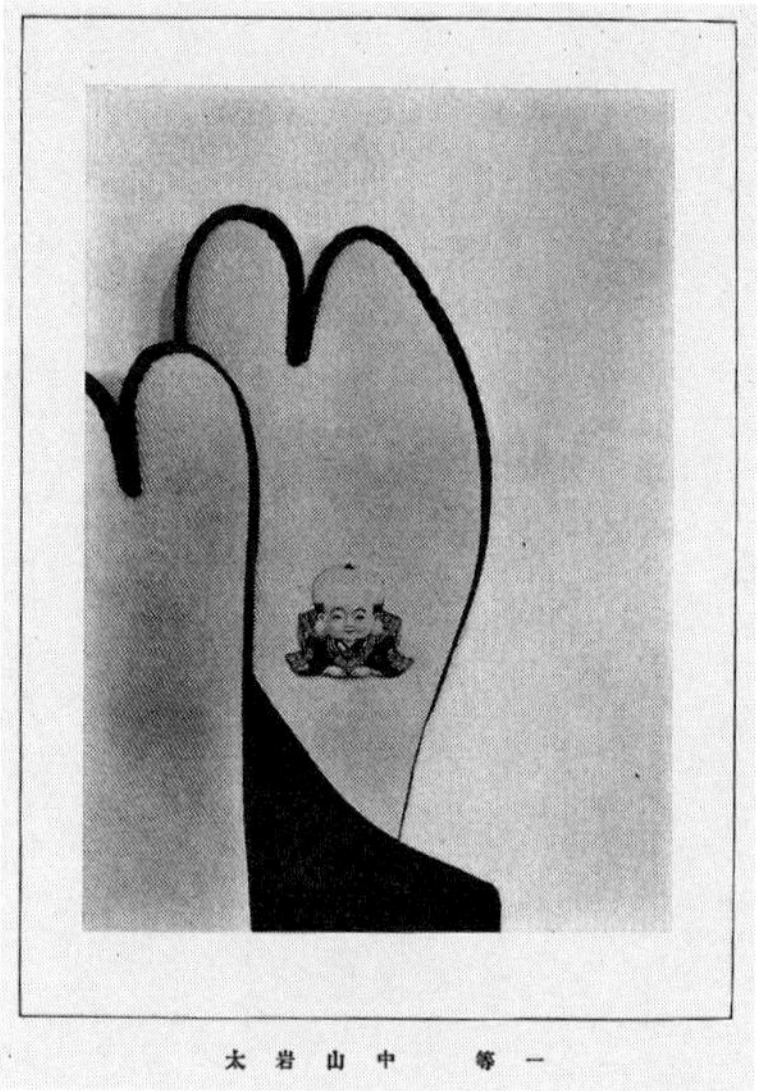

図4　中山岩太〈福助足袋〉，1930年
『国際広告写真展選集』東京朝日新聞社，1930年［J］

範疇に押込めて置く必要はない。この技術を実世界に押広めて、初めて技術の価値があるのである。『武士は食はねど高楊枝』では、あまりに現実離れがし過ぎる。道楽のための技術であつても、実用の為に使つて悪い筈はない[15]」として、生地模様図案の「中形浴衣に応用すべきグラフ写真模様」懸賞募集[16]と国際広告写真展覧会開催をもつて、「我邦写真商業化の最初の烽火」となすことを宣言した。

第一回の「国際広告写真展」への応募は合計一六七〇点で、欧米帰りの中山岩太による〈福助足袋〉[17]が一等を得た。翌一九三一年の第二回「国際広告写真展」[18]は、応募数が三一二〇点と倍加し、浪華写真倶楽部で活躍していた小石清[19]の〈クラブ石鹸〉が一等になり、他の上位入賞も尖鋭的な「新興写真」が占めた。

広告写真コンテストに「新興写真」表現がもてはやされたことについて、金丸重嶺は「商業写真界の回顧」で、「新興芸術写真の表現形式は商業写真に、美的訴求の一生命を与え」「飛躍の途を与へられた広告写真は商品写真と共に写真の実用化運動を促進[20]」したと述べている。一方、審査員を務めた商業美術家協会長・浜田増治は、「商業美術は目的々な打算から其創作が規定される。広告写真が、其表現に於いて、新興写真的な種々な表現を用ひたのは、要するに、其目的々な打算から必要であつた場合のみこれを敢てしたので、若し其力が迫力に於いて弱くなつた場合、それ等は捨てゝ省られないものである。其処で今日は昨日の魅力を今日の魅力としないと云ひ放し、行詰《いきづまり》と称するのである」[21]と評した。使用目的に関係なく「新興写真」のスタイルを取り入れただけではすぐに陳腐化するのみだ、と明言しているのである。

ところで、一九三二年の第二回「国際広告写真展」一部（化粧品）〈クラブ石鹸〉入選者には、写真家木村伊兵衛の妻・木村久子の名前がある。そして、木村の長男である当時七歳の木村茂の名前も、〈クラブ石鹸〉佳作[22]と二部（薬品）の〈森永チョコレート〉入選者として挙げられている。さらに、一九三三年開催の第四回[23]では、応募総数三六五〇点の中で久子の〈千代田ポマード〉が一部（化粧品）[24]三等に入選[25]し、同号の「作者感想」には、「あんまり即席に作り上げたのと腕に自信の少ないため、発表がありますまではまるで出品したことさへ忘れ勝ちで居りましたので、三等をいたゞいて驚いてゐます」という言葉が、久子の顔写真入りで掲載されている。〈千代田ポマード〉は、戦後の一九五六年刊行の『フォトアート臨時増刊　現代写真家読本・1　木村伊兵衛読本』[26]に木村の作品として掲載されている。公然の秘密であった真の作者が、当選発表後二三年を経て明らかにされたのだ。

実は、〈千代田ポマード〉当選前の一九三二年に使用された同社の広告には、当選作とは異なる木村の写真が使用されている。[27]同広告は、〈純粋度九九・四%〉シリーズ開始三カ月後に長瀬商会を退社して共同広告事務所を興した太田英茂のプロデュースであった。木村が妻や息子の名を使って第二

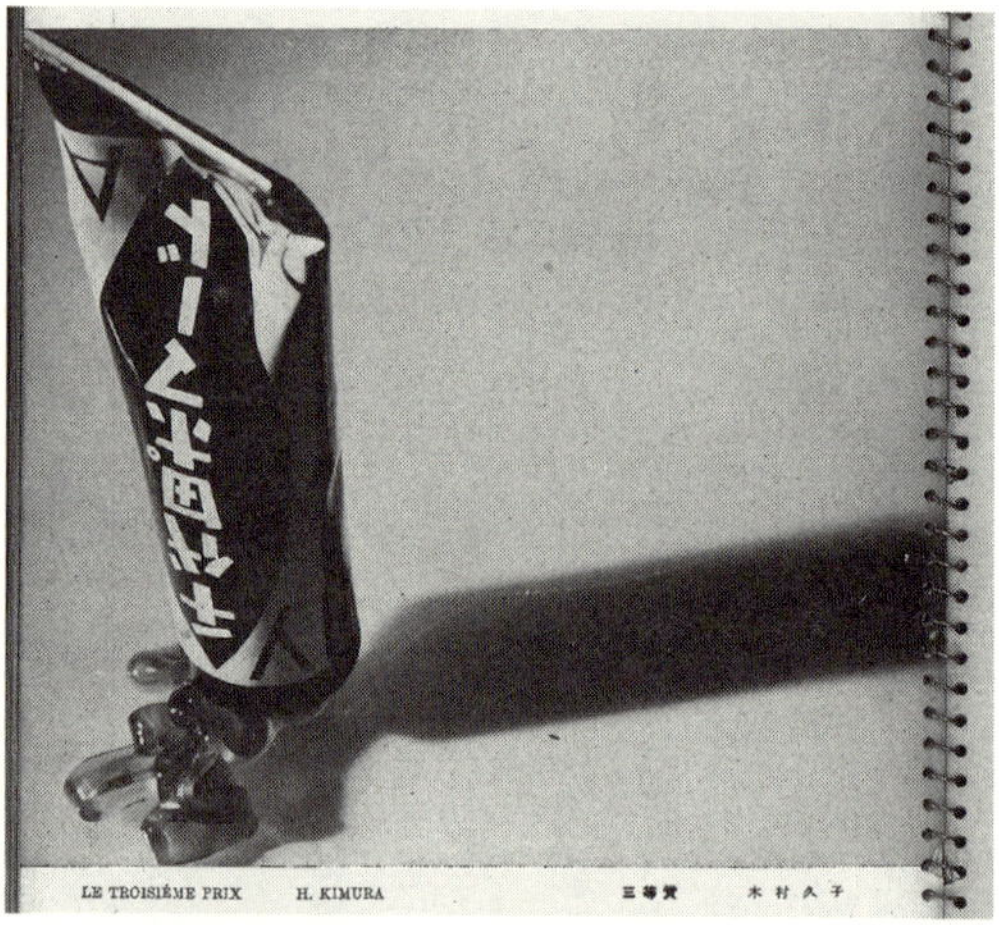

図5　木村伊兵衛〈千代田ポマード〉1933年『東京朝日新聞社懸賞　広告写真展作品集』誠文堂，1933年［J］

回・第四回の「国際広告写真展」に応募したのは、実際に花王石鹸、千代田ポマードなどの仕事に携わっていたことや、自ら同人になっていた尖端的写真同人誌『光画』の仲間であった中山が第四回から審査委員になったこともあって、実名での応募が憚られたからであろう。

第二回展の入選作〈クラブ石鹸〉は、白っぽい紙で囲ったカメラの絞りのような黒い四角形のなかに商標入りの石鹸を小さく配したものだ。木村は、後に、広告写真製作の技法変遷を語り、「白黒の濃淡を配列したフォトグラム」を制作したことを振り返って、「実に馬鹿な仕事を幾日も続けたものだ」とさえ述べ、「石鹸という物体と、仕事の目的とを無視する結果(28)」が生まれただけであった、と断じている。このフォトグラムがどのような作品だったのかは不明だが、〈クラブ石鹸〉は一九三一年時点の木村が図案的な表現を工夫していたことがうかがわせ、一方、写真表現のストレートな強さなどは伝わってこない。

二年後の第四回展で入選した〈千代田ポマード〉は、商品のチューブ外形と艶のある内容を写し取ることに専念したもので、思い切って左に寄せた構図になっている。入選発表号に掲載された「広告主から広告写真作家へ[29]」には、新聞雑誌掲載時には広告としての説明文を入れるための余白が必要であること、溌剌たる動きが感じられ、製版上の失敗を防ぐ上からも「出来るだけ単純で力強くて、荒けづりのものが望ましい」との意見が掲載されている。〈千代田ポマード〉は、まさに、これらの条件にかなう作品だ。

一九七三年の木村は、この作品制作について、「クローズアップでチューブをギュッと絞ると、ポマードが出てくる。そのときに空気の加減で欠けたりなんかするわけですよ。そのときに、昔風の広告写真だったらエアブラシで修正しちゃって、ひもかわウドンみたいにするんですよ（笑い）。そうでないとスポンサーが喜ばない。でも、ぼくはそれをそのまま克明に撮った、ノイエ・ザハリヒカイト[30]。スポンサーは気に入らないけれども、やっぱりリアリティーがあったわけです[31]」と回想している。木村の「広告写真」は、この頃、図案的表現からストレートに対象へ向かう表現に変化していたことが読みとれる。

さて、〈クラブ石鹸〉と〈千代田ポマード〉の間には、三三八二点の応募があった第三回「国際広告写真展」が発表されているが、木村の入選作は見あたらない。発表翌月の一九三二年五月、先に挙げた同人誌『光画』が創刊するが、同号掲載の「雑記」に、当時の木村が同展をどのように見ていたのかがうかがえる。

木村は、浜田が前年に述べたのと同様に、同展が表現形式を追うだけのマンネリに陥っていることを指摘している。そして、商品の顧客対象や商店の広告方針というものを無視して広告効果はあり得ないことに言及している。「種々な点で多くの作品には広告写真としての、可成なギャップが認められる。其れならば、此れ等を全然、広告としての見地から判断するを止めて、単なる芸術写真として見たら何うか。（此の展覧会の主意を尊重しないやうな謂ひ方だが、作品の多くに随分此の傾向が、広告である以上に幅をきかして居る。）限られた題材、広告たらしめようとする意識等が禍ひして、此処にも吾々を満足させる作品は見出し得ない。要するに、此の展覧会の作品大部は世なれぬ学校生徒の学芸会展の製作態度を出ず、成人した専門家の広告写真とは、相当距離あるものと謂ふべきではなからうか[32]」。

前述した成沢の言にあるように、「国際広告写真展」は、写真家の技術を広告写真という実用へ応用しようとする画期的な試みであった。応募点数が年を追う毎に増加しているのは、同展を歓迎する者が多かったことを表している。しかし、実際に長瀬商会で花王石鹸の広告写真を制作していた木村から見れば、表面の技巧だけをなぞって使いものにならない素人作品を集めた展覧会以外の何者でもなかったのだ。木村は第三回展に応募しなかったのではないかと推定される。

二　『光画』の影響と社会的写真

国際広告写真展に対して「見限った」とも受けとれる言説を展開した木村伊兵衛が、なぜ翌年の第四回展に応募したのだろうか。そのカギも、『光画』の中に見出される。

木村が「国際広告写真展」を批判した『光画』創刊号には、伊奈信男による論文「写真に帰れ」[33]が掲載された。美術評論家の伊奈は、同論の中で「『芸術写真』と絶縁せよ」と檄を飛ばし、機械文明の産物である写真の「新しい傾向、新しい形式」を次の三点にまとめた。「(一) 物象（対象）の特異な美を表現しようとするもの」「(二) 時代の記録、生活の報告として写真芸術を見るもの」「(三) 写真は『光による造形』であるとするもの」だ。そして、「多くの追随者たちは、この新しい表現方法、この新しい形式そのものを、直ちに新しい写真の本質として表面的模倣を始めている」「写真芸術に於けるこのやうな危険性の増大は、それでは、何故に起るのであらうか？　それは写真芸術の、内容と形式の関係に対する正しい認識を欠き、一面的な立場に立つために起り来る誤謬を看過するからである」としている。続けて、新しい内容と形式を理解して写真芸術の道に進むには、「その制作活動はすべては社会的存在としての人間より発動する。社会的必要によって人間が制作活動を行ふ」ことを意識しなければならず、さらに、「現代の如き大工業的、技術的様相を持つ社会に於て、写真こそは、最もこの社会生活と自然とを記録し、報導し、解釈し、批判するに適した芸術」であり、その制作者は「現代の年代記作者」たるものと位置づけている。

図６　『光画』1932年５月創刊号［J］

写真のもつ特性こそが生み出す新しい可能性と、社会的存在である自覚を持った写真家こそが写真を生きたものにするという論調は、同じ号で「国際広告写真展」の作品ほとんどが「学芸会展の製作態度」であると語った木村にとって、我が意を得たりの感があったであろう。第二号から『光画』同人になった伊奈は、以降も同様の主張を誌上で繰り広げる。

伊奈にとっては、木村の写真と出会ったことが、その後の仕事の方向性を決定づけた。終生携わった写真評論の総括とも言える著書『写真・昭和五十年史』(34)上梓後のインタビューに対して、「『光画』創刊のころ、木村の写真を見て新鮮なショックを感じた。いいな、と思った。当時私はルネッサンス美術を研究していたが、写真の方に変わってもいいな、とふんぎりをつけてくれた(35)」と語っている。

後に、「木村さんには軍師がついている言論暴力団が加勢しているといわれるほどになった(36)」と記されるほど、伊奈は木村の作品と呼応する写真論を展開し、両者は作品と評論で堅く結びついていた。毎月の『光画』編集会議は同人の野島康三宅で行なわれたが、野島によれば、木村、伊奈、中山は二次会と称して「盛り場という盛り場をわたり歩いて、肝胆相照していた(37)」という。

木村の没後に行なわれた追悼座談会で、その作品制作について伊奈は、「日本工房や中央工房のときにいろいろむずかしいことを木村君に言った覚えはあるんだけど、木村君はあまり議論はしないけれども、カンがいいから、しばらくするとちゃんとそんなようなものをつくってきたんですよ」「ぼくなんかの友だちがみんな集まってきてわあわあいう。そういう連中の話をみんな吸い取っちゃったわけですね(38)」と述べている。

『光画』誌上では、伊奈以外にも、写真家の堀野正雄(39)が「グラフモンタージュ」を説き(40)、デザイナーの原弘(41)がタイポグラフィーをテーマにするなど(42)、「新興写真」の社会的な役割に関係する尖端的論述が多数展開された。長瀬商会入社以前にモホリ＝ナギの著作『絵画・写真・映画』を読了していたり、一九三一年に朝日新聞社が開催した「独逸国際移動写真展」(43)を見るなどの勉強を重ねていた木村は、伊奈の言うところの「カン」のよさを『光画』においても発揮して、伊奈の論述、そして、誌上で展開された全ての写真論を我がものにしていったのだ。

ところで、さまざまな論述が展開されていた「新興写真」の「社会的」という概念の中には、「対価が支払われる」という要素も入っていた。この頃、写真に対価が支払われるのは写真館の肖像写真か広告に関係する写真に対してであり、曲がりなりにも作家の表現としての作品に金額が発生するのは、「赤玉盃獲得写真競技会」や「国際広告写真展」のようなコンテストや写真雑誌月例などの懸賞しかなかった。

写真の趣味が高じて写真館を開業し、その後、広告写真に携わっていた木村は、社会的存在であることを自覚しつつ表現を探る数少ない写真家の一人だった。しかし、写真界の主流は趣味・道楽の類であり、かつ、社会一般は、ビジュアルな情報に取り囲まれる以前の状況にあった。このような中で、木村が目指した人や街をストレートに表現する写真は、理解者である太田のもとでこそ実を結んだが、受け入れられる場が限られていた。

『光画』は、木村にとって、写真表現、あるいは、写真作品発表の場であった。しかし、同時に、仲間が展開する社会的写真に対する尖鋭的論調は、木村に自分がなすべき仕事を思い出させ、木村にとっての「新興写真」の実現は、対価が支払われる「専門家」としての仕事、つまり「広告写真」の上にこそ、より一層具現化しなければならないという認識を促したであろう。本書巻頭に上げた小西六『新築記念』の写真は、専門家としての木村が出した一つの答えであっただろう。

木村は、広告写真制作以外のさまざまな行動も起こした。東京写真師組合が「写真界の指針機関、技師門生の教育啓蒙機関を目的」とする『日本写真新聞』では、一九三三年二月の創刊にあたって編集委員の一人となった。また、同年六月、浅沼商会の後援していた写真新報社が主宰し、浅沼商会本店とシュミット商会後援による「ライカ展覧会出品印画懸賞」に応募し、〈サーカス〉で一等入選(44)を果たした。

そして、同年、ドイツ帰りの名取洋之助が報道写真を実現するための制作集団「日本工房」の立ち上げを提案した時に、木村は同人として参加したのである。

名取は、ドイツ最大の通信社であるウルシュタイン社で活躍する在独報道写真家で、満洲事変の熱河作戦（一九三三年二～五月）のために特派取材後、日本に一時帰国していた。ナチスの外国人ジャーナリスト規制により、日本の駐在特派員として仕事を始めようとしていた彼は、『光画』の写真を見て、日本では発展していなかった「報道写真」を実現する場をつくろうと木村に提案した。「日本工房」設立にあたり、木村が、伊奈、原弘、俳優で「独逸国際移動写真展」の企画メンバーでもあった岡田桑三(45)らを同人として引き入れた。

伊奈は、「日本工房」の発足時について、後にこう語っている。「殊にわが国では、当時は、後の報道写真に相当するような仕事はまだ幼稚で、グラフ・モンタージュなどと呼ばれていたくらいだから、彼の見識は画期的なものであったといつ《ママ》ていい。木村くんや私は大いに共鳴した。まして彼のリーダーシップの下に、何か一つの新しい芸術運動を起こそうというような野心と意気とに燃えて結集した」[46]。

誌上で新しい芸術としての写真の可能性と社会的写真について論じ続けた『光画』に集う仲間たちは、その理論をすでにドイツで体現していた名取の報道写真論に大きな共感を示した。名取以外は全員『光画』の仲間で形成された「日本工房」は、写真と社会の関係を探る理論誌『光画』から発展した実践組織だったと言ってもよいだろう。

人々と街の姿を写しだすことを求めていた木村にとって、名取の提唱する「報道写真」は、『光画』に発表する他になかった「作品」を、現在の日本を伝える写真として海外誌紙に配信される「仕事」に変えた。『光画』一九三三年九月号には、木村の撮影による川開きをとらえた〈花火〉と、その作品データが掲載されている。ここには、「独逸よりの注文で日本工房の仕事として」此の写真を撮影したのが一九三三年七月二一日と明記されていて、「日本工房」発足の時期を示している。

『光画』の理論に同調して、現実と向き合いながら写真を制作していた木村は、日本工房の仕事に専念するために三年間勤めた長瀬商会を辞した。名取と彼の提唱する「報道写真」との出会いが木村の仕事の方向性をきめ、より社会的な写真へと向かわせたのだ。

ライカⅠ　エルンスト・ライツ社製，1925年発売［J］

三　ドイツで報道写真家となった名取洋之助

名取洋之助は、一九二八年に慶應義塾普通部を卒業後、裕福な家のはみ出しものとしてドイツへ遊学して、ミュンヘンの美術工芸学校で商業美術を学んだ。

織物工場社長でデザイナーのジグムンド・フォン・ウェイヒ[47]の助手を勤めている時に年上の女性エルナ・メクレンブルグ（愛称メッキー）[48]と知り合い、実家から結婚を反対された二人の生活の足しに、写真の仕事を考えた。ライカを入手して、友人から暗室作業の手ほどきを受けて間もない一九三一年六月、ミュンヘンのグラフ誌『Münchener Illustrierte Presse』に組写真を寄稿したところ[49]、火事後の美術館で焼け残った彫金作品を探す美術家の様子をまとめた写真に、一カ月分の生活費にあたる五〇〇マルクが支払われた。写真を始めて日も浅く、しかも、これらはエルナが撮ったものだったのだが、二〇歳の彼は以降の仕事を報道写真に定めた。どんな写真がグラフ誌に求められているのかがわかる「ジャーナリスティックな勘」があることを、本人も周囲も信じてのことだった。

友人の紹介で同誌の協力写真家となり、まもなく、若い写真家シュレーターと組んでユーゴスラビア、バルカン方面への取材旅行に出かけた。しかし、掲載されなければ収入のない報道写真家は、思ったよりも大変な職業であった。旅行案内を手引きにテーマを探し、工夫を凝らして写真をまとめたこの時期に、名取は読者を意識することや写真説明の大切さを体得し、編集者と読者の興味を満足させることが報道写真のコツと学んだ。

Münchner Illustrierte Presse

SCHATZGRÄBER

auf dem Trümmerfeld des Münchner Glaspalastes

図7　「SCHATZGRÄBER」『Münchener Illustrierte Presse』1931年№26［J］

ほどなく名取は、オーストリアの皇太子を暗殺して第一次世界大戦の導火線となったサラエボのプリンチップ事件の真相を追う取材で、特ダネをつかんだと思って喜ぶ。ところが、競争相手であるベルリンのウルシュタイン社も同じ内容の記事を準備中で、これがきっかけとなって、契約写真家として同社に迎え入れられた。

ヨーロッパ最大の出版社であったウルシュタイン社は、当時二〇〇万部とも言われる発行部数を誇ったグラフ週刊誌『Berliner Illustrierte Zeitung』(50)を始め、朝夕刊や高級婦人雑誌から自動車用の地図までも刊行していた。契約写真家には、議会などのキャンディット・フォトで名高い「燕尾服のカメラマン」ドクター・ザロモン(51)や、生き生きとしたファッション写真を得意とするマルティン・ムンカッチ(52)など、有名な写真家が在籍していた。駆け出しの名取は、風俗や習慣など、読者の興味を引く珍しいものを取材しようと、前借りを重ねて取材旅行に精を出した。しかし、思うように仕事は進まずに、報道写真などやめようかと考える

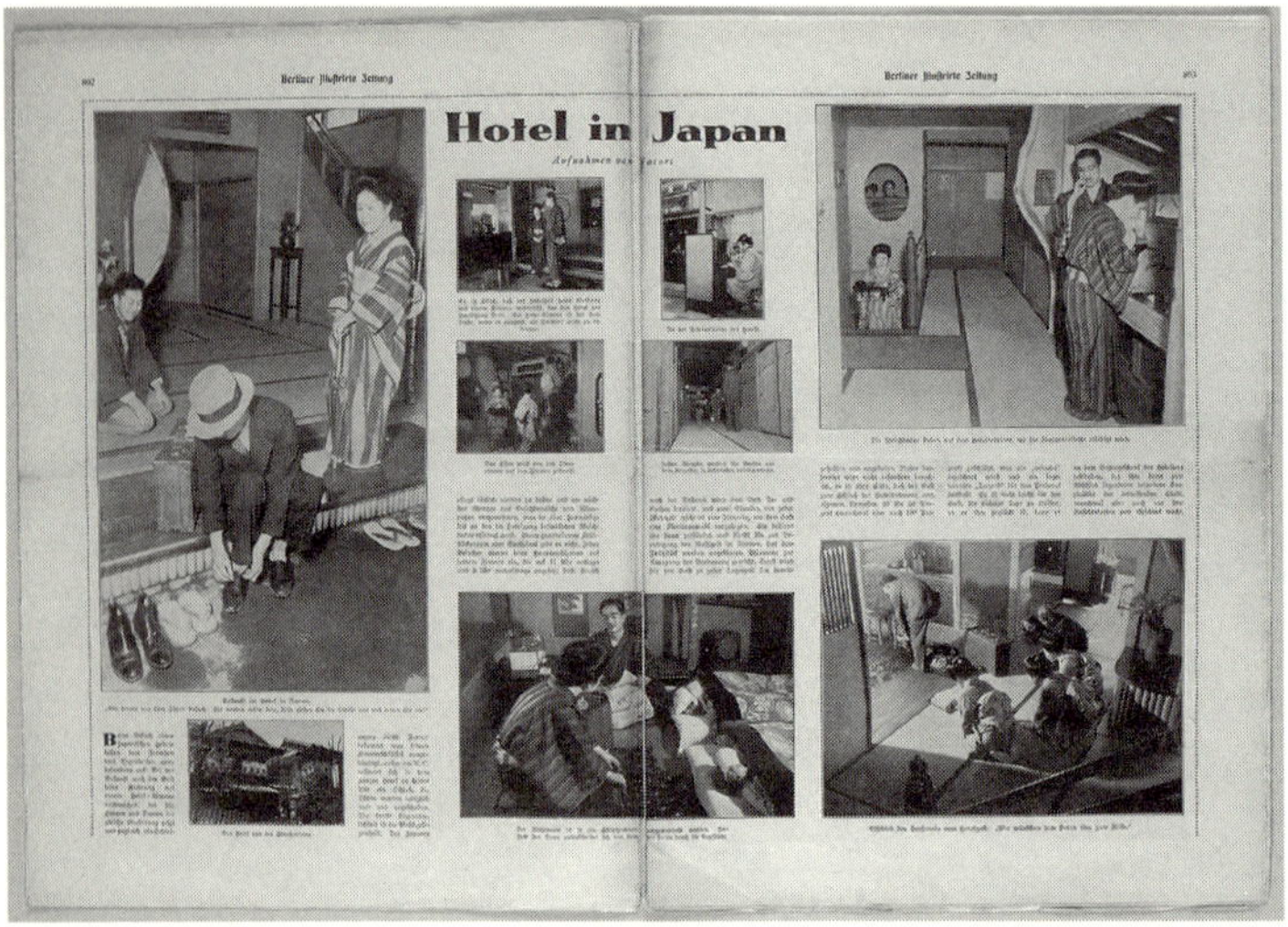
Berliner Illustrirte Zeitung
Hotel in Japan

図 8 「日本の旅館」『Berliner Illustrierte Zeitung』1932年 6 月26日号

うらぶれた日が続いた。

名取が写真家となった一九三一年は、九月の奉天郊外柳条湖の満鉄線路爆破をきっかけに日本と中国の間で戦争が始まっていた。この「満洲事変」の行方を追って、欧米でも日本に対する関心が高まったが、極東の実情を伝える写真は少なく、ドイツのグラフ誌などでは紋切り型の観光写真が何度となく使われた。

ウルシュタイン社の中央写真局長クルト・シャフランスキーは、名取に日本への出張取材を持ちかけた。ベルリンに移ってまだ三カ月足らず。ろくな仕事もできず素性もわからない若造である自分への申し出に驚きながらも即決した彼は、四日後にはウルシュタイン社特派員としてシベリア鉄道に乗り込んだ。

こうして、一九三二年二月から五月までの三カ月間で「日本の旅館」[53]「日本の家庭生活」「着物と髪」など六〇テーマを設定した名取は、キャプション用の取材に新人小説家の倉島竹二郎を雇い、延べ七〇〇〇枚を撮影した。撮影から現像まで、朝六時から夜一二時まで働いた頃を、「皆が寝しずまつた夜半、一人洗面所で水洗をしている時は、うまくいつているような駄目なような、何か不安な気持ちで憐れなものであつた(54)」と後年振返っている。

不安もあったが、名取は、「僕はまだ新米だ、だが外の人の倍働けば何とかなるだろう(55)」と、仕事に体当たりしてものにしていった。母校の慶應義塾普通部で水泳を取材した時のことを、ちょうど居合わせた在校生で水泳選手だった後の漫画家・根本進が覚えていた。成績不良で行く末を案じられていた兄の友人が、ドイツの大新聞社の特派員になり、家一軒分と同じといわれていた高価なライカを二台も持って取材しているのだ。「奇跡に出会ったような」気がして、「痛快なことをやってのけた(56)」と嬉しくなったという。

この時の使用機材は、「カメラはライカ。レンズはエルマーの三・五。それに一三五ミリの望遠レンズと広角レンズ一組。スペヤーとして四×四判のローライフレックス(57)」であった。「当時は閃光電球がまだできたばかりでしたので、いちいち三脚たてて、ボンとたくのんびりしたもの」で、「撮った写真が、いつも露出がオーバー気味で、しかもライカ一本三十六枚が全部同じ調子に写していないので、フラットなところとオーバーなところを同時に現像するため、うまくゆく筈はなく、失敗率がはるかに多い有様で、現像には随分苦心(58)」したと、写真家として未熟だったことを告白している。

日本での撮影を終えた名取はすぐにドイツに帰り、仕上げに半年をかけた。写真を組んでまとめた三〇のテーマは、通信社を通じて世界中に配信されて、一九三九年までに「合計二四九回、一枚で発

図9 「貧民街のモダン住宅」『Miroir du Monde』1933年［J］

図10 「黒焼屋」『Illustrierte fur alle』1934年12月15日号［J］

表されたのを加えると二七〇回[59]」使用された。名取には、天性の「ジャーナリスティックな勘」と同時に、過去四年間をドイツで過ごして身につけたコスモポリタンとしての感性があり、それがヨーロッパの人々と同じ視線で祖国を再発見する写真に結実したのである。こうして、「何年もの間、一週一度は何処かの国で、その時の写真が使われるということになり、自動車も持て、まあ安心して暮らせる[60]」ようになった。日本取材によって、彼のドイツにおける報道写真家としての地位は確立されたのである。

四　日本工房結成と「報道写真」の概念

一九三三年春、名取は再びウルシュタイン社から出張を依頼されて、満洲事変を取材する。丁度この時期、ドイツジャーナリズム界は激変しようとしていた。ジャーナリストの組織「ドイツ新聞雑誌連盟」代表者会議は、四月以降に民族主義的な動きを見せていたが、六月にはナチ党員が理事に就任する。やがて、一〇月には、ドイツ国籍を有すること、「アーリア人種」の血統であること、などのジャーナリスト規制法が公布される。事変取材後に日本へ立ち寄った名取は、ドイツに帰国しても仕事ができなくなるので日本特派員として駐在してはどうかと提案する社からの手紙を受け取った。「たとえ国外でも、ドイツの新聞に関係することが、何時まで許されるかわかりません。これは、なにか日本で別な仕事を始めなければならない」と考えた彼は、これまでに成功していたテーマである、「生きた現代の日本を、新しい写真で外国に知らせる仕事を組織的にやってみよう[61]」と行動に移した。

図11　「前線の兵士　北京」『Berliner Illustrierte Zeitung』1933年6月4日号［J］

名取は『光画』を見て、社会と生活を写真で伝える仕事に木村を誘った。そして、美学研究者の伊奈信男に「独逸で自分が携はつてゐる仕事のレポルタアゲ・フォト(Reportage-Foto)といふ言葉を示して、日本語に訳したらどんなものになるかと相談を掛けた。伊奈氏の案で、報道写真といふ訳語が生れた」[62]のである。我が国では、何枚かの写真を組んで解説をつける「報道写真」という概念と言葉は、この時から使われるようになった。

バウハウス全盛のドイツで美術工芸学校に通い、新興写真の一分野であるスナップショットを仕事に実現していた名取の誘いは、『光画』に集う木村の仲間たちを魅了した。こうして、名取の出資によって、我が国で初めて報道写真を標榜する同人組織「日本工房」が、東京銀座（徳田ビル）に設立された。

彼らはまず、木村の写真を使って、肖像写真の定型であった静止ポーズを打ち破る「ライカによる文芸家肖像写真展」（一九三三年一二月八〜一〇日）を開催した。被写体に話しかけながら写した肖像

図12　木村伊兵衛「文芸家の肖像」『アサヒカメラ』1934年1月号〔J〕

の狙いは、「人間の顔に瞬間的に閃き出る性格を把握し、それを臭化銀の紙上に固定すること」であり、「刹那的にのみ瞥見された性格の一断片によつて、その性格の全貌を把握しやう[63]」ということにあった。作曲家の山田耕筰、小説家の林芙美子、佐藤春夫、ジャーナリストの長谷川如是閑ら三一人の被写体に対する人気もあいまって、展覧会は多数の入場者を得て、東京日日新聞、東京朝日新聞、『文芸春秋』などで評じられた。

日本工房が二度目に開催した「報道写真展覧会」(一九三四年三月八〜一三日)は名取と木村の写真によるもので、「日本の宿屋」「大島」などのテーマをグラフ形式にまとめて展示した。それぞれが、「概念的強調によるもの、集成的なもの、挿話的なものを強調したもの、緊急なニュース的なもの、記録的なもの、情調を強調したもの、対象そのものを強調したもの、フオトモンタージユ的手法によるもの、説明的と同時に記録的なもの[64]」など、テーマによって異なるまとめ方が試みられた。写真雑誌では、展示作品は「何れもが、ドイツ最大のウルシユタイン出版社発行の新聞雑誌を通じて、その数百万の読者に『日本』を知らしめ、更に又モリチウス社を通じて世界各国の新聞雑誌に於て、日本を世界的に紹介するといふ重大な役割の一端を持つ[65]」と目を見張られた。

このとき発行されたパンフレット『報道写真に就いて』で、伊奈が、「報道写真」の概念について解説している。「単なるニュース写真をも包含し」「個々の単独な写真もまた報道写真であり得る[66]」。が、「写真を単に『挿図』として使ふのは、未だ報道写真の本質に触れないものである。写真が主で、文字の説明が従であり、しかも意識的にある意図の下に組み合はされた所謂『組写真』にして、始めて種々なる事象の全貌を明確に表現し、報道し得る[67]」と、編集によってこそ力を発揮するものと位置づけている。さらに、伊奈は、写真という国際的な表現形式のために、報道写真で伝えられる「個人の体験はまた直ちに全世界大衆の体験」となり、「ある意図の下に用ふる時は、それは政治的、経済的、又は党派的宣伝煽動の最も強力なる武器となり、或は対外宣伝、観光客誘致の絶好の手段ともなり得る」と効果を謳った。そして、報道写真家に要求される最も重要な素養は、印刷化されるべき報道写真の購買層である大衆にアピールする「芸術的天稟や技術的錬達と共に鋭敏なるジャーナリスティック・センス[68]」だとした。

日本工房が開催した二つの写真展は、グラフ誌など「報道写真家」が活躍する場が少なかった我が国で、「報道写真」を啓蒙しようとするものだった。しかし、この直後に木村ら四人の同人は名取と

図13　勝田康雄「堀野氏個展と日本工房展を観る」『カメラ』1934年４月号［J］

袂を分かつ。離反には、工房結成後にドイツから呼び寄せたエルナの影響もあった。ミュンヘンで限定本などを作る出版社に勤めながら絵を描いていた彼女は、名取にとって終生よきアドバイザーであった。日本での仕事にも遠慮なく口を出し、伊奈によれば、名取は彼女の考えに従って非生産的な岡田や伊奈を同人から除外し、それを面白く思わない木村や原も辞めることにしたのだ。

戦後になってから伊奈は名取について、「彼は時には写真家であり、時には企業家である。しかし、いずれにしてもジャーナリズムに関係していることに変りはない。彼は徹頭徹尾ジャーナリストである」[69]と評している。「新しい芸術運動を起こそう」と考えていた『光画』グループは、年上の外人女房の意見で具体的な仕事を推進しようとする名取のリードに違和感を覚えたものと考えられる。

五 『NIPPON』創刊の前後

一九三四年春に木村らが脱退し、倉島の紹介で入社した影山稔雄[70]にウルシュタイン社の腕章をつけさせて供とした名取は、野球の早慶戦、オリンピックを目指して練習に励む水泳・陸上の選手、将棋の対局など取材に駆け回った。傍ら、広告プロデューサーとして独立していた太田英茂の紹介でデザイナーの山名文夫[71]を擁し、日本工房の再建を目指した。広告の企画制作で、より実際的な活動を模索したのだ。しかし、当時は、大企業は宣伝の必要もないとかまえる一方、中小企業は広告代理業者の制作する旧態依然の原稿で満足していた。名取の提案する広告企画は売れず、日本工房を支えるはずだった新しい事業は思わしい手応えを得ることができなかった。

そんな名取の前に、たまたま、ウルシュタイン社からの紹介状を持ってやってきたのが、ハンブルグで雑誌『ボッカ・ストラーセ[72]』の編集長をしていたタイレだった。ドイツのコーヒー王に出資を願って制作された同誌を見て、名取は「世界の一流の学者、文学者、政治家などが執筆し」「非常に豪華な印刷で、肉筆の原稿が何頁も複製されたり、古典音楽の楽譜が作曲者の書いたままでのせてあったりして、めずらしい一種の理想雑誌[73]」だと感じた。

二人で話をする内に、名取は日本工房で行なう新しい事業として、対外文化宣伝グラフ誌の創刊を思いついた。報道写真の概念を広めても仕事が急に拓けるというわけではなく、「数ある雑誌でもアートの写真頁をその為に割いては呉れないし、新聞社や週刊雑誌社などでさへ、これらの写真を多く買っては呉れなかった[74]」ので、別の展開を考える必要があったのだ。

「日本の報道写真の一つの母胎にしたい、という気持[75]」で、名取は、早速タイレに協力してもらい、徹夜で見本を作った。表紙は、映画ポスターなどで活躍していたデザイナーで当時日本工房の仕事を手伝っていた河野鷹思に頼み、「紙にあり合わせの写真をレイアウトしてはりつけた[76]」。そして、「雑誌の題名は、日本文化紹介雑誌だからというのでニッポン[77]」と名付けた。

英・独・仏・スペイン語で記事を記載する季刊グラフ誌『NIPPON』は、現代日本の文化や産業、工業を欧米に伝えようとするものだ。同誌創刊にあたって最も協力的だったのは、「一万部くらいで六、七千円[78]」という費用を出資した鐘淵紡績（現・カネボウ）社長・津田信吾であった。

図14　『NIPPON』創刊号　1934年［J］

　この頃の日本工房は同社の広告に携わるようになっていたが、外国向けグラフ誌への出資の背景には、当時の紡績界が抱える問題があった。鐘淵紡績は、「温情主義」の経営で知られた前社長・武藤山治の下で事業を広げて、日本の繊維産業をリードしていた。一九三三年には同社が牽引車となって日本は世界綿布総輸出量の三八%を担うまでになったが、同四二%を占めて世界一の輸出量を誇っていたイギリスが高率の税金を課してその前に立ちはだかった。同年七月二三日付『時事新報』では、イギリス領であったインドへの輸出制限が「日英綿業争覇戦」として「日本貿易の消長にも関する大問題」だと取り沙汰されていた。

名取が『NIPPON』の見本を手に交渉に行った際に、津田社長は次のように述べたという。「実は俺の会社でも、商品を南米、アフリカ、インドなどに輸出しているのだが、日本からのものは欧米からのものより、品質が悪いと思いこんでいるので困つている」「日本がゲイシャやフジヤマだけでない近代国家であることを紹介する雑誌があれば、この際、すこぶる有意義なことだと思う。貿易の振興にもなることだし、ぜひそういう雑誌を作つてもらいたい。それならば、私も及ばずながら援助をおしまない[79]」。

名取の父・和作は三井系企業で要職を歴任する実業家で、この時、鐘淵紡績の重役でもあった。しかし、名取の提案に賛同する津田の言葉には、「和作の息子」への情実よりも、自由貿易制度を標榜しながら植民地貿易による世界覇権の姿勢を崩さない外国と対決する企業人としての思いが強く見られる。この思いは、しばらく後に『NIPPON』を推薦する言葉として津田が記した、「外国の人に眞実の日本の姿を認識せしめ　彼等の有するあらゆる優越感を是正することが目下の急務である。世界平和の鍵は　こゝにある」「単に『NIPPON』という一雑誌のためではなく　眞に日本の国家のためのお願ひである。　見下す外国人をして　見上げる外国人にしたいと思ふのである[80]」という言葉にも表れている。

鐘淵紡績の援助が決まった後、名取は、対外宣伝の関係筋である「外務省の情報部、陸軍省新聞班[81]」や「参謀本部、海軍省普及部[82]」などを回って、協力を依頼した。一九三二年三月に建国宣言した満洲国の扱いを巡って日本は一九三三年三月に国際連盟を脱退していたが、外国向けグラフ誌創刊の企画に対して、外務省は興味を示さず、陸軍省は熱心だったという。

さて、財団法人国際文化振興会（略称ＫＢＳ）は、我が国初の公的文化交流機関として一九三四年四月に外務省のもとに創設された。設立の趣意書には、「現時世界文化ノ危機ニ際シ、西洋諸国ニ於テモ識者カ眼ヲ東方ニ注キ、人類ノ将来ニ対シテ東方文化ノ貢献ヲ望ミ、其ノ為メニ一層深ク東方特ニ日本ヲ研究セントスルノ気運顕著ナルモノアリ　此機ニ乗シ此傾向ヲ促進シテ我国並ニ東方文化ノ真義価値ヲ世界ニ顕揚スルハ啻《ただ》ニ我国ノ為ノミナラス実ニ世界ノ為メニ遂行スヘキ日本国民ノ重要任務タルヘシ[83]」とある。創立時の財政基盤は、政府補助金二〇万円と民間寄付金五〇万円余りで、同会は、戦争へ向かう不穏な世界状況の中で日本並びに東洋文化による国威の宣揚を図るために「官民力ヲ協セテ事ニ当[84]」たるために設立されたのである。

事業綱要には、先ず着手すべきものとして「著述、編纂、翻訳及ヒ出版」「講座ノ設置講師ノ派遣及ヒ交換」「講演会、展覧会及ヒ演奏会ノ開催」「文化資料ノ寄贈及ヒ交換」「知名外国人ノ招聘」「外国人ノ東方文化研究ニ対スル便宜供与」「学生ノ派遣交換」「文化活動ニ関係アル団体若クハ個人トノ連絡」「映画ノ製作及ヒ其ノ指導援助」「会館、図書館、研究室ノ設置経営」の一〇項目があげられている。首脳には、総裁の高松宮、会長の近衛文麿公爵をはじめ、理事長の樺山愛輔伯爵、常務理事の黒田清伯爵など国際派華族グループの有力者が名を連ねた。

世界と対峙する日本をアピールするために歴史、言語、文学、美術、音楽などに目を向けて、その宣伝手段として出版、展覧会、映画製作などに取り組もうとしていた国際文化振興会に、名取は自社で創刊する『NIPPON』に対しての補助を申請したが、「一年間の成績を見たる上にて改めて考慮すべき」[85]と判断が保留された。しかし、申請が通らなかったにもかかわらず、『NIPPON』創刊号には国際文化振興会の趣意説明「日本における文化交換の運動」[86]が近衛会長の顔写真入りで、また、三号には同会主事の青木節一による「国際文化振興会の事業」[87]が掲載されている。創刊号に出資した鐘淵紡績には広告のほかに観音開きの繊維特集頁が設けられたが、国際文化振興会については援助金も出ないままに記事が重ねられたのだ。外国へ現代日本への理解を求めるという方向は同じであり、グラフ誌継続には有望なスポンサーを獲得する必要があった。名取の「ジャーナリスティックな勘」は、国際文化振興会こそが報道写真のスポンサーになり得ると察知して、記事にすることでつながりを保ったのだろう。

この頃の名取の仕事は、大衆雑誌『日の出』や婦人雑誌『婦人画報』のグラフ頁に見られる。「江戸を偲ぶ」[88]、「炎暑征服」[89]など国内取材の記事だけでなく、ドイツ在住時に撮影した写真で構成された「玩具の学校」[90]や「ベニスの謝肉祭」[91]などもある。写真雑誌『アサヒカメラ』には、一九三三年九月号でムンカッチやザロモンを紹介した「ドイツのルポルタージュ写真家について」を皮切りに、頻繁に写真や文章を寄稿している。

しかし、季刊『NIPPON』の刊行を継続するほどの収入は得られなかった。それもそのはず、同誌の表紙をデザインした山名文夫や河野鷹思は、アートディレクター・名取の指示に呆れたことを回想している。「こんな製版じゃ仕様がないじゃないか、こんなフラットな(92)」と校正刷りをズタズタに破り、納得いく仕上がりになるまで印刷をやり直させたのだ。

ドイツで報道写真に携わっていた頃、彼は、日本から来る印刷物を見て「何か日本の国が文化的にも低いやうな気がする(93)」と感じていた。報道写真を読者にアピールするためには、写真だけが良くてもだめで、デザインや印刷も重要だと認識していたのだ。理想を求めて刷り直しを重ね、雑誌一冊つくって精算してみたら家作が一軒なくなってしまうほどの出費になり、名取個人が祖父から受け継いだ遺産がつぎ込まれた。

六　軌道に乗る日本工房

一九三五年七月、国際文化振興会は「現代日本の文化と生活の生きた姿を、あらゆる写真的視角から裕ひ集め、充分に新鮮な写真資料」を制作するために、「日本工房主名取洋之助氏、中央工房主木村伊兵衛氏、渡辺義雄氏の技術家(95)」に撮影を委嘱した。国際文化振興会は、創設から一年ほど経って、出版や展覧会に使うために、また、在外公館に備えて置くために、清新な写真が必要だと気づいたのだ。

名取は、「あらゆる写真的視角」のために国内を縦横に駆け回った。航空写真撮影で新京や富山まで飛行機に乗り、樺太、長崎・五島列島にも撮影旅行を重ねた。「仕事、仕事、仕事。私の旅行には、つねにこいつがつきまとふ。楽しい旅のかたみの写真、そんなものが撮れたらと思ふが、つひぞ果せ

図15　「パウル・ウオルフ写真展覧会」『アサヒカメラ』1935年10月号［J］

ない。この一年ほとほと参った。こんど旅に出たらそのときこそ――カメラなんぞ忘れて行きたい」[96]と、取材に明け暮れた。

名取は写真家としての仕事に満足せず、ドイツとのつながりを生かした新しい展覧会を企画した。一九三五年九月に開催された「パウル・ウオルフ写真展覧会」[97]だ。日本工房のデザイナーだった山名文夫は、「名取さんの三回目の企画」で、「その宣伝物をつくったり、会場構成を手伝ったりした」[98]と、「文芸家肖像写真展」「報道写真展覧会」に次ぐ企画だったことを振り返っている。

ドイツの写真家パウル・ヴォルフ[99]は、小型カメラで使う三五ミリフィルムから美しい印画を作るための微粒子印画法を確立したことで知られている。この技法の詳細は、彼が一九三四年にまとめた『ライカ写真の経験』[100]で多数の作例とともに紹介された。広告写真スタジオを開設していたヴォルフの写真は明朗な美しさで人々を魅了し、彼が使用する小型カメラ「ライカ」に圧倒的な支持を集めた。片手で持てる小型ながら堅牢で操作性が良く、高性能レンズが鮮鋭描写を可能にし、ロールフィルムによって四〇枚近い連続撮影ができるライカは、新時代の写真、特に報道写真には欠かせぬものであった。

展覧会後、名取はヴォルフを次のように評した。「彼の写真から受ける感じは偉大なる素人だ。独逸に於ける写真家としての彼の地位は或る意味で日本の大衆小説作家の如き地位にあり、独逸に於いて純粋な本格的写真家を語る場合、その話から省略されてゐる作家である」(101)。そして、日本であれば「講談社ヂャーナリズムに最も喜ばれる」(102)ような大衆性と娯楽性を持った写真だとしている。名取にとって、「本格的写真家」とは、『アサヒカメラ』で自ら紹介したムンカッチやドクター・ザロモンらグラフ雑誌で活躍する写真家だった。「偉大なる素人」の写真を展覧会に提供したのは、世界が注目する小型カメラの力を日本の大衆に知らせると同時に、世界の寵児に成りなんとしていたヴォルフの写真を手駒として出せる名取の国際性をアピールする意味があっただろう。展覧会について、木村は「一般アマチュア、写真関係者にライカは大型カメラの代用ではなく立派な威力を持つ独立したカメラであることを認識させた」(103)と、また、伊奈は「第一流の現役の報道写真家のオリジナル・プリントが紹介されたことは極めて珍しい」と、「新興写真」を日本に紹介した「ドイツ国際移動写真展」(一九三一年)と並ぶ「意義ある展覧会」(104)であったと回顧しており、当時の評判をうかがわせる。

しかし、写真界のどんな好評よりも、この直後に国際文化振興会が決めた『NIPPON』への補助決定こそが名取にとって嬉しいことだっただろう。創刊一年後に国際文化振興会に再請求した補助に対

図16 『FORTUNE』日本特集号, 1936年9月号

して、「編輯に対し援助を与えると共に第四巻の損失金一六二一円二五銭を取り敢えず補償し、その事業を奨励する事に決定」し、「今後発行の適当部数本会に納め[105]」ることが決まったのだ。

補助決定の経緯を、同会の青木は次のように振り返っている。「「対外宣伝グラフ誌刊行という」か丶る困難なる事業を民間において敢行するその意気には感じたが　はなはだ危惧の念を抱いたものだ。危惧の念は創刊号をみたときも同様だつた。何故かならば創刊号は私の予想をはるかに超えて内容的に優秀なものであり外観においても日本には嘗て見ない豪華さだつたからだ。勿論　諸外国に対して誇りを以て推薦できるものであつたが　これに　ともなふ経営上の困難さを私は考へざるを得なかつたのである。」が日本工房は三号を立派に出した[106]。国際文化振興会は、新しいコミュニケーション手段である「報道写真」に対して、また、若輩者である名取の経営手腕に対して不安を抱いていたが、日本工房の積極的な仕事ぶりがこれを払拭したのである。

ヴォルフ展と同時期、ウルシュタイン社の紹介で若い写真家フリッツ・ヘンリー[107]が東京の名取を訪ね、日本取材の一部が『NIPPON』第六号（一九三六年三月刊）に掲載された。また、一九三六年三月から五月にかけて、写真を多用するアメリカの経済誌『FORTUNE』の日本特集号取材のために同誌編集者のアーチボルド・マクリーシュ(108)が来日し、京都や鎌倉などの取材案内には名取が同行した。彼は日本に在住していても国際的な活躍を示していた。日本陸上連盟英文年鑑や大学の卒業アルバムなどの写真を主体にした刊行物制作なども請負い、日本工房の仕事は軌道に乗りつつあった。

七　「報道写真」への憧れ——土門拳入社

一方、宮内写真館の内弟子として修業中だった土門拳は、一九三五年には二六歳になっていた。奉公の年期はあと三年あったが、「写真技師志望者を求む」という日本工房の求人広告を見てすぐに応募した。求人募集要項が載っている『アサヒカメラ』一九三五年一〇月号には、月例コンテスト入選作品として土門による「アーアー」が掲載されている。車中での子供のあくびをとらえたこの作品は、昼下がりの長閑な気分を伝える。型にはまった写真を良しとし、修正も腕のうちとする写真館で修業を重ねる中で、土門の志が、これと思う瞬間をストレートにとらえる報道写真に向かっていたことを示している。

多数の候補者が集まった日本工房の面接にベスト判(109)の密着焼きを持参した土門は、熱意のほどを手紙にしたためて名取に送った。後に土門の仲人を務めた日本工房の飯島実は、エッセイにエピソードを記している。「ある日、名取さんが『この手紙をくれた男を使ってみようと思うのだが…』と花模様のある女ものの封筒を見せてくれた。封筒にはどういう次第か、名取洋之助ではなく名取要之助とあった。文面は、日本工房に入社して名取さんのもとで修業し、いっぱしのカメラマンになりたい、というごく当たり前の写真家志願の手紙であった。文字は金釘流で今の土門の達筆からは想像もできぬものだった[110]」。一九四二年の写真雑誌には、土門が巻紙に筆を走らせている肖像が掲載されている。あるいは、孟母として知られる土門の母が書いた手紙だったのかもしれない。

一九三五年一一月、宮内写真館から逃げるようにして日本工房に入社した土門は、名取を師と仰いで報道写真に取り組み始めた。名取は、「うんと図々しくなれ、併し礼儀作法は重んじなくちゃいかぬ[111]」と心構えから教えて、一人前にすべく鍛えた。

晩年の土門は、「日本工房がカメラマンを募集したのは、実は、早稲田大学の卒業アルバムを製作するためだったんだ[112]」と述べている。『NIPPON』の編集担当だった影山稔雄は、女高師（東京女子高等師範学校、現・御茶の水女子大学）の卒業アルバムを頼まれたために「手軽な写真師を一人[113]」雇うことになり、土門が入社したと回想している。この頃の日本工房は、写真・デザイン部門に名取と山名文夫、熊田五郎[114]しか在籍していなかった。前述のように、日本陸上連盟などの団体年鑑も請け負っており、気に入られれば次年度の発注も見込まれる定期刊行物の制作は工房にとって大切な仕事だった。しかし、網羅的できめ細かい内容の写真が必要なこれらを、忙しい名取一人では撮りきれない。一九三五年秋に国際文化振興会から『NIPPON』への補助が決定されてようやく経営の目途が立ったので、名取の助手として土門拳が入社したのだ。

二校の卒業アルバムは、山名と助手の熊田が装幀・編集を担当し、写真は名取と土門が撮影した。土門は、「はじめてカメラを持って仕事に出たのは早大の卒業記念アルバム用の写真を撮ることであった」[115]と振り返っている。早稲田のアルバムには、一一月八日から二〇日まで個人撮影が行われる旨の張り紙を掲示した一枚があり、卒業アルバムが土門の実質的な初仕事だったことは間違いない。

これらの卒業アルバムは、『NIPPON』の写真とグラフ表現に魅力を感じた学生からの発注だった。同誌は外国向けだが国内では丸善で販売されており、そんなところで学生も目にしたのかもしれない。早稲田大学政治経済学部経済科卒業アルバム『ZUR ERINNERUNG』は、学生仲間の顔役だった成瀬幸男が「大学の卒業アルバムの新機軸を作ろう」[116]と考え、また、東京女子高等師範学校文科卒業アルバム『RECOLLECTIONS』は、卒業アルバム制作委員の藤原美智子が「並んで、ハイ、パチリ、なんて写真のアルバムじゃ厭」[117]だと思って日本工房に依頼したのだ。

土門のアルバム撮影風景は、語り草になっている。早稲田では、名取が用意したキャビネの組立暗箱で撮影に臨んだ。写真館で使われる据え置き型の暗箱を見知っていた土門だが、組立暗箱を使うのは初めてで、ピントグラスを上下逆に取り付けて取枠を下に落としてしまった。同行した熊田がやぐらを組んで学生を並ばせたのに、土門はいつまでもシャッターを押さない。見ると、画面から学生がはみ出しているのに土門は為す術もなく唸り、頭に被った「暗幕から湯気が立って」[118]いたという。三脚を立てていてもカメラごと一歩下がればよいのだが、そんなことを思い浮かべることができないほどに初心者だったのだ。

前述の成瀬は、ローライフレックスで撮ってもらった写真の顔下半分が腫れていたと笑いながら語っている。二眼レフのファインダーで見えた範囲と写る画像がずれる「パララックス」とそれに伴って生じるゆがみが、土門には理解できていなかった。宮内写真館に在籍中、叔父から借りた手持ちカメラのアンゴー（ANGO）で撮影の練習をしていたというが、土門はカメラに不慣れだった。

しかし、意欲は溢れていた。女高師では、いきなり地べたに腹這いになって名取のお古のライカを構え、様々な角度から撮りまくり、そのフィルム使用量で同行した影山をびっくりさせた。名取は、一九三五年三月号の『アサヒカメラ』に寄稿した「ライカの撮影」で、カメラ位置が目の高さに固定されがちなので「身体を屈めたり折膝をしたり、場合によっては腹這ひになつたりして、変化をつける工夫」を勧めている。土門はこれを読んでいたのだろう。

一方、名取の同じ文章では、四〇枚近く続けて撮れることで調子に乗って「本当のよい瞬間を掴む鋭さを忘れるやうな結果を招く(119)」ことがあると注意を促している。この点には注意が廻らなかったのか、入社して間もない頃を思い出した土門は、「先生である名取洋之助氏から糞味噌に叱り飛ばされました。僕もどうしてこんなに才能がないのかと暗室に入つては口惜し泣きに泣いたものでした(120)」と記している。戦後の名取は、この頃の土門を思い出しながら、「写真について何回口論し合つたか数え切れないが、一年足らずの間に報道写真に必要な迫力がぐんぐん(121)」出てきて、接した写真家の中で熱心さは彼が一番だったと回顧している。

卒業生二二〇名程が掲載されている早稲田のアルバムは印刷され、余白に人名や建物名称だけのキャプションが入っている。卒業生が三〇名足らずの女高師のアルバムは、厚手の写真印画紙のまま製本されていて余白には文字がない。女高師の方が小型で縦横の比率も異なるが、透明プラスティックの表紙と背をスパイラルリングで綴じる洒落た造本や、余白を規則的にとったレイアウトの伸びやかな気分は共通している。何よりも、学生たちの表情がはつらつとしていて、新しい時代に漕ぎ出していく青春の息吹を感じさせる。

これらの卒業アルバムでは、名取と土門がどのように写真を分担したのかが不明だが、先にあげた藤原の回想によれば、女高師のアルバムはほとんど土門が撮影した。一方、熊田によれば、早稲田のアルバムには名取の撮影した写真も使われている。名取自身は慶應普通部の卒業で、父や兄弟は慶應義塾大学を卒業しているが、叔父の名取夏司は早稲田大学部政治経済学科第一回卒業生だ。当時早稲田大学監事だった叔父の姿もあるアルバムを、初心者の助手に任せ放しにはしなかっただろう。早稲田の編集後記には、「吾等と共に撓まぬ努力を惜しまなかつた日本工房写真部土門拳君に厚く感謝する」[122]と記されているが、これは、先生・名取に怒られ、汗みどろになりながら組立暗箱とローライフレックスで苦闘した土門に学生たちが贈った、親しみの言葉と考えられる。

さて、一九三六年のアルバムに学生生活の明朗で逞しい息吹を感じた早稲田の一九三七年アルバム委員は、再び日本工房に制作を依頼した。土門は、一九三六年三月の『NIPPON』6号に横浜の土産物屋を取材した写真が名前入りで掲載されて、報道写真家として正式なデビューを果たしていた。カメラにも慣れて急速に技術を取得した彼は、この年の初夏には川遊びに興じる伊豆の子どもたちを撮影し、一連の写真は辛口の名取にも認められて『NIPPON』8号に掲載された。名取はオリンピックベルリン大会取材のために同年六月に渡独し、翌年秋までの長い外遊の途上にあった。そんな理由で、一九三七年の早稲田のアルバムには、「製作　日本工房、編輯・撮影　土門拳、装幀・構成　熊田五郎、マネージメント　信田富夫」[123]と記されている。

前年は助手の立場だった熊田も、一九三六年の山名退社後は一本立ちのデザイナーとなっていた。

図17　『ZUR ERINNERUNG（早稲田大学政治経済学部経済科卒業アルバム）』　1936年［J］

戦後に五郎から「千佳慕」という筆名に変えた熊田は、植物や昆虫の細密画家として二〇〇九年に没するまで活躍した。また、信田富夫は営業担当として土門の少し後に入社して『NIPPON』の販路拡張に努めていたが、全体をとりまとめる仕事はこのアルバムが初めてだった。戦後の信田は、一九五一年に広告制作会社「ライトパブリシティ」を創設し、アートディレクターと称して腕を振るうことになる。名取の留守中に制作された一九三七年の『早稲田大学政治経済学部経済科卒業記念アルバム』は、後に一時代を築いた若き才能たちが、初めて一本立ちとして自分の名前を記し、学生たちと語り合って思うがままに作ったものだった。

　このアルバムの特徴は、巻末に土門による「カメラの覚書」があることだ。六頁にわたるそのほとんどは一枚ごとの写真解説で、写っている恩師や学生の氏名、撮影場所が記されている。中には、土門の一言が添えられたものもある。ビールの杯を重ねる写真に「〝チェリオ〟青春はげにビールの泡の如くであらうとも　いやさうであればあるほど　このひとゝきを声高らかに乾杯せん」、デパート屋上の遊園地で戯れる姿には「あゝ何をか云はんやである[124]」など主観的、文学的表現で、土門が学生たちに寄せる思い

図18 『早稲田大学政治経済学部経済科卒業記念』1937年 『写真集 土門拳の「早稲田1937」』講談社，2009年

入れの強さが読みとれる。写真館の内弟子に入る前の土門は弁護士の住み込み書生で日本大学専門部法科夜間学部に入学もしていたが、ほとんど出席しないままに授業料未納で除籍となっていた。果たせなかった学生生活への憧れが、こんな一言に込められているようだ。

また、ここには、「使用されたカメラは〝ライカ〟Ⅲ型で レンズはエルマア五cm ズマアル五cm ヘクトオル七・三cm エルマア一三・五cmの五種である。〝ライカ〟のみによって製作されたアルバムも未だ珍しいとすることが出来よう[125]」と記されている。前年の卒業アルバムでは触れていない撮影機材について〝ライカ〟と特筆していることに、報道写真を標榜する日本工房の写真家であるという土門の自意識が現れている。浅草、銀座、新宿など、学外に飛び出した学生たちの「如何にその雰囲気を出すか[126]」を腐心しただけあって、カメラの機動性を生かした写真に若さが横溢している。

巻頭に据えられた教授陣の写真は、ライティングに工夫を凝らしてポーズをつけた写真だけでなく、首をかしげて手先が少しぶれたところに講義の臨場感を感じさせるものもある。研究室や講義室で静かに本を手にし、或いは語りかけるさまは、碩学の見事な肖像となっている。

ライカで自然な雰囲気を出した肖像写真の先駆と言えば、名取と共に日本工房を立ち上げた木村伊兵衛の「ライカによる文芸家肖像写真」だ。一九三三年に開催された同展は、写真館で撮る肖像写真と違って、仕草の中に性格までも表していると世間に強い印象を残した。間もなく木村は日本工房を去るので、土門は彼と一緒には働いていない。めきめきと力を付けた土門はやがて木村を「打倒目標」と公言するのだが、早稲田のアルバムを任された一九三七年には、すでにそんな気持ちが芽生えていたのかもしれない。アルバム委員の編集後記には、「一枚一枚の写真撮影に涙ぐましいまでの努力」を見せた土門を、その「熾烈なる芸術的気質と共に思ひ出す」であろうと謝辞が綴られている。自分の至らなさに口惜し涙にくれた一年前の彼とは、まるで別人の撮影態度だったことがわかる。

早稲田アルバムの一九三六年版と一九三七年版を比べてみると、写真一枚を一頁に掲載する扱いは、一九三六年版は全体の約二割だったが一九三七年版は約七割を占めており、アルバムと言うよりは写真集の趣がある。また、一九三六年版ではクラス写真を含め整列した集合写真が学生写真の約七割を占めているのに対し、一九三七年版には約一割でしかない。前述したように、一九三六年の土門に用意されていたのは組立暗箱で、熊田の語るエピソードや成瀬の証言からも、写真館出身の彼にまず任されたのは卒業写真の常套としての学生の個人顔写真やグループ整列写真だったと推察される。しかし、全ての撮影を自由に行なった一九三七年版で土門が試みたのは、学生生活を想起できる報道写真であったのだ。

それにつけても、建学の精神を謳った教旨や校歌など前年にあった卒業記念らしい字句がひとつもないのに、撮影したカメラマンに文章を書かせるとは異例な編集といえよう。二〇〇六年に朝日新聞のインタビューに答えた熊田は、「土門を語るなら、あの［早稲田の卒業］アルバムから語らないとだめなんですね[127]」とコメントしている。二人は、日本工房で知り合ってすぐ仲良くなり、家が近いので通勤も共にする程だった。土門の熱意溢れる写真に応えようとした熊田が一枚一枚を大きくレイアウトし、その解説を土門に書かせた結果、一九三七年の卒業アルバムは、土門の初めての写真集ともいえるような仕上がりになったと言えよう。

土門は、名取の留守中に、熊田の協力を得て『NIPPON』でも伸び伸びと活躍した。やがて、一九三七年七月の盧溝橋事件に端を発する日中戦争勃発以降、外遊から帰国した名取の指揮下でグラフ誌への寄稿を増やして、報道写真の本道を歩んでいく。

八　オリンピックベルリン大会

さて、一九三五年九月に国際文化振興会から『NIPPON』への援助、補償、事業の奨励が決定されると、銀座・交詢ビルにかまえていた日本工房事務所は、同じビル内の広い部屋に移転した。

翌一九三六年二月、国際文化振興会の理事会は、名取の外遊に対して補助金支出を決定した。議事録によれば、その旅は「NIPPONの販路拡張の為め来る五月欧米各地巡遊の計画」であり、「その販路拡張と共に本会其他による日本関係図書の海外販売の件につき調査及連絡を委嘱」するとして、「日本図書出版業者の団体が同氏を後援する様本会にて斡旋することの必要」(128)を認めている。

ベルリンの次の一九四〇年に予定されていた第一二回オリンピックの開催地は、フィンランドのヘルシンキと日本の東京が有力候補となっていた。三月には、国際オリンピック委員長のバイエ・ラトゥル伯爵が私的に東京を視察するなど、東京大会決定への期待が高まっていた。フィンランドは、多額の宣伝費を計上して「オリンピック宣伝員」を外国に旅遣してヘルシンキへの誘致に努めた。同年五月、有田八郎外務大臣は、「オリンピック本邦招取宣伝資料」として、対外宣伝の英文グラフ誌『TRAVEL IN JAPAN』（鉄道省国際観光局）や『Present Day NIPPON』（朝日新聞社）などと併せて、『NIPPON』六号（一九三六年三月）をフィンランドに向けて発送し、日本の気候や交通・宿舎などの利便性をライバルにアピールしている。

第一二回の開催地は、ベルリン大会開催の直前に同地で開かれるＩＯＣ総会で決定される予定になっていた。国際文化振興会から名取への補助金支出の背景には、オリンピック開催候補地宣伝媒体としての『NIPPON』への期待があっただろう。

日本工房のデザイナーであった熊田五郎からの聞き取りによれば、名取はオリンピック東京大会で広報事業を担う計画を立てていたという。同じ年には、「皇紀二六〇〇年」を記念する万国博覧会も予定されており、日本をアピールする「報道写真」には多くの仕事が期待された。一方、この頃、ドイツは為替管理を行なっていて、グラフ誌などで使用された写真の代金を日本で受け取ることができなくなっていた。名取の外遊には、事業の参考として国家的行事に写真が果たす役割を見聞する傍ら、慌ただしく日本に拠点を移した後始末や、この代金を現地で受け取って有効に使う目的もあったと考えられる。

ドイツに出発する前の名取は、『NIPPON』七号（一九三六年六月）の表紙に自ら撮影した短距離走者吉岡隆徳の写真を使った[129]。この表紙をデザインした河野鷹思は、「今度の号はオリンピック特集号でいきますから、吉岡のスタートの写真にバックに若い女性の横顔を敷いて[130]」と、名取から具体的な注文があったことを回想している。『NIPPON』のアート・ディレクターであり編集長であった名取は、七号を弓道、剣道、柔道と、日本スポーツの精神性を強調する内容に仕上げた。

図19 『NIPPON』7号 1936年6月［J］

ドイツへ「ウルシュタイン新聞社の招待で行った[131]」と回想している名取は、日本の中外商業新報（現・日本経済新聞）特派員としての役割も担っていた。六月二日の同紙朝刊は、「ウルシユタイン紙と密接な関係」にある「名取特派員」の出発を紹介し、「特に今回の光栄あるオリンピック競技大会航空写真はウルシユタイン社が撮影独占権を所持してゐる際、随時自由に同社と協同して独特の記事と撮影をなし得ることは本社の誇りとする所である」と記している。

第一一回オリンピック大会は、一九三六年八月一日から一六日までドイツの首都ベルリンで開催された。アマチュアスポーツの祭典であるオリンピック競技大会には、「公正で平等な競技」「人種、宗教もしくは取治を理由とした差別の禁止」という原則がある。ユダヤ人迫害を進めるヒットラーの下で国威発揚のための一大プロジェクトとなった本大会では、初めて採用された聖火リレーに沸き、一〇万人を収容する大スタジアムや一六〇〇〇人を収容する水泳戦技場を使って戦々の競技が行なわれた。ベルリン大会には、五一カ国約四〇〇〇人（うち、女子約三三〇人）の選手が参加し、世界新記録が二〇、オリンピック新記録が一三五生まれた。日本からは、一一競技に一七九選手（うち女子一七名）が参加した。

世界の注目を浴びる本大会を取材するために約七〇〇人の海外記者を含む総勢約三〇〇〇名の報道陣が集まった。新愛知新聞社、河北新報などの特派員として現地を訪れた金丸重嶺は、「プロパガンダの、最有効機能として活動するものは、この時、『写真』を措て他にないと云ふ建前から、先づナチスは、オリムピックに対してカメラ統制を行ふと共に、全写真家を動員してその目的を挙げようと努力してる様であります」「オリムピックの写真はオリムピック組織委員会写真事務局で管掌されて、独逸の写真通信社で選定されたもの丈けに許されて外国の写真班には絶対に許されないので、日本での各新聞社は、大抵次の二つの社から配給をうけてゐる様であります。verlag Schirner-Sport bilder Presse-bild Zentrale　その他、有名なウルシユタイン等も加へられてゐることは勿論であります[132]」と報告している。

『NIPPON』では発行人と契約写真家という立場であった二五歳の名取と三六歳の金丸は、ここではそれぞれの新聞を背負って取材を競うライバルであった。金丸は、戦後になってから、陸上選手がヘルシンキで練習中に名取がやってきて、「外交官の市河彦太郎[133]や、寺田駐在武官[134]」を紹介した事や、ヨーロッパから極東日本への写真送稿で名取に抜かれそうになって慌てたことを回想している。

東京・ベルリン間は五五三二マイル。朝日新聞と読売新聞は三日がかりで両都市をつなぐ専用飛行機をそれぞれ用意し、同盟通信社は八月一日から世界最長距離の電送写真を本格開始させるなど、各社が送稿のための先端技術を競った。もっとも、同盟から配付された電送写真はボケが多い上に各社の修正がまちまちだったために各紙に掲載された写真は千差万別に変化して「退屈しない程面白い対照があった[135]」と評されている。

シベリア鉄道でドイツに向かった名取の中外商業新報への原稿は、七月一〇日から掲載された。「私は馬術の遊佐閣下、マラソン選手その他の役員と共に伯林に到着した」で始まる第一報は、オリンピック村、スタジアム、マラソンコースなどを紹介するもので、「シベリヤ経由飛行便↓門司着↓福岡より電送」の写真である「オリンピック村に入る我が水上軍」が添えられている。この後、「オリンピツク予想」「オリンピツク村から」などの連戦コラムや、七月三一日に一九四〇年のオリンピックが東京で開催されると決定（一九三八年に返上決定）するまでのＩＯＣ総会の動向、大会中の競技の模様などが、「ベルリン名取特派員発」として伝えられた。

名取の写真は、日本選手団の様子を生き生きととらえた。無名戦士の墓に花輪を捧げる選手団代表や、オリンピック開会の祝宴でスピーチするドイツ宣伝相ゲッベルスの姿など、競技以前の様子もカメラに収め、三段跳び優勝の田島直人、水泳の一五〇〇メートル自由形優勝の寺田登、マラソンで優勝した朝鮮・新義州出身の孫基禎らの姿を追った。オリンピックベルリン大会の公式報告書に「近代オリンピック史上まれにみる偉大な試合」と記され、後に銀・銅メダルを半分に切って交換する「友情のメダル」で栄誉を分かち合った棒高跳びの西田修平と大江季雄。ラジオ実況中戦のアナウンサーが「前畑リード、前畑ガンバレ……」と絶叫し戦けた二〇〇メートル平泳ぎ優勝の前畑秀子。名勝負、名選手を追った名取は、スポーツの栄光と孤独を活写した。

オリンピックに対する日本国民の関心が高まる中で、「写真作家として特派されてゐる人に金丸重嶺君、名取洋之助君がゐる。両君の作は新調写真班のマンネリズムを打ち破るものとして新鮮なものだった」(136)と、二人の写真について記されたものもあった。

しかし、撮影した写真全てが日本に送稿されたわけではなかった。中外商業新報での名取特派員発の記事は文字中心で、添えられた写真は選手の顔写真など紋切り型が多い。同紙で「ベルリン大会入場式」として壮大な競技場の全景を見せるためにパノラマのように仕立てた写真が掲載されたのは八月一九日、「オリンピック画報」として競技終了後の西田などの写真が掲載されたのは同月二五日と、いずれも大会終了後だった。金丸と取材合戦を行なった名取は速報性も追求していたと思われるが、海外からの写真送稿は現代とは較べものにならない時間と手間がかかり、ニュースを競う新聞紙上は写真家の活躍の場ではなかった。名取の写真は、現地ドイツでの古巣『Berliner Illustrierte Zeitung』八月一三日号、同月一九日号に掲載され、同誌別冊のオリンピック特集第二号には、競技場のつなぎ写真や、西田選手の一日を追った人間ドラマなどが大きく取り上げられた。また、独・英語による解説が施された記念アルバムにも散見されるなど、むしろ現地で多く使われた。

『Berliner Illustrierte Zeitung』八月一三日号は、名取の顔写真をあげて、スポーツマン特派員の一員で「柔道家」だと紹介している。同じページには、ドイツのカメラマンが長い望遠レンズを装着した三五ミリカメラを縦位置にかまえて取材する様子が示されている。同じように長いアストロ望遠レンズとミラーボックスの組

図20 「西田の一日」『Berliner Illustrierte Zeitung』オリンピック特集第2号，1936年

み合わせに銃の台尻型グリップをつけた「新工夫のライカ」をのぞく水泳の新井茂雄選手の様子がパウル・ヴォルフの『ライカによる第十一回伯林オリムピック写真集』[137]に掲載されているが、名取も「メインスタジアムでのナチス式敬礼」などを撮影するときには、このような四〇〇ミリ以上の超望遠レンズを使用していたと考えられる。

名取と大島謙吉陸上主将がカメラをかまえて互いを写し合ったと思われるカットが六×六と三五ミリで一枚ずつ残されていて、これには、ローライフレックス・スタンダードと当時発売されたばかりのコンタックスⅡが写っている。名取は、グラフ誌の素材になるような変化に富んだ写真のためにレンズやアングルを工夫し、使いなれたライカとこれらのカメラを使って撮影したのだ。

金丸によれば、「オリンピック組織委員会の公式新聞、オリンピア・ツァイトングにはポール・ウォルフが特派されて、オリンピア炬火リレーを撮影にギリシャからリレーとともにベルリンまで報道をつづけ」ていたが、「報道写真においても常に構図をまとめるために、つくりあげた形を、つまり報道のために指図した様な写真をつくっておる[138]」という撮影ぶりだった。

ヴォルフのオリンピック写真は、独、日、米で写真集が刊行され、日本では一九三七年三月の刊行と同時に「ライカによるオリムピツク写真展覧会」が銀座・三越で開催された。一方、名取は、写真雑誌の「口絵作品」などにオリンピックの写真を発表することも展覧会を発表することもなかった。ヴォルフは既にナチの国家宣伝に取り込まれていたが、日本選手の活躍を追った名取の報道写真は、まだ、日本の国家宣伝には取り込まれていなかった。

一方、名取は、一九三七年にベルリンのカール・シュペヒト社から自らの写真集『GROSSES

図21　YOUNOSUKE NATORI『GROSSES JAPAN（DAI NIPPON）』KARL SPECHT VERLAG、1937年、『GROSS JAPAN（DAI NIPPON）』同、1942年

JAPAN（DAI NIPPON）』を刊行している。武者小路公共日本大使の序文や日本文化研究者フリッツ・ルンプ博士の序論を添える正統派の文化紹介写真集だ。同年刊行の日本紹介写真集には、一九三五年に来日して名取を訪ねたフリッツ・ヘンリーの英文写真集『This is Japan』（HEERING VERLAG [HARZBURG]、一九三七年）もあり、こちらにはベルリン大で哲学を学ぶ千足高保の序論が付けられた。オリンピックや万国博覧会の開催に向けて、日本理解を促す機会が次々に設けられていた。名取は、仕事を発展させる千載一遇のチャンスを捉えるべく、九号以降の『NIPPON』でオリンピック東京大会についての記事を連載し、『NIPPON日本語版』（一九三七年一二月刊）には「海外に於ける『NIPPON』の反響」としてドイツその他からの好意的な声を掲載した。

　オリンピック終了後の一九三六年九月、名取は日本から伴った妻・エルナとともにドイツ周遊の旅に出た。開通間もないアウトバーンをメルセデスのオープンカーでひた走り、ミュンヘン、フランクフルト、ハンブルグなど、国内を一周して主要都市を巡った写真が残されている。民族衣装の人々が行き交うコトブスの市場や美しきドナウの源泉などドイツ各地の人と風景を巡る旅のシリーズもオリンピック取材と同じ密着帖[139]に整理されており、「仕事」に結びつける準備がしてある。だが、モデルを使って撮影したと思われる写真も含めて、このシリーズからはグラフ誌への掲載がわずか一枚しか確認できていない。一九三六年のドイツで外国人ジャーナリストの存在が認められたのは、やはり、オリンピック大会に限定されていたのである。

名取の「ドイツ・一九三六年」のネガは一〇カ月で約二〇〇〇カットが現存している。失われたネガもあるだろうが、前述した日本取材での三カ月で七〇〇〇枚や後述する翌一九三七年のアメリカ滞在五カ月での約一万カットに比べて少ない。

実は、名取は、ドイツを再訪したこの時に、日本から持っていった絵絣の展覧会や、日本研究所における独日協会主催「日本の書籍出版技術展」開催に携わっている。この旅は、写真家としての撮影のみならず、日本工房主として開拓すべき仕事を見つける意味が大きかったのである。

注

（1）輸入品のベスト・ポケット・コダックやピコレットに対抗して小西六が一九二五年に製造販売を開始した小型カメラ。

（2）『写真とともに百年』小西六写真工業、一九七三年

（3）平櫛田中（1872-1979）は東京美術学校教授、日本美術院同人。

（4）「建築美」の作者についてはふれていない。

（5）聚楽社より一九三二年五月創刊の月刊同人誌。野島康三、中山岩太、木村伊兵衛が同人となって創刊し、二号から

伊奈信男が同人に加わる。一九三三年一二月休刊。

(6) 淵上白陽、1889-1960

(7) 鈴木八郎、1900-1985

(8) 斎藤鵠児、1893-不詳

(9) 金丸重嶺、1900-1977

(10) 金丸重嶺「広告用写真の製作法」『現代商業美術全集 一四巻 写真及漫画応用広告集』アルス、一九二八年

(11) 前出(10)「広告用写真の製作法」

(12) 古田立次「広告写真生立の記」『アサヒカメラ』一九二九年一二月号

(13) モホリ=ナギ、Moholy-Nagy László、1895-1946

(14) 成沢玲川(金兵衛)、1877-1962

(15) 成沢玲川「写真の商業化」『アサヒカメラ』一九三〇年三月号

(16) 『アサヒグラフ』共催、第一回特選は渡辺伸雄=義雄の〈フィルム模様〉

(17) 賞金一〇〇〇円、入選作発表は『アサヒカメラ』一九三〇年五月号

(18) 入選作発表は『アサヒカメラ』一九三一年四月号

(19) 小石清、1908-1957

(20) 金丸重嶺「商業写真界の回顧」『日本写真界年鑑1931-1932』写真機界社、一九三一年

(21) 浜田増治「広告写真の将来とその進展の道」『アサヒカメラ』一九三一年四月号

(22) 第二回「国際広告写真展」佳作は賞金一〇円

(23) 『アサヒカメラ』一九三三年四月号に掲載

(24) 第四回「国際広告写真展」三等は記念銀メダル・賞金一〇〇円

(25) 二部（薬品）で渡辺淳（1897-1990）、四部（雑）で真継星児［不二夫］（1903-1984）が入選した。
(26) 『フォトアート臨時増刊　現代写真家読本・一　木村伊兵衛読本』一九五六年八月
(27) 東京アートディレクターズクラブ編『日本の広告美術―明治・大正・昭和二　新聞広告・雑誌広告』美術出版社、一九六七年
(28) 木村伊兵衛「私の写真技術」『木村伊兵衛傑作集』朝日新聞社、一九五四年
(29) 内藤豊次「広告主から広告写真作家へ」『アサヒカメラ』一九三三年四月号
(30) ノイエ・ザハリヒ・カイト（新即物主義）とは、第一次世界大戦後のドイツで勃興した美術運動。冷徹な視線による即物的な表現で、主観的な表現に対抗した。
(31) 木村伊兵衛「木村伊兵衛放談室　18　ゲスト伊奈信男、渡辺勉」『アサヒカメラ』一九七三年六月号
(32) 木村伊兵衛「雑記」『光画』一九三二年五月
(33) 伊奈信男、1898-1978
(34) 伊奈信男『写真・昭和五十年史』朝日新聞社、一九七八年
(35) 「『写真・昭和五十年史』を書いた伊奈信男氏　現場でとらえた変遷」『朝日新聞』一九七八年四月一〇日
(36) 名取洋之助「下町情緒の名人芸」『フォトアート臨時増刊　現代写真家読本・一　木村伊兵衛読本』一九五六年八月
(37) 野島康三「愛嬌たっぷりの自画自賛」『フォトアート臨時増刊　現代写真家読本・一　木村伊兵衛読本』一九五六年八月
(38) 原弘、伊奈信男、岡田桑三「座談会　写真の道ひとすじに生きる――木村伊兵衛の思い出――」『アサヒカメラ』一九七四年八月号
(39) 堀野正雄、1907-1998
(40) 堀野正雄「グラフ・モンタージュの実際」『光画』一九三二年七～一一月号

(41) 原弘、1903-1986
(42) 原弘「絵—写真・文字—活字、そしてTypofoto」『光画』一九三三年二〜五月号
(43) 独逸国際移動写真展は、ドイツ工作連盟が一九二九年に開催した「Internationale Ausstellung Film und Foto」展写真部門の日本巡回展。村山知義、山内光（岡田桑三）が斡旋した。
(44) 一等入選賞品はトロフィーと新発売のライカ用f3.5広角レンズ（一四四円）
(45) 岡田桑三、1903-1983
(46) 伊奈信男「名取洋之助君のこと」『アサヒカメラ』一九五二年一月号
(47) ジグムンド・フォン・ウェイヒ、Sigmund von WEECH, 1888-1982。ベルリン国立工芸学校教授。テキスタイルや切手のデザインが代表作として挙げられる。ミュンヘンに手織物工場「ベック・アム・フォーフ」を経営。後に、名取の写真集『GROSSES JAPAN（DAI NIPPON）』の装丁を担当。
(48) エルナ・メクレンブルグ、Erna MECKLENBURG, 1901-1979。旧ドイツ帝国のケーニヒスベルグ（現ロシア・カリーニングラード）生まれ。ミュンヘンの古書複製専門出版社に勤務していた頃に、名取と知り合い同棲。一九三三年に来日し、一九三九年入籍。名取の仕事のパートナーとして欠かせぬ存在であり、一九四六年の離婚後も親交があった。
(49) 図7参照：「SCATZGRÄBER（宝探し）」『Münchener Illustrierte Presse』一九三一年№26
(50) 『Berliner Illustrierte Zeitung』創刊は一八九二年一月四日号。
(51) ドクター・ザロモン、Erich SALOMON, 1886-1944
(52) マルティン・ムンカッチ、Martin MUNKACSI, 1896-1963
(53) 六〇テーマのうち、一九三九年までに世界中で使用された三〇テーマは次の通り。日本の家庭生活、着物と髪、東京の街頭、二重瞼の手術、日本の旅館、黒焼屋、魚供養、貧民街のモダン住宅、ビール工場、芸者学校、日本的な

美――日本人の顔、操人形、三味線学校、茶の湯、ダンス・ホール、日本の演劇、生花、玩具の収集家――日本の玩具、園遊会、婦人の生活、骨董屋、靖国神社、婦人と犬――犬の品評会、雛祭り、三文オペラ、東京にいるドイツ人、端午の節句、ファッション・ショウ、お祭り、踊りの師匠(名取洋之助「報道写真談義 3」『カメラ』一九五二年四月号)。

(54) 名取洋之助「犬も歩けば棒にあたる」『サンケイカメラ』一九五七年四月号

(55) 前出(54)「犬も歩けば棒にあたる」

(56) 三神真彦『わがままいっぱい名取洋之助』筑摩書房、一九八八年

(57) 名取洋之助「報道写真談義 3」『カメラ』一九五二年四月号

(58) 前出(57)「報道写真談義 3」

(59) 前出(57)「報道写真談義 3」

(60) 前出(54)「犬も歩けば棒にあたる」

(61) 名取洋之助「報道写真談義 4」『カメラ』一九五二年六月号

(62) 名取洋之助「報道写真の勃興」『セルパン』一九三五年一一月号

(63) 「第一回『文芸家肖像写真展覧会』のこと」『報道写真に就いて』日本工房、一九三四年三月

(64) 勝田康雄「堀野氏個展と日本工房展を観る」『カメラ』一九三四年四月号

(65) 前出(64)「堀野氏個展と日本工房展を観る」

(66) 伊奈信男「報道写真に就て」『報道写真に就いて』日本工房、一九三四年三月

(67) 前出(66)「報道写真に就て」

(68) 前出(66)「報道写真に就て」

(69) 前出(46)「名取洋之助君のこと」

(70) 影山稔雄、1907–1998
(71) 山名文夫、1897–1980
(72) 堀宜雄「『NIPPON』考・序」『日本美術史の杜』(竹林舎、二〇〇八年) によれば、「ボッカストラッセ」はドイツ、ブレーメンで一九二八年から一九三〇年まで刊行されていた『Die Bottocherstrashe』。編集長は Atbert Teile。
(73) 前出 (61)「報道写真談義 4」
(74) 前出 (62)「報道写真の勃興」
(75) 名取洋之助「報道写真談義 5」『カメラ』一九五二年八月号
(76) 名取洋之助「報道写真談義 2」『カメラ』一九五二年二月号
(77) 前出 (76)「報道写真談義 2」
(78) 前出 (61)「報道写真談義 4」
(79) 前出 (61)「報道写真談義 4」
(80) 津田信吾「『NIPPON』随感」「諸名家 NIPPON 推薦の辞」『NIPPON 日本語版』一九三六年一二月
(81) 前出 (61)「報道写真談義 4」
(82) 影山稔雄「名取洋之助と日本工房と私」『先駆の青春——名取洋之助とそのスタッフたちの記録——』日本工房の会、一九八〇年
(83)「設立趣意書」一九三四年四月 (『財団法人国際文化振興会昭和十年度事業報告書』)
(84) 前出 (83)「設立趣意書」
(85)「写真雑誌『NIPPON』編集及出版援助の件」『国際文化振興会議事録 第二六回理事会』一九三五年九月一三日
(86)「Movement in Japan for Promotion of Cultural Relations with Foreign Countries」『NIPPON』創刊号一九三四年一〇月

(87)　「THE KOKUSAI BUNKA SHINKOKAI The Society for International Cultural Relations: What is it doing ?」『NIPPON』三号一九三五年四月
(88)　名取洋之助「江戸を偲ぶ」『日の出』一九三四年五月号
(89)　名取洋之助「炎暑征服」『日の出』一九三四年九月号
(90)　名取洋之助「玩具の学校」『婦人画報』一九三四年七月号
(91)　名取洋之助「ベニスの謝肉祭」『婦人画報』一九三四年八月号
(92)　飯島実「『日本工房』創設から『国際報道工芸』解散まで」『先駆の青春――名取洋之助とそのスタッフたちの記録――』日本工房の会、一九八〇年
(93)　名取洋之助「展示の諸問題に関して一」『博展』73号、一九四二年九月
(94)　渡辺義雄、1907–2000
(95)　青木節一編集『財団法人国際文化振興会昭和十年度事業報告書』一九三七年
(96)　名取洋之助「旅行写真に就て」『アサヒカメラ　臨時増刊　最新の写真知識号』一九三五年一一月
(97)　「パウル・ウオルフ写真展覧会」『アサヒカメラ』主催、日本工房提供、九月七～一二日、日本橋白木屋
(98)　山名文夫『体験的デザイン史』ダヴィッド社、一九七六年
(99)　パウル・ヴォルフ、Paul WOLFF, 1887–1951
(100)　『MINE ERFARUNGEN MIT DER LEICA』H. BECHHOLD VERLAG、一九三四年
(101)　名取洋之助「ポウル・ウオルフの身上」『カメラアート』一九三六年一月号
(102)　前出(101)「ポウル・ウオルフの身上」
(103)　「年表」『木村伊兵衛傑作写真集』朝日新聞社、一九五四年
(104)　伊奈信男「写真展月評」『アサヒカメラ』一九五一年八月号

(105) 前出(85)「写真雑誌『NIPPON』編集及出版援助の件」

(106) 青木節一「日本工房と文化紹介運動」「諸名家NIPPON推薦の辞」『NIPPON日本語版』一九三六年一二月

(107) フリッツ・ヘンリー、Fritz HENLE, 1909-1993

(108) アーチボルド・マクリーシュ、Archibald MACLEISH, 1892-1982

(109) ベスト判とは、画面寸法が四×六・五センチの写真フィルム。一世を風靡した米国コダック社のアマチュア向けカメラであるベスト・ポケット・コダックに使われたため、この呼称が使われた。

(110) 飯島実「執念の顔　土門拳のことども」掲載誌名及び発行年月不明。飯島夫人所有の印刷物で、彼が戦後に勤務した大東印刷工芸株式会社の社内報か。文末に「1975・10・27」とある。

(111) 「アマチュアへ捧げる写真の座談会」『アサヒカメラ』一九三五年一二月号

(112) 「土門拳のひとこと」「土門拳――その周囲の証言　日本工房時代の確執」『アサヒカメラ』一九七八年五月号

(113) 前出(82)「名取洋之助と日本工房と私」

(114) 熊田五郎、1911-2009

(115) 土門拳「なつかしいカビネ写真術　思い出のカメラ」『話題のカメラ診断室』朝日ソノラマ、一九七四年

(116) 成瀬幸男「木村伊兵衛連載対談　第四回　カメラいぢりは愉し」『日本カメラ』一九五四年一〇月号

(117) 藤原美智子『こころはいつもギャルソンヌ』グラフ社、一九九〇年

(118) 「名取洋之助は何を残したか4　雑誌『NIPPON』初期のスタッフたち」『アサヒカメラ』一九八〇年四月号

(119) 名取洋之助「ライカの撮影」『アサヒカメラ』一九三五年三月号

(120) 土門拳「土門拳選集　作者の弁」『カメラ』一九四二年一一月号

(121) 前出(75)「報道写真談義　5」

(122) 「編集後記」『ZUR ERINNERUNG』一九三六年

(123) 信田富夫、1910–1985
(124) 土門拳「カメラの覚書」『早稲田大学政治経済学部経済科卒業記念アルバム』一九三七年
(125) 前出(124)「カメラの覚書」
(126) 「編集後記」『早稲田大学政治経済学部経済科卒業記念アルバム』一九三七年
(127) 「土門拳と熊田千佳慕さん　気遣いあった『見る』二人」『朝日新聞』二〇〇六年五月二九日
(128) 『国際文化振興会議事要録第三一回理事会』一九三六年二月一四日
(129) ロケットスタートを得意とする吉岡は、一九三二年オリンピックロサンゼルス大会一〇〇メートル走で入賞して「暁の超特急」と呼ばれ、一九三五年には一〇秒三の世界タイ記録を出した。
(130) 河野鷹思「写真史の証言4　贅沢な注文ばっかり。名取洋之助は怖いアートディレクターでした」『報道写真の青春時代』講談社、一九九一年
(131) 名取洋之助「アメリカ撮影旅行の思い出」『アサヒカメラ』一九五〇年九月号
(132) 金丸重嶺「オリムピック大会とカメラマンの活躍」『アサヒカメラ』一九三六年九月号
(133) 市河彦太郎、1896–1946
(134) 金丸重嶺「名取洋之肋のこと」『アサヒカメラ』一九五七年一一月号
(135) 倉上克郎「オリンピック報道戦をのぞく」『新青年』一九三六年一〇月号
(136) 前出(135)「オリンピック報道戦をのぞく」
(137) パウル・ウォルフ『ライカによる第十一回伯林オリムピック写真集』シュミット商店、一九三七年
(138) 前出(132)「オリムピック大会とカメラマンの活躍」
(139) 密着帖は横浜美術館所蔵

chapter 2

第二章　「写真報国」に踏み出す内閣情報部

一　日本から配信される「報道写真」

木村伊兵衛が日本工房に在籍したのは、一九三三年七月頃から約八カ月だった。短期間ではあったが、彼が撮影した写真も名取洋之助の手配によって海外へ配信されている。

例えば、一九三四年三月の「報道写真展」で展示された木村の〈大島〉は、一九三四年五月にデンマーク[1]とフランス[2]でグラフ記事となった。両記事のテーマは、「日本人と自殺」だ。一九三三年の初めに、大島の三原山火口で女学生が友人を立会わせて身を投げる事件が続いた。以降、センセーショナルな報道に誘引されてか、この年の大島では、一三〇人近くが投身自殺し、野次馬的な観光客が二〇万人近く押し寄せた。後に林芙美子や坂口安吾のエッセイ[3]でも取り上げられたこの社会現象は、満洲事変をきっかけに極東の小国に関心を持ち始めたヨーロッパの人々にとって興味深いものであった。本文では、自殺の名所となった大島や華厳の滝などを挙げ、宗教の違いや武士道精神を軸に彼我の死生観の違いを語っている。刺激的な文章とはうらはらに、駱駝での火口めぐりや美しい島娘などを写

SELVMORDERØEN
OSHIMA

図22　「OSHIMA」『TIDENS KVINDER』1934年５月29日号［J］

した木村の写真は観光地ののどかな魅力に溢れている。オリエンタリズムの視線で未知の国を紹介しようとするグラフ誌編集者が望む写真であった。

この他にも、「蠅の週間」[4]や、「昭和浮世絵」[5]など、日本工房から配信された木村の写真は外国のグラフ誌に散見される。木村は、日本工房での仕事によって世界に活躍の舞台を広げていた。

しかし、「報道写真展」後、木村は仲間とともに名取と決別し、同年五月には伊奈信男、原弘、疋田三郎と中央工房（京橋区銀座西）を創設した。この事を後年回顧した伊奈は、「名取君が今度商売になるようにしようとして、われわれ必要ない人間をまず岡田君から除外しちゃったわけなんだよ。その次にぼくを除外しようとしたときに、木村君が『ぼくもやめる』と言い出して、原君やなんかみんな『やめるやめる』と言い出して分裂しちゃった。それで中央工房になる」「日本工房時代に名取洋之助の『フォト・ナトリ』というので外国に出している中に、木村伊兵衛の写真が実際は相当に入っているんだ。だから中央工房に分裂したときに、木村伊兵衛はわりあいにそういう点はかれも計算高いところがあるから（笑い）、いくらかもらおうというわけで、補償金をとった」[6]と述べている。

一九三四年八月には、中央工房が独自に海外への写真配信を開始し、配信機関の名称を国際報道写真協会（中央工房内。Internationalen Reportage Photographie、略称 IRP）とした。会長は木村が務めて、伊奈、原、岡田桑三、写真家・渡辺義雄、東京日日新聞記者・光吉夏弥[7]、林謙一[8]らが会員となった。ここから送った木村の写真は、名取の古巣である『Berliner Illustrierte Zeitung』などにも掲載された。

一九三五年五月には鉄道省の外局である国際観光局が開局五周年を記念して季刊英文グラフ誌『TRAVEL IN JAPAN』を創刊し、光吉が編集長となって木村や渡辺、岡本東洋、小石清などの写真が多用される。翌六月には、外国向けの仕事をより活発に行なうために国際報道写真協会が正式に発足し、「Inter-Photo, Mouritius, Oswald 等の有力なる写真通信社と提携して、世界各国の新聞雑誌に写真を提供し、最も力強く世界大衆に呼びかける[9]」ようになり、「ドイツ新聞連合社と直接に契約しましたので、間もなく、Associated Press（A. P.）の名の下に発表されるものも多くなる事と存じます[10]」と順調なすべり出しを見せた。前述したように、同年七月には国際文化振興会から名取・木村・渡辺に対して「現代日本の文化と生活の生きた姿」を伝えるためのストックフォトの撮影依嘱があった。これと呼応したものか、この頃に国際報道写真協会は改組されて三浦直介が会長となって木村は撮影に専念し、対外名称を JPS（Japan Photo Service）に変更している。

名取、木村らが外国へのビジュアル発信を旺盛に行なうようになった動きを捉えて、総合雑誌『セルパン』一九三五年一一月号は「報道写真」の特集を組んだ。名取の「報道写真の勃興」や伊奈の「現代の写真とその理論」をはじめ、登山家の長谷川伝次郎、民族学の鳥居龍蔵、映画に詳しい生物学者・大島正満がそれぞれの立場から写真の活用について記した。また、名取とほぼ同時期に滞独してバウハウスに学んだ建築家の山脇巌による「ドイツ写真界の現状」、美術評論の柳亮がフランスのグラフ誌について語る「『VU』のモデル」、ロシア語の馬上義太郎による「ソヴェトのグラフ」、堀野正雄の「写真壁画の誕生」、金丸重嶺の「海外の写真集」ほか多彩な内容が展開された。

「カメラは実に学術上は勿論、過去から現在を通じ将来に残す一種の記念であると云つてよい」（鳥居龍蔵）[11]、「芸術――成る程、それは尊重すべきものであらう。然し、我々は生きた芸術への途を歩まなければならない」（堀野正雄）[12]などと記す彼らに共通するのは、「試験的写真の時代が過ぎ、社会的に実用性のあるものは立派に利用され試作として世に問ふ必要もなくなつた」（山脇巌）[13]という感覚だった。

大宅壮一が、「カメラ万年筆論」をくり広げたのもこの時期だ。一九三五年夏に渡満した後の講演会で、「現代の知識人が現代社会に生活していく以上は、万年筆を使ふのと同じやうな意味に於てカメラを或る程度まで使へるいふことが基礎的な条件ではないか」「万年筆を持つて満洲に行つたのに較べて、カメラを持つて行つたことが如何に役立つたか」[14]と述べている。

鉄道省国際観光局や国際文化振興会は外国に向けての発信を重視する動きの中で設立されたものだが、この頃、海外に配信される写真はツーリズムを満足させる写真が中心で、名取、木村らの「報道写真」は、この流れに乗って発展していった。

二　『LIFE』が伝える日本——名取洋之助とアーチボルド・マクリーシュ

一九三六年一一月二三日、アメリカでグラフ週刊誌『LIFE』が創刊された。同国ではこの頃グラフ誌が次々に創刊されていて、光吉夏弥の「『ライフ』か『ルック』か」[15]によれば、一九三六年一〇月一〇日号で新装創刊した『Mid-Week Pictorial』は二号目に一〇万四〇〇〇部を、一九三七年二月号で創刊の『Look』は八三万五〇〇〇部を売り、同年五月には『PIC』『Photo-history』などが創刊され、一〇セントグラフが大流行となった。ドイツの通信社へ送付した写真については為替管理のために代金を受け取ることができなくなっており、『LIFE』をはじめとする新しいグラフ誌は、日本の報道写真家にとっても開拓すべき新しい市場となった。

光吉の「氾濫する十仙グラフ——アメリカの写真ジャーナリズム」[16]によると、『LIFE』創刊号四五万部は三日と経たないうちに売り切れ、これを見るためのカクテル・パーティが読者の家で開かれたほどの人気だったという。名取の写真「日本の兵士」[17]は通巻八号にあたる一九三七年一月一一日号の『LIFE』表紙に、また、同号記事に富士山頂近くを飛ぶグライダーをとらえた写真が使われた。

この頃ドイツ外遊中だった名取とエルナは、一九三七年四月一七日にニューヨークへ向かって出発した。名取の戦後の回想では、「前前から考えていたアメリカ行き」であり、「実は写真を写そうと考えたのではなくて、アメリカを見たいと思つたから[18]」だった。

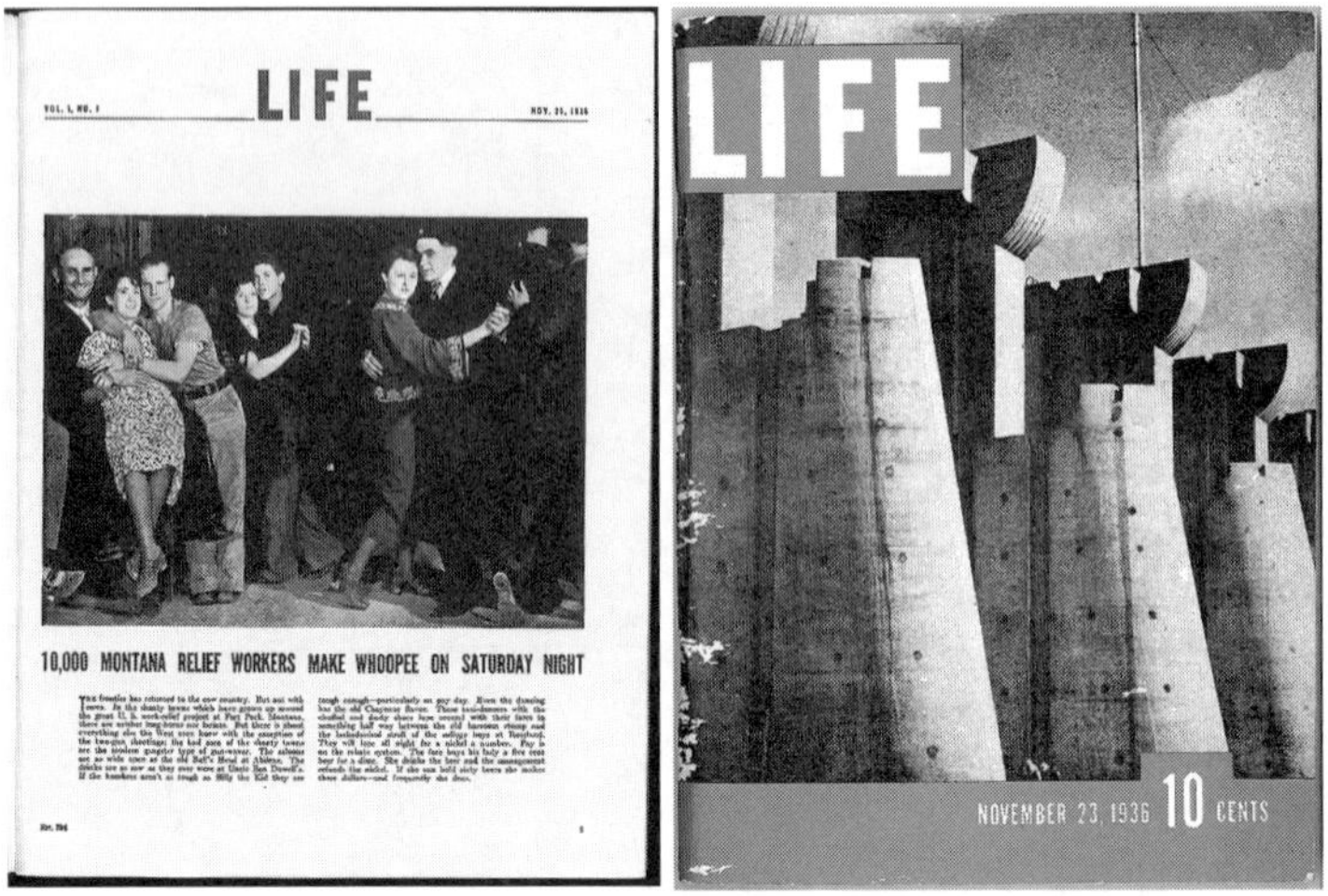

図23　『LIFE』　1936年11月23日創刊号

ドイツから現金を持ち出せなかったため、ライカ、コンタックス、マキナやシーメンスの一六ミリなどの機材を買い込んだ名取は、船室も一等をとり、金《マルク》を使い果たして出国した。滞米中の旅費を心配したが、下船してみると、一九三六年の日本特集号取材で親しくなっていた『FORTUNE』誌編集者のアーチボルド・マクリーシュが出迎えてくれ、すぐにエージェントから「ライフ、フォーチュンが君に仕事をしてもらいたいといつている」[19]と告げられた。名取はワシントン、シカゴを巡って取材した後、エルナと共にマクリーシュのバーモントの別荘に滞在した。

『LIFE』と『FORTUNE』は同じタイム社から刊行されていた。『LIFE』創刊号表紙と巻頭記事の写真は、『FORTUNE』でも活躍していたマーガレット・バーク=ホワイト[20]が撮影したことはよく知られているが、その記事の本文を書いたのはマクリーシュである。

マクリーシュは一九三三年に詩部門でピューリッツァー賞を受賞しており、タイム社社主で『LIFE』編集長のヘンリー・ルース[21]とはエール大学以来の友人であった。ジョン・コブラーの著書『ヘンリー・ルース』[22]によれば、『LIFE』創刊はルースの二番目の妻となる元『ヴァニティ・フェア』編集部長であったクレアの提言が大きいという。しかし、創刊五カ月前の一九三六年六月二九日にマクリーシュがルースに宛てた次の電報が目を引く。「ジャーナリズムの大革命は世論の革命ではなく、世論の形成され方の革命なのである。こうした革命の中で、印刷機の革命よりも偉大なものは……カメラの革命である。……しかし、それはいまだに現実に利用されていない革命でもある。雑誌や新聞はすでに写真を利用しているが、しかしまだ写真固有の表現としては利用していない。写真は説明のために使われてきたが、カメラはもはや説明をすることをやめたのだ。カメラは物語を語るのだ。……カメラは現代生活のもっとも偉大で、またあらゆる基準からして人をもっともよく納得させる報告者の位置を占める」[23]。この電報は、写真を中心にした新雑誌の方向性を示していると言えよう。

名取によると、ナチスに追われてアメリカに渡った『ベルリーナ・イルストリーテ・ツァイツング』編集長だった「［クルト・］コフル氏が考え出したのが『ライフ』[24]だというが、コルフは一年契約で、新雑誌の方向を提示しただけだった。実際に刊行し始める頃には、タイム社で既に活躍していたマクリーシュの影響が大きかったのではないだろうか。

さて、ここに、一通の手紙がある。一九三七年一月七日、マクリーシュからルースに宛てたもので、[25]名取夫妻が五月に渡米予定であること、車での大陸横断を計画していること、名取に「東洋一のカメラマンが初めて見たアメリカ」[26]を撮影させようという企画の提案で、ルースの了承した旨の走り書き

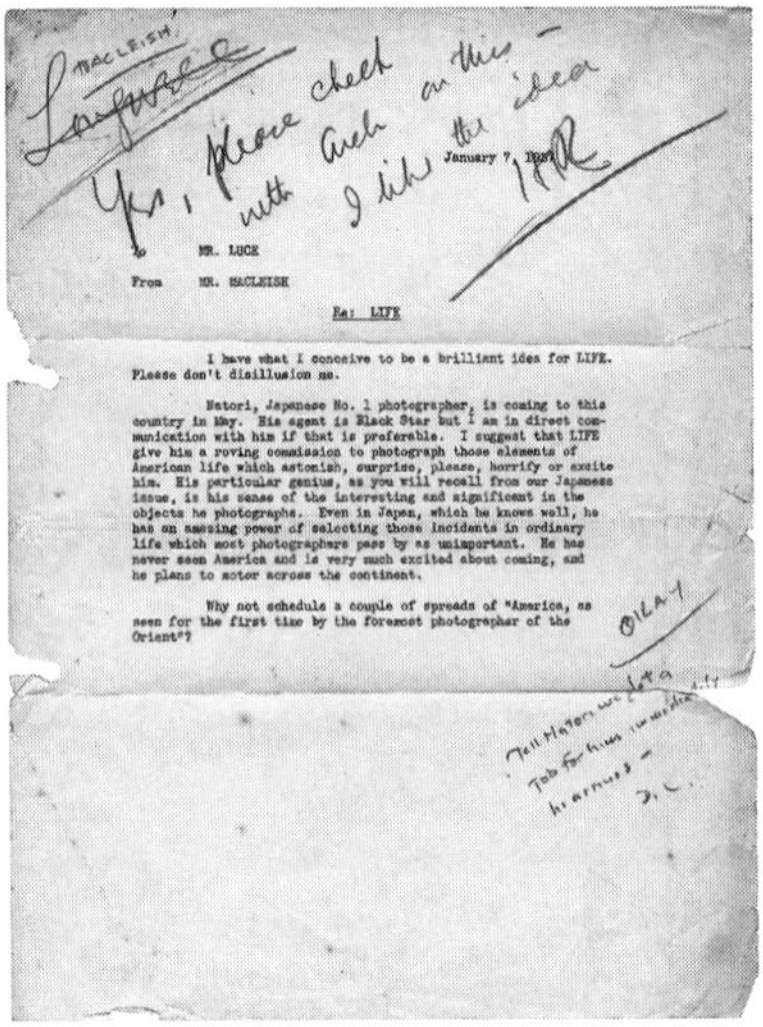
January 7, 1937

To　MR. LUCE

From　MR. MACLEISH

Re: LIFE

I have what I conceive to be a brilliant idea for LIFE. Please don't disillusion me.

Natori, Japanese No. 1 photographer, is coming to this country in May. His agent is Black Star but I am in direct communication with him if that is preferable. I suggest that LIFE give him a roving commission to photograph those elements of American life which astonish, surprise, please, horrify or excite him. His particular genius, as you will recall from our Japanese issue, is his sense of the interesting and significant in the objects he photographs. Even in Japan, which he knows well, he has an amazing power of selecting those incidents in ordinary life which most photographers pass by as unimportant. He has never seen America and is very much excited about coming, and he plans to motor across the continent.

Why not schedule a couple of spreads of "America, as seen for the first time by the foremost photographer of the Orient"?

図24　マクリーシュからルースへの手紙　1937年1月7日付［J］

が加えられている。この手紙が出されたのは、名取の「日本の兵士」が『LIFE』一九三七年一月一一日号の表紙に使われた頃だ。上半身裸の日本人兵士が屋上で教練する写真は、マクリーシュが日本に出張取材して刊行された『FORTUNE』一九三六年九月の日本特集号にすでに掲載されていた。同号のコラム「日本の写真家」[27]は、「名取洋之助や木村伊兵衛のような日本の写真家の真価は、絵のように美しい日本をとらえることと、相当にジャーナリスティックな知性を備えていることにある」「外国人の好奇心に応えるように日本の生活をとらえている」[28]と、彼らが海外のメディアで歓迎される撮り方が出来る写真家であることを高く評価している。こうした考えは、実際に日本取材を行なって彼らの写真と接したマクリーシュの受け止め方を反映しているのだろう。

ちなみに、同年ニューヨーク近代美術館で開催された展覧会にちなんで刊行されたバーモント・ニューホール[29]の『PHOTOGRAPHY 1839–1937』[30]を見ると、現代写真部門で、マン・レイ[31]、マーガレット・バーク＝ホワイト、エドワード・スタイケン[32]らの写真に並んで、名取が写した「Series of

図25「日本の兵士」『LIFE』1937年1月11日号

図26「林銑十郎」『LIFE』1937年2月15日号

photographs of a Japanese story-teller」が目録に載っている[33]（同書に写真は掲載されていないが、落語家を撮影した連作を指すと思われる）。日本人による写真は他になく、日本を伝える名取の写真は、同部門で上げられた他の写真家のものと同様にアメリカで受け入れられていた。

名取の「日本の兵士」に次いで、木村による林銑十郎の肖像写真（一九三五年撮影）が『LIFE』一九三七年二月一五日号の表紙に採用された。『FORTUNE』での評価が『LIFE』掲載に直結しており、同誌の日本関連企画にはマクリーシュが大きな影響力を持っていたと言えるだろう。そんな実力のある編集者が、名取の渡米を知って企画を通して待っていたのだ。

名取滞米中の一九三七年には、彼の写真だけで構成された記事が『LIFE』に何度も掲載された。日本から配信済みだった「海外からの写真：シルクハットの日本人紳士、天皇の鯉を釣る」[34]（五月三日号、二頁）、訪米した名取夫妻の顔写真入りで彼らを紹介する記事「写真は語る……日本の超一流カメラマンによる」[35]（五月一〇日号、三頁）、マクリーシュの別荘近辺を取材した「日本人写真家がバーモントで　英国植民地時代の最後の拠点を見出す」[36]（七月一九日号、六頁）、七月一三日から八月三〇日まで巡ったアメリカ大陸横断旅行で撮影したインディアン祭りを伝える「十六種族五千人のインディアンが舞踏儀式のためニューメキシコ州ギャロップに集う」[37]（九月一三日号、二頁）などだ。

後年の名取は、コルフやエージェントのシャフランスキーなどアメリカに移っていたドイツ時代の仲間に当地の雑誌編集者の考えを聞いた後で『LIFE』に掲載された写真は、「『日本的な眼でみた』という註が入つていた。私からいえば一生懸命アメリカ風にとつた仕事だつたのであるが」[38]と記している。「日本人写真家がバーモントで」の本文を見ると、「時おり、日本人である名取洋之助の目は、ほのかにアジア的なこれらの風景に心を動かされた：神道の鳥居のように空を横切る橋のライン、人力車のシルエットのようなアンティークの乳母車」[39]と記されている。外国在住が長いコスモポリタンの名取にとって、苦心してアメリカ風に撮った写真をこの様に書かれることは心外だっただろう。しかし、彼には始めから「東洋人がはじめて見たアメリカ」という記事が期待されていた。『LIFE』の本文はその編集意図に沿って書かれたに過ぎないのだが、その内幕は知らされていなかったようだ。

アメリカ滞在中に現地を撮影した写真で構成した記事は、それほど多くない。特に、一カ月以上もかけて車で大陸横断をしたというのに、その時撮影した写真はインディアン祭りだけしか『LIFE』の記事になっていない。名取は帰国後、現地写真家の仕事を「既に社会に名をなした者と雖も油断はできない。激しい競合ひの中にのす奴はメキメキのし、才能と努力の足りない奴は忽ち社会から落伍して行く[40]」と語った。外国人カメラマンが多くなかった日本をテーマにしていたときとは違って、現地を撮って通用する写真を目指した中で感じた厳しさだったのではないか。

ところで、名取の写真で構成した記事の本文で撮影者を紹介するにあたって、「非常に好感の持てる青年[41]」などと個人的見解を前面に出しているのが目を引き、記事を執筆した編集者と撮影者が親しい関係にあったことが推察される。名取の滞米中に多数の記事が掲載されたのは、やはり、前年の日本滞在中に親しくなったマクリーシュの意志が多分に作用していたと言えよう。名取の写真を使った記事の日本についての論調にも友好的な雰囲気が感じられる。

　しかし、同年七月の蘆溝橋事件に端を発する日中戦争勃発後、それが変化する。

　『LIFE』一九三七年八月三〇日号の「日本人：世界で最も因習的な国民[42]」は、木村、名取、堀野正雄らの配信写真三〇枚で構成されている。日本旅館やさまざまな風呂の様子が九頁に展開されていて、一見エキゾチックな国情紹介記事のように見える。だが、本文は、「西暦六〇〇年代に至るまで、日本人は北欧の蛮族同

図27「日本人写真家がバーモントで　英国植民地時代の最後の拠点を見出す」『LIFE』1937年7月19日号

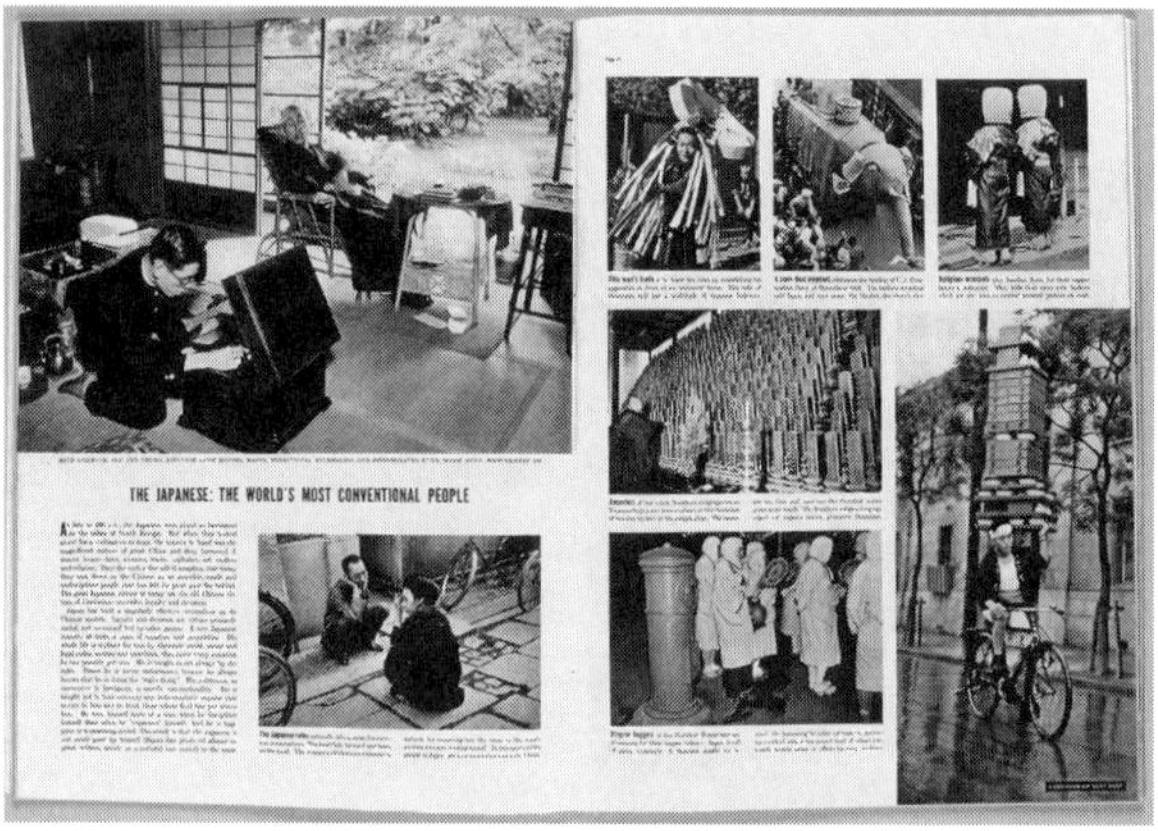

図28　「日本人：世界で最も因習的な国民」『LIFE』1937年8月30日号

様に野蛮だった[43]」という一文に始まり、日本は中国の模倣で発展したが規範や慣習に盲従しているだけで一人ではたいしたことができないなどと解説され、写真キャプションも風俗や因習を奇異として記した。意図は本文にあり、写真は意図に従って選ばれた編集優先の記事であった。宣教師の息子として中国で幼少期を過ごしたルースが、当初「事変」と言われていた日中開戦を受けて、好意的なマクリーシュとは違う視点を『LIFE』に求めたのではないか。

名取が日本に帰国したのは同年九月。アメリカで大陸横断撮影旅行直後に、「ライフとドイツの新聞から『即時上海へ飛べ』という電報を受け取った[44]」ためだった。

三　内閣情報部が提案した「写真報道事業」

一九三七年九月、「内閣情報部」が発足した。その歩みは、五年前に遡る。一九三二年五月、満洲事変以降の軍事行動を批判する国際世論に対応する機関として、外務省と陸軍省新聞班が「時局同志会」を組織し、これが、同年九月には非公式の「情報委員会」となった。間もなく、二大通信社である新聞連合社[45]と電報通信社の合同が政府の基本方針となり、「情報委員会」が大きな役割を果たして、連合と電通の通人事業部門が合併して、一九三五年一一月に国策通信社「社団法人同盟通信社」が設立された。同盟設立を機に再検討されて、「情報委員会」は一九三六年七月に内閣直属の「内閣情報委員会」となり、「国策遂行ノ基礎タル情報ニ関スル連絡調整」「内外報道ニ関スル連絡調整」「啓発宣伝（世論指導）ニ関スル連絡調整[46]」を主な仕事とした。

内閣情報委員会は、設立後間もなく、「調乙[47]」という一連の文書を作成した。薄紙に和文タイプ打ちされていて、現在翻刻刊行されている一号から二六号までを見ると、一九三六年九月から翌年一月までは隔月で、一九三七年四月から一一月までは毎月作成されたようだ。最も短いのは四頁、最も長いのは四三頁と様々だが、九編に「極秘」、五編に「秘」、一編に「部外秘扱」と押印がある。「調乙」一号は「独逸国民強化宣伝省について」（一九三六年九月四日〔秘〕）で、「所謂十銭パンフレットに関する調査」（調乙三号、一九三六年九月一八日〔無印〕）、「国内ニュースの対外宣伝資料に転用さるる実例（プラウダ紙記事）――福井県知事訳報に依る」（調乙六号、一九三六年九月三〇日〔秘〕）

と続く。月に四回発行された時もあり、ドイツ、アメリカ、中国など各国の対内外宣伝事情についての駐在大使からの外務大臣宛報告や内務省警保局がまとめた『出版警察資料』などから引いたという但し書きのある文書もある。共産主義や防諜に関係するものに「極秘」扱いが多い。同委員会構成員である各省次官、外務、内務、陸軍、海軍、逓信などの省庁が入手した「啓発宣伝（世論指導）ニ関スル」情報を「調乙」文書として、世論誘導の検討材料にしていたと考えられる。

近衛文麿内閣成立翌月の一九三七年七月、北京の南郊で勃発した盧溝橋事件は、八月の「上海事変」を経て日中全面戦争へと拡大していった。これに対応するため、同年九月二五日、「内閣情報委員会」は改組昇格されて、言論・出版を統制する役割を持つ「内閣情報部」になった。

「内閣情報部」に改組後、最初に作成された「調乙」が、「写真報道事業」（調乙二四号、一九三七年一〇月二〇日〔部外秘扱〕）であった。このレポートは、「宣伝」「米国——及び日本の宣伝事業」「日本の宣伝の米国に於ける唯一の目標」「写真——其の宣伝事業に於ける価値」「写真報道」「米国に於て反日宣伝に利用された写真」「顕著な事例」「経営方法」「営利事業にあらず」という見出しが立てられている。内容は、写真を使って反日宣伝に対抗する対米宣伝を行なう具体的提言である。「外交及び国際啓発の戦場」で重視すべきは宣伝であり、アメリカへの宣伝は大衆を唯一の目標とすべきであること、そのためには写真を使って大衆の興奮に訴えることが効果的であり、アメリカの新聞やグラフ誌に反日的でないキャプションをつけて掲載されるような強制力を持つ事業を展開するべきであると、経営方法にまで及ぶ詳細な提案となっている。

「米国——及び日本の宣伝事業」の項では、この提案が出来上がるきっかけとなった写真に触れている。それは、「九月二八日」に「A. P.（アソシエイテッド・プレッス）により」全米に発表された「支那宣伝者の一片の騙りの写真」で、「点火されたマッチの役目をし、英国、ロシア及び加州の反日宣伝により、多年に亘る辛抱強い仕事の結果築き上げられた所の米国大衆の反日感情の火薬庫を爆発させた」としている。その結果、「ルーズヴェルトは其のシカゴ演説を行ひ、ハル〔国務長官＝引用者注〕は其の後を承けて、日本を条約違反者とし、又、侵略者として非難した」と、写真が大衆の感情に働きかけて、ついにはアメリカ政府の対日姿勢までも動かしたと述べている。

そして「写真報道」の項では、アメリカで流行の写真報道について、一九三六年に創刊した週刊グラフ誌『LIFE』をはじめとする「写真雑誌」と「写真によって事件を報道」する小型新聞紙「タブロイド」が成功していることに触れ、アメリカでは大通信社、大新聞社の報道よりも写真の威力が有効になっていると分析している。そして、アメリカにおいて「戦争の母胎となるのは、理性ではなくして、実に大衆の興奮」であると、重ねて結論づけている。

「経営方法」の項では、アメリカ向けの新しい「写真事業」の展開について方針を示している。「同盟、朝日、毎日其の他から、毎月少くとも千枚の写真を買ふ」。「極東問題の機宜を得た題材」の写真報道を毎週少なくとも一〇編つくってアメリカの五〇種の出版物に低廉な価格で売る。販売代理人をニューヨークに任命して売り値の六割の手数料を支払う。また、写真に反日的キャプションをつけて逆宣伝のために使われる事を防ぐためには、「米国の新聞紙及び雑誌に我々が作った説明の標目の使用を強制し、標目を変更させないやうにする力」を持たなければならないので、「他の道筋からは我々の取り扱つて居るやうな型の写真を入手する事は出来ない」ようにする必要があるとしている。

また、「営利事業にあらず」の項では、内閣情報委員会が行なうこの事業は利益を追求するものではなく、会計年度末に写真が売れた数に応じて売った組織に純益の三分の二を分配するとしている。写真の入手方法から利益分配にまで言及する「経営方法」は、同案実現のための提言と言えよう。しかし、独占的配信によってそれを「変更させせないやうにする力」が持てるとしているのは非現実的だ。キャプションはその写真をどう読み解くかの鍵であり、同じ写真を使っても、雑誌や編集者によってつけられる言葉は異なる事が多く、この部分が実際に生かされたかどうかは疑問である。

一九四〇年一二月に内閣情報部が拡大改組されて総理大臣直属の情報局が設置直後に幹部職員の手引き資料として作成された「情報局ノ組織ト機能」(48)によれば、この「調乙二四号 写真報道事業」と同じ日付の一九三七年一〇月二〇日に、内閣情報部は、「官庁及民間団体に於て撮影、供給する記録及び情報写真に依る対内外宣伝実施の官民合同の中枢機関」という目的で、「写真宣伝に関する政府の代行機関」である「情報写真協会設立案」を「真剣に考慮」している。この時、「情報写真協会」について「年間予算四万五千円」という具体的な数字もあげられていて、「写真報道事業」実現への対応が速やかであったことがわかる。

「情報写真協会」設立の目的は、「写真報道事業」で提言されていた通り、アメリカ向けの新しい「写真事業」の展開である。満洲国の扱いをめぐって中国に権益を持つイギリスなど諸外国と日本は既に対立関係にあり、日中戦争以降それに同調するように急速に反日に傾いていったアメリカ世論の懐柔が必要だった。そのために、アメリカ大衆に絶大な人気のグラフ誌に写真を寄稿して、その世論を日本優位に動かそうというのである。

仮称「情報写真協会」という新しい機関の「設立案具体化の第一手段として[49]」、内閣情報部から『写真週報』（一九三八年二月一六日創刊）が創刊されて、刊行継続とともに機構が整備された。同誌創刊五カ月後の七月二一日には、「対内外写真宣伝の官庁代行機関」が「写真協会」という名称で京橋区銀座マツダビルに設立された。写真協会は、組織内に多数の写真家を擁することをせず、外部の組織を活用した。「情報局ノ組織ト機能」によれば、「即何等の資本をも投下せずに十数台の高価な撮影機を動員し又有能な民間写真家を一時に何名でも使用し得るようこれ等工房経営者と写真撮影及複製に就き契約し、他方国家宣伝にこれ等の民間写真家を何時にても役立たせ得るよう訓練するという機会を得るため同協会にて必要とする対内外宣伝写真の撮影及複製は総て秘密を厳守の上民間工房に依頼」された。

『写真週報』に掲載する写真の内容は、「毎週一回情報局に於いてテーマ会議を開催し、これを契約写真家又は直属写真班員に撮影せしめ、選定の後英文にて解説文及個々の写真に説明を付し、査閲を経て初めて数百枚の頒布印画を作り発送[50]」した。写真協会は、各国の大小通信社と写真配信契約を結んでいた。米国ではニューヨークタイムス、ワイド・ワールド写真通信社、ハースト系のインターナショナル・ニュース・フォト、A. P. 写真部とも取引きした。こうした配信のためには大量の「頒布印画」、つまり、プリントが必要で、一九三八年に発足した東京工芸社では、「『写真週報』用の写真の併用であり、多いときは六ツ切で四〇〇枚くらい[51]」を納めたという。

ここで注目すべきは、『写真週報』用に撮影された写真が、海外配信に流用されていたことである。前出の「情報局ノ組織ト機能」にも、同誌刊行には「対外宣伝写真の蒐集というかくれた任務」があり、「即写真週報の名義にて各種対外宣伝用写真の蒐集・撮影を行はしめ官庁の材料を蒐集していることを少しでも『カムフラージュ』して効果的にするようにつとめ」ていたと記されている。

写真協会から外国に発送した宣伝写真のテーマは「年約百五十テーマ、約三万枚」に達し、「もし掲載広告料金に換算するならば、数百万円を越ゆる(52)」とされた。枚数は、一九三八年度に「二万四十六枚、売上金六百四十七円九銭」、同国内頒布は「千七百十四枚その売上金二千九百七十八円七十五銭」に達し、「業務開始当初の予定の六倍弱(53)」にまでなった。また、「在外大公使館に備へつけたる写真は四千九百二十枚(54)」とも記されている。対外宣伝写真の発送枚数は多いが、総発送量の一割に満たない国内向けの売り上げの方が対外売り上げの四倍以上に上っている。「写真報道事業」の「営利事業にあらず」の項で提案された通り、外国配信の場合は写真を流布させることが優先であり、契約した通信社のマージンが大きな比率を占めていたのだろう。

翌一九三九年四月に、「写真協会」は、陸軍、海軍、外務、商工、鉄道の各省から寄付を仰いで、内閣情報部を主務官庁とする基金五万円の財団法人となった。そして、同年一二月にはベルリン支局が開設された。

四　「写真報道事業」の背景——林謙一と清水盛明

「写真報道事業(55)」文中には、やがて国策グラフ誌『写真週報』の創刊や、写真家、工房などを一元化していく組織が設立される提言が誰によるのかについての記載はない。しかし、書き出しの「宣伝」にある次の記述により、その立場が推測できる。「宣伝は発達して非常に複雑な芸術となつた。素人にとつては宣伝と言ふ武器を持ち扱ふ事は、子供が十四吋砲を玩具にして遊ぶやうなもので、粉微塵に吹き飛ばされてしまふ恐がある。日本の宣伝は、殆ど素人によつてのみ取扱はれて来た。恐らく優秀な官吏なのではあらうが、宣伝の芸術と科学に於ては全くの素人なのである　此の事実こそ、日本は戦場では決して負けないが、外交及び国際的啓発の戦場では、一回も勝利を得た事のない、根本的な理由の一つを説明するものである。宣伝は国防の手段である。否今日の国際関係に於ては国防の最も肝要な手段の一つである」。発言者は武器や戦場、国防に言及しており、「官吏」ではなく、写真を使った「宣伝の芸術と科学」における玄人の自覚がある者で、軍人の気配を感じる。

回顧する言葉などからこれに関わった人物を探してみると、当時の東京日日新聞社（現・毎日新聞社東京本社）記者の林謙一と陸軍の清水盛明[56]の名前が浮かび上がってくる。戦後に行なわれた座談会で、伊奈信男が次のように語っているのだ。「遊びにきているうちに、林君はりこうだから、とにかくわれわれの仕事を見て、これはおもしろいじゃないか、いけるというので陸軍の清水中佐を説いて――そのころ少佐だったけれども、写真協会というものをつくったんですよ[57]」。

前述のように、林は、伊奈が所属していた中央工房に設けられた国際報道写真協会の同人でもあった。伊奈は一九三五年から外務省文化事業部第三課の嘱託となっていたが、中央工房にも顔を出し続け、友人である東京日日新聞学芸部社友の評論家・大宅壮一や作家・高田保などを同工房に連れてきていた。幼い頃からカメラ好きで記事とともに写真も手がけていた同紙記者の林は彼らと共に「報道写真」の仕事場に出入りし、国際報道写真協会の同人になっていたのだ。

林が説得した「陸軍の清水中佐」とは、一九三六年八月に陸軍砲兵中佐となった清水盛明で、常勤事務官として内閣情報委員会設立時から勤務し、一九三七年九月二四日には内閣情報官となった。一九三八年に刊行された内閣情報部主催「思想戦展覧会」の記録『思想戦展覧会記録図鑑』[58]には、「陸軍歩兵大佐清水盛明氏出品」の『U. R. S. S. en construction（USSR in construction）』、『Vu』、『Chine』などの雑誌十数種があげられており、対外宣伝グラフ誌を研究していたことがわかる。彼は『NIPPON』五号（一九三五年一一月）に「皇軍」[59]を寄稿しており、当然、名取や木村が切磋琢磨して海外へ発信しようとしていた日本の報道写真の動きも把握していたはずである。戦後に書かれた人物評では、「国際情報に足をふんまえた国防を提唱し、日本の内閣に宣伝省を設けるべく内閣情報局の前身である内閣情報委員会を設立し、自らもその構成メンバーとなり、軍が政治に立ち入ることを極力避けるため、表面に立たず、文官のバックにあって努力した[60]」と記されている。

一九三六年七月に官制となった内閣情報委員会は、「宣伝政策上新聞政策一般ニ関シ意見交換ノタメ、各社定例懇談会ヲ設ク」として、東京朝日、東京日日、読売など八社の政治部長や幹部などと茶会や晩餐の場を設けている。「写真報道事業」の「経営方針」の項に新聞各社から写真を買い上げる案があるのはこの意見交換が反映されているとも考えられる。しかし、伊奈の証言は、事変勃発以前から啓発宣伝を担当してグラフ誌などにも注目していた清水に対し、写真家各々が外務省や鉄道省の外郭団体及び軍部と行なっているような対外宣伝を統合する国策機関設立を林が促していたこと、これが、日中全面戦争必至という情勢変化による「写真報道事業」提言に結びつき、やがて「写真協会」が設立された、という道筋を語ったものと推察される。

渡辺義雄によれば、一九三七年一二月に木村と共に上海を取材した際に宿で一緒だった林は、一二月三一日の飛行機で日本へ帰ったという。東京日日新聞社を退社した林に下された「写真宣伝事務ニ従事セシムル為内閣情報部事務ヲ嘱託」の辞令[61]は、一九三八年一月四日付だ。渡辺らはそれまで何も知らないでつき合っていたというが、林は辞令内諾後に中国の現状を確認に行っていたのだろうか。

戦後の林は、写真協会設立の経緯を次のように語った。「この仕組みを考えたきっかけは、支那の抗日宣伝写真で手ひどい目にあったからです。支那政府の宣伝担当に王一哲という切れ者がいましてね、あるとき、上海付近の片田舎の駅のプラットホームで焼けただれた一歳半ぐらいの赤ん坊がいたのを写真にして、日本軍の残虐行為の証拠だと、全世界にばらまいたんですね。もちろん、つくられた写真だったんですが、これが大反響をおこしましてね。ルーズベルト大統領夫人が、この写真をポスターに使って、日本品ボイコット運動をやり始めたりして、さんざんな目にあったんです。それで、これに対抗しなきゃならん、視覚による対外宣伝を拡充すべきだ、となったのです[62]」。この赤ん坊の写真が、「写真報道事業」の中で触れられた「支那宣伝者の一片の騙りの写真」だった。

一九三七年一〇月四日号『LIFE』に、この写真が掲載されている。日中戦争の状況を示す見開き二頁の「海外からの写真：上海南駅のこの写真を一億三六〇〇万人が見た[63]」のメイン写真、日本軍によって空襲された後の駅で一人泣き叫ぶ赤ん坊の写真だ。見出しにはこの写真を一億三六〇〇万人が見たとあり、本文の中で明かされたその内訳は、インターナショナル・フォト・サービスを通じてプリントを配給されたハースト系[64]の全新聞紙の読者二五〇〇万人、非ハースト系新聞三五紙の読者一七五万人、複写を掲載したアメリカの新聞八〇〇紙の読者四〇〇〇万人、インターナショナルを通じてプ

THE CAMERA OVERSEAS: 136,000,000 PEOPLE SEE THIS PICTURE OF SHANGHAI'S SOUTH STATION

図29　「海外からの写真：上海南駅のこの写真を１億3600万人が見た」『LIFE』1937年10月４日号

リントの配給を受けた外国新聞の読者二五〇〇万人、この場面を含むニュース映画「ニュース・オブ・ザ・デイ」の観客二五〇〇万人、同一ニュース映画を買い入れ挿入した「ムービートーン・ニュース」の観客二五〇〇万人、上記二映画の外国に於ける観客三〇〇〇万人、となっている。同記事の写真配信は、左頁のメイン写真が「"NEWS OF THE DAY" from INT.」[65]、これを解説するように組まれた右頁の写真五枚は「W. A. B. NICHOLS-A. P., -INT., A. P.」と明記されている。

　莫大な数の人が目にしたと題されたこの写真は、「ニュース映画」の一シーンであると記事本文に記されている。それは、八月の上海南駅爆撃直後をとらえた「ニュース」ではなく、発煙筒で演出撮影した「映画」だったようだ。当時はニュース映画も三五ミリフィルムを使っていたので、一場面をスチール写真として印画して配信することも可能だ。

二週後の一〇月一八日号『LIFE』「大統領のアルバム」[66]では、この記事のうちAPの写真を使った「日本の大量虐殺を停止せよ」というイギリスの反日ポスターが紹介された。本文では、一〇月四日にルーズベルト大統領がシカゴで行なった、日独を侵略国家と非難するいわゆる「隔離演説」について触れている。同号には、対日ボイコットの為に日本製絹製品の輸入制限をするという記事も掲載された。同年九月、林は支那事変特派員として上海で取材していたが、「騙りの写真」による鮮やかなキャンペーンとその影響力を目前で見て、中国の反日宣伝に対抗する対外写真配信機関の必要性を清水に強く説いたのではないか。

一〇月三一日付内閣情報部のパンフレット『時局資料　近代戦と思想宣伝戦』[67]は、「爾来我国は肇国以来正義を以て国是となし、共存共栄を国家の理想としてゐる。而して此の大精神を具現せんとして、不言実行を誇として以て今日に至り、『事挙げせず』てふ伝統思想」だったが、「時代は我国の伝統の維持を許さず、進んで我国の理想大精神を万邦に宣布し陰険邪悪なる思想謀略を克服し、以て真の人類の平和を確立す可く、堂々たる正義の大旆を進め、人類を光被す可く、進んで世界に我国是を宣布せねばならぬ」「宣伝に特に注意すべきは、虚偽の宣伝は何時かは必ず暴露するものであつて、常に正しきことを正しく伝へることに留意せねばならぬ」と記している。一九三八年二月に内閣情報部が開催した思想戦展覧会は、前述した通り、清水盛明によるグラフ誌の出品があった展覧会だが、「抗日デマの正体」の項でこの赤ん坊の写真を取り上げている。『思想戦展覧会記録図鑑』によると、中国の抗日画報への掲載のみならず外国にも送られて「日本が非戦闘員も爆撃する」ことを示そうとした写真で、「作為は余りにも見えすいてゐる[68]」と、事前工作をしているようにみえる場面の写真も同時に掲示された。

嘱託として一九三八年二月の『写真週報』創刊や同年七月の「写真協会」設立に携わった林は、一九三九年九月には内閣情報官となり、内閣情報部が拡大強化されて情報局になった後は写真宣伝や展覧会などの業務を担当する第五部第一課情報官となった。戦後の林は、「それまでは、外国通信社への写真提供は同盟通信社だけだったが、『ライブラリー』〔写真協会（英語名称はJapan Photo Library）〕設立以降は、この二つの機関で、戦争目的を正当化するような、あるいは国力を示すような写真を意図的に送れるようになりました[69]」と回顧し、「写真協会」が同盟通信社と並んで国策に従う写真の運用に大きな役割を果たしたと証言している。

五　ドイツとアメリカが示した報道写真の方向

名取洋之助がアメリカから上海に向かっていた一九三七年九月一〇日、国際文化振興会理事会は日本紹介の写真帖製作を決定した。制作は名取に委嘱され、製作費は、「陸海軍、外務省、情報委員会等と協議し、関係省の事変関係費より支出を乞[70]」とされた。

日本工房のデザイナー・熊田五郎が携わったこの写真帖『日本』は、約三〇センチ角の折り本形式で、広い場所で屏風のように飾ることもできる構造だ。三五曲の表裏七〇面にモンタージュされた写真が、悠久の歴史の上に麗しい文化が花開き、近代的な都市生活と工業力を誇る美しく強い国家・日

図30　写真帖『日本』国際文化振興会　1938年［J］

本のイメージを喚起する。英独仏語のキャプションが刷り込まれ、後に画面の端に別紙に刷った中国語キャプションが貼り付けられた。発行日などの記載はないが、一九三八年三月頃に刊行されたものと思われる。

この写真帖製作決定以降、国際文化振興会は日本工房の自主製作物である『NIPPON』への補助に止まらず、さまざまな書籍や写真集などの製作を名取と日本工房に委嘱するようになる。

また、一九三七年一〇月八日の国際文化振興会理事会では、名取を同会嘱託として国際文化振興会のストックフォトによる「写真の宣伝及配給」に当たらせることも決定した。議事録には、「海外において日本に関する写真の需要激増しつつあり、殊に現今一層甚だしき処、適当のエージェントを通じて為すときは外国の有力新聞雑誌に掲載可能なるが、かかる配給は複雑にして現在の事務所内の機構にては困難と認む。従って最近海外より帰朝せるNIPPON工房主名取洋之助氏を本会に嘱託し、写真の宣伝及び配給に当たらしむることに決定[71]」とあり、名取の経験と実績がこの部門を成立させる要因であった。

それまでにも、国際文化振興会が写真家たちへ委嘱して撮りためた日本の文化万般の写真はKBSフォトライブラリーと称され、国内の壁画や写真帖製作・出版物の挿画などのほかに、海外への寄贈に利用されていた。が、海外寄贈の状況は一九三六年に三八九枚、一九三七年に一万四七四枚で、さほど積極的ではなかった。それが名取担当後の一九三八年には、産業・建築などの一四種類、一万二〇二九の小項目に分類整理されて、海外への寄贈は一万六〇七九枚と、前年比で一〇倍以上の配給枚数になった。(72)(73)

この「写真の宣伝配給」委嘱を決定した一九三七年一〇月八日の国際文化振興会理事会では、「本邦の文化及び事情を海外に紹介」する欧文機関雑誌の必要があり、「NIPPON はかかる機関として適当」という討議もなされた。しかし、「本会が機関誌を持つよりも寧ろ海外の新聞雑誌に寄稿する方法を可とすとの考、現在のままにして置く方宣伝上効果ありとする考、又数カ国語を以て同時に編集するは却って目的を達せざるべしとの考其他の意見出て、結局本件は更に研究をなすことに決定」されている。(74)

一九三六年にオリンピックベルリン大会取材を兼ねて名取が再訪したドイツでは、「報道写真」は、読者の興味を引くものから、国家的イベントでの広報宣伝を担うものに変容していた。この動きは、彼が活躍の場としていたグラフ誌にも変化をもたらしていた。実は、名取が特派員として仕事をしていたウルシュタイン社の株は、一九三四年にはすでに約一〇%がナチ党のダミー会社であるカウツィオ有限会社のものとなっていた。(75)一九三七年には「ドイツ出版社」と社名変更されるが、大衆に影響力のある『Berliner Illustrierte Zeitung』は誌名や外見の変更がないままで刊行が継続された。外国人ジャーナリストとしてドイツから拠点を移さざるを得なくなり、社の過渡期にあたる一九三六年にドイツで仕事をした名取は、報道写真と国家の関係を強く意識したであろう。

さらに、一九三七年に滞米中の名取は、『LIFE』や『FORTUNE』で受け入れられる写真とはどういうものかを解析しようとアメリカ中の雑誌を調べている。アメリカでは、ルーズヴェルト大統領のニューディール政策の一環として、困窮を極めた農業地帯の写真収集が一九三五年から行なわれていた。不況で土地を失った農民の再定住を促進するため、世論と議会を説得する材料として、当初は再定住局（RA）、のちに改組されて農業安定局（FSA）の依頼で、ドロシー・ラング(76)やウォーカー・エヴァンス(77)らが撮影に当たったのだ。自由の国アメリカでも、写真は国家の政策と深く結びついていた。

激変するこの時期に欧米の現地グラフ誌編集室に出入りして編集者とも親しかった名取は、世界の報道写真の現場に精通する唯一の日本人だった。日中戦争勃発を機に、アメリカなどへ写真を使った「宣伝」が必要と考えて実行に移したのは、内閣情報部が写真協会を通じて配信を始めた時期よりも、外務省の管轄下にある国際文化振興会の方が早かった。既に、名取が同会と仕事で結びついていたことと無関係ではないだろう。あるいは、彼の提案が実現したのかもしれない。いずれにせよ、それまでは伝えたい内容を出版物や展覧会という完成した形で情報発信していた国際文化振興会が、以降は写真素材を配給して相手に使わせることも重視するようになったのである。

外遊帰国後の名取は、海外の事情に詳しい総合雑誌『セルパン』一九三八年一月号に「欧米の報道写真」という現地報告を寄稿している。まずドイツの報道写真を以下のように分析している。「ヒットラアの政権獲得は、写真界に著しい影響を及ぼして、かつて華やかなりしヂャーナリスチックな報道写真は、政治的宣伝写真に置きかへられ」ており、その「進歩発達は」「単に個々の写真作家の優秀さによると云ふよりも、ドイツの為政者が報道宣伝写真の価値を充分知つてゐること、政治報道写真の強固なる組織を確立し、写真を驚くべき広範囲に応用してゐること等に、起因する[78]」。そして実際の写真の使われ方については、「ナチスは実に良く宣伝に写真を使ふ――雑誌、新聞は勿論、展覧会に、シヨオウィンドウにシヨオルームに、教育に。そして政府に於いてはあらゆる政治的動向、政治的集会を優秀なるカメラマンに撮影せしめ、ゆるぎのない組織の下に、これを整理統一してゐるのだ。これは日本に於いても一日も早くなされなければならぬ事である。まづ内閣情報部あたりで、英断を以て行うべき事であると思ふ」。これらを踏まえた上で、「公の記録はすべて文書によると共に、写真によつても残されなければならぬ」「支那事変に於けるが如く、対内対外宣伝報道写真の必要について、多くが語られたことは嘗つてないが、これを契機として、政府の手により政治方面の記録を撮影し、更に産業工業より娯楽、スポーツにいたるまでの写真にも手を染めるべきである」と主張し、「対外宣伝写真をドイツに於いて重用視してゐることはいふまでもないが、その配布方法にも、宣伝省が積極的に指導と補助を与へてゐる。我が国に於いても、かくありたいものである[79]」と結んでいる。

一方アメリカの報道写真については、グラフ誌を中心に急速に進展しつつあることを伝えている。「報道写真は驚異すべき進歩を示した――僅かにここ二三年の間にである。そして、世界のあらゆる国より活気づき、溌剌として向上の一途を驀進してゐる」。その理由は、「流行雑誌が、金にあかして優秀なるカメラマンを海外より集めたこと」と「ドイツでヒットラーの改革に不満を抱いたカメラマンや写真雑誌（日本でのカメラ雑誌ではなく、写真によつて見せる雑誌であり、読むよりも見ることにその主眼を置く雑誌である）の関係者が、ドイツを捨てて自由主義のアメリカに走り、彼等の充分経験した報道写真の撮影や写真雑誌の発行を企てたこと」、「ヨオロッパに於ける写真のマーケットが、段々狭くなつて、最も有利なるアメリカに移つた」ことにある。そんなアメリカの勢いの新鮮さについては、「最近新しく生れた写真雑誌の編集者達は、ヂャーナリストとしては仲々優秀であるが、報道写真には未経験なため時々失敗もするが、思ひ切つた無茶の中から新しい型が生まれてゐて面白い」。『ライフ』誌の如きは街では容易に手に入らぬ程の一般大衆読者の熱狂的支持を受けてゐるのである。一方展覧会、政治宣伝に用ひられる写真も、最近頓に増加した。それに伴つて大衆の写真熱も高まり、いままで写真に無関心であつた大学にも、新しく写真研究会が設けられ、報道写真の領域に這入つて真面目に研究されている有様である」(80)と述べている。報道写真が国家宣伝の柱になっているドイツと、社会の変化に沿って次々と創刊されるグラフ誌とその活気によって熱くなる大衆社会アメリカを実感した名取ならではの現地報告だ。

以上のような報告を、『セルパン』用に書く一方で、彼はすでに、国策に対応する報道写真に踏み出していた。アメリカから上海に渡って、陸軍嘱託として上海事変の撮影に当たっていたのである。東京と上海を行き来していた名取は、一九三七年一〇月四日号の『LIFE』に掲載された赤ん坊の写真を見て、「日本もこれだよ。これをやらなきゃ世界が味方してくれんよ」(81)と、すぐに外務省や陸軍省広報部などに交渉に行ったという。作為的な『LIFE』の編集手法が、名取にも大きな影響を与えたのだ。東京の交渉先では、写真を使って戦争を有利にしたいという話に耳を傾ける者がなく、名取は上海派遣軍特務部対支班班長の「金子俊治少佐に会って、蔣介石側の反日宣伝に反駁する宣伝工作をやろう」[82]と呼びかけた。そして、この新しい仕事のために、写真通信社で新聞社写真部の下請けなどをしていた小柳次一[83]が日本工房に入社した。

この頃、名取洋之助を巡る動きは慌ただしい。内閣情報部で「写真報道事業」が提議された翌月の一九三七年一一月、彼は、写真プリントの高速製作で知られたジーチーサン商会[84]の山端祥玉（本名は啓之助）[85]とともに内閣情報部嘱託となった。一九三八年二月に、清水盛明は思想戦講習会講義で「戦争と宣伝」と題する講演を行ない、「永年ドイツで写真に従事しドイツ向けのグラフ用の写真の製作には成功した人」が「何箇月か経つてやつとアメリカ人の趣向に向くやうな写真が始めて撮れるやうになり、現在アメリカに写真を送つて居りますが、ライフという雑誌によく掲載されるのでありま す」[86]と、名前を挙げていないものの、名取について触れている。そして、「ライフという雑誌は現在は屢〻反日的の記事を載せて我が国では輸入禁止になりますが、指導の方法によつては之を将来逆に転向されることも出来ます。反日的の雑誌を親日的にさせることも出来る」[87]と続けた。内閣情報部は、アメリカが認める写真家である名取が『LIFE』宛に写真を送ることで、親日的記事ができあることを期待して嘱託としたのだろう。

日中開戦後に名取が『LIFE』に寄稿した写真は、一一月二九日号の記事「海外からの写真：中国に出征する日本のパン屋」[88]、一二月六日号の表紙「マシンガンを持つ日本兵」[89]、一二月二〇日号の記事「海外からの写真：中国の戦争は日本人写真家・名取にはこう見えた」[90]として掲載された。記事本文はマクリーシュが書いたのか、撮影者・名取について、「ハンサムで明るく気楽な若い貴族のようで、誰もが好きになる。世界最高のカメラマンでもある[91]」などと好意的なものだった。

上海取材中の名取は、譲られた鉄兜をかぶって命拾いをしたエピソードが残るほど[92]、最前線で体を張った。一方、戦中の一九四三年にこの頃を振り返った名取は、「南京攻略ではあの米英の大デマに対抗し、困難な写真を『俺が引受ける』と、写させて頂いた写真などは毒は毒を以ての宣伝写真でした[93]」と記している。名取が世界を味方につけようと動くきっかけとなった赤ん坊の写真は「大デマ」であり、彼が命がけで撮っていた写真は、これに対抗するために撮した宣伝写真であったという自覚を示すものだ。

六　国家戦略としての写真配信――『写真週報』の隠された使命

一九三八年二月一六日、内閣情報部は広く国民に向けたグラフ誌『写真週報』を創刊した。日本の「十セントグラフ」は、A4判二〇頁で定価一〇銭。創刊号で表紙を担当したのは「鉄道省及国際報道写真協会　木村伊兵衛氏」で、「愛国行進曲」の楽譜を手に歌う子供たちと天孫降臨伝説を持つ高千穂の嶺をモンタージュした写真は〈高千穂に歌ふ〉と題された。

内閣情報部の「写真報道事業」で当初検討されていた写真収集方法は、懸賞写真の募集だった。内閣情報部の松本昇によれば、「情報部で写真を取扱ふといふことを、何か具体的な方法で各役所は勿論のこと、一般の人達も知つて頂かないと、組織が出来たばかしの内閣情報部でいくら声を大にして写真宣伝、写真といつても、第一に撮影の便宜が与へられることも困難だらうし、写真も仲々集つて来ない」と懸念されたので、一九三七年に実施されて「非常に好結果[94]」と受け止められていた「愛国行進曲」の懸賞募集[95]に倣おうと考えたのだ。しかし、「これでは情報部は懸賞ばかりやつている役所のやうになるといふので、これが立ち消えになつて生まれたのが写真週報[96]」であった。「緑

図31 「高千穂に歌ふ」『写真週報』1938年2月16日創刊号

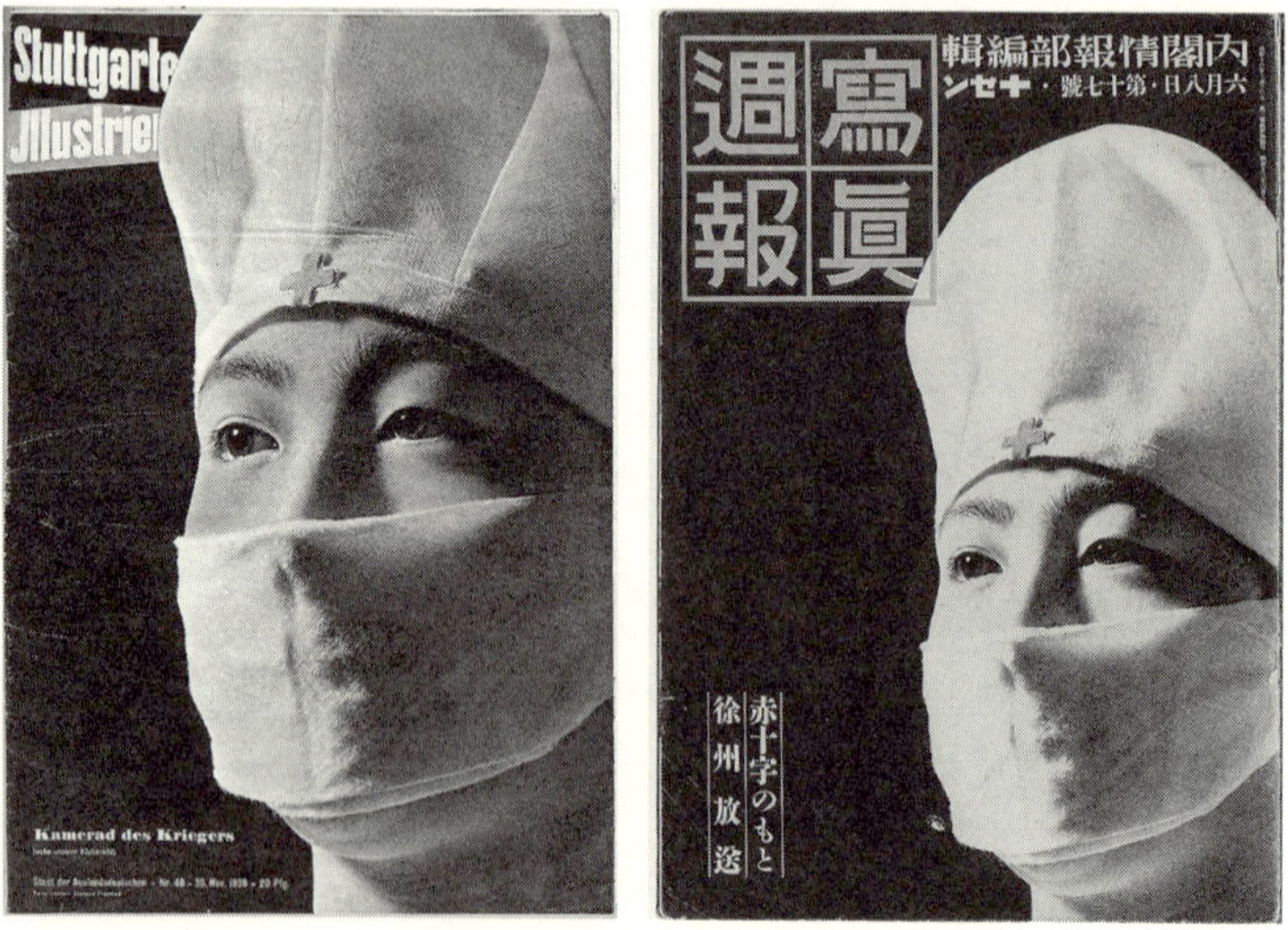

図32　右：「仁と愛と」『写真週報』1938年6月8日号　左：『シュトゥットガルター・イルストリールテ』1938年11月30日号［J］

色表紙の週報の及ばない処を補ふ、といふ立場と、アマチュア写真家始め一般業界の応援、協力に依つて、写真宣伝を行ふため、その写真蒐集の機関にするといふ立場をもつて生れた(97)」という。

『写真週報』創刊号には、木村伊兵衛の写真で構成された「街に溢れる愛国行進曲」、「特写」と記されて小柳次一が撮影した写真が混じる「戦線より故郷へ――楽しい陣中だより――」も掲載された。同誌一七号（一九三八年六月八日）の表紙は、日本工房の写真家である土門拳による〈仁と愛と〉と題された赤十字看護婦の肖像である。巻頭記事は「赤十字のもと　輝く白衣」で、三二枚の写真を一一頁に構成する堂々たる特集となっている。現在、土門拳記念館で保管されているこの〈赤十字看護婦〉シリーズの三五ミリネガフィルムには日本工房の整理用通し番号がつけられていて、個人名での発表だが日本工房からの派遣で撮影したことがわかる。

〈赤十字看護婦〉はしばしば対外宣伝に使われたが、大きく扱われた一例として、同年一一月三〇日号の『シュトゥットガルター・イルストリールテ』の「戦士の友」が挙げられる。撮影者名「Oomon-kan, Tokyo［Domonn-ken の誤記か］」で一七枚を使った四頁に仕立ててあり、この雑誌の表紙にも〈仁と愛と〉が使用されて、『写真週報』そっくりな構成だ。

『写真週報』の刊行継続とともに機構が整備されて、創刊から五カ月後の七月二一日には、対内外写真宣伝の官庁代行機関として「写真協会」が設立された。前述のように、写真協会では、「対内外宣伝写真の撮影及複製は総て秘密を厳守の上民間工房に依頼」し、掲載写真の内容は、「テーマ会議を開催し、これを契約写真家又は直属写真班員に撮影せしめ、選定の後英文にて解説文及個々の写真に説明を付し、査閲を経て初めて数百枚の頒布印画を作り発送」しており、名取、木村らがこれを請

JAPAN'S FOREIGN MINISTER, POSED AT HOME & AHORSE, ASKS HELP AGAINST CHINA

図33　「自宅や騎馬でポーズをとる日本の外務大臣，中国への対抗策支持を求める」『LIFE』1938年９月５日号

け負っていたことがわかる。

そんな中、『婦人画報』一九三八年九月号のために元陸軍大臣であった宇垣一成外務大臣の組写真を撮影した土門は、自らの名前で日本工房の写真エージェントであるアメリカのブラックスター社に送るために同僚に協力を頼んだ。写真裏に押す配信者名スタンプは熊田五郎がデザインし、英文解説を編集の竹中登美が書いた。そして、この写真で構成された記事「自宅や騎馬でポーズをとる日本の外務大臣、中国への対抗策支持を求める」[98]は、撮影者「DOMON-KEN fron B. S.」として『LIFE』一九三八年九月五日号に掲載されたのである。

日本工房の事業が拡大する中で、名取は中国と行き来して不在がちだった。宇垣に関する写真が自分の中国出張中に土門の名前で海外に送られたことを知った彼は、烈火の如く怒った。それればかりか、同日に宇垣を撮影して『LIFE』に写真を送りながら採用されなかった木村が、銀座でばったり出会った土門に対して「月夜ばかりだと思うな！」[99]と啖呵を切ったという。

当初は助手として日本工房へ入社した土門であったが、その後は名取の手法をなぞってめきめきと腕をあげていた。名取のドイツ外遊中は『NIPPON』九号（一九三六年十一月）の「日本の水兵」[100]をものにするために軍を相手に演出写真を作り上げ、名取帰国後の『NIPPON』一五号（一九三八年六月）「道具としての手」[101]ではライティングを駆使したクローズアップで対象をえぐり出している。自ら納得のいく写真を次々にものにしていった土門は、次第に、報道写真家としての意識を強めていた。

一九三八年に写真雑誌『フォトタイムス』の呼びかけで持たれた「快気炎を上げる会」で、光墨弘、濱谷浩[102]、田村茂[103]、藤本四八[104]ら若手写真家二十数名が集まる中で、「僕達は報道写真なるものをやらうとしてゐるがニュース写真そのもの、社会的価値を軽蔑するものではない。然し報道写真といつた場合は、必ず文化性と社会性をもたなければならん」[105]と全体をリードするような発言をしている。そして、この会をきっかけに「写真協会」の設立と同じ一九三八年七月に「青年報道写真研究会」が立ち上げられるのだ。土門は、次代を担う若き報道写真家としての誇りと意欲に満ちていた。

実は、名取が配信して『LIFE』一九三七年一一月二九日号に掲載された「海外からの写真：中国に出征する日本のパン屋」は土門の撮影によるもので、同じ組写真が『NIPPON』一四号（一九三八年二月）に撮影者「NIPPON Kobo」として掲載されている[106]。土門は、後に何度も自ら語っているように、撮影した写真に自分の名前が出ないこと、海外では「Natori」として発表されることに悔しさを募らせていた。そのために、宇垣の写真を自分の名前でブラックスター社に送るという行動に出た

図34　「海外からの写真：中国に出征する日本のパン屋」『LIFE』1937年11月29日号

のである。

渡辺義雄は、戦後になってから、「土門君のいう『著作権云々』というのは、通らない。機材からフィルム、すべて名取さんもちでしょ。しかも彼はフリーの写真家ではなくて、当時は日本工房の社員として給料をもらっているわけです。だから著作権は名取さんか日本工房にある。撮影者の表示については、名取さんと土門君の間ではっきりしておくべきだったようには思いますが[107]」と述べている。

同時期に撮影された『写真週報』一九三八年八月三日号掲載の〈赤十字看護婦〉や、「お山は晴天　防共富士登山隊」は、日本工房の整理用通し番号がついているのだが、国内の刊行物には土門の名で掲載されている。

また、『NIPPON』創刊時に写真家として参加した金丸重嶺や渡辺義雄は、ネガの帰属及び使用権について記載されている契約書を名取と交わし、そんな文書が初めてだった彼らは「ドイツ流儀」に感心したと回想している。[108]小柳が入社した直後には、「お前が撮った写真も俺の名前で出すことになるけど、それでいいな」[109]と確認されたという。名取に著作権意識が欠如していたわけではなく、また、海外配信名が「日本工房」ではなく「名取」だったのは、彼の名前が欧米のグラフ誌編集部に響き渡っていて、その方が採用される見込みがあったからと受け取められる。

この時期の『LIFE』の写真クレジットを見ると「NATORI from B. S.」「M. HORINO」「The TOKYO ASAHI」などと記されている。堀野正雄や東京朝日新聞社が直接配信なのに対して、名取の場合は、写真エージェントであるブラックスター社を通して配信している。国際文化振興会が「外国の有力新聞雑誌に掲載」の可能性を論じたとおり、名取は『LIFE』以外の新聞雑誌への掲載も視野に入れた組織的な活動として写真を配信していた。土門が宇垣の写真を自分の判断で配信したことへの名取や木村の反応は、一九三八年の対外宣伝写真が、既に国家の戦略として動き始めていたことと合わせて考えるべきではないか。

先に上げたように、内閣情報部の清水は、「反日的の雑誌を親日的にさせることも出来る」[110]と語っており、『LIFE』に送る写真には細心の企画が練られたはずだ。宇垣は一九三八年の第一次近衛文麿内閣の外相に収まっていたが、前年の一九三七年には廣田内閣総辞職後に組閣大命を受けながら陸軍部内の賛意が得られず辞退し、同じ陸軍大将であった林銑十郎内閣が成立した経緯がある。日本工房カメラマンの一存で写真本意に扱ってよい素材ではなかった。

「内閣情報部編輯」と表紙に大きく記されたグラフ誌『写真週報』の創刊号巻末に掲げられた「創

刊の言葉」には、「昨年の秋、従来の内閣情報委員会が内閣情報部に改組されました時、世間の一部ではこれを宣伝省の成立に向つての一歩前進であるといふ話もありました。かうした意味で写真週報を世に送り出しますのも、対内外の写真宣伝政策の一助として内閣情報部前進の第二歩と考へていたゞきたいのです」と記されていた。また、「私等は写真に依る啓発宣伝の極めて強力なるを想ひ、写真関係のものが、官庁も民間も、作家団体も個人の工房もあらゆるものが総動員されて、カメラに依りレンズを通じて対外、対内の啓発宣伝に資し写真報国の実の挙がることを希望してやまぬ次第です」ともあり、同誌の運営する写真は、写真家個人や企業の行為ではなく、国策に沿う「写真報国」のためのものであり、また、内閣情報部が宣伝省に発展するための布石でもあったのだ。

「対内外への写真宣伝政策の一助として」誕生した『写真週報』と対内外写真宣伝の官庁代行機関として誕生した「写真協会」は、次第に尖端的写真家が開拓した日本の報道写真を支配するようになる。そして、総動員体制の下で、写真家とその工房は民間人の立場のままで国家のために仕事を行なう組織に組み込まれていくのである。

注

（1）「OSHIMA」『TIDENS KVINDER』一九三四年五月二九日号

（2）「LE VOLCAN DES SUICIDES」『DETECTIVE』№288、一九三四年五月三日号

（3）林芙美子「大島行―伊豆の旅から―」『改造』一九三三年五月号、坂口安吾「消え失せた砂漠」『文藝春秋』一九五一年七月号など

（4）「AU JAPON La semaine des mouches」『La Vie au Foyer』一九三四年九月一六日号

(5) 「Möchten Sie tauschen?」『Das Blatt der Hausfrau』発行年月日不詳(一九三四年頃)

(6) 伊奈信男「座談会写真の道ひとすじに生きる――木村伊兵衛の思い出――」『アサヒカメラ』一九七四年八月号

(7) 光吉夏弥、1904–1988

(8) 林謙一、1906–1980

(9) 『国際報道写真協会設立の主旨』一九三五年六月一日

(10) 「国際報道写真協会報告書(第一回)」一九三五年六月二一日

(11) 鳥居龍蔵「蒙古　考古学とカメラ」『セルパン』一九三五年一一月号

(12) 堀野正雄「写真壁画の誕生」『セルパン』一九三五年一一月号

(13) 山脇巌「ドイツ写真界の現状」『セルパン』一九三五年一一月号

(14) 一九三五年九月二八日開催「ライカ講演会」講演速記「思想的容器としてのカメラ」『月刊ライカ』一九三六年八月号

(15) 光吉夏弥「『ライフ』か『ルック』か」『写真文化』第一輯、一九三八年一〇月

(16) 光吉夏弥「氾濫する十仙グラフ――アメリカの写真ジャーナリズム」『フォトタイムス』一九三六年一月号

(17) 「JAPANESE SOLDIERS」『LIFE』一九三七年一月一一日号

(18) 名取洋之助「アメリカ撮影旅行の思い出」『アサヒカメラ』一九五〇年九月号

(19) 前出(18)「アメリカ撮影旅行の思い出」

(20) マーガレット・バーク=ホワイト、Margaret Bouke-White, 1904–1971

(21) ヘンリー・ルース、Henry R. Luce, 1898–1967

(22) ジョン・コブラー著、小鷹信光訳『ハヤカワ現代ジャーナリズム選書2ヘンリー・ルース』一九六九年、早川書房

(23) アーチボルド・マクリーシュよりヘンリー・ルース宛の電報、一九三六年六月二九日、(ビッキー・ゴールドバー

グ著、佐復秀樹訳『美しき「ライフ」の伝説（写真家マーガレット・バーク＝ホワイト）』平凡社、一九九一年）

（24）前出（18）「アメリカ撮影旅行の思い出」

（25）マクリーシュとルースの間で交わされた書簡は、名取家に残されていた関係書類に含まれており、現在は日本カメラ財団が所蔵。名取の没する前年の一九六一年にエルナが米国のマクリーシュを訪ねて旧交を温めており、その際に得たものか。

（26）「"America, as seen for the first time by the foremost photographer of the Orient"」一九三七年一月七日付マクリーシュからルースへの手紙

（27）「The Photgraphers of Japan」『FORTUNE』一九三六年九月号

（28）「But it is precisely the value of the best Japanese photgraphers, men such as Younosuki《ママ》 Natori and Ihei Kimura, that while they do full justice to the inherent picturesqueness of Japan, they have also considerable journalistic intelligence. They are also concerned with exactly those aspects of Japanese life which most arouse the adult curiosity of the foreigner.」

（29）バーモント・ニューホール、Beaumont NEWHALL, 1908–1993

（30）BEAUMONT NEWHALL『PHOTOGRAPHY 1839–1937』THE MUSEUM OF MODERN ART、一九三七年

（31）マン・レイ、Man Ray, 1890–1976

（32）エドワード・スタイケン、Edward STEICHEN, 1879–1973

（33）「Series of photographs of a Japanese story-teller」。「Catalog of the exhibition CONTEMPORARY PHOTOGRAPHY の部」。一九三六年の独グラフ誌『Die Zeitlupe』に落語家の柳家金五楼を撮影した組写真が掲載されているが、同じシリーズか。

（34）「THE CAMERA OVERSEAS: TOP-HATTED GENTLEMEN IN JAPAN GO FISHING FOR THE EMPEROR'S

CARP」『LIFE』一九三七年五月三日号

(35)「SPEAKING OF PICTURES... THESE ARE BY A TOP-NOTCH JAPANESE CAMERAMAN」『LIFE』一九三七年五月一〇日号

(36)「A JAPANESE PHOTOGRAPHER LOOKS AT VERMONT And finds it the Last Stronghold of Early Americanism」『LIFE』一九三七年七月一九日号

(37)「IN GALLUP, N. M., 5,000 INDIANS FROM 16 TRIBES GATHER FOR CEREMONIAL DANCES」『LIFE』一九三七年九月一三日号

(38)前出(18)「アメリカ撮影旅行の思い出」

(39)「Sometimes Younosuke Natori's Japanese eye has touched these pictures with a subtle Asiatic slant: the line of a bridgeshed across the sky, like the lift of a Shinto shrine; the silhouette of an antique dollcart, like the shadow of a rickshaw.」

(40)土門拳「友へ」『カメラ』一九四六年二月号

(41)「An extremely likable young man」(SPEAKING OF PICTURES... THESE ARE BY A TOP-NOTCH JAPANESE CAMERAMAN」『LIFE』一九三七年五月一〇日号)

(42)「THE JAPANESE: THE WORLD'S MOST CONVENTIONAL PEOPLE」『LIFE』一九三七年八月三〇日号

(43)「As late as 600 A. D., the Japanese were about as barbarous as the tribes of North Europe.」

(44)前出(18)「アメリカ撮影旅行の思い出」

(45)新聞連合社は、一九一四年設立の「国際通信社」と「東方通信社」が一九二六年に合併して「日本新聞連合社」となり、一九二八年に改称。

(46)「情報委員会ノ職務」昭和一一年六月一九日閣議決定

(47) 「調乙」『編集復刻版 情報局関係極秘資料 第六巻』不二出版、二〇〇三年
(48) 「情報局ノ組織ト機能」『戦前の情報機構要覧 言論統制文献資料集成 第二〇集』日本図書センター、一九九二年
(49) 前出(48)「情報局ノ組織ト機能」
(50) 前出(48)「情報局ノ組織ト機能」
(51) 菊地俊吉「写真家をめざしたころ 戦中・戦後のカメラマン」『母と子でみる 原爆を撮った男たち』草の根出版会、一九八七年
(52) 前出(48)「情報局ノ組織ト機能」
(53) 前出(48)「情報局ノ組織ト機能」
(54) 前出(48)「情報局ノ組織ト機能」
(55) 「写真報道事業」調乙二四号、一九三七年一〇月二〇日[部外秘扱]
(56) 清水盛明、1896-1979
(57) 「創立一五周年記念特別座談会 日本の写真界の歴史 その4 昭和一〇年代」『日本写真家協会会報』No.12、一九六五年一二月
(58) 『思想戦展覧会記録図鑑』内閣情報部、一九三八年。同展は、日本橋高島屋にて一九三八年二月九日〜二七日に開催、以降は大阪、福岡、札幌、京城など九カ所を一〇月まで巡回展示。
(59) Moriaki Shimizu「L'ARMEE DE SA MAJESTE」『NIPPON』No.5 一九三五年一一月
(60) 平櫛孝『大本営報道部』図書出版社、一九八〇年
(61) 「閣情人秘第一号」一九三八年一月四日付
(62) 「林謙一――国家宣伝は必死になってやるもんだ」渋谷重光『宣伝会議選書 昭和広告証言史』宣伝会議、一九七八年

(63)「THE CAMERA OVERSEAS: 136000000 PEOPLE SEE THIE PICTURE OF SHANGHAI'S SOUTH STATION」『LIFE』一九三七年一〇月四日号

(64) アメリカの新聞王であるウィリアム・ランドルフ・ハースト(William Randolph Hearst, 1863-1951)が経営するメディア企業体。ハーストは、サンフランシスコ、ニューヨークなどで二八の新聞、一八の雑誌を発行し、国際ニュースサービス社(INS)、ラジオ放送局、映画会社を経営した。購読者数増加のために刺激的な報道を重ねたことで知られる。

(65)「上海南駅のこの写真を一億三六〇〇万人が見た」記事本文で、メイン写真を撮影した人物はH. S. WONGと紹介されているが、これが林の言う王一哲であろうか。一九四三年に林の記した「宣伝の技術」(『戦ふ宣伝』東京講演会出版部、一九四三年)には、この写真の撮影者は「王小亭」で、シカゴ「デイリーニュース」の上海特派員「ジヨン・バウエル」に渡し、アメリカではU. P.(ユナイテッド・プレス)を通じて全世界に配給したとされている。

(66)「The President's Album」『LIFE』一〇月一八日号

(67) 内閣情報部編集『時局資料　近代戦と思想宣伝戦』日本文化協会、一九三七年一〇月三一日

(68) 前出(58)『思想戦展覧会記録図鑑』

(69) 前出(62)「林謙一——国家宣伝は必死になってやるもんだ」

(70)『国際文化振興会記録第五〇回理事会議事要録』一九三七年九月一〇日

(71)「KBS第五一回理事会議事要録」一九三七年一〇月八日付

(72)『昭和十三年度事業報告　自昭和十三年四月至昭和十四年三月』(国際文化振興会、刊行年不詳)によれば、写真分類の小項目は、産業、建築、交通通信、教育、宗教、社会事業、都会生活、日本の四季、芸術、趣味娯楽、スポーツ、家庭生活、映画スチール、庭園の一四種。

(73) 前出(72)『昭和十三年度事業報告　自昭和十三年四月至昭和十四年三月』

（74）前出（71）「KBS第五一回理事会議事要録」
（75）ノルベルト・フライ、ヨハネス・シュミッツ著　五十嵐智友訳『ヒトラー政権下のジャーナリストたち』朝日選書、一九九六年
（76）ドロシー・ラング、Dorothea LANGE, 1895–1965
（77）ウォーカー・エヴァンス、Walker EVANS, 1903–1975
（78）名取洋之助「欧米の報道写真」『セルパン』一九三八年一月号
（79）前出（78）「欧米の報道写真」
（80）前出（78）「欧米の報道写真」
（81）小柳次一、石川保昌『従軍カメラマンの戦争』新潮社、一九九三年
（82）前出（81）『従軍カメラマンの戦争』
（83）小柳次一、1907–1984
（84）ジーチーサン商会（京橋区築地）は、一九二六年頃に山端祥玉が設立した写真製作会社。英文表記は「G. T. SUN」。
（85）山端祥玉（啓之助）、1887–1963
（86）清水盛明「戦争と宣伝」『思想戦講習会講義速記』内閣情報部、一九三八年二月、『情報局関係極秘資料』第六巻、不二出版収録
（87）前出（86）「戦争と宣伝」
（88）「THE CAMERA OVERSEAS: A JAPANESE BAKERS GOES FORTH TO WAR IN CHINA」『LIFE』一九三七年一一月二九日号
（89）『LIFE』一二月六日号目次表記は「JAPANESE SOLDIER WITH MACHINE GUN」。表紙表記は「FATALIST WITH MACHINE GUN［マシンガンを持つ運命論者］」。

(90)「THE CAMERA OVERSEAS: WHAT CHINESE WAR LOOKS LIKE TO JAPANESE PHOTOGRAPHER NATORI」『LIFE』一二月二〇日号
(91)「Natori is a handsome, cheerful, easy-mannered young aristocrat whom nobody could help liking」(「THE CAMERA OVERSEAS: A JAPANESE BAKERS GOES FORTH TO WAR IN CHINA」『LIFE』一九三七年一一月二九日号)
(92)「敵前譲られた鉄兜」『読売新聞』一九三八年三月八日夕刊
(93)名取洋之助「写真宣伝雑誌」『紙弾』支那派遣軍報道部編集発行、一九四三年
(94)松本昇「内閣情報部と国策写真の座談会」『フォトタイムス』一九三八年七月号
(95)「愛国行進曲」の作詞作曲公募の結果、歌詞は五万七〇〇〇余り、作曲は九五〇〇余りが寄せられ、一〇数社のレコード会社から発売された。
(96)前出(94)「内閣情報部と国策写真の座談会」
(97)前出(94)「内閣情報部と国策写真の座談会」
(98)「JAPAN'S FOREIGN MINISTER, POSED AT HOME & AHORSE, ASKS HELP AGAINST CHINA」『LIFE』一九三八年九月五日号
(99)土門拳「先輩 木村伊兵衛 木村伊兵衛氏を偲ぶ」『日本写真家協会会報』No.38、一九七四年九月
(100)「JAPAN'S BLUEJACKETS」『NIPPON』9号(一九三六年一一月)
(101)「The Hand as a Tool」『NIPPON』15号(一九三八年六月)
(102)濱谷浩、1915-1999
(103)田村茂、1906-1987
(104)藤本四八、1911-2006

(105)　土門拳、藤本四八、白木俊二郎ほか「青年報道写真家座談会」『フォトタイムス』一九三八年八月号
(106)　「FOR THE WELFARE OF THE FAR EAST」『NIPPON』14号（一九三八年二月刊）
(107)　「名取洋之助と土門拳　名取さんは土門君の『先生』だった」『報道写真の青春時代』講談社、一九九一年
(108)　渡辺義雄「写真著作権に関して——二人の先輩に思う」『日本写真家協会報』9号、一九六四年一〇月
(109)　前出（81）『従軍カメラマンの戦争』
(110)　前出（86）「戦争と宣伝」

chapter 3

第三章　陸軍と外務省の「宣伝写真」

一　陸軍の「プレス・ユニオン・フォトサービス」

一九三七年七月に始まった日中戦争は、第二次上海事変を経て首都南京攻略に至り、一二月一三日に南京が陥落した。これを受けて「戦勝祝賀集会」が全国で開催され、東京では四〇万人が提灯行列で祝った。戦争終結も間近と思われる中、名取洋之助は上海派遣軍特務部報道班へ日本工房の写真家を三カ月程度臨時派遣する手配を整えて、一九三七年末から小柳次一とともに出張撮影した。小柳には、「正式の軍属になると、あれ撮れこれ撮れとこき使われるし、こっちの都合で動けなくなるから、無給の嘱託ということにしたからな。必要な金は特務部長名でもらえるから[1]」と語ったという。

しかし、この臨時派遣期間中の一九三八年一月一六日に、「爾後国民政府を対手とせず」という近衛首相の声明（第一次近衛声明）が発表され、日中間の外交は断絶し、戦争終結は遠のいた。

『LIFE』一九三八年四月四日号に、「Natori from B. S.」のクレジットで五枚の写真を使った「中国の自由主義者の死　日本占領下南京のありふれた朝[2]」という記事が載る。本文は、陥落した古都南京

図36「中国のゲリラ戦」
『Berliner Illustrierte Zeitung』
1938年3月10日号

図35「中国の自由主義者の死
日本占領下南京のありふれた
朝」『LIFE』1938年4月4日号

で一九三八年三月二二日に日本の傀儡政権が置かれると発表されたが平和が訪れたわけではなく占領下の中国農民は死に直面している、という、日本軍を批判する内容だ。前述のように、名取の写真だけで構成された『LIFE』の記事本文には必ずといってよいほど彼への好意が記されていたものだが、この記事には見あたらない。五枚の写真は早朝の街を横切った中国人ゲリラが日本兵に捕らえられてから処刑されるまでを撮影していて、演出で撮されたことが明白だ。ある意図の下で撮影されたことを感じさせるが、その意図が本文と同じ方向なのか、全く反する方向なのかは、この記事だけでは判断できない。

『Berliner Illustrierte Zeitung』一九三八年三月一〇日号「中国のゲリラ戦」[3]にも、全く同じ写真五枚の記事があり、こちらの本文では、日本軍が抗日ゲリラに機敏で厳正に対処していると記されている。一九三六年の日独防共協定、一九三七年の日独伊防共協定と深めてきた日独関係を考えればドイツが日本に好意的なのは当然とも言えるが、同じ写真が米国誌とは正反対の意味づけで使われている。掲載号の『Berliner Illustrierte Zeitung』は『LIFE』のそれよりも一カ月早く、南京の状況を見て『LIFE』が配信写真に異なる意味付けをしたと考えられる。

一九三八年四月一日、日本では「戦時ニ際シ国防目的達成ノ為国ノ全力ヲ最モ有効ニ発揮セシムル様人的及ビ物的資源ヲ統制運用スル」という主旨の国家総動員法が公布され、五月五日に施行された。そして、除州戦（一九三八年四〜五月）の後、名取は、中支軍報道部写真班のうちの撮影・配布機関を受け持ち、軍部との関係を深めていく。「南京攻略戦後、上海、南京方面を視察した内閣情報部情報官清水中佐」が「軍報道部の依頼を受け、東京に於て、ジーチーサン商会主の山端祥玉氏並びに日本工房主名取洋之助氏に斡旋し、此の両者の合作により中支軍報道部写真班として必要なる写真技術者並びに資材を提供する」[4]という組織が発足したのだ。

「中支軍報道部写真班」設置の目的は、「（一）軍の記録写真、及び宣撫工作写真（二）対外宣伝資料（三）対内報道、殊に国民精神指導資料（四）作戦宣伝資料」などを作製するためで、「殊に機密を要する記録写真各社の写真で班を入れることの出来ない場合、全部を代表して報道部写真班に撮影せしめ、之を軍貸し下げの形で各社に提供」し、作戦宣伝に使う「ビラ、ポスターの作製、パンフレット、グラフ等の資料」[5]の作製を任された。そのために、「写真撮影班と写真製作班を設け、写真の配布は別に」[6]して、写真製作は山端が、撮影と配信は名取が分担することになったのである。

小柳は、「プレス・ユニオン・フォトというのは、名取さんが上海に作った写真エージェンシーで

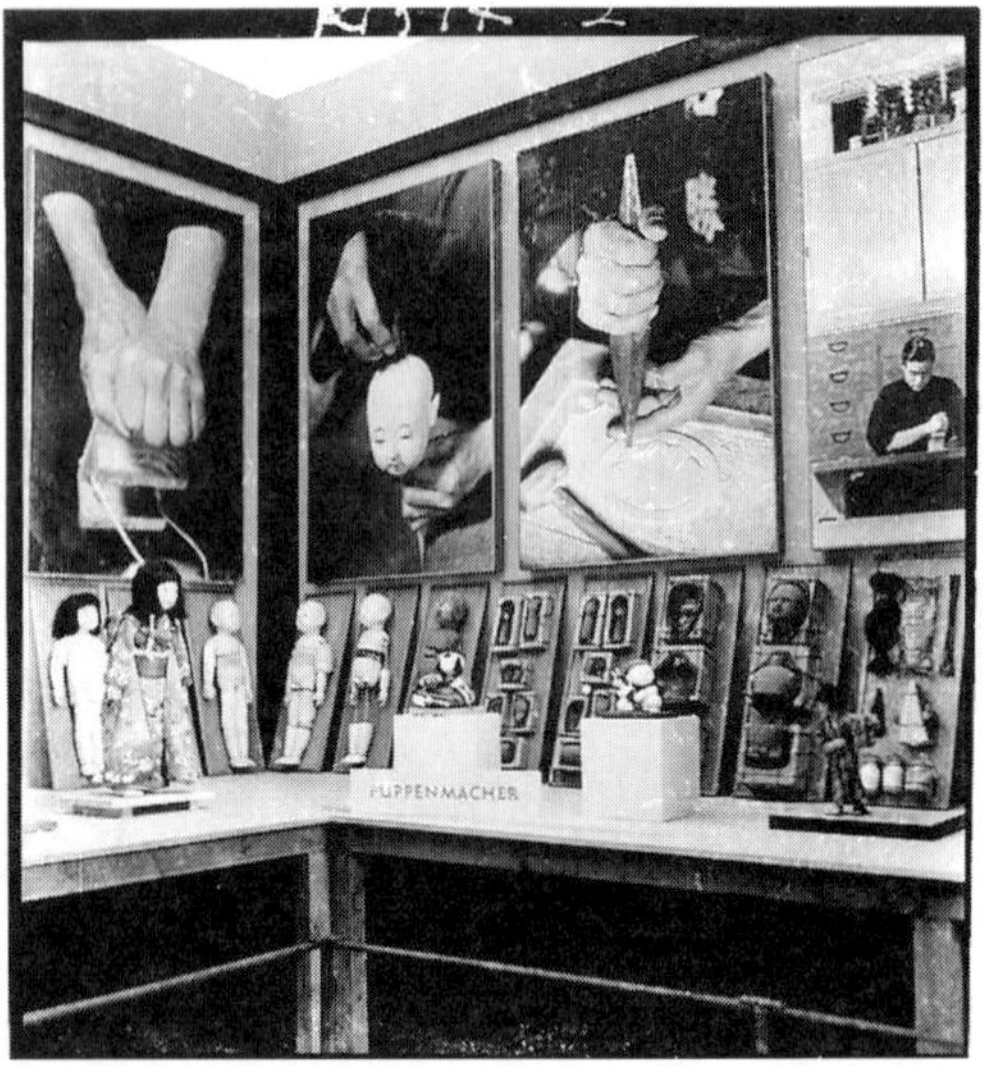

図37　ベルリン国際手工業博覧会（『名取洋之助と日本工房作品展―報道写真の夢』JCII フォトサロン，2003年）

す。徐州戦が終わってからだったと思いますが、上海のフランス租界と共同租界の境に外国通信社がいっぱい入っているビルがありまして、その中に、対外宣伝のために『プレス・ユニオン・フォトサービス』という写真通信社を設立[7]」したと述べている。そして、これは「軍報道部が直接写真を配布してもどこも使いませんから、民間の写真通信社という形」をとっていたが、「事務所の経費も全部軍が出し」ていた。「日本側は蒋介石が言っているような残虐な行為はしていないんだという写真をどんどん欧米に流すことで、反蒋宣伝[8]」を行なうというのが仕事だった。

プレス・ユニオンというのは、もともと、一九三二年に第一次上海事変が勃発した頃に、上海在留官民の有志者による出資で発足した組織で、反日宣伝に対抗するための対外宣伝を担っていた[9]。日本側の情報を英訳して在留外国人と外国新聞記者らに配布する機関で、事変終息後も新聞連合社が委嘱を受けて松本重治らが英文通信を行ない、同盟通信社に引き継がれていた。同盟通信の実体は国策組織であったが、表向きは社団法人である。中支軍報道部写真班は、プレス・ユニオンの写真部門「プレス・ユニオン・フォト」として活動することで、民間通信社としての体裁を整えたのだ。

　実は、プレス・ユニオン・フォト発足前後の一九三八年五月二八日から七月一〇日まで、ベルリン国際手工業博覧会に国際文化振興会が出品する「日本の手工芸」展のために、名取はドイツへ行っていた。これは、一九三七年末に彼が国際文化振興会に斡旋して出品・参加が決定された展覧会で、工芸品の他に職人の手仕事写真を大きく示し、漆器や竹細工などの製作過程の映画も上映された。

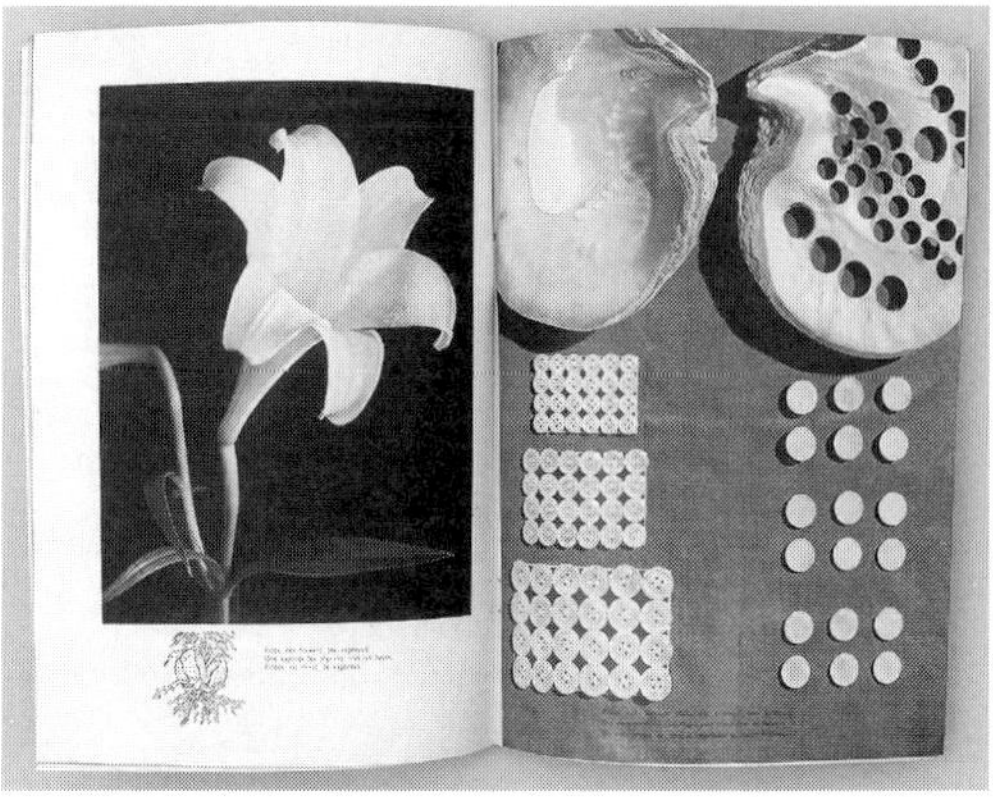

図38　『COMMERCE JAPAN』11号　1940年12月［J］

　その少し前、同年三月六日から一週間開催されたライプチッヒ見本市で開催の「日本の日用品」展のためにも、名取は工芸品選定や図録製作の仕事をしている。これも、彼が国際文化振興会に話を持ち込んだもので、図録表紙は、デザイナー亀倉雄策[10]の日本工房入社試験の結果であった。

　同年四月には、日本の輸出振興を計る商工省の外郭団体・貿易組合中央会から創刊されたグラフ誌『COMMERCE JAPAN』の編集・製作を日本工房が担当していた。外貨獲得を目標にした輸出産業と商品の解説を主な内容として、背景にある日本文化も写真で伝えるグラフ誌で、金丸重嶺の金鈴社スタジオで広告写真に携わっていた藤本四八が日本工房に入社して制作に当たった。

ドイツ・アメリカへの外遊帰国後から「日本の工芸展」までの名取と日本工房の仕事を振り返ると、工芸などの日本文化や産業を外国に発信することを事業の柱にしようと考えていたことがわかる。上海派遣軍特務部報道班への日本工房写真家派遣が三カ月程度の臨時だったのも、「日本の工芸展」までの短期的な仕事という認識だったためだろう。しかし、戦争の長期化、国家総動員法公布などがプレス・ユニオン・フォトを産みだし、その後の名取の仕事の行く先を決定づけた。一九四〇年に予定されていたオリンピック東京大会が日中戦争のために返上されたのは、一九三八年七月。この頃から名取は軍部の仕事に本腰を入れるようになり、文化工房から日本工房に所属を変えて陸軍に派遣された写真家・白木俊二郎とともに軍艦に乗船して上海を取材している。

『写真週報』に「上海プレス・ユニオン」の写真で構成された記事が最初に掲載されたのは、一九三八年八月一〇日号の「朗色かへる上海」「朗色かへる南京」だ。以降の『写真週報』には、「漢口へお供する　帰順武器」（同年九月七日号）、「蔣介石よさらば！　その一、その二」（一〇月一二日号）など、「上海プレス・ユニオン」の写真で構成された記事が多数掲載された。金丸重嶺は、「中支の前線宿舎で、私はある将校が、名取の勇敢さを激賞したことも覚えている。ライカ一つで、塹壕をとびあるく彼の姿は、命知らずだということも話題によくなった」(11)と述懐している。『Berliner Illustrierte Zeitung』一九三八年一一月三日号には、飛行服を着た名取の写真入りで広東の戦況が伝えられた。海軍班として漢口作戦に従軍し、『NIPPON』にもたびたび執筆した評論家・杉山平助は、名取と南京で会った時のことを、「彼は、今度は、相当に覚悟はしてゐるらしい。いちばん危険な役目を負ふてゐるのである。別れる時にドイツ人の夫人メッキーさんが泣いてゐた、といふことであつた」[12]と記している。一九三八年九月には広東の香港皇后大道にあった同盟通信社内に「South China Photo Service」（以下サウス・チャイナ・フォト・サービス）を開設した名取は、中国の南部にまで守備範囲を広げた。

二 陸軍出資のグラフ誌『SHANGHAI』

図39 『SHANGHAI』2号 1939年3月［J］

一九三八年一一月、中支派遣軍報道部より名取が請け負って日本工房が製作した英文グラフ誌『SHANGHAI』が創刊された。同年九月から約二カ月間上海に従軍した金丸は、同誌創刊のエピソードを戦後になってから次のように記した。「私は陸海軍報道部から、上海へ派遣された。当時、東宝映画の嘱託をしていたために、リヒァルト・アングスの仕事や木村荘十二と行を共にするのだと思っていたら、対外宣伝誌の編集責任者として、名取洋之助と共にこれに当たるという軍の決裁書をみせられ、二人の名前のいれられたガリ版刷の計画書をみせられた。金子少佐という人からである。ここで再び、サッソウたる名取にしばしば逢ったのであるが、あえてライバルとなるより、私はむしろ、これは名取の仕事とすべきだと考え、消極的に逃げた形になっていた。金子少佐からは怒られたが、雑誌は『上海』という立派なものが、名取の手で発刊された[13]」。

上より、図40「上海は誰の家？」『SHANGHAI』第２号　1939年３月［J］、図41「上海の暗黒面」『写真週報』　1939年１月25日号、図42「これが上海だ」『Berliner Illustrierte Zeitung』　1939年第５号［J］

上海での英文誌が想定する読者対象は、租界に住む外国人や上流層だ。『SHANGHAI』には、時事的な報道写真や、向井潤吉[14]など従軍画家の作品が掲載された。同時に、難波架空像（香久三）[15]らによるシュールレアリズム絵画などが多用されていて、厭世的な気分がただよう編集になっている。一九三八年当時の日本では前衛的な表現が絵画や写真で大きな高まりを見せており、日本工房のデザイナー河野鷹思は時代の流行と雰囲気を反映した誌面に仕上げたのだ。

報道写真は、『SHANGHAI』でどのように使われていただろうか。創刊号の「中国の上海」[16]という頁では、鉄条網の中に囲い込まれた中国人が、西洋人の警察官に抗議しているといった構図で、いかにも西洋人に不当に占拠された租界という印象を与える大きめの写真と、親切な東洋人が現地の子どもたちに応対しているように見える小さめの写真に、「租界の入口で」[17]「上海郊外にて」[18]というキャプションがつけられている。翌一九三九年三月の第二号では六頁に亘る組写真記事「上海は誰の家？」[19]に、「上海は中国人の街か、それとも在留外国人の街か？」[20]で始まるリード文がつけられ、上海地区の中国人がいかに西洋人によって搾取されているかを訴えている。この記事には、『写真週報』同年一月二五日号「上海の暗黒面」に掲載された写真の別カットが使われた。また、同年二月に刊行された『Berliner Illustrirte Zeitung』第五号にはこのシリーズの写真で構成された「これが上海だ――中国の端のバビロンから名取が寄せる写真レポート」[21]が掲載された。これは、『写真週報』掲載写真が即ち対外宣伝用写真として使われた一例で、『SHANGHAI』では無署名、『写真週報』では「上海プレス・ユニオン撮影」、ドイツでは名取の名前で掲載されている。

『SHANGHAI』について、日本工房の『創業より現況まで（事業概況）』[22]では、「攻撃的宣伝雑誌であって相当の反響を惹き起こした」と記されている。一九三八年七月二九日付の中支派遣軍司令部極秘資料『謀略宣伝要領』によれば、謀略の目的は「支那民衆及軍隊ノ反戦、反共、反蔣気運ヲ醞醸激化シ敵軍戦意ノ喪失ト漢口政権ノ分裂崩潰ヲ助長セシムル」ためであり、「漢口攻略前其効果ヲ挙クルヲ目途トシテ実施スルモノトス」と期限を区切って考えられていた。『SHANGHAI』は、この謀略宣伝のために作られた雑誌であろう。

名取は、戦中に自ら指揮したグラフ誌について述べた「写真宣伝雑誌」という一文で、「『英米人の支那侵略をやつつけようよ』と、はじめたのがいろいろの方面で問題になり、陸軍省の清水大佐《ママ》まで情報局においでを願つた雑誌でした。上海で随分わるくち云はれた雑誌で『美しい緞子を泥で塗つたやうな』ものでした(23)」と記している。誌名は明記していないが、これは『SHANGHAI』を省みたと考えられる。

漢口を含む武漢三鎮（漢口・武昌・漢陽）は、中支派遣軍によって一九三八年一〇月に制圧され、近衛内閣は一一月に「国民政府と雖も拒否せざる」という声明（第二次近衛声明）を発表して、中国を含めた東亜新秩序建設を謳った。一二月には第三次近衛声明が出され、新秩序建設のために、善隣友好、共同防共、経済提携が宣言された。しかし、首都を重慶に移した蔣政権は四川省周辺に立てこもって「持久戦」を展開したため、陸軍の侵攻作戦も長期持久戦へ本格的に方針転換し、中支派遣軍報道部は一二月に重慶から仏印（フランス領インドシナ）のハノイへ脱出した汪兆銘の宣伝関係業務を担当するなど、上海で汪傀儡《かいらい》政権工作を開始した。一九三八年一二月に陸軍省情報部長となった清水盛明は、こうした宣伝工作の指揮も執った。プレス・ユニオン・フォトの小柳らは、国民政府樹立以前の汪兆銘を始め、南京政府につながる報道写真を多数撮影している。小柳は一九三九年二月に上海租界内で狙撃されて被弾し、翌三月にはサウス・チャイナ・フォト・サービスの白木が戦死した(24)。

長期持久戦への方針転換により、謀略宣伝期間が終わり、『SHANGHAI』は一九三九年三月の第二号で休刊した。第二号は創刊号の倍以上の頁数があり、続刊の分も併せて掲載したように思われる。ちなみに、現地出版を装うために出版者名を「Ching Cong Kan」と記載していた同誌の発行住所「76 Jessfield, SHANGHAI」には、一九三九年三月に大本営直轄の上海特別工作部が置かれた。

『SHANGHAI』二号刊行の翌四月、名取は『華南画報 SOUTH CHINA GRAPHIC』（以下『華南画報』）と『CANTON』という二つの雑誌を同時創刊させた。

図43　『華南画報』　1939年4月創刊号［J］

広東のサウス・チャイナ・フォト・サービスに置かれた華南画報社から創刊された英語と中国語併記の『華南画報』は、表紙がアート紙で本文はザラ紙の大衆向けグラフ誌だ。藤本四八、梅本竹馬太らが撮影した多数の写真と少々のイラストで構成されていて、現地で編集された。創刊号目次には、「Press Union Photo」「Doumei News Photo」など写真配信元が明記され、一般からも写真を買い上げる旨の記載がある。キャプションや解説は短いが、治安維持や復興の写真には文字数が多い。また、世界のトピックを伝える「世界近事　EAST AND WEST」欄では、日本軍に囚われた中国兵の穏やかな捕虜生活ぶりを示すように「南京で日本人によって捕らえられた中国兵。ある者は、彼の自家製バイオリンを奏でて仲間を喜ばせている[25]」とキャプションがつけられている。原地住民を安心させて戦況を有利に導びこうという「宣撫」の意図が見えるグラフ誌だ。

一方、南支派遣軍報道部発注により、同じ広東の同盟通信社内に設けられたTHE ORIENTAL CULTURAL ASSOCIATIONを発行元として創刊された英文の中国文化宣伝月刊誌『CANTON』の編集意図は、創刊号から一貫して裏表紙に揚げられたキャッチフレーズの中の、「ここでは、中国は全く学問的見地から研究される[26]」「CANTONは、科学と芸術を通して中国への友好を広げる[27]」に表われている。アート紙使用で多色刷りの、中国版『NIPPON』とでもいうべき同誌は、日本の文化人が解説する中国文化関連記事がほとんどを占め、写真は本文を補助する挿図として使われ、時事問題にからめた意図的なキャプションは見られない。

この全く様子が異なる二つの雑誌には、『SHANGHAI』に見られたような「攻撃的」なところがない。読者対象をはっきりと分け、『華南画報』は大衆向け、『CANTON』は支配層向けとして編集されている。つまり、謀略期間を終えて長期持久戦に変更された軍部の宣伝方針が如実に反映されているのである。

白木没後に広東へ従軍して『華南画報』の製作に携わった藤本四八は、戦後になってからの回想で同誌が「広東地区の中国民衆向けの情報誌として好評だった[28]」と記している。先に挙げた名取の「写真宣伝雑誌」では、「広東に南支派遣軍が出来、『同盟』の松方氏が香港に居らつしやり、汪主席はハノイに居る時広東の報道部長に『ライフのやうな雑誌』と云ふのを松方氏と話して『天下』を相手にする気で出来たのが南支派遣軍の対外宣伝の雑誌でした。軍の写真の一枚ものらない広東の雑誌でした。現地で評判は悪かつたのですが、参謀本部や他で案外の評判でした(29)」とある。誌名の明記はないが『華南画報』を指すと考えられ、藤本の記した「好評」とは、現地住民ではなく軍部の感想であったと考えられる。

図44　『CANTON』6号　1939年12月［J］

日本工房が西欧に向けて日本文化を紹介してきた『NIPPON』にも、日中戦争以降は時局を題材とした記事が散見されるようになる。一三号（一九三七年一〇月）には、外務省情報部から内閣情報部常勤事務官になっていた太田三郎による「The Significance of the China Affair」が掲載されている。これは、『NIPPON　日本語版』二号（一九三七年一二月）に「支那事変の意義」として日本語で掲載された。その他にも『SHANGHAI』創刊直前の一五号（一九三八年五月）までは、日中戦争関係の時事問題が取り上げられたこともあった。

しかし、名取が陸軍出資の『SHANGHAI』に携わった後の『NIPPON』には、このような戦争関連の記事は見られなくなり、日米開戦までは穏当な文化紹介誌として刊行された。日本工房の飯島実は、『NIPPON』の編集方針について、「この事変下に於ても間接的な態度でやるつもりです。別箇に非常な攻撃的な、支那側のデマと言ひますか巧妙な宣伝を粉砕し日本側を有利に導く雑誌もあつてい丶、それは無くてはならない、が『NIPPON』のやうに文化雑誌は穏かにいく方が是は逆な攻果があつて却ってい丶と思ふ[30]」と、述べている。

三　宣伝写真と報道写真（ニュース写真）との相違

名取の携わった宣伝グラフ誌が『SHANGHAI』から『華南画報』『CANTON』へと変化したように、一九三九年四月は、日本の対外宣伝への姿勢に様々な変化が起こった。

国際文化振興会は首脳の人事異動を行なった。異動前の理事長であった樺山愛輔伯爵は、戦後に編まれた『KBS 三〇年の歩み』で、「最初の頃はいわば家庭的な事業のような気持ちで組織だったとは考えず、成り行きまかせで仕事を進めてきた形だが」「この事業は組織によってこの機関を動かしてゆくという形にならなければいけない[31]」と、方針変更の事情を語っている。西洋諸国の識者の眼を意識して「我国並ニ東方文化ノ真義価値世界ニ顕揚スル[32]」ことを目標にしていた国際文化振興会は、新方針の下に機構その他を改革拡充して対外宣伝に向かう戦時体制をとるようになったのだ。

同じく四月、内閣情報部の写真宣伝機関「写真協会」は財団法人となった。また、大衆宣伝の要であった映画の製作全てを政府の統制下に置く「映画法」も同月に成立した。

国際文化振興会や陸軍の仕事を、いわば下請けとして行なっていた日本工房も、同四月に京橋区木挽町（現中央区銀座）の地上四階建て地下一階の鈴木ビルに移転して全館を使用するようになった。そして、翌五月には、それまで名取洋之助の個人経営だった組織を「国際報道工芸株式会社」と改組・改名し、同時期に上海の斐倫路に「上海支店」を開設した。[33] 戦後の亀倉雄策は、「日本工房首脳部（私は若かったが）は連日会議を重ねて進路を検討した。そして結果は『国際報道工芸株式会社』という意味の分からない名前の会社に変貌した」[34] と記している。名取は、改組後の一九四一年に、「報道に関する工芸的な仕事といふ意味で写真とか、出版物とか、さういふ報道に関する広い意味の『工芸的』なものを全部ひつくるめて、報道工芸といふ名前で私は呼んで居ります」[35] と述べている。

改組について、前述の『創業より現況まで（事業概況）』では、「更に対外宣伝業務の重要性が益々増大して来たので、従来の個人経営組織の強化が必用となり、茲に日本工房を発展的に解消」と説明している。改組後は社員が増え、一九四〇年過ぎには八〇名を超した。営業担当の信田富夫は、「会社らしくはなったが、何となく、あの日本工房のアトモスフィアーは、なくなっていった」[36] と振り返っている。

各組織で同時期に行なわれたこれらの動きは、軍部の宣伝報道方針と連動したものだった。陸軍は「本［一九三九］年度初頭以来軍ニ於テハ特ニ宣伝ノ重要性ヲ強調」し、五月以降度々、「事変ノ新段階ニ即応シ国防思想普及、宣伝並報道業務等ノ円滑ナル遂行ヲ期スル為所用ノ打合及懇談」[37] を目的とする、宣伝報道に関する関係者会議を開いた。同年八月八日には軍内の宣伝組織拡充を計る「宣伝組織拡充大綱」を制作し、九月には「新情勢ニ即応スル宣伝計画」を決定した。

　こうした方針を推進した清水情報部長は、一九三九年九月二三日の中支軍宣伝主任参謀会議席上で、写真について、「筆ハ如何様ニモ狂ケラレルカ写真ハ嘘カツケヌ（トリツクト云フ手ハ別トシテ）。此ノ意味ニ於テ写真宣伝ノ真実性ト価値カアル」と述べている。

　同じ会合で、中支派遣軍報道部製作資料の「写真宣伝ニ就テ」が配布された。注目すべきは、「宣伝写真ト報道写真（ニュース写真）トノ相違」と、二つの区分で写真を捉えていることだ。「此等両者ノ相違点ハ前者ニ於テハ或ル一ツノ事物ニ対シ之ヲ批判的ニ撮影シ、以テ観ル物ニ対シテ撮影物ノ思想ヲ伝フルモノナルニ反シ、後者ハ単ニ事実ヲ有ルカ儘ニ直接読者ノ視覚ニ訴フルノミニテ特ニ撮影物ノ思想ヲ伝フル目的意識ヲ有セサルモノナリ。即チ撮影物ノ思想ノ有無ニ於イテコノ両者ニハ根本的ナル相違点アルモノナリ。右ノ外時間的ニ論スルナラハ後者ハ分秒ヲ争フモノナルモ前者ハ然ラス可及的速ニ頒布伝達スルヲ計ルヲ以テ足ルモノナリ(38)」とあり、例として「南京陥落」を伝えるにあたって、「報道写真ニ於テハ単ニ陥落セル状況」、即ち、城門上で兵士が万歳を絶叫している写真でよいが、「宣伝写真ニ於テハ陥落ノ事実ヲ如何ニ宣伝ノ為ニ利用シ得ルヤヲ考エタル後ニソノ着想ニ従ヒテ撮影スル」写真、即ち、第三国の権益が擁護されている様子や付近住民が入城を喜ぶ状況なども加えて、「皇軍ノ勇敢ニシテ且ツ正義、人道ニモ厚キ状態ヲ読者ニ伝へ(39)」るように指示している。

　また、宣伝写真は「堂々タル思想ト批判並ニジヤーナリステイクナル要素ヲ有スルト共ニ美術的、芸術的ニモ優秀ナル写真ヲ撮影スルヲ以テ最高ノ目標トスヘシ」「宣伝写真ニトリテ極メテ重大ナルハ説明文ナリ」などと重ねられている。そして、「写真宣伝ハ撮影、製作、整理、頒布ノ四段階ヲ以テ始メテ効果ヲ発揮スル」として、「所謂内外ニ既存シアル頒布網ニ契約ニヨリ販売シ其ノ発表ヲ企画スル」ために、「同盟写真部ニ依託シ対外、支宣伝ハ其ノ管轄内ニアルプレスユニオンフオトサーヴイス（対外宣伝写真頒布所ノ名称）並ニ同盟写真班ヲ通シテ之ヲ行ハシメ(40)」ていると、「中支軍報道部写真班機構ノ概況要図」が添えられている。

「写真宣伝」について、ここに記されたいくつかの言葉やシステムのあり方は、一九三四年の「報道写真展」パンフレットに記された伊奈信男の言説や名取、木村らが実践してきたことに通じる。陸軍は、新聞に掲載されるような「ニュース写真」ではなく、名取や木村がグラフ誌に寄稿してきた組写真、すなわち伊奈が名付けた「報道写真」こそが軍の「宣伝写真」だと規定しているのだ。名取が一九三六年のドイツで見聞した報道写真の変容、「ナチスは実に良く宣伝写真を使ふ」は、一九三九年の日本軍部でも、秘密裏に現実のものとなっていた。

四 『LIFE』に載った宣伝写真

一九三八年一一月、青年報道写真研究会の一員である光墨弘は、プレス・ユニオンの写真について次のように記した。「軍報道部の直属的存在であつて、在支外人写真家その他のカメラ陣の統制とも見らるべき純然たる御用通信社である。仕事の性質も戦線に於ける前線及び後方の半ニュース写真を上海から世界の通信網へと提供しようと云ふ古臭ひ手口の――写真そのものも新聞社と大差のない仕事でしかないのである」「一般写真界からは、写真の最も進歩した報道形式をもつ所謂報道写真なるものが、この事変の最中に活躍されてゐるものと、表面だけを見て、そう信じられてゐる向もあるが、実のところは非常に大きな衝撃を国民に与えてゐる事変が、単に報道写真の被写体の急激な拡大と各種の報道機関、通信機関などが活発に動いてゐるので、恰も報道写真の進歩向上を急速に促してゐるように感じられてゐるだけであつて、残念ながら期待に反してゐるのが、現在の日本に於ける事変報道写真との関係である」[41]。外国帰りの名取が提唱した「報道写真」は、写真家が主体性をもって世界に発信していくものとして清新な気分をもたらしていたのだが、軍の「宣伝写真」に変容し、プレス・ユニオンも光墨の期待とは違っていたのだ。

『LIFE』一九三八年一一月一四日号巻頭には、「NATORI PRESS UNION, BLACK STAR」の配信写真による記事「中国を征服している日本人についての最初のヒューマン・ピクチュア・レポート」[42]が掲載された。小柳や梅本左馬次らが撮影した写真二八枚が八頁にレイアウトされ、塹壕で談笑したり飛行服を着て取材に飛び立とうとする名取が写った写真も混じり、本文中では「日本の写真家でこういう写真を撮らせたらおそらく一番なのは、名取洋之助だ。彼はハンサムで、にこやかで、ざっくばらんな二八歳の坊やで、偉大な繊維王の息子で、日本の高級グラフ誌『NIPPON』の出版者でもある。彼は美しいロシ《ママ》ア人の妻とドイツ語で話す[43]」などと、例によって名取を好意的に紹介している。同記事本文はマクリーシュによるものだろう。

しかし、写真雑誌にインタビューされた梅本によれば、この記事では「此方のつけたキャプシヨンなどは全然無視した茶化した説明をつけるとか――僕が九江で船から馬を下す写真を撮つた。その写真は馬がデカク写つて、兵隊がチツチヤク写つてゐる。それに日本の兵隊は身体は小さい癖に大きい馬が好きだとか、さういふ説明をして大いに茶化して」いると不満げだ。それでも梅本は、配信写真が掲載されたときのキャプションの扱いについて、「偶には逆なものを書いてゐますけれども、雑誌へ出すとするなら我慢しなければならんと思ひますね」と、撮影者側がつけたキャプションを編集者に強要できる訳ではないことに理解を示している。[44][45][46]

一九三八年一〇月二四日に中支那派遣軍司令部から発せられた極秘文書「写真撮影製作取締規定」は、軍の機密保持と不利な宣伝材料の流布防止のために、軍人軍属による写真撮影とプリントを規制するものだ。「各隊長ハ部下ノ写真撮影及製作ノ取締ニ関シ責任ヲ有スル」として兵器資材や陣地、軍紀状況、戦死傷者などについての個人撮影禁止事項が列挙されている。プレス・ユニオン・フォトの仕事をしていた軍属である名取が配信した写真は、「ヒューマン・ピクチュア・レポート」と題されたように、兵士の日常を人情味ある視線でとらえたように見えるが、こうした写真も、実は、意図があって撮影されたものだった。[47]

梅本は「プレスユニオンのやつてゐる仕事といふのは、御存じのやうに報道サーヴイスをやつてゐるのです。我々はそれで前線で写真を撮るにしても唯写真の撮り放しで以て送る訳です。それを暗室のある上海で受取つて、上海の暗室で現像して写真を拵へて、プレスユニオンで以て配給するといふことになつてゐる」とも述べている。撮りっぱなしの写真家には掲載されたことこそ重要で、自分の範疇外のキャプションには目をつぶるしかないというわけだ。[48]

前述の写真雑誌インタビューには、『LIFE』に載った漢口陥落の写真についての感想もある。「ドルセイになぜ取られたかといふと、僕等のものよりドルセイの写真がアメリカ好みのものが出て居り

図45　「中国を征服している日本人についての最初のヒューマン・ピクチュア・レポート」『LIFE』1938年11月14日号

ます」[49]というのだ。同年一二月一二日号に掲載された漢口陥落第一報の記事「『中国のシカゴ』は日本の模範占領下に置かれた」[50]は、カリフォルニア出身の新聞記者ポール・ドーシイ（ドルセイ）[51]によるものだった。梅本は、ドーシイの写真が「支那側が漢口を逃げるのにどういふ風に周章てふためいて逃げたかといふやうな事以外にどちらかといふと支那軍は負けたといふことを伝へてた、それで僕はつくづく考えたです。その写真の方が僕等のものよりも飛行便で一便後れてゐる、香港では確かに僕等の方のが一便早く出てゐる。それでゐてその方が締切日か何かの関係で採用されてゐない。丁度締切日前に一緒に届いたやうな関係になつたんだらうと思ひます。さうなればドルセイの方を採るのが先づ当然だらうと思ふ、僕がアメリカ人だったらさうする」と『LIFE』編集者が自国のカメラマンへの人情から採用したと推測している。

栄えある日本勝利の写真こそ日本人の手で送りたかったが、「日本が漢口を落としたといふ事実が、迚もデカイ宣伝」だと、梅本はキャプションだけでなく写真に対しても割り切った口調だ。一九三八年に同盟通信社からプレス・ユニオンに配属されたカメラマンである梅本は、「ドルセイが出せば、発表の責任を持つてゐるのだから、間違ひなくアメリカ人の眼に有効に叩き込むことが出来ると思つて、さういふ頭でドルセイなんかと二日ばかり一緒に歩いた、大いに協力してやつたんです。ドルセイにその写真を出されたといふことは日本側としては余り損をして居らんと思ひます。そこで以て『ライフ』を見られて、漢口戦に白木だとか。《ママ》梅本だとか、小柳だとかいふ者が大分行つて居つたやうだが、『ライフ』に出た写真はドルセイに撮られたぢやないかと言はれたら少し心外千万だ。逆宣伝をやられたぢやないかと言はれちや残念だと思ふ。さういふ狭い頭で見られちや困る[52]」と語った。自分だろうが、外国人だろうが、掲載される写真をものにすることが日本の利益であり、案内も写真家の仕事という割り切り方だ。

この頃、日中戦争を取材した写真家は多い。例えば『LIFE』一九三八年一〇月一七日号の「中国の戦争はアジアの未来を賭ける[53]」では、ハンガリー生まれでドイツ、パリで活躍していたロバート・キャパ[54]や、スイス生まれでドイツで活躍していたウォルター・ボスハルド[55]らによる写真が掲載されている。この前後の号を見ても、戦争報道のために世界の写真家が日中両側で従軍取材を行なった成果が見える。

漢口作戦を取材したポール・ドーシイは、日本海軍の情報将校・石田太郎に許可を得て取材し[56]、そ

図46　『LIFE』　1938年11月21日号

れらの写真は、『LIFE』の一九三八年一一月、一二月、一九三九年一月、六月、七月、一二月と順調に掲載された。一九三八年一一月二一日号では浅草仲見世で玩具の鉄砲を構える幼児の写真が、また、一九三九年七月一〇日号では日本兵が銃剣を構えて整列する写真が表紙に採用されていて、強い印象を与える。ドーシイが日本や日本軍を取材した写真は一九四〇年以降も掲載され続けるが、反比例するように、「Natori」の配信写真だけで構成した記事は見られなくなる。

実は、名取の友人である編集者マクリーシュは、一九三九年にタイム社を離れて連邦議会図書館に移籍し、ハーバード大学でジャーナリストのための講座を受け持ち、後にはルーズベルト大統領のスピーチライターや戦時情報局次長として活躍するのだ。マクリーシュの移籍と軌を一にして、一九三九年以降の『LIFE』で名取個人に言及する言葉はなくなる。名取の写真は同誌に三〇回以上取り上げられているが、半数以上が一九三九年までの掲載だった。ちなみに、撮影者名が「プレス・ユニオン」の『LIFE』記事は、前述の一九三八年一一月一四日号以外には見られない。

名取に代わって日本関係の写真供給源となったドーシイにも、同誌に特別に親しい編集者がいたのだろうか。彼の写真には、作り込んだようなドラマティックな味わいがあり、梅本が「アメリカ好みのもの」と言ったのはこのような撮り方を指しているのだろう。一九三九年の梅本は日本のためにドーシイに協力したようだが、繰り返し『LIFE』で使われたそれらの写真には、日本を侮蔑する意図的な文章が伴っていく。ドーシイは、戦争末期の一九四四年に、エドワード・スタイケン率いるアメリカ海軍写真宣伝班に入隊した。

五　外務省が期待する宣伝写真——木村伊兵衛の場合

名取が欧米に外遊し、内閣情報部や軍部と結びつきを深めていった頃、木村伊兵衛は何をしていたのだろうか。

一九三六年の木村は、南満洲鉄道の招待により五月から六月に満洲を、また、夏には沖縄に約一カ月滞在して那覇の市場などを撮影した。同年一二月に刊行された木村の初めての著書『小型カメラ写真術〈最新写真科学大系第一二回〉』（誠文堂新光社）には、国際文化振興会のストックフォトや『TRAVEL IN JAPAN』に発表した写真が作例として収録されている。

一九三七年には、外務省関係の仕事に傾いた。一九三七年五月から一一月まで開催のパリ万国博覧会日本館では、木村の写真で構成された写真壁画「日本の学校生活」が展示された。また、同年に世界教育会議が日本で開催されるのにあわせて、木村の初めての写真集で英文解説の『カメラを通して見る日本の学校生活』[57]が国際文化振興会から刊行された。

そして、同年一一月には、木村の写真約一〇〇点で構成された「日本を知らせる写真展」が国際報道写真協会主催・外務省文化事業部後援で開催された。同展覧会を知らせる十月二六日付『東京日日新聞』の記事では、木村を「日本のパウル・ウオルフと呼ばれる小型カメラの第一人者」と紹介し、「外務省では今迄に映画によつて真の日本紹介をやつてきましたが今度の支那事変を機会に最も効果ある『写真外交』にのり出し日本民族の親和性を理解させ、日本の軍事行動の止むに止まれぬ隠忍自重の結果であることを認識させる考え[58]」という外務省文化事業部・市河彦太郎のコメントが掲載された。

この写真展のタイトルは目的をストレートに表しているが、議論も呼んだ。美術評論家の板垣鷹穂は、『アサヒカメラ』で連載していた「写真展月評」の中で「写真展というものが一般の知識階級から問題視される場合は余りないが、この展覧会は色々の事情から写真関係者の間で話題に上り、対外文化事業に交渉を持つ人々の中でも問題にされたが、それればかりでなく、平常は写真展などに全然振りむかうともしないやうな芸術界にまで、色々と議論をする人の居るのを見受けた[59]」と、多方面で話題になったことを紹介しながら、問題点を次のように指摘した。

まず、「半分以上は国際文化振興会の依嘱によって撮影されたものであり、同会内部に設置されてゐる写真関係の審議機関を通じて、『適当』或は『不適当』の評価を与へられてゐるものである。また、教育施設に関する写真は、一九三七年の夏に東京で開催された国際教育会議を機として、振興会で製作した写真帖に収録されてゐるものが多い。以上の二点に就いて、国際文化振興会と外務省文化事業部と国際報道写真協会と、更に、当面の作者である木村伊兵衛氏との間に如何なる程度の了解があったか」と、既発表作の展示にあたって話し合いがあったかと疑問を呈した。「同じ作家の作品が、使用目的次第では、日本を正しく紹介する役にもたつし、『国辱的』なものにもなり、抗日宣伝の手段にも悪用されると云ふ事実を考へ、而かもその上に、日本の対外紹介を意図する諸団体、例へば、外務省文化事業部、鉄道省国際観光局、国際文化振興会、の三者が、何れもこの紹介の方針を異にしてゐることを思ひ合はすならば、上記の点は特に綿密に取扱はるべき筈である」と各団体の目指すところが異なることを指摘した。そして、これに関する説明が皆無であるために「非難の対象となりやすい対外宣伝の『大乗的』な観点」を克服できていないとしている。

さらに、「例へば、『これでは日本が解らない』とか、『依然としてエキソテイズムばかりねらつてゐる』とか『木村伊兵衛の好みが出すぎてゐる』とか、さう云ふ批評」が多く、「要するに、木村伊兵衛の好みが出過ぎてゐることと、『日本を知らせる』と云ふ標題が重く考へられてゐると云ふこと」に欠点があるとまとめ、いっそ、「『木村伊兵衛作品展』とし、サブ・タイトルに『日本の代表的写真家による日本紹介の作品展第一次』とするならば、この展覧会の儘でも通用するであらう。そして、その理由をカタログ序文で予め述べ、第二次には渡辺義雄の作品を送り、更に、第三次には小石清の写真展を計画する――と云つた具合にしてゆけば、単に国際報道写真協会だけでも充分に正しく日本の多面性を紹介得るであらう。これ等の作家の作品が、写真そのものとしては何処の外国へ持ち出しても立派に通用することは、更めて断るまでもないのである。加ふるに、例へばフイリップ・ヘンレや名取洋之助氏がドイツで出版している日本紹介の写真帖をみてもわかる通り、作者の個性は常に日本の一側面しかみないのであるから、木村氏の作品集として考へれば少しの不都合もない筈である」(60)

と、展覧会タイトルに問題の根本を見出している。板垣の意図は、発注元が指示して撮影された写真であってもそこには写真家の視点が強く出るのだから、外務省が「最も効果ある『写真外交』」に乗り出すならば、「日本を知らせる写真展」を一人の作家に頼ってはだめだという点にある。

こうした論評が起こる中、一九三七年一二月一〇日から翌一月一三日にかけて、木村は、外務省情報部の嘱託として渡辺義雄と共に「支那民情撮影旅行」[61]を行なった。同部の小川昇が企画したもので、撮影の目的は、「今迄外国の新聞や雑誌で支那側のひどい抗日宣伝写真ばかり出してゐるので本当の日本人は斯ういふやうな事で戦をしてゐるとか、斯ういふ文化施設に対しては爆撃をしないとか、実際戦争して居るけれども、戦争に無関係の支那の人とはこれだけ平和に暮らしてゐるとかさういつたやうな事を、日本から有りの儘の写真と映画で外国へ送る」[62]ことだった。

しかし、この時、カメラマンばかりで行ったことに対して、上海の日本領事館からは「演出をする監督を何故引張つて来ないか。ニュース写真も映画の方も、監督を連れて来なければ文化的宣伝をする写真なり映画なりを撮りに来たつて駄目ではないか[63]」「君たちだけ来たつて仕様がないではないかといふことを、最初着いた時にいはれた[64]」という。

この少し後に、外務省文化事業部で「写真外交」を唱えていた市河も、「対外文化宣伝に用ひる写真は、単なるリアリズムのそれではなくして、少なくとも題材を選ぶにあたつても、なるべく美しいものをとり、それを芸術写真としての手法と技術でなるべく仕上がりの美しいものにしたいといふのが私の持論である[65]」と自分の趣味をはっきりと書いている。また、「私のすききらひから云へばウオルフが著した『海岸と砂丘』ばかりをうつした写真帳に入ってゐるやうな写真[66]」とも記している。市河の期待する写真は、ヴォルフのようにわかりやすい演出写真なのであった。

戦後になって国際文化振興会での仕事を振り返った木村は、「出来上がった写真を持って行くと必ず駄目が出る。学生の洋服がきたない。女の先生が眼鏡をかけている。子供がハンケチでなく手ぬぐいをぶるさげている。エレベーター・ガールがハイヒールをはいていない。和服の婦人の頭が日本髪だから野ばんだと誤解される。街を行く洋服の男子が帽子をかぶっていない。物のほしばに洗濯物を干したのが見える。ビルや電車は外国に負けるからいけない。自動車が古い。農夫の田植え姿がきたないし、はだしは野ばんだ。労働者の上半身がはだかはこまる。などなど実に神経質のようなおこごとであった(67)」と記している。国際文化振興会や外務省は西洋的価値観を基準にして国情を発信しようとしており、写真家に期待したのは国民生活を実際以上の水準に見せる「宣伝写真」だった。

木村らが上海で写したのは、「新聞社も軍も撮らないやうな、おこぼれの平和な姿とかいふやうなもの」であり、「隅つこに残つてゐた面白い情景(68)」だった。外務省は、これらの写真について、「出来た写真は役所が使ふのだが、君達の方の配給出来る範囲――例へば内地で配給したければ配給して広く一般に見せられるやうな手段は幾らでも取つてやる(69)」と言った。また、木村自身も、「外国の場合には外務省から送つたものだと或程度迄新聞社とか雑誌社が載せてくれない場合もある。それだから別に我々の手で今迄外国へ発表してゐるさういふ機関を通して発表したら、又楽に発表できることもあると思ひます(70)」と、国際報道写真協会などから配信する意義を述べた。名取のプレス・ユニオン・フォト・サービスは軍の関与をカモフラージュするために作られた機関だったが、木村も、外務省の関与する写真について同じようなやり方を考えていたのだ。一九三七年一〇月に内閣情報部で検討された「写真報道事業」構想では「他の道筋からは我々の取り扱つて居るやうな型の写真を入手する事は出来ない」ようにしようという方針だったが、その意図は諸官庁まで浸透しなかったのだろうか。軍部や外務省は写真配信チャンネルは多い方が良いという考え方だった。

木村らの中国取材写真は、国際報道写真協会主催・外務省情報部後援の「南京上海報道写真展」として翌一九三八年三月から全国主要都市で巡回開催され、『写真週報』五月一一日号に「和平の芽ぐみ」として掲載された。また、原弘の編集構成により総合雑誌『改造』三月号で観音開き形式のグラフ「報道写真――上海」として掲載された。アメリカにも写真を送ったが、「占領地で難民を救済し宣撫工作の状況を写真にしたもので、アメリカに聖戦なのだということを訴えたことがあるが、さっぱり載らなかった[71]」という。

国際報道写真協会からドイツに送った写真はグラフ誌で使われたが、為替管理のために送金はなかった。渡辺によれば、ドイツから女性編集者が来て、盛んに写真を集めていったが、この場合は日本で代金が支払われた。ドイツに溜まっている代金は、「向こうへ行って使えば使えるから、昭和十二、三年ごろ、ぜひ来ないかという勧誘を向こうから受けてねえ、木村さんに行け、行けといったけども、木村さん『いやだ』って行かない。岡田［桑三］さんが一緒についていくわけにもいかないしね。そんなことで、結局凍結されたままで、金は一銭も入らなかった[72]」という。

六　日本の宣伝写真を担う外国人——アメリカの写真家

外務省は、木村ら日本人写真家だけに外国へ送る写真を任せていたわけではなかった。アメリカ向けの宣伝放送「日の丸アワー」に携わった池田徳眞によれば、一九三八年ごろに外務省の外郭団体として写真通信社パシフィック・ニュース・アンド・フォト（略称PNP）が設立された。「その最初の狙いはアメリカ人の目で見て写真をとり、文章をそえてアメリカはじめ世界の国々に送り、現地の新聞や雑誌で利用してもらおうというものであった。それで、最初は、アメリカの写真家で日本郵船のサンフランシスコ支店のカメラマンとして活躍していたシュライナー氏[73]を連れて来て、日本中を撮影させ、のちに同じくハミルトン氏[74]という写真家[75]」を雇ったという。

外務省情報部が一九三八年九月に作成した『支那事変ニ於ケル情報宣伝工作概要』には、「事変勃発ト共ニ米国新聞紙ニ対スル写真工作ノ必要ヲ痛感シ『シュライナー』ヲ本邦ニ招聘皇紀二千六百年記念博覧会並第十二回『オリムピック』大会写真宣伝部ノ名ヲ以テ米国新聞ニ写真配給セシムル事トシ昭和十二年十二月招聘東京西銀座徳田『ビル』ニ事務所ヲ置キ万国博覧会『オリムピック』組織委員会ト連絡ノ上活動ヲ開始ス」「今後ハ万国『オリムピック』宣伝部ノ名目ニテ前記米国新聞ハ勿論International News Serviceトノ『タイ・アップ』ヲ結成セシメ欧州並満蒙、比島方面ニ配布写真ニ依ル海外啓発宣伝ノ実効ヲ挙ケントス[76]」と明記されている。オリンピックと万博を名目に、米国で受け入れやすいようにアメリカ人カメラマンを手配して、宣伝写真に携わらせようとしたのだ。

「写真報道事業」をリードした林謙一は、戦後になってから、このシュライナー招聘の経緯を語っている。「昭和十三年ごろ、外務省と内閣情報部がアメリカからシュライナーというカメラマンを呼んで、海外向けの日本紹介の撮影を依頼したことがある。このカメラマンは、超一流の人物ということではないが、組写真のベテランで、アメリカのマスコミにコネクトが強いということだった。彼の撮影助手が必要というので、名取洋之助氏に相談したところ、土門君を推薦した。そこで、彼を情報部嘱託として、シュライナーに同行させることにした(77)」。

土門は、戦後になってから、「『シュライナー事務所』という、写真通信社に一ヶ月間働いた(78)」こと、また、「途中から［国際文化］振興会へ移ったんだが、シュライナーは、ぼくをはなしたがらず『なぜ止めるのか、月給が安いのか』などと引き止めてくれた。しかし、その時はすでに振興会に入ることが決まっていたんだ(79)」と回想している。

林によれば、シュライナーの使用機材は、「大手札判のイーストマン・コダック社製のスピード・グラフィックにカラート社製のフラッシュ・ガン付きのもので、フラッシュ・バルブもワバッシュ社製の新型」で、写した写真の「シャープな印画なのを見て、外務省と内閣情報部は直ちにこの組み合わせでアメリカへ注文(80)」した。撮影助手となった土門も、シュライナーの「スピード・ガンによるフラッシュ・バルブ（国産の閃光電球より小型で強力）で、シンクロ撮影、とくに、多数のバルブを使うマルチ・ライティング(81)」の技法を修得した。

一九三九年一月に日本工房を退社して国際文化振興会嘱託写真家となった土門は、同会に新型スピード・グラフィックの購入を強く求めた。同会で写真担当だった黒川光朝は、「すでに、製造元のアメリカとは戦争中であり、正式な輸入ルートがなく、無理な話です。だが、土門さんは承知しません。やっと、上海あたりから手に入れました。よろこんだ土門さんは、ガンとして、誰にも使わせず、絶対に手放さないのです。振興会の共有物だから家に持って帰ってはいけないといっても、二十四時間持ちつづけていました」[82]と語っている。また、土門は、日本工房時代に近衛文麿首相の肖像写真を撮影した際、近衛氏が「悠然とフンゾリ返り気味に」椅子に腰掛けていたことを振り返り、「今の僕であつたら、その後師事したシユライナー先生の教示されたところに従つてそのフンゾリ返りを訂正したと思ふが、その時はそのまま撮影に入つた」[83]と一九四〇年に記している。短期間であっても、シュライナーは機材や撮影方法などで土門に大きな影響を与えており、宣伝写真撮影に関しては、林の評価以上に実力があるカメラマンであったようだ。

もう一人のアメリカ人写真家ハミルトンについて、前述の外務省資料では、「紐育『ウエンデル・コールトン』宣伝会社ヨリ写真技師『フレデリック・ハミルトン』ヲ本邦ニ派遣セシメ之ニ便宜ヲ供与シ主トシテ人情味アル本邦事情ヲ題材トセル写真ヲ撮影送付シ『コールトン』会社ニ於テ米国新聞雑誌ニ掲載方工作セシメツツアリ」[84]と説明されている。ハミルトンも四×五インチのスピードグラフィックを使っていたこと、ＰＮＰの小平利勝が通訳と案内を務めていたことを、写真現像を担当した東京光芸社に在籍していたことがある菊池俊吉が回想している。[85]

実は、ハミルトンは、近衛文麿の弟で著名な指揮者であった秀麿と親しい間柄だった。音楽評論家・塩入亀輔の「近衛秀麿氏との写真問答」[86]では、指揮者ストコフスキーの夫人が一九三七年に来日の際「ニューヨークでも報道写真家として可なり顔を売つて」いるというハミルトンが同行して「東

図47　「法灯の影　和平の光」『写真週報』　1938年11月23日号

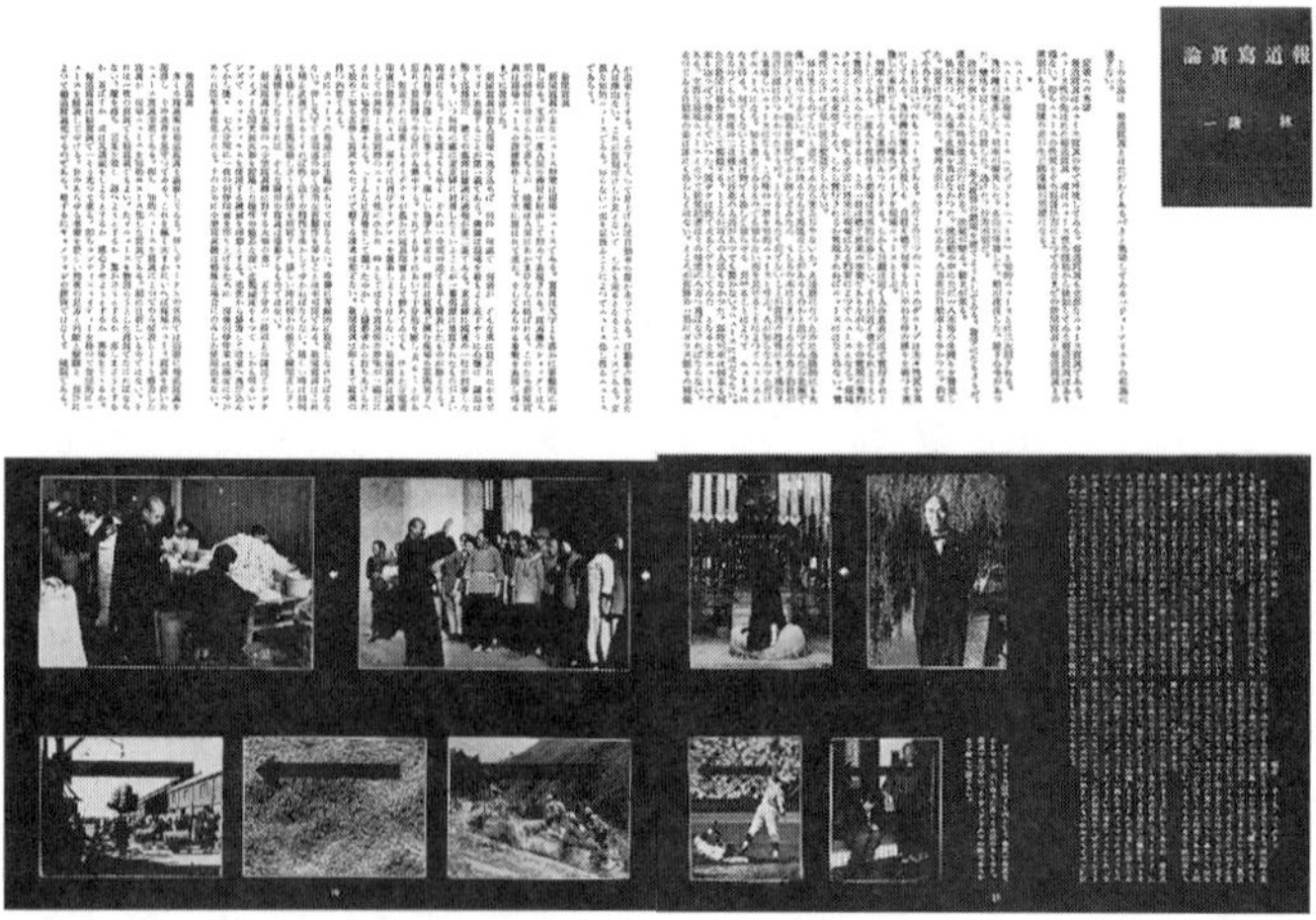

図48　「報道写真論」『NIPPON　日本版』第２号　1938年12月

日写真部の世話になりながら日本の風景とか生活振り(87)」を撮影したこと、彼を東京・洗足の秀麿邸にしばらく滞在させ、文麿の組閣時に組閣本部まで同行して撮影させたことなどが語られている。

『写真週報』一九三八年一一月二三日号には、見開きに五枚ずつの写真を組み合わせた「F・L・ハミルトン」による四ページのグラフ記事「法灯の影　和平の光」が掲載された。杭州で「支那民衆の更正」のために日本の従軍僧が働いていると紹介するこの写真の撮影過程が、『NIPPON　日本版』第二号（一九三八年一二月）に紹介されている。解説文は林による「報道写真論」で、「撮影者が全く第三国人であり撮影の意図がヒューマンインタレストといふものを戦地に求めてそれが非常に成功してゐる」と記されている。ハミルトンには、組写真を外国のグラフ誌に掲載させるという本来の仕事の上に、中立の欧米人の視線を表現するという役割があった。林の考える「報道写真」はあくまで対外宣伝で、そのために、発信する側の中立性を演出することに重点が置かれていた。名取、木村が、公的機関から発注された仕事を「民間」として発信していたのと同じ発想で、外国人が雇われたのだ。

グラフ誌『ホーム・ライフ』（一九三五年八月創刊）は、来日間もないシュライナーとハミルトンを取材し、一九三八年八月号の「ニッポンをどう撮るか」という記事に談話と写真を掲載している。リード文で、「いづれも今後一、二年滞在して、日本の姿をカメラにをさめて行かうとしてゐる人々(88)」と好意的に紹介する一方、巻末の「編輯室」では、「目下来朝中の外国ニュース・カメラマン諸君の写真は「みな平凡な調子の低い市井雑感にすぎず、作者の名を書かねば地方のアマチュアのスケッチ写真と何ら変るところのないのは遺憾である(89)」と酷評した。「編輯室」の筆者は、大阪毎日新聞社のグラフィック部門を手がけ、初代写真部長でもあった北尾鐐之助だ。「この人たちの技倆の問題よりも外国人が日本をみる眼の一ツの標準をみせられたような気がした、同時に日本の文化紹介はやはり日本人の手でしなければならぬといふことをはつきりいひ切りたい気もちになつた」(90)と記したのは、自らの仕事、ひいては日本人の仕事に対する誇りからだろう。

北尾の職人的反発に比べると、国家宣伝を視野に入れた林の戦略的「報道写真論」は戦時の国策に沿うものであった。しかし、林の思惑通りに、シュライナーとハミルトンの写真が海外で受け入れられたかは疑問だ。一九三八年には、米国内のニュース写真は、AP、UP、インターナショナル、ワイド・ワールド・フォトの「四社丈で一日中に全国に配る写真は平均一万四千四百」(91)に上っていた。シュライナーやハミルトンが撮った写真も、これらに混じって配信されたはずだが、この頃の『LIFE』を見る限り、二人の写した日本についての写真掲載はごく少なく、名取の配信写真などと組み合わせられた平凡な扱いに留まっている。

一九四一年、外務省情報官として滞米していた福島慎太郎が帰国して受けた写真雑誌のインタビューで、「この間うち日本に来たフレデリック・L・ハミルトンなどはアメリカでは一流のフリーランス・カメラマンです」(92)と振り返る口調で述べている。また、当時朝日新聞ニューヨーク特派員だった中野五郎が戦後に記した文章には、サンフランシスコで旧知の「S君」が「日華事変当時、わが外務省情報部に招聘されて二年ばかり在京」(93)していたと記されていて、これはシュライナーを指していると考えられる。一九四一年一二月の日米開戦後に軽井沢や箱根に抑留された外国人名簿にシュライナーやハミルトンの名前は見えず、日本の対外宣伝を担ったアメリカの写真家たちは、開戦前に帰国したようだ。

それほどの効果は上げられなかったようだが、宣伝写真の一部がアメリカ人写真家によって担われていたという事実は、日米開戦前の日本が、まだ、排他的国粋主義に固まっていなかったことを証左していると言えよう。

注

（1）小柳次一、石川保昌『従軍カメラマンの戦争』新潮社、一九九三年
（2）「DEATH FOR A CHINESE INDIVIDUALIST A routine morning In Japanese Nanking」『LIFE』一九三八年四月四日号
（3）「Kleinkrieg In China」『Berliner Illustrierte Zeitung』一九三八年三月一〇日号
（4）馬淵逸雄『報道戦線』改造社、一九四一年
（5）前出（4）『報道戦線』
（6）前出（4）『報道戦線』
（7）前出（1）『従軍カメラマンの戦争』
（8）前出（1）『従軍カメラマンの戦争』
（9）『新聞連合社の事業』一九三五年（『近代日本メディア史資料集成　国際通信社・新聞連合社関係資料』柏書房、二〇〇〇年）
（10）亀倉雄策、1915–1997
（11）金丸重嶺「写真界夜話　名取洋之助のこと」『アサヒカメラ』一九五七年一一月号
（12）杉山平助「従軍日記　第三信　捕虜収容所を訪ふ」『アサヒグラフ』一九三八年一〇月一二日号

（13）前出（11）「写真界夜話　名取洋之助のこと」
（14）向井潤吉、1901–1995
（15）難波架空像（香久三）、1910–1996
（16）「SHANGHAI OF THE CHINESE」『SHANGHAI』一九三八年一一月創刊号
（17）「At the Entrance to the Settlement」
（18）「In the Shanghai Suburbs」
（19）「WHOSE HOME IS SHANGHAI?」『SHANGHAI』第2号一九三九年三月
（20）「Is Shanghai a city of Chinese or a city of foreign residents?」
（21）「So ist Schanghai」『Berliner Illustrierte Zeitung』第五号、一九三九年二月
（22）飯島実『創業より現況まで（事業概況）』一九四一年（中西昭雄「名取洋之助は何を残したか6　中国で日本軍の対外宣伝に熱中」『アサヒカメラ』一九八〇年六月号）
（23）名取洋之助「写真宣伝雑誌」『紙弾』支那派遣軍報道部編集発行、一九四三年
（24）波集団報道部長の「戦死者遺骨還送ニ関スル件通牒」（波報第五三号、昭和一四年四月七日）によれば、白木俊二郎は南支派遣軍報道部嘱託として一九三九年三月三〇日九江で戦死。三一日に荼毘に付され、四月六日軍報道部で告別式執行。その後、中支派遣軍報道部でも告別式が行なわれて、名取が遺骨を陸軍省大臣官房副官に送り、芝区新橋の母の元に還された。
（25）「Chinese soldiers captured by the Japanese at Nanking. One of them is delighting his companions with some tunes on his homemade violin.」
（26）「Here China is studied from a purely scholastic point of view.」
（27）「CANTON extends friendship to China through science and the arts.」

(28) 藤本四八「日本工房写真部断章」『先駆の青春――名取洋之助とそのスタッフたちの記録――』日本工房の会、一九八〇年
(29) 前出(23)「写真宣伝雑誌」
(30)「グラフジャーナリストの要求はなにか！編輯者と写真作家との座談会」『フオトタイムス』一九三八年一一月号
(31)「創立の時代 日華事変の影響下に 5．首脳部強化へ新人事」『KBS 三〇年の歩み』国際文化振興会、一九六四年
(32)「設立趣意書」一九三四年四月（『財団法人国際文化振興会 昭和十年度事業報告書』に収録）
(33) 一九四〇年以降、北四川路に移転して「中華総局」と称した。
(34) 亀倉雄策「青春日本工房時代」『離陸着陸』美術出版社、一九七二年
(35) 名取洋之助「報道工芸について」『博展』63号、一九四一年一一月
(36) 信田富夫「名取洋之助さんと私」『先駆の青春――名取洋之助とそのスタッフたちの記録――』日本工房の会、一九八〇年
(37)「中支軍宣伝主任参謀会議席上ニ於ケル軍報道部長口演要旨」中支軍参謀部、一九三九年九月二八日
(38) 中支派遣軍報道部『写真宣伝ニ就テ』昭和一四年九月二三日
(39) 前出(38)『写真宣伝ニ就テ』
(40) 前出(38)『写真宣伝ニ就テ』
(41) 光墨弘「写真による国家宣伝は現状でよいか」『フォトタイムス』一九三八年一一月号
(42)「THE FIRST HUMAN PICTURE REPORT ON THE JAPANESE MAN CONQUERING CHINA」『LIFE』一九三八年一一月一四日号。同記事の撮影者及び配信社は「NATORI PRESS UNION, BLACK STAR」。
(43)「But of all the Japanese clicking cameras at the scenery probably the best is Younosuke Natori, a handsome,

smiling, relaxed little man of 28, son of a great textile magnate, publisher of the fine Japanese picture magazine, *Nippon*. He has a beautiful Prussian wife with whom he talks in German.」

（44）写真キャプションは、「Cavalry mount is unloaded from a transport. Notice laughing men of Quartermaster Corps. Little Japanese have extraordinarily long-legged horses; taller Chinese specialize in very little, strong Mongolian ponies.」。なお、梅本が撮ったとしているこの写真は、『報道写真』一九四一年九月号に小柳次一「戦場記録」として掲載されている（左右反転させて、馬の向きが反対になっているが、写真掲載時には珍しくない）。

（45）梅本左馬次「『麦と兵隊』の梅本左馬次氏に訊く　現地写真報告会」『フォトタイムス』一九三九年七月号

（46）前出（45）「『麦と兵隊』の梅本左馬次氏に訊く　現地写真報告会」

（47）中支那派遣軍司令部「写真撮影製作取締規定」一九三八年一〇月二四日

（48）前出（45）「『麦と兵隊』の梅本左馬次氏に訊く　現地写真報告会」

（49）前出（45）「『麦と兵隊』の梅本左馬次氏に訊く　現地写真報告会」

（50）「THE "CHICAGO OF CHINA" FALLS TO THE JAPANESE IN "MODEL OCCUPATION"」『LIFE』一九三八年一二月一二日号。五頁に写真一五枚を掲載。

（51）ポール・ドーシイ、Paul Dorsey、生没年不詳

（52）前出（45）「『麦と兵隊』の梅本左馬次氏に訊く　現地写真報告会」

（53）「WAR IN CHINA GAMBLES FOR ASIA'S FUTURE」『LIFE』一九三八年一〇月一七日号

（54）ロバート・キャパ、Robert CAPA, 1913–1954

（55）ウォルター・ボスハルド、Walter BOSSHARD, 1892–1975

（56）「LIFE'S PICTURES」『LIFE』一九三八年一一月一一日号

（57）『JAPANESE SCHOOL LIFE THROUGHT THE CAMERA』国際文化振興会、一九三七年

(58)「霞ヶ関の〝写真外交〟」『東京日日新聞』一九三七年一〇月二六日（「日本を知らせる写真展」『フォトタイムス』一九三八年一月号）
(59)板垣鷹穂「写真展月評」『アサヒカメラ』一九三八年一月号
(60)前出（59）「写真展月評」
(61)新木壽藏、高桑勝雄「木村伊兵衛　渡邊義雄両氏に支那民情撮影旅行談を聴く」『カメラ』一九三八年三月号
(62)前出（61）「木村伊兵衛渡邊義雄両氏に支那民情撮影旅行談を聴く」
(63)谷川徹三、木村伊兵衛対談「写真と対外宣伝」『報道写真』一九四一年三月号
(64)前出（63）「写真と対外宣伝」
(65)市河彦太郎「写真とリアリズム――特に対外文化宣伝の場合――」（一九四〇年一月二二日付、市河彦太郎『随想集　外交と生活』人文書院、一九四〇年に収録）
(66)市河彦太郎「カメラの思ひ出」『アサヒカメラ』一九三八年六月号
(67)木村伊兵衛「KBS写真資料撮影の頃」『国際文化』一九六四年四月号
(68)前出（61）「木村伊兵衛渡邊義雄両氏に支那民情撮影旅行談を聴く」
(69)前出（61）「木村伊兵衛渡邊義雄両氏に支那民情撮影旅行談を聴く」
(70)前出（61）「木村伊兵衛渡邊義雄両氏に支那民情撮影旅行談を聴く」
(71)渡辺義雄「写真界を語る　濱谷浩がきく渡辺義雄の周辺」『日本写真家協会会報』№63、一九八三年五月
(72)前出（71）「写真界を語る　濱谷浩がきく渡辺義雄の周辺」
(73)シュライナー、P. H. SCHREINER、生没年不詳
(74)ハミルトン、Frederick L. HAMILTON、生没年不詳
(75)池田徳眞『プロパガンダ戦史』中公新書、一九八一年

(76)「一〇、海外啓発写真ノ作成及送付」『支那事変ニ於ケル情報宣伝工作概要』外務省情報部　昭和一三年九月
(77)角田匡「土門拳　その周囲の証言　6」『アサヒカメラ』一九七八年六月号
(78)永田一脩「作家をたずねて　土門拳の巻」『カメラ毎日』一九五九年六月号
(79)前出(77)「土門拳　その周囲の証言　6」
(80)林謙一『日曜カメラマン』池田書店、一九六二年
(81)前出(77)「土門拳　その周囲の証言　6」
(82)前出(77)「土門拳　その周囲の証言　6」
(83)土門拳「肖像談義」『カメラアート』一九四〇年八月号
(84)前出(76)「一〇、海外啓発写真ノ作成及送付」
(85)菊池俊吉「戦中・戦後のカメラマン　写真家をめざしたころ」『母と子でみる　原爆を撮った男たち』草の根出版会、一九八七年
(86)塩入亀輔「近衛秀麿氏との写真問答」『アサヒカメラ』一九三八年一月号
(87)前出(86)「近衛秀麿氏との写真問答」
(88)「ニッポンをどう撮るか」『ホーム・ライフ』一九三八年八月号
(89)「編集室」『ホーム・ライフ』一九三八年八月号
(90)前出(89)「編集室」
(91)許斐氏信「最近の米国の写真界を語る」『フォトタイムス』一九四〇年五月号
(92)福島慎太郎「アメリカにゐて内外の写真組織をどう見たか」『報道写真』一九四一年六月号
(93)中野五郎「アメリカ風カメラ談義1」『カメラ』一九四八年一一月号

chapter 4

第四章　「報道写真」と「写真文化」

一　写真家の自覚

第二章でふれた『LIFE』一九三七年八月三〇日号の「日本人：世界で最も因習的な国民」は九頁にわたる記事で、西洋人を基準にして、奇異に見えたり、彼らのエキゾチズムを刺激するような日本の風俗習慣を取り上げている。

旅館を紹介する見開き頁では、廊下で女中が手をついてお辞儀をしている写真が一頁大に掲載された。これについて、『セルパン』一九三八年六月号の「日本を報道する写真」では、「小婢の頭のすぐ横にスリッパが並んでゐるし、その横には喰ひあらしたお膳が置いてある。かういふ写真が、どういふ目的で海外の雑誌に紹介されるか大体想像がつくであらう」「かういふ写真が、一方に於いて近代日本の実際の姿が示され、それと同時に、地方色乃至伝統的風景として紹介されれば問題でないが、前者ばかりが紹介されて、後者が殆ど（全く殆どといっていい）紹介されないといふところに、現代の国際的プロパガンダ戦に於ける日本の立ち後れが見られる」「かうした乱雑な対外写真の製作の弊

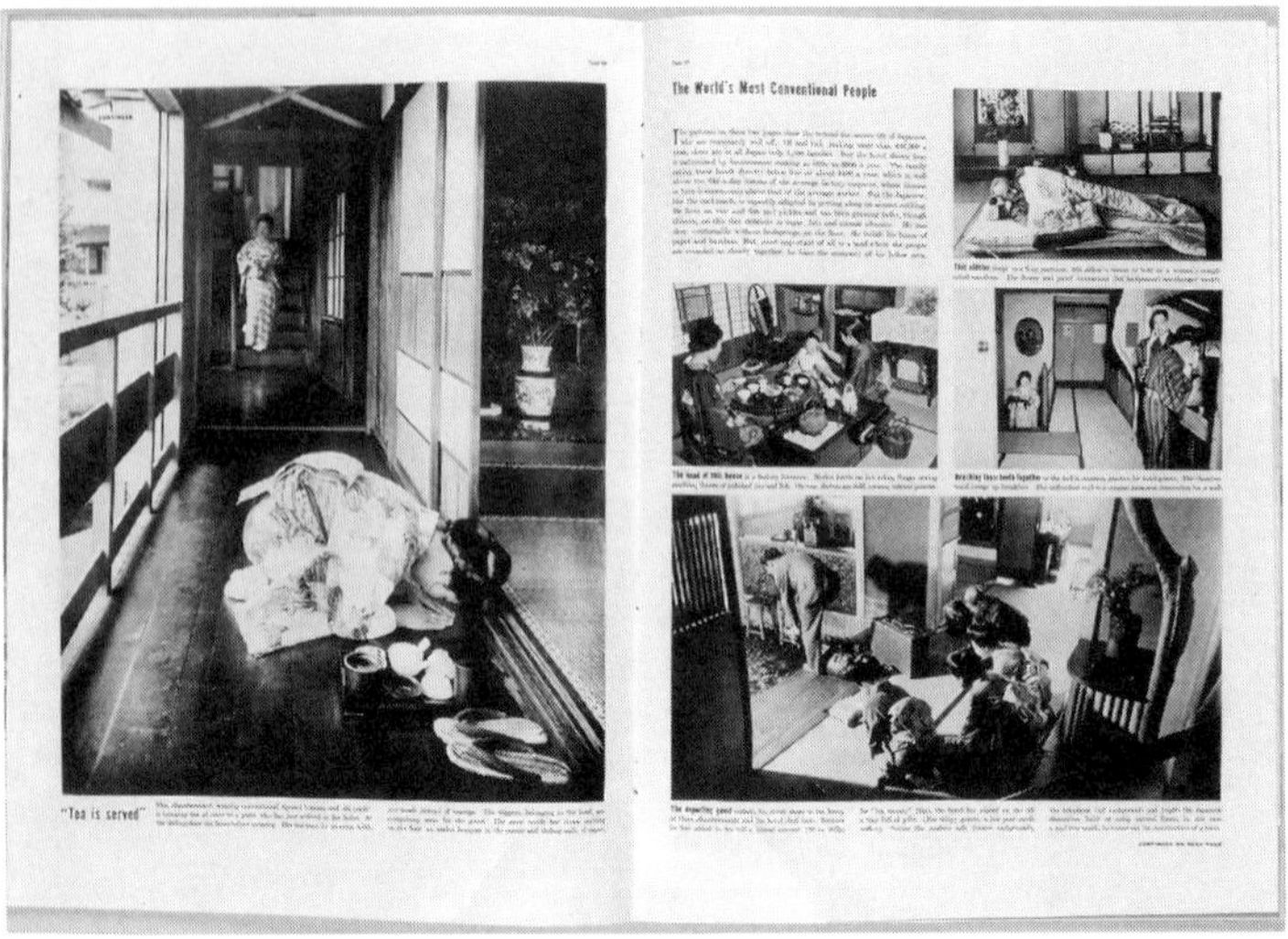

図49　「日本人：世界で最も因襲的な国民」『LIFE』1937年８月30日号
写真：左頁 KEY.、右頁 NATORI from B. S.

は、すべからく改めて、当事者は組織的な写真宣伝事務局あたりをつくつて、統制させる必要がある」[1]と、写真を配信する側の注意不足を強く主張している[2]。

内閣情報部で写真協会の仕事に携わってい
た松本昇は、『セルパン』の記事と同じ頃に、『フォトタイムス』の「内閣情報部と国策写真の座談会」で同じ写真を話題に出した。「あれを写した人は、日本の何といひますか、女中さんはこんなに丁寧だといふことを言ひたいのだと思ひますが、所が、外人達は畳といふものを非常に嫌がる。日本人は床の上に寝る、さうして食ふ物も飲む物も一緒に置く、非衛生的だといふ感じが先へ来るんですね」[3]と、日本人と西洋人の感覚の違いを指摘している。そして、写真説明が本来の趣旨とは違う「逆宣伝」として書かれることについても、「斯ういふ風に書かなければストリ《ママ》ーの写真として面白くないのでせう」とジャーナリズムの立場に一定の理解を示しつつ、「反対の意味に書いてやらうと思へば幾らも書ける、今は余りにも逆宣伝に利用される過ぎる」と、「逆宣伝」に利用されない写真の撮り方を考える時期であることを語っている。この座談会に出席したアマチュア写真家たちから、少々の異論はあったものの、名案は出てこなかった。司会進行役のフォトタイムス社の奈良原弘は、「結局、海外宣伝の写真の写し方ですね、新しき写し方といふことを大いにアマチユアや一般プロフエッショナルに指導して貰ひたい、誤つたシヤッターを切れば切る程逆用されるのだから」[4]と、当局による撮影内容の指導を希望する発言をしている。

三カ月後の同誌に掲載された泉玲次郎の「海外のグラフ雑誌に現はれた日本と支那」は、同じ写真をもう少し冷静に見ている。「誤解と『悪意』（少くとも我々日本人の目から見れば）に満ちた説明を加へて編輯されてゐる写真の中の多数が有数な日本人写真家の手になつたものであると云ふ事実は一見誠に遺憾なことゝ思はれるが、この場合、『外国に送る日本の報道写真としては恐らく此の種のものが一番無難だ』と云ふ様な観念が、種々の事情から、不知不識の間にそれら写真家の脳裏に固定されてゐたであらうことは想像するに難くない[5]」というのだ。しかし、「茲に今後の海外進出を志す報道写真家及びその指導監督の任にある当局者の心すべき重要な課題があるのではないか？[6]」と、結論では当局の指導に期待しており、前述の奈良原の発言と違いはない。

この頃の『フォトタイムス』は、グラフで使われる写真のあり方を頻繁に取り上げた。一九三八年一一月号に掲載された「グラフジャーナリストの要求は何か！　編輯者と写真作家との座談会」では、当局が撮影内容について具体的に提示している。出席は『写真週報』『婦人画報』『NIPPON』『大陸』

『グラフイック』などの編集者と、写真家の梅本忠男、光墨弘、土門拳だ。

写真協会を代表して出席した松本は、「今協会から外国へ送りたい写真は、現在東京に居るカメラマンが撮り得る写真で、それらが国家の立場を悪くしない、出来れば良い方に解釈出来る写真でありたいと思つてゐます。例をあげると一番最初に考へられるのは、国民は挙国一致して政府を支持してゐる。日本はこんな戦争ではへこたれてゐない、欧州戦争当時の欧州の国民のやうに、私生活まで制限されてはゐない。物資はこんなに豊富だし、町は平静だ。社会的情勢も険悪にはなつてゐないといふ風な所を示したい。それですから或る外国人が銀座を歩いて居る。その人がこの間滞在してゐたカイゼルのお孫さんのやうな人であれば、普通の時ならば、このお孫さんを中心に撮影すべきですが、この場合のこちらの要求は、銀座の賑やかな通を、カイゼルのお孫さんが通つた。銀座はこのやうな華かさで、戦争してゐる国の首都のやうではない、平静の街だといふことを表はす写真であつて欲しいのです(7)」と、国家に有益な視点からの撮影を求めた。

『NIPPON』の編集者として座談会に出席した日本工房の飯島実は、「宣伝戦である限り或る作意を持つた写真、俗に云ふハツタリの写真もあつてい丶」と述べている。これは、飯島の持論だったのだろう。座談会に先立つ四月に『帝大新聞』で国際文化振興会の対外宣伝写真について言及した彼は、「一段とカメラマンに注文をつけ、ある場合には、甚だいやみな言葉であるがいはゆるハツタリ、つまり当込みの意識下にカメラを駆使することもあつてい丶と考へる。外人大衆に対する宣伝には、そこまで熾烈なる宣伝意力を燃やしてい丶(8)」と記している。外国へ「知らせたい日本」のグラフを構成するために、編集者がカメラマンをリードして写真を撮らせて記事を作るべきというのが彼の考え方だった。

では、実際に撮影する者はどのように考えていたのだろう。この座談会での土門は、「見る写真、見るグラフではなしに、読む写真、読むグラフといふものをもう少し発展させなければならないのぢやないかといふのが今夜の話なのだと思ふのです。我々の場合には文学を敵とするのです。それから映画をも敵とする。飽までも写真を以て、今の雑誌ジャーナリズムを充実させよといふ非常な野心を持つて居るのです(9)」と述べている。

文学や映画を敵とすると述べた彼は、対談直後に次のようにも記している。「僕達はもう報道写真を否定しようぢやないか。『アサヒグラフ』を『写真週報』を、その他何十とある雑誌のグラフ頁を君達は見てゐるか？　報道写真は古くさくて、つまらなくて、きたならしい。誰の眼にも、報道写真は、一巻のニュース映画にも、一編の『ミツキーマウス』にも、忍術何とかの娯楽映画にも負けてゐるし、何んとかと兵隊といふやうな流行もの、実話小説にも負けてゐる。僕達は自慰的な芸術写真や平板なニュース写真を否定して、所謂報道写真を提唱したのであつた。然し、遂に古くさくて、つまらなくて、きたならしいものとなつてしまつた。この報道写真の内容と形式の類型化、固定化の事実に直面しては、再び報道写真をも否定しなければならない」「僕達青年写真家は、レンズの神話性を破壊することによつて、退屈でこぎたない報道写真を否定し去らう。そして良心的な青年編輯者とデザイナーと力を協せて、新鋭なグラフジヤーナリズムを確立しようぢやないか(10)」。

土門は、「古くさくて、つまらなくて、きたならしい」報道写真ではなく、新鮮で、心に訴える、美しい写真を求めていた。固有の美を持った写真とグラフジャーナリズムを若者の力で創っていこうと主張するのは、安易な編集による類型化を嫌ったからであろう。

しかし、注目すべきは、土門が、『アサヒグラフ』や『写真週報』を娯楽映画や実話小説などと比較していることだ。大衆向けの「グラフジャーナリズム」とは、編集とデザインによって内容に強弱がつけられる恣意的な物語だと承知していたからこそ、文学や映画を「敵」と位置づけて「負けている」と感じていたのである。

また、同じ頃の土門は、「『ライフ』の広告料は頁五千七百弗、邦貨にして約二萬円である。若し僕達が日本を海外の人々に知らせるに足る写真を以てその一頁を獲得することが出来たとしたら、実は二萬円の広告料を払つてもよいものなのである。しかも本当に広告として出したとしたら誰も真面目には見て呉れないのである。二百萬部の『ライフ』を通じて数百萬の人々に訴へる対外宣伝の王道が茲に開けてゐるのである」[11]とも記している。

日本工房カメラマンだった土門は、シュライナー事務所を経て、一九三九年に嘱託写真家として国際文化振興会に移籍していた。そして、『LIFE』に掲載を目指す目的は「宣伝」であると明確に自覚していた。彼の目指す「新鋭なグラフジャーナリズム」とは、写真家と編集者とデザイナーで製作する、飯島が言うところの「作意を持った」「ハッタリ」記事なのであった。

そんな土門は、「日本人：世界で最も因習的な国民」の日本旅館の写真について、『フォトタイムス』一九三九年三月号の座談会「今後の写真はこうでありたい」で、「私は対外報道といふものを専門にして居る立場からちよつと一言弁解させていただきたい」として、次のように述べた。

「廊下のお膳の問題ですが」と切り出し、「あゝいふことは、我々がやつて居るとまゝ起り勝ちである。起り勝ちでも、それは日本が強くさへなれば差支へない。さう神経質になることはないといふことは非常な達見であると思ひます。アメリカには写真を使つた大衆雑誌が沢山あつて、それには大部分のセクシヨンはギヤングの写真、死体とピストルと裸体とさういふものを中心に出して居るのであります。検閲制度が日本なんかと違ふやうですが、それを少しも恐れずに対外にばら撒かれて居る。それを見て私はアメリカを一つも軽蔑する意味はない。それを平気で外国人の前に曝け出して居りながらびくともしないデモクラシーといふものに打たれるのであります」と、アメリカのやり方を認めている。

「日本人：世界で最も因習的な国民」については反省や指導を求める意見が大勢を占めていたが、写真が意図と異なる使われ方をしても写真家の問題ではないという土門の「弁解」は、対外宣伝の現場にいる者としての実感だっただろう。写真報道と出版の自由を認めるアメリカの「デモクラシー」への賛意を述べているのは、シュライナーの助手を務めた直後だったことが影響しているかもしれない。自らの腕を頼りに異国で仕事をする米国人写真家との仕事が、土門に「デモクラシー」への思いを芽生えさせ、写真本位の考え方を助長したのではないだろうか。

二　国際報道写真協会と国際報道工芸株式会社の宣伝写真

一九三八年以降の国際報道写真協会は、国内発注の仕事に目標を定めていたようだ。木村伊兵衛らの写真は、一九三八年のシカゴ貿易博覧会への出品写真壁画[12]や、一九三九年のサンフランシスコ万国博覧会日本館への出品写真壁画「交通・通信・放送」[13]などに使われた。

さて、この頃の写真雑誌を読んでみると、欧米志向の「報道写真」に対して、日本文化の独自性を演出によって押し出す報道写真のことを総じて「写真文化」とまとめる考えが起こりつつあった。『フォトタイムス』一九三八年五月号では、編集長の奈良原弘が、「今少し視野を広くし、各部門の文化とていけいし、統合された新しい写真文化を生み出す事が、最も大切な事ではなからうか！」[14]と、その方向性を大まかに示している。次号では、「写真文化として国策に、前衛写真にその外あらゆる方向に、今後の日本写壇の開拓は洋々たるものです、一部その使命の基に、編輯しました本誌を、御精読の上、我々に課せられたこの大きな写真文化の世界に、躍進されん事を切に希望し、各己の御自愛を祈り上げます」[15]と記している。国策に沿う写真を従来の枠の上に置いて「写真文化」と呼ぼうとしているのだ。

そんな一九三八年一〇月、国際報道写真協会は写真理論誌『写真文化』を創刊した。日中戦争後の国策報道写真の世界で「報道写真」を標榜する日本工房に対抗し、「写真文化」という広い概念をもって競おうとする姿勢を示したかのようだ。同誌は、『TRAVEL IN JAPAN』編集長を務めていた光吉夏弥が岡田桑三とともに編集し、「『ライフ』か『ルック』か――アメリカ写真ジャーナリズムの一斑――」[16]、「写真通信網の成長」[17]など、米国グラフ誌とそこに写真を供給する写真通信社の状況についての報告記事を掲載しており、同協会がアメリカ式写真ジャーナリズムに期待し、写真配信の可能性を追求していたことを示唆する。

同時期に、同協会は、海外向けの英文解説付き日本紹介写真集として渡辺義雄撮影の『文楽』[18]（一九三九年七月）、木村の写真による『日本の女性』[19]（一九三九年一一月）と『四人の日本画家』[20]（一九四〇年一月）などを続けて刊行した。伊奈信男は、これらの本は「外務省が買い上げなかったらできやしなかった[21]」と述べており、一九三五年に外務省文化事業部嘱託となっていた彼の手引きがあったと推察される。

こんな風に、一九三八年、一九三九年の国際報道写真協会は対外宣伝の時流に乗って盛んに活動し、「日本の百人」という企画で政財界著名人の肖像を一九三九年に撮り始めてもいた。ところが、その完成前に同協会は突然解散してしまうのだ[22]。渡辺義雄は戦後になってから、「アメリカに物を送っても載らないし、外国報道は全くだめだし、万博のようなことも四年ごとの問題ですから、これから戦争が厳しくなると、そういうことを各国ともできるかどうかわからないし、そう大きな仕事をもらえるあてもなかったからです。しかし、一番の問題は参謀本部と組んで何かやろうという考えがあって、それでまず解散することを考えたんですね[23]」と振り返っている。

一方、日本工房は、前述のように一九三九年五月に「国際報道工芸株式会社」に改組したが、その頃に、国際文化振興会による中国大陸へ向けた文化宣伝用の移動写真展セット製作を請け負った。「移動写真展」とは、トラックや荷車での運搬が容易なように、写真とキャプションを貼り付けた組み立て式の看板を街頭で並べて見せる方式だ。最初のものは、中支派遣軍報道部の依頼による「中支野外移動写真展」で、一九三九年五月二三日に国際文化振興会事務所で内示会を行なった。ＫＢＳフォトライブラリーから写真を選び、看板形式の六台を一組として、幟の標識や行進曲を流すポータブル蓄音機も加えた。そして、六月上旬以降の上海、蘇州、南京などでの現地展示実行は、中支派遣軍報道部が行なった。

一九三九年九月、ドイツによるポーランド侵入をきっかけに第二次世界大戦が始まると、国際文化振興会はすぐに、「今迄欧州に向けた力を東洋及び中南米に振向ける事になり、之を転機に新天地開拓の絶好の機会として力をそそぐことになった」[24]と声明を発表し、「対中国文化事業」を本格化させる。国際文化振興会の会長でもある近衛文麿は、中国大陸における資源・経済の利権を守るためには旧宗主国ではないアメリカなどの理解を得ることが必要、という立場をとっていた。これに呼応するように、国際報道工芸の仕事が重ねられていく。

一九三九年暮れ、国際報道工芸は、前回の「中支向け」を改良した「南支向け移動写真展」セットを発送し、以降、中国各地やタイなど、アジア向け移動写真展セットの製作が主要な受注業務の一つとなった。欧米向けの『NIPPON』でも、一九号（一九三九年九月）は満洲国特集号となり、広大な国土を象徴するような観音開き頁を多用して、「五族共和」を実現しようとする軍事、農業、工業などを解説した。取材は名取自らが行ない、満洲服（協和服）を着た彼の写真が表紙や記事にさりげなく使われている。

名取の満洲行きは、特集号のためだけではなく、支社設立の根回しも行なわれていた。国際報道工芸は、満洲・新京支社「マンチュウコウ・フォト・サービス」を構えるために『NIPPON』編集長格だった小林正寿を一九三九年に派遣した。『NIPPON』と同じような満洲国紹介の雑誌を出すためで、小林は名取から、「満ソ国境紛争[25]以来、軍も政府も、国力の充実発展をはかることが急務となり、そのためには諸外国の協力も、特に対米宣伝に重点をおいて、アメリカの満州国承認をとりつけなければならないということで、これには関東軍の報道部も強力にバックアップしてくれ、現地での資金や援助は心配しなくてもよいように、和田氏[26]とは話をつけてある[27]」、と言われたという。実際には名取が語ったほどに状況は整っていなかったが、小林が奔走して、独・仏語を併記した英文対外宣伝グラフ誌『MANCHOUKUO』を関東軍報道部の出資を受けて一九四〇年に創刊し、さらに、南満洲鉄道の編集企画に沿った英文グラフ誌『Eastern Asia』を製作、創刊した。

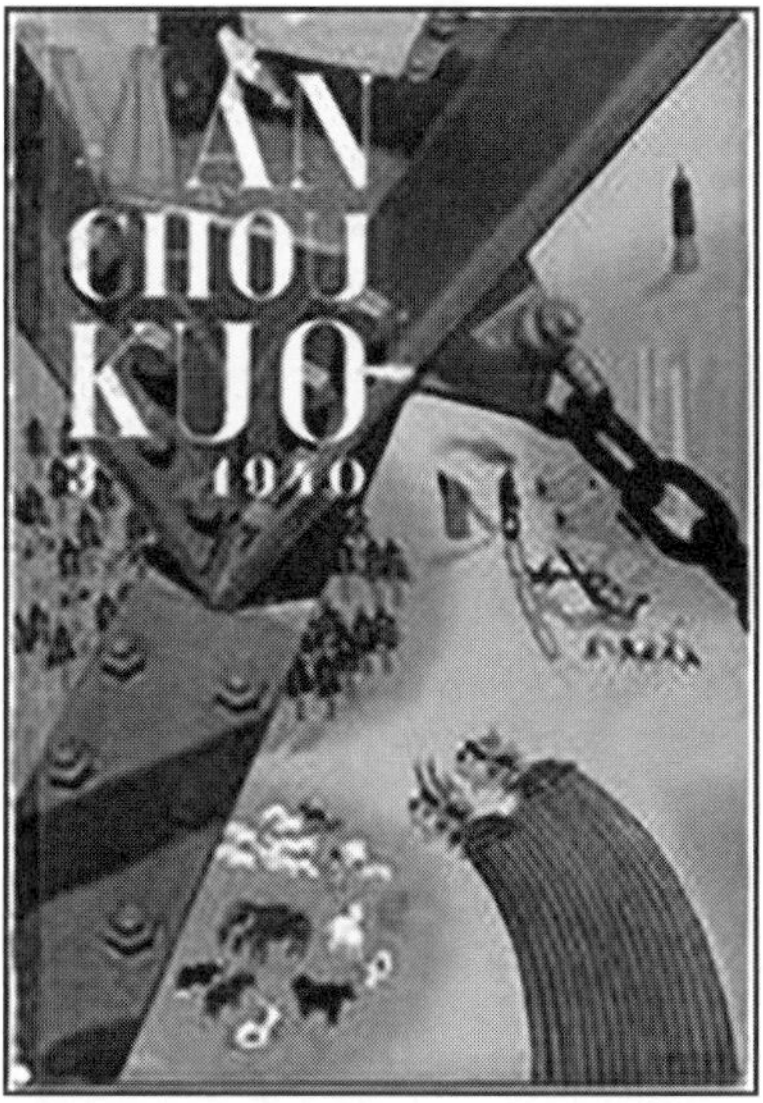

図50　『MANCHOUKUO』3号　1940年［J］

　名取にプレス・ユニオンの仕事を斡旋した陸軍の清水盛明は、一九三九年一一月まで陸軍省情報部長を務めた後、大使館付き武官となってイタリアへ赴任し、後任の陸軍報道部長には馬淵逸雄大佐が就いた。同年一二月には写真協会のベルリン支局が開設されたが、名取はこの頃に上海の陸軍写真製作所「プレス・ユニオン」を堀野正雄に託し、写真配布機関「プレス・ユニオン・フォト・サービス」を同じビル内の同盟通信社に引き継いだ。

　馬淵大佐は、支那事変勃発後に中支軍報道部長、支那派遣軍総司令部総軍報道部長を歴任しており、「報道写真」が宣伝に有効であることを心得ていた。就任間もなく、「記者の方は人から聴いても或る程度書けるが、カメラマンは自分で本当に目撃しなければ真実は撮せない」「写真といふものは、単に報道上の重要な役割があるだけでなしに、記録として最も価値がある」と認めるだけでなく、「更に吾々が写真を非常に重視することは、宣伝上に写真が非常に価値があることです。宣伝は真実を持つことが最も重要な要素で、ものを言はなくても写真一枚に依る宣伝が非常に価値がある。而も写真の技術が優秀になればなるほど、その宣伝価値がある。この意味に於いて戦争に於ける写真の重要さといふものを、吾々は非常に重要視する訳です。現在報道部に於ても、写真の価値を非常に重視して報道部内に於ける写真機構は、他のものよりも力瘤を入れて居る次第なんです[28]」と、陸軍が写真を重視する姿勢を明確に語った。

更に、「報道部といふものは寧ろ実行機関といふよりも、企画指導機関であるべきであつて、報道部自体が実行機関として大きな写真機構を拡大することは必ずしも必要ではなひと思ひます。寧ろ報道部外の写真機関といふものが将来出来て呉れば、報道部の方はそれだけ軽減しても宜いのではないか。だから私は寧ろ民間の機関が今まで濫立されてあつたものを、段々統一されて、立派なものが出来て来ることを非常に必要と思ふ。例へば現在に於て今名取君のやつて居る国際報道工芸株式会社、あゝいふものが本当に強化して来れば、報道部の写真班といふものが寧ろこれの力を多く利用しても宜しい。現在でも、上海では殆ど抱合ひの形を取り、名取君のやつて居るものは、報道部に写真班員の必要があるといふ時には、名取君の方の全部若くは一部を無条件に報道部に提供する。報道部嘱託として仕事をする。用のない時には自分の方の仕事をし、報道部の仕事のある時には報道部の仕事に協力する。斯ういふ形でやつて居るのです。又堀野正雄君は報道部の写真班長をやつて居るが、彼が在来から持つて居る海外及び国内の写真配給機関といふものは、その儘活かして、堀野の名に依つて自分でそれは動かして行つて宜しいといふことを一つの條件にして居るのです。自分の持つて居る全部を殺してしまつて、報道部の仕事に専念しなければならんといふのではない。斯ういふことにしてあるのです[29]」と、民間の写真家を陸軍の宣伝実行部隊にしている状況を語った。

さらに、馬淵は、「写真家をもっと戦闘的な訓練をして、軍隊的訓練を経た者を報道部の職員として、これを運用した方が効果が一層挙がると思ふ[30]」とも考えていた。「新聞社には新聞社としての狙ひがあるので、別個なものを、而も訓練は新聞社のカメラマン以上の訓練をし、技術的な訓練以外に軍隊的な訓練を経なければならない訳です。これを軍人軍属として、命令に依つては死生の巷に彷徨せしむるだけの、さうした編制にして置くことが将来戦に於ては必要だと思ひます。支那の戦さは勝つた決まつた戦さだから、新聞社のカメラマンでもいけますけれども、もつと悲惨な、もつと危険な場合に於ては、果してこのカメラマンで効果的に働き得るや。どうしても私はドイツのＰＫ式の編制にするといふことが非常に必要だと思ふ。それから現在の報道部の写真班といふものはドイツのＰＫの前提であつたといふ誇りを持つて居るのです[31]」と、述べた。

「ドイツのＰＫといふのは、プロパガンダ・コムパニーですが、これは日本の報道部と新聞を含めた機構を、更に軍的に組織したものがＰＫだと思ふんです。詰り報道部の機構を更に組織し、軍隊的に再編制したものがＰＫである。日本の写真班の如きは軍属とし、軍の報道部長の命令に依つて活動して居るのだから、全くＰＫと変りがない訳です[32]」と説明し、ドイツのＰＫシステムは支那事変以降の日本に範を取ったとまで語っている。

馬淵は国際報道工芸を重視していたが、総動員体制の中で写真班として「無条件に報道部に提供する」という状況であったから、無論、陸軍との関係は対等ではなかった。国際報道工芸が一九三九年にサウス・チャイナ・フォトサービスやマンチュウコウ・フォト・サービスを開設したのは、名取が新天地を開拓したというよりは、現地に根を下ろしての仕事を強制された結果だったのかもしれない。また、プレス・ユニオンを堀野に託したのも、上海だけではなくより広範囲の仕事に携わらねばならなくなったからとも考えられる。

こんな一九四〇年一月、国際報道工芸は、武器なき戦争である「文化戦」を訴える「国際文化戦展覧会」（東京・日本橋三越）を主催し、国際文化振興会・鉄道省観光局・陸軍情報部・内閣情報部・満洲国大使館・貿易組合中央会の賛助を得て開催した。「文化戦」とは従来「思想戦」と呼ばれていたもので、国家宣伝や現地での宣撫工作などを指す。名取は展示レイアウトを陣頭指揮したが、後に、「理論を展覧会の形式で分らせようとしましたのですが失敗でした。一口に申しますと、誰も本を読めば分るから見に行つて勉強しようとするものはなかつた」(33)と反省の弁を述べている。大衆の評判はさほどではなかったようだが、この時点で付き合いのあった官公庁関係全ての賛助を受けて展覧会を開催したのは、よき業務アピールになっただろう。国際報道工芸は、同年、南支派遣軍報道部編纂の写真帖『南支派遣軍』(34)を製作刊行し、当初は出征兵士の留守家族向けとして非売品だったが、市販版も製作された。同年、支那派遣軍報道部監修の写真帖『中支を征く』(35)も市販本として製作され、以降の同社は、『NIPPON』などの刊行継続とともに、中国各地で陸軍の出資を得て刊行するグラフ誌や刊行物を終戦近くまで請け負った。名取は、軍に使われながらもしたたかに立ち回っていた。

図51　『聖戦記念 百武部隊中村（次）部隊』　南支派遣軍百武部隊中村（次）部隊編纂発行、国際報道工芸製作、1941年

一九四〇年四月に国際報道工芸に入社した山本道生は、当時を次のように振り返っている。「社内の雰囲気は、編集、美術、写真、営業など各部を通じて和気あいあいたるものがあった。そして、日ごとに厳しさを加えていた当時の社会情勢の中にあって、人々はここでだけは本当に自由にモノを言うことが出来た。それは名取さんや専務の飯島さんたちのお人柄にもよったと思われるが、根本的にはやはり、国際報道がリベラルに徹した青年たちの集りだったということであろう」(36)。こんな言葉からは、同社のスタッフも、陸軍の仕事だからといって萎縮せずに取り組んでいた様子がうかがわれる。

ところが、国際報道工芸の司令塔でありアートディレクターであった名取は、一九四〇年三月に汪兆銘が中国に国民政府を立ち上げて主席になった頃から、次第に、グラフィッ

図52　木村伊兵衛『王道楽土』アルス、1943年

クな仕事とは違う方向に進んだ。この年の春、名取書店という文字もの書籍を刊行する社内子会社を東京で立ち上げて、一戸務訳『周作人　茶苦随筆』、池島重信編『時代の条件』、古谷綱武編『生活文化の方向』などの日中文化関係の書籍を出版しはじめたのだ。

　同時期の木村も、大陸に目を向けていた。一九四〇年五月に南満洲鉄道の招待を受けて、『光画』の仲間であった中山岩太とともにハルピンなどを撮影する旅に出た。この成果は、後に写真集『王道楽土[37]』として刊行された。

　欧米に写真を配信していた名取、木村ともに中国大陸へ向ったのは、彼らが仕事として携わっていた宣伝のテーマが変化しつつあったことの現れだろう。一九四〇年七月に第二次近衛内閣が成立し、戦争完遂のための新体制運動を実現すべく政党解体や大政翼賛会発足などが展開され、「基本国策要綱」について「皇道の大精神に則りまづ日満支をその一環とする大東亜共栄圏の確立をはかる」という松岡洋右外相の談話が発表された。翌八月には汪政府宣伝部専門委員として詩人の草野心平[38]が南京に移住するが、この頃、名取もエルナとともに上海へ移住した。同年一二月六日には、戦争に向けた世論形成及びプロパガンダと思想取締の強化を目的に内閣情報部が情報局に拡大改組された。これによって、内閣情報部、外務省情報部、陸軍省情報部、海軍省軍事普及部、内務省警保局図書課、逓信省電無局電無課の各省に分属されていた情報事務が統合され、国際文化振興会も外務省から情報局の指導管轄下へと変わった。そして、一二月八日の太平洋戦争開戦後、名取は陸軍が接収した上海の印刷会社の経営委託により「太平出版印刷公司」を立ち上げて草野を顧問とし、さらに、翌年九月には出版社「太平書局」を上海に開設した。

陸軍や内閣情報部、情報局との「カモフラージュ」された仕事を担っていた名取が、汪政府宣伝部のためにも同じように何らかの役割を担っていたことは予想できるが、今のところわかっているのは、汪政府と国際文化振興会の意向に沿う書籍出版に携わったということだけだ。

三　報道写真新体制

陸軍報道部の馬淵大佐がＰＫ隊について語った後、この話題が写真界を席捲した。一九四〇年八月号『フォトタイムス』の無署名記事「ドイツ戦時報道の枢軸　ＰＫ」では、「同僚たる兵隊たちと一緒に、困難な、併し偉大な戦争そのものを自ら体験し、これを銃後の人々にひとしく共感させる様に報道することが、彼等の任務だ。この戦線と銃後との共同体験が、一国家の一民族の思想統一と不撓不屈な抵抗力の養成の上にどれだけ役立つかは云ふまでもない」、「所謂従軍記者は一新聞、一通信社の使用人であり、その一社に専属して給料を貰つてゐるので、たとへ彼等が勇敢な行動を取ることがあつても、それは結局ニユースバリユウを売らんがための個人的欲望から出発してゐたのだが、今の戦時報道員は最早や一出版会社のため、金もうけのためにではなく、全民族のための高い使命を自覚して、或はペンを握り、或はカメラを操作してゐるのだ」と伝えられた。

同誌同月号から始まった土門拳による報道写真についての連載エッセイ「呆童漫語（一）」でも、「報道中隊（ＰＫ）」の項を設けて、「最近伝へられたＰ・Ｋ・と略称される報道中隊 Propaganda Kompanie の話は、僕達写真関係の人間をさもあらんとすつかり感心させた。まだ話も詳しくはないし、何処まで本当であるかも判らぬ」としながら、「近代戦には報道と宣伝は戦闘それ自身の一部である。我が色々の報道機関も全体としては独逸のＰ・Ｋ・と同様の任務を果してゐるであらう。たゞ、或る高度の放果を見透して、合目的々に組織的に総動員する積極性の点において違ふ」と評している。ＰＫ隊続く数カ月間の『フォトタイムス』『カメラアート』『アサヒカメラ』など写真雑誌各誌でも、ＰＫ隊の解説が記され、戦時下の報道写真家が参考にすべきものとされた。一九四〇年九月には、「かつての青年報道写真研究会メンバーが主流となつて」[39]日本報道写真家協会が立ち上げられた。四十余人が集まる中、会規草案委員の作成した規約が読み上げられ、幹事長に梅本忠男、常任幹事に越寿雄、土門拳、仁木正一郎が就いた。

そんな中、『カメラアート』九月号巻頭の伊奈信男による「新体制に於ける写真家の任務」は、「新しき写真が其の上に打ち建てられるべき新しき基礎とは、新しき写真理論でなければならない。理論無くして作品無く、作品無くして理論は有り得ない。そして、現代の如き転換期に於ては、新しき理論は新しき作品に先行し、それを創造し得るのである。何故ならば、理論は新しい時代、新しい体制によつて提起せられた新しい使命、新しい問題の解決を容易ならしめる最も重要なる力となり武器となるからである」と理論主導の写真新体制を訴えた。これを読んだ土門は、『フォトタイムス』一九四〇年一〇月号「呆童漫語（三）」で、「僕達写真家」は前々から意識して行動してきたので新しい理論に引っぱられて起ち上がるわけではない、「理論先行説に左袒するわけにはいかない」、「僕の敬愛する伊奈氏が蒼白き理論の幽霊に取り憑かれてゐるとしか思へぬのは残念である」と批判しつつ、「僕達は云はばカメラを持つた憂国の志士として起つのである。その報道写真家としての技能を国家へ奉仕せしめんとするのである」と、プロとしてのプライドを示した。そして、「具体的実践的中核組織として『日本報道写真家協会』が去る九月一日に結成された」と、この協会がＰＫ隊のような実践的組織であることを強調している。その上で、第一節でも触れたような文学や映画への対抗意識を、「国民思想の啓発宣伝のために、又対外宣伝のために、ラジオよし、映画よし、新聞―活字による一切の方法よしとするのは勿論であるが、同時に、写真も又用ふるに足るものであることを訴へたい」と記している。「日本国民としての已むに已まれぬ憂国の至誠こそ僕達写真家奮起の所以なのである」などと、「大政翼賛」を肯定する土門の熱意は止まるところを知らない。日本報道写真家協会は、「全日本報道写真家の一元的連合機関たるを目標」(40)としていたが、実際に報道写真家たちの中核組織になってゆく。

一方、一九四〇年八月、「写真文化の確立と、正しい写真文化の擁護発展」(41)を主目的にした写真文化研究会が結成され、幹事には渡辺義雄、木村伊兵衛、光墨弘、渡辺勉[42]、濱谷浩、田村茂、柴田隆二[43]など、国際報道写真協会に所属していた写真家が就いた。軌を一にして、『フォトタイムス』一九四〇年九月号の七頁にわたる座談会記事「第二次欧洲大戦と写真文化を語る」で「写真文化論」が展開された。泉玲次郎、柴田隆二、田村栄、奈良原弘が出席した対談の記事見出しを順に追うと、「宣伝写真は何処が強力か」「報道中隊の組織」「アマチユアーの動員」「写真は武器だ」「写真宣伝の効果」「前線新聞のこと」「ピクチヤーマガジンに現はれた宣伝写真」「写真宣伝の虚偽をあばく」「日本の対外宣伝」「地図の新しい表現形式」「印刷文化の問題」と続き、議論は最後の「写真文化を目標に研す」でまとめられている。戦時に用いられた「写真文化」という言葉の意味がこれらの見出しに浮かび上がってくる。

　この座談会では、柴田が結論をリードした形で、「僕は二千六百年記念に、日本の写真文化は設計図といふやつが必要だと思ふ。設計図といふのは、所謂一流の報道写真家なり、上級写真家なりさういつた連中と下のアマチユアと歯車が合つてゐなければいかん、歯車と歯車が遠くて空転してゐちやいかんと思ふ」と、プロがアマチュアをリードすべきだと述べた。アメリカびいきの泉玲次郎が、アメリカをお手本として例を挙げると、ドイツびいきの柴田はドイツのウェルナー・コーニッツ[44]（次節で詳述）を例に挙げて次のように反論した。

　「ベルリンから来たコーニッツといふ報道写真家にあつたからこの間印象を聞いたんですよさう《ママ》したら、日本は先づアメリカから享入れるより、ドイツの写真を享入れて行くべきだ。アメリカと今直ぐ飛びつくのは日本としては危ない。それはアメリカの方のライフやボーグや何かに載つてゐる写真といふのは、所謂アメリカのスターなんだ、田舎娘がスターを捉へて非常に憧れてゐる型なんだ、さうぢやなく、身近な、じつくり落ちついて発達してゐるドイツその他ヨーロッパのものだね、それから採入れて、それでいろ〳〵関連した写真文化といふもの、フラッシユにしても、フイルムにしてもさういふものが発達して初めてアメリカへ行くことが出来るといふのだ」とドイツを手本とすべきだと主張した。プロとアマチュアが連携して国策に沿った活動を推し進めよう、それもアメリカの『LIFE』などとは異なるやり方で、というのが、ここでの結論だった。

一九四〇年に「写真文化研究会」「日本報道写真家協会」という二つの組織が続けて設立されたわけだが、「問題は、今の時代に僅か百名にも達しない我国の報道写真家が打って一丸となり得なかったこと[45]」という批判も上がった。しかし、木村のように両方に関わる写真家もおり、日本報道写真家協会が行なった同年一一月の紀元二千六百年奉祝記念式典記録撮影では、木村も一員となって式典撮影を行なった。

図53　『2600』A JPL PUBLICATION、1941年

一九四一年二月号『報道写真』は、プロ組織の日本報道写真家協会が関西部を創立したと報じ、同時に、写真文化研究

会による「アマチュアー写真家の指導に乗り出す」という宣言を掲載した。「アマチュアー写真家の技術的、理論的指導」を「総て私費をもつて当り、アマチュアー写真家と職業写真家の交流を計りたい」として、濱谷、渡辺、木村、光墨、小石清の名前が上げられた。

では、アマチュア指導を目指した木村は、どんな写真を撮ろうとしていたのだろうか。紀元二千六百年奉祝式典を撮影後の彼は、谷川徹三との対談で「フォトジェニック」について言及した。谷川が「日本の古い式典とか色々なものは、確にその場に列席すれば、それは奥床しかつたり森厳であつたりして、ちやんと気分は出てゐるのだけれども、然しフオトジエニツクであるかといふとさうでない場合が多い。だから若し新しい日本を宣伝する為には、さういふものなども一応フオトジエニツクにもう少し工夫することを考へてい丶と思いますね」と投げ掛け、木村も「写真に成りにくい文化的に低い面が多く、その点に写真家が非常に悩んで居るのではないかと思ふ」「本当に日本を正しく理解させる為には、日本に於て或る程度不自然と思はれるやうなことを敢てすることに依つて、初めて先方に正しく理解させることが出来ると思ふ(46)」と語った。対外宣伝の実践の中から得た結論は、西洋的な近代都市や工業力だけでなく、日本独自の歴史と文化も忘れずにアピールしなければならない、それらをフォトジェニックに仕上げるためには演出も必要、という考えであった。アマチュア指導にも、こうした「工夫」が取り込まれただろう。

この頃、木村の盟友・伊奈信男は、「報道写真とは、その被写体によつて呼ばはるべきではない。被写体こそは森羅万象なんでもよいのである。それは外国に於いて所謂『ルポルタージユ・フオト』とは違つて、報知し報告する写真であると共に導く写真でなければならないのである。『道』とは

『言ふ』ことであると共に『導く』ことである。論語に所謂『之を道くに徳を以てす』の『道』である。それは知的に導くばかりではなく、情緒的にも、感覚的にも導き得るものでなければならない」[47]と記している。かつて名取の提唱する「ルポルタージュ・フォト」を「報道写真」と訳し、外務省をバックにした木村の報道写真に関与していた伊奈も、一九四一年には読者を導く軍主導のプロパガンダに方向性を見いだしていた。

木村らの写真文化研究会は、一九四一年四月一日から八日まで銀座松坂屋で「時局写真壁画展」[48]を開催した。内容詳細は不明だが、「第一回展に於てもカメラそのもの丶良さがレイアウトの適切さを伴はなかった為に損をしてゐたが、第二回にも拘はらず一層その欠点が助長されてゐた」[48]と不評だった。

ともあれ、一九四〇年秋頃には、プロは「報道写真」、アマチュアは「写真文化」という言葉が旗印となり、それぞれに実践、指導する写真家団体が結成されていた。次章で詳述するように、一九四一年には写真雑誌が統廃合して『報道写真』と『写真文化』が新しく発刊され、この概念が写真界の軸になっていくのである。

四　東方社設立

一九四一年四月、対外宣伝機関「東方社」が小石川区金富町に設立され、木村は写真部主任となった。ソビエト連邦の芸術運動を反映した対外宣伝グラフ誌『USSR in construction』（以下、『USSR』）

のような宣伝誌を作りたいと考えた陸軍参謀本部ロシア課山岡道武の意向を受けて、岡田桑三が三井財閥当主の三井高陽男爵ほか三菱、住友などの財閥から資金を集め、自らも出資して設立した機関だった(49)。設立趣意書には、「宣伝に於ける写真の地位は単に従来の如く新聞、雑誌、ポスター等に応用されてゐた範囲を超えて、全然異つた視界から見直さねばならない程主導的になつて参りました。我が東方社は国際的なこの宣伝の新しい段階によつて促された宣伝のための写真技術の総合的研究、並にそれに基づく新しい対外宣伝のための写真画報の刊行を使命として茲に生まれました(50)」とある。

『光画』の頃からグラフィックを目指していた原弘は、東京府立工芸学校の教員を辞して同社美術部主任となった。「ぼくにとっては府立工芸をやめることは、かなり強い決意を要する事だったが、日毎に戦時色を増して行く当時にあっては、外国語のグラフィックアート・ディレクティングに専心できる事は大きな魅力だった(51)」と回想している。

同年五月、東方社は大判の「月刊写真画報『東亜建設』」（後の『FRONT』）発行計画をまとめた。制作には「企画編集委員会」が設けられて、「部門を異にする専門家が各自の分野から企画の根本を討議し、研究して、編輯・美術（レイアウト）・写真の各部全体と交流が行はれ、根本の方針が決定(52)」された。東方社は小石川の洋館を増築し、写真室や作業室を完備して、上海の千代洋行からローライ、ライカ、交換レンズ、引伸し機などを買い入れた。グラフ誌の制作環境も「戦時中とは思えないぜいたくな現像場で、写真材料もふんだんに使い、大型グラビア印刷の紙やインク・石油も十分に配給(53)」された。田村茂は「東方社なんかはまるで殿様みたいなもんで、材料やカメラはいくらでも渡してもらえるけれど、ぼくみたいにどこにも入っていないフリーのカメラマンにはフイルムもよこさない(54)」

と、同社が特別扱いだったことを回顧している。

若手写真家の濱谷浩、東京光芸社から引き抜いた菊地俊吉[55]などが入社して、一九四一年八月頃から、江田島の海軍兵学校、呉の潜水学校、木更津の海軍航空隊、陸軍戦車学校、横須賀海兵団、陸軍工弊兵学校と「軍事専門みたいな」「勇ましい取材[56]」が始まった。

海軍への取材は、同年一〇月一六日から二週間、周防灘での連合艦隊大演習で行なわれた。海軍報道部は「報道班員制度の確立、対外（占領地）宣伝写真雑誌の編集、敵対宣伝用伝単の作製[57]」という三つの計画完成を目指していて、海軍報道部新聞係富永謙吾少佐は、「新聞其他発表用の写真が品薄だから、これを整備しておくという名目で写真撮影班一行約十名[58]」の取材を引率した。富永は、一九九四年になってからの回想で、「報道宣伝に使える写真の手持ちがほとんどなかったので、毎日新聞から話があった時に、この際連合艦隊の姿を撮影しておこうということになり、実施に踏み切ったものである。それからすぐ後に戦争が始まり、この時撮影した写真が戦争中大いに使われた[59]」と回顧している。撮影は、「ライカの権威木村伊兵衛[60]」、ジーチーサンの山端庸介、望月東美雄、毎日新聞の石井清、山中宏ら各社所属カメラマンが担当した。石井によれば、「撮影した写真は全部海軍のものとなるが、一般に公表する際は、それに先立って毎日新聞社が優先的に使用することを認める、という約束[61]」ができていた。原の助手だった多川精一も、この時木村が撮影したネガフィルムは「編集が終わってから全部海軍側に引き渡すことを軍司令部から要求されていた[62]」としている。木村の写真も海軍の宣伝用ストックフォトになったのだろう。東京日日新聞社と大阪毎日新聞社が一九四二年に刊行した『帝国海軍の威容』には、『FRONT』と同じ写真が多数使用されている。

図54　『FRONT』創刊号　1942年［J］

『FRONT』創刊は日米開戦後となり、大東亜共栄圏に向けて英・独・仏・露・中・泰語他の一五カ国語版が創られた。誌面は『USSR』の影響を強く受けたモンタージュ写真による構成で、本文やキャプションは最低限に抑えられた。

創刊号のテーマは真珠湾攻撃の戦果を上げた海軍で、通称「海軍号」として六万九〇〇〇部[63]が発行され、八月には、同号の国内向け改訂版が日本電報通信社出版部から『大東亜建設画報』として五万部発行された。表紙には「1-2」とダブルナンバーが表示されている。お手本とした『USSR』が時には「No.3-4」などと合併号であることを表示したのを真似た形で、判型や裏表紙に刊行年を大きく表示するところなども同じだ。

『FRONT』創刊以前に、『USSR』について写真雑誌で論じた高橋錦吉は、同誌を建設期と建設以降の二期に分けて解説している。第一期の「モンタージュ或ひはレイアウトをみて、その着想の豊富さに驚ろかされる」が、エル・リシツキーがレイアウトの中心となった「第一期の若々しい激しさは第二期に到つて、安静な耽美のなかに意図を表明する形式へと移行した」として、「我々は寧ろ第一期に横溢した大胆率直な形式を貴ぶ[64]」と記している。そして、「我々はドイツのナチス・スタイル、イタリアのファシスト・スタイル、ソビエートのソビエート・スタイルの各々が持つ技術を学び採り、日本スタイルの優秀さを発揮する日が、一日も早く来ることを信望する」としている。この論の二年後に刊行された『FRONT』のレイアウトは「大胆率直な形式」であったが、世界的に見れば五年以上前のロシア構成主義によるもので、「日本スタイルの優秀さ」や外国語のグラフィックアートに強い決意で臨んだ原の独創性を見出すのはむずかしい。

一方、この頃の原は、写真雑誌から「報道写真の芸術性」についての原稿を求められて、「この課題には当惑した。何故なら、僕には報道といふ写真のジャンルが、はつきりとつかめてゐないからである。むしろ、報道技術に於ける一ジャンルとして考へる方が解し易い[65]」と、さばけた感想を綴っている。別の機会に、レイアウトとは「目的に応じて、見せるためのグラフィックな設計[66]」とも記し、報道写真は編集意図を形にするデザインの要素に過ぎないという認識を示している。高橋が感じた「大胆率直な形式」も、クライアントの要望によって真似しなければならないならば、このような割り切り方が必要だったのだろう。

周防灘の連合艦隊大演習にはライカを抱えて乗り込んだ木村だが、やがて、「僕もこの辺でごくひややかに写真技術を再検討して新しく出発しようと思ふんですヨ」「今迄の様に小型カメラにばかり固執するのは止めて、大いに大型カメラを使つて行きたい[67]」と使用機材の転換を図った。デザイン優先の大型グラフ誌のためには、構図を決めてシャープに写す大型カメラで撮影した写真も必要で、木村独時の観点から撮影した写真が望まれたわけではなかったのだ。

原とともに『FRONT』を制作していたデザイナーの今泉武治は、「木村氏が理屈にならぬ理屈で、トリミングのことを批判する。不快になる。原さんが心配しているようだった(68)」と当時の日記に記している。出資を得て理想のグラフ誌を作り始めたはいいが、写真は一要素に過ぎずデザインが優先されるという現実が、木村を苛立たせたのではないか。その頃の木村が夕方になると玉突きへ行ったり恋人のところへ出かけたりしていたことを回想する濱谷は、「木村さんも精神的につらかったんでしょうね(69)」と思いを寄せている。

五　「日本報道写真協会」結成

新体制に応じた写真団体が設立された一九四〇年、写真を使ったポスターや写真壁画などの制作に携わる写真家・デザイナー集団や、展示の実行団体も続々と立ち上がった。大阪毎日新聞社提唱により河野鷹思、金丸重嶺、山名文夫らが所属する日本産業美術協会（一九四〇年五月）や、山名文夫、原弘、今泉武治、藤本四八、前川国男、小山栄三らが所属し内閣情報部と協力関係にあった報道技術研究会（一九四〇年一一月）などで、一九四一年三月から活動を始めた日本移動展協会も同年一二月に情報局の外郭団体となった。以降、情報局が直接企画に携わるグラフや移動写真展では、これらの団体が製作、実行に携わった。グラフ誌のみならず様々な用途に向けた宣伝写真が模索されて、日本報道写真家協会では中野実が南支軍で製作した写真伝単についての講演(70)なども開催した。

日本報道写真家協会は、結成時に定めた「行動要綱」の第二項で「全日本報道宣伝組織の強力な一元的統合を要望し自らその推進的中核たらんことを期す[71]」と定めていたが、一九四一年に入ると自身の組織を拡大していく。二月四日には、関西部が設立されて、小石清幹事長の下、棚橋紫水、延永実、入江泰吉ら一七名が会員となり、「会員は会議に於て決定せるテーマにつき夫々分担して毎月積極的に作品を作製し各方面へ提供」するとした。「関西方面に於いて報道写真の市場は極めて小範囲に且つ特殊的なもの」であったことを関西部発足で打破し、「アマチュアー作家へも新しき分野の開拓啓蒙と成るであらう[72]」と期待された。

間もなく、「名古屋報道写真研究会の誕生[73]」が伝えられ、「東京、大阪に於ける報道写真家の結成に次いで中京に於ては坂田稔氏を始め報道写真家の団結と国策協力を目ざし、団体結成を協議中のところ、今回研究会として出発[74]」した。夏には、「朝鮮報道写真家協会近く結成[75]」と、「大阪、名古屋における報道写真家協会と同様、地方の単一協会として結成[76]」が報じられた。朝鮮報道写真家協会についての記事末尾には「全日本報道写真家連盟（仮称）結成への大目標を示している[77]」と記され、写真家からデザイナーまでカバーするような「全日本報道宣伝組織」結成構想が常識となり、それ以前に報道写真家の全国組織を目ざそうとしていたようだ。

そんな一九四一年六月、ドイツとソビエトの開戦によって対外宣伝の事情が変わった。国際報道工芸写真部長となっていた藤本四八は、「独ソ開戦直前までの対外写真宣伝は、まあ息抜きの出来る仕事であつた、といふのは、シベリア経由でドイツに送れば、この盟邦はなかなかよく写真を新聞雑誌に掲載して呉れた。良い：：《ママ》：お得意であつたが、独ソが完全にそのメールをシヤツトアウトしてしまつた。かてて加へて、対米関係の悪化がまたまた船便閉塞状態の出現である。御丁寧にＡＢＣＤラインといふ怪物まで現れて、えらく対外写真宣伝は困難な配給ルートしか持合さなくなつて仕舞つた。アメリカへ急ぎの写真を送るにも内地—台湾（航空）台湾—広東（航空）広東—香港（船便）、香港からアメリカへチヤイナクリツパーでといふわけ。ところが荷物の輻輳する此頃では、日本からのやつは、なかなか早く行かぬとか、……《ママ》何時出るか分らんアメリカ行きの内地からの船便を相手に対外報道写真も創れない[78]」と、具体的な変化を記した。

『報道写真』一九四一年一一月号の記事タイトルを見るだけでも、「臨戦下の写真資材はどうなるか」、「戦需資材と写真感光材料の関連一覧表」など、すでに世界大戦への臨戦態勢になっていたことがわかる。同号の「報道写真家の国家体制をどうするか」は、情報局情報官・林謙一に記者がインタビューした記事で、記者は「愈ゝ差迫つた社会情勢に於て直接細い実際問題につき許される範囲で率直な御意見をいたゞきに参りました」と口火を切る。林は、日本報道写真家協会について、「昨秋、この会が発足する時に聊か同業組合の匂ひがないでもなかつた。情報局から見れば同業組合式のものは期待して居らない」と言い、「国家的な報道宣伝といふ仕事を完遂するのに、情報局は」「頭だけあつて胴もなければ無論手も足もない」。そこで「報道写真家のことに就てのみお話するならば」「今度再出発の日本報道写真家協会といふものは純粋な職域奉公の団体になつて戴かなければならない」と結論づけられた。「国家写真宣伝の民間に於ける協力者は情報局としては日本報道写真家協会一本を考へて、他に求めないといふ方針で行きたいと思ふ」。だから「この日本報道写真家協会はただの集りではなくして、准国家機関とお考へ願ひたい」というのだ。同誌同号の巻末「国内雑報」に掲載の「日本報道写真家協会臨戦態勢への進軍」という数行の記事にも、「情報局の国家宣伝一翼の写真技術者舞台として新しく出発すること、成つた」と記されている。

同年一一月一八日、情報局の主催で東京在住会員の日本報道写真家協会時局懇談会が開かれて、大阪及び名古屋支部との合同が協議され、同協会は全国組織として「今後益々必要となる報道技術の研究を盛んにし国家の要求に応へる活動的文化団体として進む(79)」ことになった。そして、同年一二月二〇日開催の総会で発展改組が決定されて、同会は「日本報道写真協会」と改称した。

総会での発言は、開会の辞を渡辺義雄、経過報告を梅本忠男、会長推薦の辞を木村伊兵衛が述べ、祝辞には情報局情報官林謙一、大政翼賛会文化部副部長鈴木十郎、写真協会稲葉熊野が、また、挨拶には日本宣伝文化協会常務理事井上成意、日本写真感光材料製造工業会小林節太郎が立った。答辞は小石清、そして、宣言朗読は土門拳が務めた。会長には元資源局長官で財団法人日本写真協会会長の松井春生が就任し、三七条からなる会則が定められ、事務局は有楽町東日会館の写真協会内に置かれた。写真家が一団となって集う全国組織、准国家機関がここに誕生したのである。

総会が十二月中旬に開かれる事は前月から決まっていたが、十二月八日の真珠湾攻撃を機に太平洋戦争が開戦することまでは予期されていなかっただろう。開戦を受けて総会で土門が朗読した宣言は、「我々はこの輝ける大日本帝国に生を享けたる報道写真家としての大いなる誇りの下に、十二月八日下し賜へる宣戦布告の大詔を謹んで戴き奉り、祖国未曾有の艱難を排し、東亜積年の禍根を断つために、カメラを銃としペンとする我々の職能に相共に挺身し、以て大東亜共栄圏確立の大理想達成に殉ぜんことを期します(80)」と、写真家の参戦宣言とも受け取れるものになった。

翌一九四二年二月一三日理事会で、日本報道写真協会理事長に渡辺義雄、事務局長に平野譲信、常

務理事に梅本忠男、土門拳、杉山吉良、小石清、紅村清彦の就任が決まった。事業には内閣から助成金が出され、協会員の使うフイルム、印画紙、薬品は写真協会を通して配給された。

同年二月一五日のシンガポール陥落に際して、早速、日本報道写真協会主催、情報局後援による「『一億一心』銃後報道写真展」が企画された。三月に東京・銀座三越で開催された同展について、戦後の渡辺は、「シンガポール陥落が十七年の二月何日かで、あのころ会は出来たばかりでしたけれども、それに応じて国民の気持ちをあおれば、会の存在はわかるし、写真家みんなが仕合わせになると思つて、すぐ展覧会をやりましてね、それが非常に好評だつたんです。シンガポールの戦争写真じゃないんですよ。なぜシンガポールは陥落したか、それは銃後の国民がこういう心構えを持つたからだ、というようなテーマの報道写真ですね。それが非常に喜ばれたんです[81]」と回想している。同展は、「非常に好評だつた」「非常に喜ばれた」と言うが、それは観客による評価ではなく、写真家の存在感をアピールできたことによる協会内部や、情報局からの評価だったのではないか。国民の気持ちを煽る展覧会企画は、協会に集う「写真家みんな」の幸せのために立案されたのだ。

日本報道写真協会は、続いて、「建国十周年を迎えた満洲国隆盛の姿を写真によつて全国に報道するため」に、渡辺義雄を班長として、加藤恭平、小石清、内山林之助、塩田勝男を送り出した。一九四二年八月二五日に大連に到着し、約一カ月間で奉天、新京を巡って撮影を行ない、「交通、開拓、国防、産業など四つのテーマ　各テーマ毎に普通写真全紙二〇点、合計八〇点、天然色三点合計十二点を製作[82]」して、一〇月頃から東京を振り出しに順次各地方を巡って展覧会を開催した。伊奈が記していたように、報告すると共に情緒的、感覚的に導く大衆指導の「報導写真」に向ったのである。

六　日本の宣伝写真を担う外国人――同盟国の写真家

さて、日米対立の中でシュライナーやハミルトンなどのアメリカ人写真家が帰国する一方、一九四〇年には同盟国の写真家が日本の対外宣伝のために来日した。

ウェルナー・コーニッツは、一九四〇年四月に『Münchener Illustrierte Zeitung』とクノール・ヒルト出版社の駐日本・駐満洲特派員として再来日した。彼の最初の来日は一九三四年で、ニューヨークタイムズ紙ベルリン支局カメラマンとして御木本真珠や陸軍戸山学校、そして、満洲などを取材した。その時の写真は、『Berliner Illustrierte Zeitung』日本特集（一九三四年四〇号）、満洲特集（一九三五年一〇号）などに採用されている。同誌一九三六年一一月一二日号には名取がベルリンで開催した日本民芸展の小さな記事が掲載されているが、これを伝える写真もコーニッツによるもので、ドイツでは東洋通のカメラマンと認識されていたことがわかる。(83)

一九四〇年の再来日後のインタビューで、木村伊兵衛の『四人の日本画家』が対外宣伝に有用と絶賛したコーニッツは、写真には演出が不可欠だと明言した。「十枚の組写真が或る思想を語るとする場合、一枚の写真は十分の一だけの意志をはつきり示してゐなければなりません」「従つてその一枚の写真の意志を明確ならしめる為には当然演出が必要になつて来ます、勿論自然な雰囲気は尊重しますが、そればかり尊重して逃げ腰で写してはとても確りした明確な意志を示した写真は出来ないし組写真は出来ない(84)」と語った。そして、「写真協会へ行って関の孫六の日本刀のプルーフを買ってきた」

が、その制作過程や日本的雰囲気描写だけで伝統と現代の関わりが描かれていないため、「軍人さんでも名士でも現代の人が床の間に日本刀を置いた姿とか日本刀に手入れしている姿[85]」を撮影し、合わせて海外へ送るつもりだと話している。このあたりの記述は、前節で触れた木村伊兵衛と谷川徹三との対談「写真と対外宣伝」での木村の発言（「本当に日本を正しく理解させる為には、日本に於て或る程度不自然と思はれるやうなことを敢てすることに依つて、初めて先方に正しく理解させることが出来ると思ふ」）につながるものと言えよう。

内閣情報部嘱託写真家の柴田隆二は、コーニッツの撮影姿勢について、「現場の視察を基本にコンテニユイテイを組立てて、スケツチを作る。撮影の時はそのスケツチに基づいて徹底した演出[86]」で撮影すると紹介し、この態度こそが読者に向かってアピールしようとする努力だと敬意を表している。

コーニッツは、日本の写真雑誌への掲載や展覧会の誘いを全て断って日本と満洲を海外に紹介する仕事に邁進していた。しかし、一九四一年六月の「独ソ戦争開始に伴つてシベリア鉄道のルートの閉鎖によりコーニッツ氏の写真行動も停止の止むなきに至り、始《ママ》めて日頃彼が敬愛する日本の人達に、更に平素世話になつてゐる官庁方面への御礼の意味[87]」として、日独文化協会主催で、ドイツの掲載誌紙と写真プリントを対比して見せる「独逸に報道された日本」写真展[88]を開催した。この展覧会は、コーニッツびいきの柴田の言葉によると「余りに取りすました感じ」であった。柴田は「一人の独逸人の目に如何に日本の実相が映じ、彼によつて如何に考へられ、カメラの把握によつて独逸の新聞雑誌を通じて如何に独逸の国民の胸に日本の姿が伝へられたかの率直な報告」を知りたいと思ったが、「肚を割つた回答を得る事が出来なかつた[89]」という。写真評論家の板垣鷹穂は、「大型でみると性格描写として的確なものでも、小さい印刷写真にすると単なる『東洋物』と変る危険がある[90]」と評した。コーニッツは写真展開催後しばらくして、独逸に帰国したようだ。

一方、一九四〇年一月に国際文化振興会の嘱託写真家として来日したのは、ハンガリー生まれのフランシス・ハールだ[91]。国立工芸アカデミーに学び、一九三四年にブタペストで写真館を構えていたハールは、一九三七年パリ万博への写真出品を期にナチスの台頭する祖国からパリに移った。ここで、写真館の客となった国際文化振興会嘱託の川添紫郎と知り合い、ヨーロッパが戦場となった一九三九年秋に日本へと誘われたのである。ハールはアメリカへの移住も考えていたが、国際文化振興会という日本の公的組織からの招待であることが決め手になって、一二月一日に諏訪丸に乗船してパリを発ち、翌年一月に神戸を経て東京に到着した。

ハール夫妻は、川添の紹介によって画家・有島生馬の家作に入居し、建築家・坂倉準三を通じて写真館を赤坂区檜町に構え、一九四〇年六月には写真展を開催した[92]。川添のプロモーションによって東京日日新聞社主催で開催された写真展は、ハンガリーからパリ、そして、日本への旅程で撮影された写真約二〇〇枚で構成され、「そのロマンテイシズムのなかには吾々即ち東洋人としての共通的な気持ちが深く潜んでゐる」「平和な小国ハンガリーが、この写真によつて同じアジアの血を引く日本人に同情と好意を起こさせることと思ふ[93]」と評された。

他方、展覧会の前にハールと会った『写真月報』の小松太計雄は、今迄無名だったハールが「東京日日と云ふ大新聞に依つて紹介され、又同社の後援にて各都市に展覧会が催されるに至つて、俄に我写壇に喧伝され、その存在を一般に深く知らしめた」ことに対し、「徒なる外人、外国崇拝を止めて我写壇を見直せ、我国カメラマンの優秀性を再認識せよ[94]」と記している。

同年一二月、この展覧会の出品作品をもとにした写真集『東洋への道[95]』が、川添の友人・井上清一[96]の編輯解説で出版された。これに収めたハールのエッセイ「写真について」は、銀板写真を開発したダゲール以降の写真の動向、特に「文学的な芸術」としての写真について、新興写真の中で独自のスタイルを築いたレンゲルパッチ[97]、マン・レイ、モホリ＝ナギなどを例に挙げた芸術論が展開されている。

実は、川添は、ハールに来日を誘う際、近代写真を日本で教えて欲しいと語っていた。写真集に収めたエッセイが啓蒙的な論調であるのは、ハールが川添の言葉をそのまま受け止めていたことを物語っている。しかし、ハールは、写真展前後に受けたインタビューの中で、「日本に来て実は少々ガツカリしてゐます。といふのは日本は世界的レベルの上から云つて非常に進歩してゐる。写真界がこれほど進歩してゐるとは予想もしてゐなかつた[98]」と述べている。日本では、さまざまな写真集が輸入され、写真術の最初期技法であるダゲレオタイプ[99]から前衛的なモホリ＝ナギの作品までを展示した「独逸国際移動写真展」がすでに一九三一年に開催されていた。そして、名取や木村の活躍によって、日本の写真は世界の潮流とともに進展していた。そんな事情を、ハールは来日するまで知らなかったのだ。

一方、同じインタビューの中で、ハールは「技術過重の弊もないとは云へない。一体に日本の写真家は技術に関してあまり神経質過ぎる。結果として日本的本質的なものから遠去かつてゐる[100]」とも述べている。日本の写真について知らなかったハールが写真家の技術と日本的本質について語るのは奇妙であるが、展覧会前の別の機会にハールをインタビューした小松は、通訳を務めたハールの友人が「写真家ではないが芸術家である為か其人自身の意見が兎角入り勝ちの様に見受けられ、全てを彼［ハール］の意見として受け入れられない様に思へたのも遺憾」[101]と記している。

来日の経緯やその後の写真展開催、写真集刊行などのさまざまな対応を、ハールは川添の友情や親切と受け止めていた。しかし、これには社会的事情があった。日本とハンガリーは一九三八年一一月に文化協定を結んでいた。そして、三井高陽男爵を会長とする日洪文化協会が設立され、日独、日伊と同様に組織的な文化交流を促進するための文化連絡協議会が一九四〇年一〇月に設けられようとしていた。

この背後には、日本とハンガリーの「深い関わり」があった。ブタペスト大学に学び『ツラン民族運動とは何か』[102]などの著書がある今岡十一郎は、両国の言語がウラル・アルタイ語を源にしているとハールに説明したという。日本とハンガリーの語源が一緒であることは民族（ツラン民族）の源も同じであることを示し、「東はアジアの中央より西はラインの畔に迄及ぶ偉大なるフンヌ王国」[103]に連なる両国が、東西協力体制を確立して皇国日本の侵攻をイスラムにまで広げようという「ツラニズム」の考え方があったのだ。「ツラニズム」は、日露戦争での日本勝利に民族運動を重ね合わせてハンガリーで生まれた考え方だった。満洲建国以後アジア侵攻を推し進めようとする軍部や外務省がこれに乗って、両国の交流が図られていたのである。

ハンガリー時代にハールが撮影した写真を井上が編集兼発行者となってまとめた大判写真集『ハンガリヤ』は、日洪文化協会によって一九四一年四月に出版された。三井会長は、序文の中で「ハール氏は写真に於ける小泉八雲である」として、「氏の芸術家としての日本に対する敬愛の情は日本に腰を落附けて写真を通じて日本の真の姿を世界に紹介する決心を為さしめたのであつた。其昔血を同じうするハンガリアの一芸術家が遙々盟邦日本に来られて、然も憧れの日本に対する予期以上のものを日本に於て発見された事は吾々の欣びでもある」と記した。『ハンガリア』は、日洪文化協会が買い上げて「関係方面へ配布」[104]した。

戦況が深まり、様々に制限されていく写真状況のなかで、こうした外国人写真家の展覧会や写真集刊行が続くことに対する批判の声が上がった。一九四一年四月に日洪文化協会主催により日本橋の白木屋でハールの二度目の展覧会「日本文化写真展」が開催されると、渡辺勉は「この程度の外人写真家になぜ相当の生活の保障を与へ、かつ吾々日本人の写真家には許されてゐない便宜と斡旋を提供する必要があるか」[105]と糾弾した。同年九月には、華北交通株式会社弘報写真室主任の吉田潤らが組織する北支写真作家集団の写真集『現地作家写真集　大陸の風貌』[106]を見た森芳太郎が、次のように主張した。「[『大陸の風貌』は]報道と芸術との融和が今日これ以上は望まれない域に達したものが多々あつた。実に今日のわが写真画壇において、ウオルフだのハールだのといふ外国作家の技術には、毫も感嘆したり賞讃したりする必要が無い。膝下の日本作家の技術について全然無智識な輩が、外国作家の画を最大級の讃辞でほめ立てるのは苦々しい至りである。少なくとも日本文化の写真的紹介は、日本写真界の手で行ひ外人の手を借りぬやうにしなければならぬ[107]」。

しかし、こうした苛立ちや反発が、ハールの活動に影響を与えることはなかった。日米開戦後の一九四二年二月にも、ハールの大判写真集『富士山麓』が刊行された。題字は海軍大将末次信正、序文は三井で、発行者は前書と同じく井上だった。発行所はスメル写真研究所となっていて、その住所である赤坂区檜町六番地には川添が携わった「スメル音楽研究所」も構えられていた。同年にはハールの写真館も京橋区銀座に移ったが[108]、最初に坂倉準三を通じて見つけた仕事の場所は、実は坂倉の建築事務所であり、同時に川添が「芸術研究所『クラブスメル[109]』」を構えた場所でもあった。スメル族（またはシュメール族）は、ツラン民族の末裔であると言われており、ハールの写真集は、あくまでもツラニズムを基底に制作されていたのである。

日本の大陸侵攻がツラニズムの目指すトルコ、イスラム方面ではなく南アジアへと方針転換した後も、ハールの写真で構成した「ハンガリー事情紹介写真展」は一九四三年五月（東京・明治大学）、七月（福岡・玉屋百貨店、佐賀・玉屋百貨店）と続けて巡回展示された[110]。また、彼は、日洪文化協会だけでなく鉄道省国際観光局のためにも風景や歌舞伎、能、文楽などを撮影し、一九四四年七月の一カ月間「日本古典芸能写真展」を早稲田大学演劇博物館で開催[111]している。

だが、それらの写真を撮影したハール自身は、一九四三年春頃に軽井沢へ強制疎開させられていた。中立国のスイスや、ハンガリー、ドイツなどの友好国出身者も、外国人対象の強制疎開を免れなかったのだ。来日時は夫妻二人であったが、この頃には子どもが二人生まれており、困窮した彼はカメラを食べ物に換えた。疎開先では、外国人はスパイの可能性があるとされて憲兵隊に見張られながらの生活を送った。

「半永久的に日本に住み日本紹介の為に制作を続ける[112]」としていたハールは、外国人写真家の中で唯一戦中も日本に止まった。そして、日本敗戦後の占領期には進駐軍の写真家となって『Yank』などで活躍し、一九六〇年にはハワイに移住するのである。

注

(1) 大野真一「日本を報道する写真」『セルパン』一九三八年六月号
(2) 一九三一年創刊の『セルパン』は、「詩・小説・美術・音楽・批評・紹介」を掲げて文学趣味と西欧思潮の紹介に特徴があり、国内の時流にも敏感に対応した。この記事が掲載されたのは、報道写真の政府統轄機関である財団法人写真協会が設立された一九三八年七月二一日の直前だが、この後、発行元の第一書房の出版物は戦時体制に順応していく。
(3) 松本昇「内閣情報部と国策写真の座談会」『フォトタイムス』一九三八年七月号
(4) 前出(3)「内閣情報部と国策写真の座談会」
(5) 泉玲次郎「海外のグラフ雑誌に現はれた日本と支那」『フォトタイムス』一九三八年一〇月号
(6) 前出(5)「海外のグラフ雑誌に現はれた日本と支那」
(7) 「グラフジャーナリストの要求は何か！　編輯者と写真作家との座談会」『フォトタイムス』一九三八年一一月号
(8) 飯島実「対外宣伝写真」『帝大新聞』一九三八年四月
(9) 前出(7)「グラフジャーナリストの要求は何か！　編輯者と写真作家との座談会」
(10) 土門拳「報道写真を否定しよう！　青年報道写真家は叫ぶ」『フォトタイムス』一九三九年三月号
(11) 土門拳「最近の報道写真」『アサヒカメラ』一九三九年七月号
(12) 『フォトタイムス』一九三八年六月号に掲載。国際観光局委嘱、木村・小石清ほか撮影、原弘デザイン。
(13) サンフランシスコ万国博覧会は一九三九年二月一八日〜一〇月二九日開催。「交通・通信・放送」は木村・渡辺義雄ほか撮影、河野鷹思デザイン。
(14)「編集後記」『フォトタイムス』一九三八年五月号
(15)「編集後記」『フォトタイムス』一九三八年六月号
(16)「『ライフ』か『ルック』か——アメリカ写真ジャーナリズムの一斑——」『写真文化』第一号、一九三八年一〇月
(17)「写真通信網の成長」『写真文化』第二号、一九三九年二月
(18)『Bunraku JPS PICTURE BOOK』一九三九年七月
(19)『GIRLS OF JAPAN JPS PICTURE BOOK〔2〕』一九三九年一一月
(20)『FOUR JAPANESE PAINTERS JPS PICTURE BOOK〔3〕』一九四〇年一月
(21)伊奈信男、金丸重嶺、渡辺義雄「創立一五周年記念特別座談会 日本の写真界の歴史 その四 昭和一〇年代」『日本写真家協会会報』No.12、一九六五年一二月
(22)伊奈信男、渡辺義雄、岡見璋「対談 生きた・見た・撮った」『アサヒカメラ増刊 日本の写真史に何があったか』一九七八年
(23)渡辺義雄「写真界を語る 濱谷浩がきく渡辺義雄の周辺」『日本写真家協会会報』No.63、一九八三年五月
(24)「東洋と中南米へ進路を転換 国際文化振興会が声明」『東京朝日新聞』一九三九年九月六日
(25)一九三九年五月のノモンハン事件
(26)和田日出吉。時事新報社会部長から満洲新聞社社長となった。
(27)小林正寿「若い太陽と赤い夕陽」『先駆の青春——名取洋之助とそのスタッフたちの記録——』日本工房の会、一九八〇年
(28)「大本営陸軍報道部長馬淵逸雄大佐写真を語る」『写真文化』一九四一年二月号
(29)前出(28)「大本営陸軍報道部長馬淵逸雄大佐写真を語る」

(30) 前出(28)「大本営陸軍報道部長馬淵逸雄大佐写真を語る」
(31) 前出(28)「大本営陸軍報道部長馬淵逸雄大佐写真を語る」
(32) 前出(28)「大本営陸軍報道部長馬淵逸雄大佐写真を語る」
(33) 名取洋之助「博展講座6 展示の諸問題に関して2」『博展』74号、一九四二年一〇月号
(34) 南支派遣軍報道部編纂『南支派遣軍』国際報道工芸、一九四〇年
(35) 『中支を征く』中支従軍記念写真帖刊行会(代表:名取洋之助)、一九四〇年
(36) 山本道生「リベラルな雰囲気にひかれて」『先駆の青春――名取洋之助とそのスタッフたちの記録――』日本工房の会、一九八〇年
(37) 木村伊兵衛『王道楽土』アルス、一九四三年
(38) 草野心平、1903-1988。一九二一年に慶應義塾普通部を中退して中国の嶺南大学(現・中山大学)に留学し、一九三八年には『帝都日日新聞』の記者として満洲・中国に渡った。汪政府宣伝部長林柏生は大学の同窓生。
(39) 「日本報道写真家協会の結成」『カメラアート』一九四〇年一〇月号
(40) 仁木正一郎「報道写真新体制への歴史的発足」『フォトタイムス』一九四〇年一〇月号
(41) 「上意下達 下意上達」『カメラアート』一九四〇年一〇月号
(42) 渡辺勉、1908-1978
(43) 柴田隆二、1908-1984
(44) ウェルナー・コーニッツ、Werner COHNITZ、生没年不詳
(45) 前出(41)「上意下達 下意上達」
(46) 谷川徹三、木村伊兵衛対談「写真と対外宣伝」『報道写真』一九四一年三月号
(47) 伊奈信男「日本的写真芸術の確立へ(二)」『カメラアート』一九四〇年一二月号

(48) 「国内動静雑報　写真文化研究会　時局写真壁画展開催」『報道写真』一九四一年四月号
(49) 多川精一『戦争のグラフィズム』平凡社、二〇〇〇年
(50) 「東方社設立趣意書　写真界ニュース」『写真文化』一九四一年一〇月号
(51) 原弘『原弘　グラフィック・デザインの源流』平凡社、一九八五年
(52) 春山行夫「対外グラフの重点　『フロント』の主張を中心に」『日本写真』一九四四年八月号
(53) 山名文夫他編『戦争と宣伝技術者　報道技術研究会の記録』ダヴィッド社、一九七八年
(54) 田村茂『田村茂の写真人生』新日本出版、一九八六年
(55) 菊地俊吉、1916–1990
(56) 濱谷浩『潜像残像　写真家の体験的回想』河出書房新社、一九七一年
(57) 富永謙吾『大本営発表』青潮社、一九五二年
(58) 前出（57）『大本営発表』
(59) 阿部安雄「本写真集成立の由来とその考証」『世界の艦隊　連合艦隊華やかなりし頃』No.489、一九九四年一一月号増刊
(60) 前出（57）『大本営発表』
(61) 前出（59）「本写真集成立の由来とその考証」
(62) 多川精一『焼跡のグラフィズム　『FRONT』から『週刊サンニュース』へ』平凡社新書、二〇〇五年
(63) 多川精一「対外宣伝誌『FRONT』の記録」『FRONT』復刻版、解説I、平凡社、一九八九年
(64) 高橋錦吉「月刊ソビエート宣伝隊　ユウ・エス・エス・アールの紹介」『フォトタイムス』一九三九年一〇月号
(65) 原弘「報道写真の芸術性」『アサヒカメラ』一九四二年三月号
(66) 原弘「グラフを主としたレイアウト概論」『報道写真』一九四一年五月号

(67)「私は転向した　木村伊兵衛訪問記　声と顔2」『写真文化』一九四一年一〇月号
(68)今泉武治「『日記』一九四二―四三」『FRONT』復刻版、解説Ⅱ、平凡社、一九九〇年
(69)前出（23）「写真界を語る　濱谷浩がきく渡辺義雄の周辺」
(70)「中野実氏に写真伝単を訊く　日本報道写真家協会講演より」『報道写真』一九四一年一月号
(71)「我等報道写真家は斯く誓ふ」『フォトタイムス』一九四〇年一一月号
(72)「日本報道写真家協会　関西支部　愈々事業開始す」『報道写真』一九四一年二月号
(73)「国内動静雑報」『報道写真』一九四一年四月号
(74)前出（73）「国内動静雑報」
(75)「国内雑報」『報道写真』一九四一年七月号
(76)前出（75）「国内雑報」『報道写真』
(77)前出（75）「国内雑報」『報道写真』
(78)藤本四八「職域報告」『報道写真』一九四一年一二月号
(79)「国内雑報」『報道写真』一九四一年一二月号
(80)「日本報道写真協会報告」『報道写真』一九四二年二月号
(81)伊奈信男、渡辺義雄、金丸重嶺、木村伊兵衛「座談会　わが写真界の潮流　その2」『アサヒカメラ』一九五四年六月号
(82)「日本報道写真協会　満洲撮影班一行来満」『満洲カメラ時報』一九四二年九月一日
(83)「Ausstellung japanischer Volkskunst in Berlin」『Berliner Illustrierte Zeitung』一九三六年一一月一二日号
(84)柴田隆二「ドイツの報道写真家　ウエルナーコーニッツ氏をインタビューする」『カメラアート』一九四〇年八月号

(85) 前出（84）「ドイツの報道写真家　ウエルナーコーニッツ氏をインタビューする」
(86) 柴田隆二「盟邦ドイツに報道された日本の姿　ウエルナー・コーニッツ氏は如何に日本を紹介したか」『写真文化』一九四二年二月号
(87) 前出（86）「盟邦ドイツに報道された日本の姿　ウエルナー・コーニッツ氏は如何に日本を紹介したか」
(88) 「独逸に報道された日本」展は、日独文化協会主催、銀座三越にて一九四一年一一月二六〜三一日、新宿三越にて一二月一〜五日開催
(89) 前出（86）「盟邦ドイツに報道された日本の姿　ウエルナー・コーニッツ氏は如何に日本を紹介したか」
(90) 板垣鷹穂「写真展月評」『アサヒカメラ』一九四二年一月号
(91) フランシス・ハール Francis HAAR, 1908–1997。評伝は、『Francis Haar A LIFE TIME OF IMAGE』（Univercity of Hawaiï Press、二〇〇一年）を参照。
(92) 「フランシス・ハール個展（タイトル不詳）」一九四〇年六月六日〜一六日、東京日日新聞主催、白木屋
(93) 本町三男「写壇月評」『カメラアート』一九四〇年七月号
(94) 小松太計雄「ハール・フランソワと語る」『写真月報』一九四〇年八月号
(95) ハール　フェレンツ『東洋への道』アルス、一九四〇年
(96) 井上清一と川添紫郎は同時期のパリに在住し、一九三九年にアメリカへ移ったハンガリー出身のロバート・キャパとも親しい間柄だった。戦後のキャパ来訪時には旧交を温め、彼のエッセイ『ちょっとピンぼけ』（ダヴィッド社、一九五六年）を二人で翻訳した。
(97) アルベルト・レンゲルパッチ、Albert Renger-Patzsch, 1877–1966
(98) 「インタヴュー　ハール・フランソワ」『さくらの国』一九四〇年八月号
(99) ダゲレオタイプ（daguerréotype）は、ルイ・ジャック・マンデ・ダゲール（Jacques Mandé Daguerre、

1787-1851）により一八三九年八月一九日にフランス学士院で発表された、世界最初の実用的写真技法。銅板に銀メッキを施して感光材料としたため、日本では銀板写真とも呼ばれる。
(100)　前出（98）「インタヴュー　ハール・フランソワ」
(101)　前出（94）「ハール・フランソワと語る」
(102)　今岡十一郎『ツラン民族運動とは何か』日本ツラン協会、一九三三年
(103)　ハール・フェレンツ撮影、井上清一編『ハンガリヤ』日洪文化協会、一九四一年
(104)　「日洪文化連絡協議会第六回会議議事要録」外務省条約局第三課、一九四一年七月九日
(105)　渡辺勉「東京通信　H・ハールの二回展」『満洲カメラ時報』一九四一年六月一日
(106)　『現地作家写真集　大陸の風貌』北支写真作家集団、一九四一年
(107)　森芳太郎「撮影題材としての「文化」」『写真文化』一九四一年九月号
(108)　ハールのスタジオ「審光写場」は京橋区銀座西3の3
(109)　野地秩嘉『キャンティ物語』幻冬社、一九九四年
(110)　『日洪文化連絡協議会第九回会議議事要録』一九四四年六月一二日
(111)　「告知板」『日本写真』一九四四年九月号
(112)　鈴木八郎「月例二科　短評」『カメラクラブ』一九四〇年八月号

chapter 5

第五章　アマチュア包囲網

一　写真雑誌の発展と均衡

ここで話題にする写真雑誌とは、アマチュアを読者対象にして、機材情報やお手本でもある作例写真を展開している雑誌のことを指す。写真趣味の専門誌で、大衆に向けて写真で社会を語るグラフ誌とは異なる。一般に「写真家」とはグラフ誌などに写真を寄稿して生活している者を指すが、写真雑誌にはアマチュア指導を生業とするレッスンプロ、あるいは結社の頭目や家元としての写真家、評論家が集う。また、職業写真家も遡ればアマチュア時代があり、良き先達として写真雑誌に寄稿することも多い。

本章は一九三〇年代から終戦までの写真雑誌をテーマとするが、その前に、日本の写真雑誌がどのように成立してきたかを振りかえって見る。

日本の写真雑誌の始まりは、一八四八年のダゲレオタイプ渡来から三〇年足らずの明治期に創刊された写真師向けの講義録『脱影夜話』（一八七四年創刊）だと言われている。この流れは『写真新報』

図55　『カメラ』1921年4月創刊号［J］

（朝陽社、一八八二年創刊、のち浅沼商会が刊行）に引き継がれ、『写真月報』（小西商店［現・コニカミノルタ］、一八九四年創刊）、『写真界』（大阪・桑田商会、一九〇五年創刊）とともに、写真の普及と器材の宣伝をはかる写真材料商系の雑誌として、写真館や写真を趣味とする富裕層のアマチュア愛好家を対象に発展した。

大正時代になり、好況の波に乗って一般にも写真ブームが起こり、同好の士が集う場として写真雑誌の創刊も相次いだ。この頃は、印画に工夫をこらして絵画的な美を写真に求める「芸術写真」が主流であったが、海外の作品に規範を求めた高級アマチュアによる同人誌『写真芸術』（東新商店出版部、一九二一年創刊）、出版社による初めての写真綜合誌として広い支持を集めた『カメラ』（アルス、一九二一年創刊）、「ヴェストポケットコダック」など大衆向けのカメラを使って絵画的美の創造を目指した『芸術写真研究』（アルス、一九二二年創刊。一九二九年より光大社から発行）、コロタイプ印刷による精密な写真図版を貼り込んだ月刊写真画集『白陽』（神戸・白陽画集社、一九二二年創刊）などが創刊されて、それぞれに「芸術写真」の世界を展開した。

しかし、一九二三年に起こった関東大震災は、東京の写真雑誌を休刊や統合に追い込む打撃を与えた。震災後、いち早く創刊した『フォトタイムス』（フォトタイムス社、一九二四年創刊）は、営業写真家や愛好家向けにオリエンタル写真工業社が出資して刊行された。

一九二五年、ニエプス（Joseph Nicéphore Niépce, 1765–1833）によるヘリオグラフィー[1]の撮影成功から百年を記念する「写真百年祭」が朝日新聞社を中心に開催され、『アサヒグラフ』はこれを特集する臨時増刊号を刊行した。ニエプス百年祭の盛り上がりにより、朝日新聞社の肝いりで各地のアマチュア写真団体を統合した「全関西写真連盟（二二九団体、一九二五年設立）」「全関東写真連盟（二一〇団体、一九二六年設立）」が結成され、それを受けて、機関誌の役割をも担って『アサヒカメラ』（朝日新聞社、一九二六年創刊）が創刊された。同年のうちに東西合同の「全日本写真連盟」（村山長挙理事長）が成立し、主催する国際写真サロンや国際広告写真展などの大規模な公募事業を展開した。

図56　『アサヒカメラ』　1926年4月創刊号［J］

震災後の落ち着きを取り戻した東京では、福原信三を中心に「光と其階調」を求める日本写真会の機関誌『日本写真会会報』(日本写真会事務局、一九二六年創刊)や、地方アマチュアの啓蒙に大きな役割を果たした『写真サロン』(玄光社、一九三三年創刊)なども生まれた。

第一次世界大戦後のヨーロッパでは、絵画から脱却して写真ならではの美を求める「新興写真」がドイツを中心に興った。その動きはすぐに日本にも反映されて、『フォトタイムス』編集長の木村専一はいち早く同誌で新興写真を紹介した。尖鋭的な写真家たちも同人誌を刊行し、科学的に対象物を見つめると同時に大量印刷されて社会と関わる写真を意識した『新興写真研究』(新興写真研究会、一九三〇年創刊)や、写真の機能を生かした独特の表現を生活・社会の活用に寄与することを目標にした『光画』(聚楽社、一九三二年創刊)が創刊した。

突出した動きは一般にも波及し、新型カメラの名をタイトルにいただく『月刊ライカ』(アルス、一九三四年創刊)、尖鋭的な写真思潮や優秀なアマチュア写真を紹介した『カメラアート』(カメラアート社、一九三五年創刊)、尖端的写真家や新機材の動きを初心者にわかりやすく解説した『カメラクラブ』(アルス、一九三六年創刊)、中型カメラによる作品や機器・技法を紹介する『光画月刊』(光画荘、一九三九年創刊)などが創刊され、アマチュアにも新しい表現への意識を広げていった。

同好の集いの場である写真団体の会報や同人誌は無論のことだが、一般読者を対象にしていた写真雑誌も指針を示す「教科書」の役割を果たし、作品解説を執筆する編集部員やコンテスト審査の写真家はアマチュアにとっての「先生」だった。百花繚乱の各誌は、自然の情緒をテーマにする伝統的な芸術写真と、人工美における新しい構図の発見を目指す新興写真へと向かっていた。

さて、一九三〇年代半ばの写真雑誌は、出資元で分類すると、材料商系、新聞社系、出版社系の三系統に分けられる。ここにあげた一九三〇年代に創刊の出版社系写真雑誌が、揃って『カメラ』編集部出身者によって担われていたことが注目される。『月刊ライカ』主幹の堀江宏、『カメラクラブ』主幹の鈴木八郎、そして、カメラアート社を興した勝田康雄、光画荘を興した北野邦雄は、『カメラ』編集部で仕事をした経験がある。一足先に玄光社を設立して『写真サロン』を刊行していた北原正雄はアルスの北原鉄雄社長の従兄弟で、独立前にはアルスの経理を担当していた。『カメラ』は、創刊以来、高桑勝雄が主幹を務めて読者の支持を得ていた。「『カメラ』学校卒業生」とも言える彼らの新雑誌創刊にあたり、高桑は編集後記などでエールを送り、各誌の広告を掲載した。つまり、アマチュア向け写真雑誌の半分はアルス系が占め、異なる読者を設定して雑誌の内容やレベルを変えて、仲良く棲み分けていたのである。

別の側面から見れば、多くの雑誌が共存できるほどに趣味としての写真愛好者（アマチュア写真家）が増大し、業界も成熟していた。雑誌のページ数で見れば『カメラ』と『アサヒカメラ』が最大のライバル同士で、内容は写真全般をカバーし、アマチュア中間層の人気を二分していたことが想像できる。各誌は、守備範囲を心得ながらお互いを浸食しすぎない程よいライバル関係を形作っていた。

そのような一九三〇年代半ばの平和な均衡状態は、一九三七年の日中戦争勃発を境に破られていく。

二　アマチュアを直撃する材料飢饉

写真雑誌の柱は、現在と同じように、お手本である作例口絵、月例コンテスト、カメラメカニズムなどの解説で、「春の海岸」「冬とカメラ」など時宜に応じた撮影技術に関する記事や、写真にまつわるユーモア小説や歴史講話などが彩りを添えていた。メカニズム記事には、最先端を行くライカ、コンタックス、ローライなど高価なドイツ製カメラを解説するものが多い。

ところが、日中戦争勃発後、機材事情は大きく変わる。

一九三七年八月一二日、「北支事変特別税法案」が公布されて、「物品特別税」として写真関係機器・機材に二割の課税が決定した。また、九月上旬には「輸出入品等に関する臨時措置に関する法律案」によって、写真材料の輸入制限が強化された。一九三七年の写真器材消費は、「六月を最高とし三月以降七月まで毎月一萬圓以上の出来高を続けて来たが、事変が本格的に発展した八月に入つては俄然、前月の約半額六千七百圓に著減し、九月には更に五千三百円に減じ、十月に至つては僅かに三千二百圓といふ惨めさであつたが、十一月［四千四百円］、十二月［九千二百七十六円］と引続く皇軍の大捷と年末の繁盛期を織込んで稍活気」(2)を呈した。

一九三八年四月に同税の課税価格算定方法が変わるが、税率は引き下げられても課税価格が上がったために輸入品の税額は高くなった。「従価税にして十割の輸入税を課せられて居るカメラ、小型カメラ用レンズ、アマチュア用フィルム等は、税率は五分引下げられても税金は五割引上げという異変」(3)が起こった。国内生産されていないゼラチンを使って製作されるフィルムも値上がりした。加えて、一九三七年一〇月一〇日に施行された軍機保護法で、要塞地域や高所など撮影禁止地域の指定が拡大された。

こうした事情が重なり、写真趣味は気軽には続け難いものとなった。アマチュア指導者たちは、

「日本の昨年度下半期に於ける写真界に対するお仕置きは誠に以つて酷を越して冷酷、残酷の文字を使ひたい位のものでありましてトコトンまでペシャンコにされた型であります」[4]、「いい気になつてカメラ片手に浮かれてゐると、いきなり後ろから、それこそ予期しなかつた強力な手で、いやと云うほどどやされた。それも一度ならず、二度三度と続け様になぐられた。そして当然、意識朦朧として茫然自失してしまつた――と云ふのが、昭和十二年下半期に、事変によつて受けた我がアマチュア写真界の為体であつた[5]」と記している。

アマチュアの写真離れを食い止めるための企画が練られた。東京写真材料商組合は、一九三七年一〇月一日から一一月一〇日まで「カメラ報国運動」として「広くアマチユア諸賢より慰問写真を募り慰問袋に挿入して、遠く戦線にある皇軍の将士諸君に贈る[6]」と呼びかけた。印画の裏に慰問文を記入することが条件で、参加店のフイルム、乾板、印画紙には「報国シール」が添付され、運動参加者には「カメラ報国」バッヂが進呈された。「時局に遠慮のあまりカメラを抱いて腕を撫している人に堂々濶歩して妙技を振つてもらおうという狙い」であり、「応募人員約一〇〇〇人、点数約四〇〇〇点、枚数にして二万枚ちかく集り、東京憲兵隊立会の上一々点検され、できあがつた慰問袋一〇〇〇個は、陸海軍に各五〇〇個ずつ[7]」が送られた。

この頃、写真機材を扱う商店は顧客サービスのために写真同好会事務局となっているところが多く、その力を結集した「カメラ報国運動」は、集まった写真の数からみれば大成功だった。しかし、応募写真の内容を問わず趣味写真をそのまま流用して「報国」と銘打つ企画には批判も上がった。一九三七年末の座談会に於いて、伊奈信男は、「アマチュアでも、自分達は遊びみたいなことをしてゐても良いかと云ふことを考へなければならないか知らん」と述べ、渡辺義雄は、「さう云ふ風に云はれてはいかんから、云はれないやうなことを考へようぢやないかと云つてマークまで作つた」[8]と断じた。売り上げ減少を食い止めたい材料商の企画は、時局をわきまえないアマチュアの遊びとされたのである。

三　「日本写真外交連盟」と「国際写真サロン」

さて、一九三八年七月号『カメラ』には、「外務省の通牒　写真を海外文化宣伝に利用せよ！！」として「日本の自然や生活の美しさや好ましさを示す写真」を外務省文化事業部市河彦太郎課長宛に送付を依頼する告知が、また、同誌同年一一月号には日本写真外交連盟主催・外務省文化事業部と国際文化振興会後援による「写真外交印画募集規定」[9]告知が掲載された。アマチュア写真を日本紹介写真の供給源とみて、外務省を通じて海外諸国に送り出そうとするものだった。この企画に対して『カメラ』一九三八年一一月号「編集の前後」には、「本当の意味の宣伝写真となるとそんな生やさしいものでなく片手間で出来るものではないのだが」と高桑勝雄による批判的コメントが記されている。

『カメラ』一九三八年一二月号に掲載された市河を囲む座談会によれば、一九三七年「七月二十三日から私［市河］は外務省文化事業部の第三課長」になって支那満洲以外の地域を担当したのだが、「写真は最も直接に海外の大衆に日本の本当の姿を知らせるに役立つと感じまして」、「事変の当初全国のアマチュア写真家にお願ひ[10]」したのだという。これが、七月の「外務省の通牒」であった。「報道写真も勿論必要だが、文化写真と言ひますか、時局に無関係な静かな日本人の生活や美しい自然や、さういふものを現はした写真も外人に見せることが必要だと思つたんです」[11]という収集意図だった。

一〇月四日には、外務省文化事業部提唱により、アマチュアカメラマンを動員して「外交の対外文化宣伝上最も有力なる写真を外務省を通じ世界にばらまき、少しでも国際政局に於ける日本の立場を有利に展開する」のを助けるために、「日本写真外交連盟」[12]の設立協議会が設けられた。ここには「外務省から蜂谷［輝夫］文化事業部長、市河同部第三課長、小川情報部書記官、團［伊能］国際文化振興会常務理事などが出席、カメラ側は日本写真家協会［後述］の成沢［玲川］、全関東写真連盟の美土路［昌一］、日本写真会の福原［信三］氏ら」[13]が集い、同連盟は同年一〇月八日に結成された。

市河は、座談会で「其の話［外務省の通牒］を伝へ聞いて、材料商の方々などで私共の外務省の仕事を助けて、もつと其の仕事を組織的にやらうぢやないか」[14]と東京写真材料商組合を主体にした写真関係団体が協力者になったとしている。前年の「カメラ報国運動」で手ごたえを感じていた材料商たちが、低迷する需要に活を入れる口実としてこの動きに飛びついたのだ。

ところが、同年一一月に募集された「写真外交印画」応募数は想定よりも少なかった。東京・大阪の材料商組合幹部は責任を感じて有志による撮影旅行で作品を制作したが、「目標五万枚――五千軒の材料店一店当り一〇枚で、これは小学生が煙草を包んだ銀紙を集めることより容易であると推定されていた――に対して、約五千枚（東京だけでは約一千枚）しか集らなかつた」[15]という。一年間で写真材料の需給関係は急速に悪化し、時局の中でアマチュアの意欲も減少していたようだ。『カメラ』一九三八年七月号「写真問答」の「材料飢饉はいつまで続く?」という質問には、「材料の貧困は当分続きませう」と諦め半分の回答が記されている。

「写真外交印画」募集より前に、アマチュアの写真を国策普及に活用しようと考えたのは『アサヒグラフ』で、日中戦争勃発直後の一九三七年八月から「読者の報道写真」という頁を始めている。「報道写真を募る」という告知には「単なる自然対象にレンズを向けることをのみカメラ本来の職能と考へてゐた時代は過ぎ去りました。政治に、経済に、社会の凡ゆる生活断面にカメラを突き入れて偽らざる人生の報告書を作ることこそ今日のカメラ・マンの進む可き道であります」と記されている。四六四倍判で硬軟取り混ぜた内容の『アサヒグラフ』に掲載される写真は同社写真部員の撮影や配信写真によるものであったが、新企画として読者のアマチュア写真に目を向けたのである。

一九三八年二月一六日に創刊された内閣情報部編集発行のグラフ誌『写真週報』も、読者から写真を募集した。『写真週報』第二号（一九三八年二月二三日号）では、「映画を宣伝戦の機関銃とするならば、写真は短刀よく人の心に直入する銃剣でもあり、何十何萬と印刷されて撒布される毒瓦斯でもある。本誌は『写真報国』の一助にもと考へ出来るだけ解放し諸君のカメラを動員し、優秀な技術を待つてゐる」とアマチュア参加を呼びかけた。Ａ４判で特集を柱とした同誌は、第六号（一九三八年三月二三日号）から応募作品欄「読者のカメラ」を設けた。また、『写真週報』発行記念として、写真雑誌のみならず、写真材料店で配布する『CAMERA REPORT』や『富士アマチュアフォト』一九三八年五月号などでも、内閣情報部後援の「愛国懸賞写真募集」（報知新聞社主催・富士写真フイルム協賛、六月一五日締切）が告知された。

次第に、趣味写真家を読者とする写真雑誌にも、時局を反映した記事が多くなった。『アサヒカメラ』一九三八年四月号には伊奈信男の「対外宣伝写真論」が掲載され、宣伝手段、報道手段、対外宣伝手段としての写真を語った。同誌の翌五月号では「写真と宣伝」が特集され、商業美術家協会・浜田増治、外務省情報部長・河相達夫、国際文化振興会常務理事・團伊能男爵、国際観光局長・田誠、内閣情報部長・横溝光暉らが寄稿している。従来、写真雑誌の中で「宣伝」と言えば商業広告のことだったが、「外国に向かって日本を宣伝する」ことが新たなテーマとして示されたのだ。以下、『アサヒカメラ』では、毎号のように「ナチスの写真政策」（小島威彦、同年六月号）、「写真の国際親善」（成澤玲川、同年九月号）など、世界と日本の関係を意識させる記事が掲載された。

一方、『アサヒカメラ』に対抗する老舗雑誌『カメラ』では、高桑勝雄が「国際サロンの利用」を一九三八年二月号の巻頭言に掲げている。世界の写真愛好家の作品を対象にした国際コンクールである国際写真サロンを日本で開催する機会の少ないことは、「大日本帝国の面子にもかゝはる大問題」であり、日本写壇の隆盛を示すために海外のコンクールへ積極的に応募しようという趣旨である。本来愛好家の国際親善が目的の国際写真サロンを国威発揚の場に使おうというのだ。

『カメラ』では、既に一九三二年から海外サロンへの応募に着目し、一九三五年一一月には「内地の普通懸賞に応ずる気易さで、世界の檜舞台に進出」できるようにと、海外サロン事情紹介や印画発送などを取り持つ「CPJ（CAMERA Pictorialists of Japan）」欄を立ち上げていた。『カメラ』に五年遅れて創刊された『アサヒカメラ』は「全日本写真連盟」の事業として一九二七年から国際写真サロンを東京と大阪で開催していたが、朝日新聞社ほど組織や資本の力がないアルスでは開催が不可能だったため、海外サロンへの橋渡しを独自の事業としていたのだ。

先にあげた、「日本写真外交連盟」について語る座談会で、市河は「真先に考へつくことは、日満支の親善写真展覧会をやつたら宜いと思ふのです。それから次にやりたい事は日・独・伊の写真展覧会です。其の次は愈〻本当の意味の国際写真サロンをやつてみたい」と述べ、『カメラ』主幹の高桑は、「結局素人同志が写真の交換をするといふのは、サロンを開催する以外に方法はない」[17]と同調した。材料商組合の思惑とは別に、高桑には、「日本写真外交連盟」が同誌の海外サロンへの取り組みを助ける錦の御旗になると受け取められたのだ。以降の『カメラ』は、巻頭言で頻繁に海外サロンへの応募を呼びかけ、CPJ欄も次第に拡充して、「燦と輝くパリー・サロンの戦果」（一九三八年十二月号）、「日伊文化協定と写真」（一九三九年五月号）など、読者を鼓舞する記事が掲載された。一九三八年の『カメラ』は、国策に沿う気持ちは満々だが、国際宣伝に役立つ写真の具体案よりも余暇の趣味世界で「写真外交」の雰囲気を盛り上げる事に力を注いでいた。

ところが、一九三九年九月にドイツがポーランドに侵攻して第二次世界大戦が勃発すると、ヨーロッパ各国の国際写真サロンは開かれなくなる。『カメラ』一九四〇年一月号の立花浩「国際写真サロン異常あり」では、ポーランド、カナダ、アイルランド、英国、ユーゴスラビアでの開催取り止めが語られ、翌二月号では「暫くは米国サロンだけで我まんしなくてはならない、困ったものだがどうにもならない」[18]と高桑の困惑が記されている。同年三月号では、ハンガリーサロンで日本人の作品が入選したことを告げる立花浩「国際写真サロン朗報」と、アメリカのサロンへの応募要項を語る小池晩人の「国際サロン作家の希望」が明るい話題として掲載されたが、大戦で海外サロンの場が縮小されたことに変わりはなかった。

高桑は、同年四月号『カメラ』誌上で、日本写真外交連盟に対して「懸賞写真募集を一度やつただけで、其他には外部に現はれた何事も企画されなかつた、対外的にも勿論運動は試みられなかつた」「この際連盟は国際写真サロンを開催すべきである[19]」と提言している。翌五月号でも、「写真家の国際的進出は国民と国民とが写真を通じて手を握り合うのだ、副産物はいくらもあるが、第一の目的はここにあるのだ。写真サロン以外に同等の効果を収め得る道は無い[20]」と、再び自説を強く主張した。

だが、既に国際関係がもつれる中で、高桑の叫びに日本写真外交連盟からの返答はなかったようだ。同年八月号『カメラ』では、国際写真サロン開催を諦めて、「本誌が主催するに相応しく、天下に発表して全写壇を唸らせ、全写真人を首肯せしめるに足る事業計画で、加之も夫が国策の線に沿ふ有意義な計画案を天下十萬読者諸君の間に募り度い[21]」と読者に問いかけている。

この年開催された全日本写真連盟主催第一〇回国際写真サロンには、二二カ国三七〇〇点の応募があり、そのうち、国内応募作品は前年と比して約八〇〇点増えた。が、作品を収録した『世界写真傑作集』には、「日本が好むと否とに拘わらず日米戦争が起こらないとは勿論断言できない」「今度のサロンは、世界旧秩序時代の最後のもので、多分に歴史的な意義がある[22]」と記されている。海外にネットワークを持つ朝日新聞社は、世界情勢を睨んで次年度以降の開催見合わせを決定していたようだ。全日本写真連盟主催のサロンは、この後、戦後の一九五〇年まで開催されない。

一九三八年から一九四〇年までの間、日本写真外交連盟の呼びかけや国際写真サロンへの応募、そして『写真週報』への寄稿などで、相当数のアマチュア写真が集められた。では、こうした作品は、体制側が期待していたような、外国に日本を宣伝する写真たり得たのだろうか。

この頃の趣味写真は、一枚の中に理想の美を盛り込むことを目指し、絵画的表現に傾くものが多かった。一九四一年二月号『アサヒカメラ』に掲載された「写真持廻り座談会」は、内閣情報部を改組・拡大した情報局と大政翼賛会を訪問しているが、情報局では、「実は日本紹介のために写真を在外公館その他に送りたいと思つて、アマチユアの写真を集めて見たんですが、い、のがないですナ」と、第五部第一課長兼第四部第二課長の本間盛一が述べている。そして、第三部第二課の添田嘉一は「これが日本を表徴する写真かと思ふやうなのが、ずいぶんあるんです。自称他称の大家から送られたものには、さういふのが多いんです」と苦言を呈している。『カメラ』が主張してきたような余暇の趣味による「写真外交」路線では、対外宣伝の役に立たないと宣告されているのだ。同対談で、第五部第一課情報官林謙一は、「墨絵の模倣のような芸術写真」を楽しむだけでなく「国家的に何か役に立つやうに」写真の写し方を勉強してほしいと語った。

四　アマチュア動員──満洲への誘導と「二千年後に伝える日本」

『カメラ』誌が「写真外交」に力を入れていた一九三八年は、写真雑誌やアマチュア写真家の間にも、国策に沿う写真の活動をしなくてはならないという意識が高まっていた。国策写真を誘導する立場の内閣情報部に呼応する撮影組織があれば、そこに身を投じたいというアマチュアの声も上がった。このような現実的な議論は、いつも『フォトタイムス』誌上から始まっている。[23]

『フォトタイムス』一九三八年七月号の「内閣情報部と国策写真の座談会」には、内閣情報部から津田内閣情報官、林謙一、松本昇、若手アマチュア写真家として濱谷浩、桑原甲子雄[24]らが出席した。ここで、写真家の田中雅夫[25]は、国策に寄与する写真について「アマチユアの或部分の者を内閣情報部の方々が督励して、さうして、その者に専心してその仕事に掛かれるやうな組織を作つて戴けたら、寧ろアマチュアの余暇にやつてゐるやうなまだるつこいことをやつてゐるより、手つ取り早く、而も効果があるのぢやないかと思ひますが、どんなものでせう[26]」と提案している。林はこの発言を「むずかしい問題ですな」といなすが、田中が繰り返し主張すると、「そうなれば、結構なことですがね」と応じる。そして、ほかの写真家や同席した雑誌社側からも田中の意見に同調する意見が集中すると、津田情報官から、実は内閣情報部がアマチュア動員を目論んでいると明かされる。

津田は、「今後はさういふアマチユアの方に或場合にはテーマを決めて、或場合にはそちらの方からお持ち込み戴いて利用さして戴く場合も非常にあると思ひます」と語った。林はアマチュア写真家について「非常に好きでやつてをられるから、熱がある、親の代から商売でいやいややつてゐるといふのと違ひまして、非常に熱があるのですね」と持ち上げながら、「だからアマチユアを動員しろといふやうな乱暴なことを考えるのですが、いきなり動員すると、これは持て余しますから、先づ動員するには兵営も用意しなければならんし、軍服も作らなければ動員できん」「近いうちには役所の方の腹も決まり実施することにならうかと思ひます[27]」と述べた。構想を語る林の頭の中には、ナチスドイツのPK隊のような具体案が既に出来上っていたようだ。

五カ月後の同誌一二月号は、日本工房の写真家・仁木正一郎が書いた「報道写真に於けるアマチユーアの限界」が掲載された。「既にアマチユーアの極く少数の人々は、カメラを持つて街頭に飛び出してゐる、然し之を以つてアマチユーアがプロフエツシヨナルの圏内を犯したと見るのは未だ早々な見方で、プロフエツシヨナルの気の弱いアマチユーア恐怖病患者か、アマチユーアの救ひ難い自惚の持ち主かの考へ方である。報道写真はそんな甘いものではない、一朝一夕の覚悟で容易に入り込んで行く事の出来ないものである」と、プロ意識を打ち出して七月号の記事に反発している。「国策写真こそ時局柄何の遠慮もいらぬ宣伝スローガンと、写真会社、材料商は協力して鐘や太鼓で囃し立てた」が、「アマチユーアを動員すると云ふのは土台乱暴な事で、利用者とアマチユーアの連絡問題にしても、名簿を作つて、手紙一本で簡単に行動し得る、健全なるアマチユーアが居るであらうか、為し得ないのが、アマチユーアが健全なる社会生活を営んでゐる者であれば、極当然な事である(28)」と批判した。そして、「目覚めたアマチユーアは、懸賞に釣られたり、無責任な観者を相手にする展覧会から自己を解放し、アマチユーア独自の立場で眞に独立すべきである。セミ・プロ的態度は中途半端で、もし自分がプロフツ《ママ》シヨナルとして立ち得る自信が出来たなら、堂々と、カメラ・ジヤーナリズムの第一線に乗り出して一旗揚げるこそ男子である」「アマチユーアも、プロフエツシヨナルも仲良く手を握つて、それぞれお互ひの分担を心得、侵害しないならば報道写真の栄光の路《ママ》を開けて行く」と、プロとアマの違いを明確に認識すべきと結論づけた。

アマチュア動員案の背後には、報道写真をリードしようとする内閣情報部が、カメラ機材の操作に熟練していればアマチュア写真でも使いものになると考えていたことが透けて見える。だからこそ、プロフェッショナル報道写真家の反発もあったわけだが、雑誌上では、そのような論点に触れた議論は行なわれていない。仁木の反論も、「アマチユーアの中に専心して、その仕事に掛かれる者があるとすれば、その方々は、何で生活してゐられるのか。かゝる徒食者が、この日本に未だ存在してゐるのか、こんな輩は報道写真界のみならず、社会から排撃されるべきである」と、精神論に終始した。

仕事を持っている社会人の動員は難しいが、学生には長期休暇がある。一九三八年夏、関東軍新聞班・満鉄・大阪朝日新聞後援により「盟邦満洲国の実相を撮影紹介(29)」することを目的に、関西学生写真連盟の代表が渡満した。一行の作品二〇〇点余りは西日本各地と東京（銀座松屋）でも展示され、朝日新聞社から『カメラ風景・新満洲　関西学生写真連盟渡満作品集(30)』が刊行された。次いで、一九三九年三月から四月に、文部省・陸軍省情報部賛同、満鉄・東京日日新聞後援による東京大学写真連盟の大陸派遣が行なわれた。こちらは、同年六月に「大陸使節報告展」（銀座三越）が開催され、『写真週報』六月七日号の記事「鉄驪訓練所」となり、東京日日新聞社・大阪毎日新聞社から写真集『カメラ報告・大陸　東京大学写真連盟作品集(31)』が刊行された。同書前書きには、「いまや大陸を知ることは時局下国民の義務」であり、「カメラによる日満支親善の使命」として「学生の眼のみが持つ清純な感受性をもつて」撮影されたと記されている。

この頃、外務省の市河彦太郎は、「学生がカメラをいぢつては怪しからんといふ見方から、学生をして写真芸術を通じ時代の理想の実現の運動に参加せしむるといふ方向に転ずべきではないであらうか？(32)」と学生写真推進論を書いている。一九三九年三月には、かねて設立準備が進められていた日本大学専門部芸術科に宣伝芸術や商工美術と並んで写真専攻が増設されて、金丸重嶺が主任となった。動員可能な学徒育成の機運があったと言えよう。

同時期に、各写真雑誌は大陸との交流を始めた。一九三九年四月には『カメラクラブ』の鈴木八郎が満洲撮影に約一カ月を費やし、同年七月には『アサヒカメラ』の松野志気雄が渡満、『フォトタイムス』では写真評論で前衛写真をリードしていた阿部芳文[33]と渡辺勉が同誌特派員となって同年三月から九カ月間満洲に滞在し、各誌は大陸特集を組んだ。

渡辺は、「支那」でなく「満洲」を訪問した理由を次のように述べている。「既に戦線には多くのカメラマンが立派な活躍をしており、戦争の様な異常的雰囲気の中でニユースカメラマンとしてゞなく、報道写真家がどれだけ作品を創り得るか自信が持てなかつたわけだ。それより寧ろ事変が終了し新しい王道国家をうち建て既に平和の戦争に入つてゐる、新東亜建設の枢軸としての満洲国の動きの方に遥かに興味が湧き、戦線以上に極めて重要なテーマだとも信じたからであつた[34]」。写真雑誌特派員として、ニュースではなく大陸の自然と建国のロマンが良き目標となったのだ。同じ特集号で阿部は「内閣情報部の林謙一氏に種々便宜をはかつて頂いた[35]」と記している。各誌特派員の目的は、即ち、読者であるアマチュアをどのような国策写真に誘うかであり、当初から「アマチュア写真家の熱」を国家に役立てようとする内閣情報部との連携があったと見える。

この時の渡辺らは、撮影のみならず、内地から持参した前衛写真や商業写真の展覧会をフォトタイムス社主催で開催した。滞在には「関東軍・満洲国政府・治安部・協和会・満鉄・鉄道総局・満洲日日新聞[36]」ほか、写真材料商組合や写真家たちも便宜を図り、現地アマチュア指導の強力なリーダーである南満洲鉄道弘報課の淵上白陽とも会い、座談会を開いた。

淵上は、もともと神戸で活躍するモダニズムの写真家で、月刊写真画集『白陽』を主宰し、広告写真の「赤玉盃獲得写真競技会」や全関西写真連盟主催の「日本写真サロン」審査委員を務めるなど、写壇で広く知られた存在だった。一九二八年に南満洲鉄道（満鉄）弘報技術部長に迎えられて満洲に移住し、一九三二年の満洲建国と同時に関東軍嘱託の資政局弘報処技術部長となり、さらに、アマチュア組織の「満洲写真作家協会」を結成して同年創刊の日本語月刊写真雑誌『満洲写壇』編集人となって、現地に住む日本人アマチュアを統合していた。一九三三年には満鉄が創刊した内地向け広報グラフ誌『満洲グラフ』の編集を担当し、加えて、個人では満洲写真作家協会所属作家の作品で構成する作品誌『光る丘』を一九三七年に創刊している。つまり、満鉄や関東軍をバックに建国宣伝を担当しつつ、現地アマチュアを束ねて大陸写壇をリードしていた大物写真家であった。淵上は、渡満した各誌の編集者と会って大陸特集号に寄稿もした。こうした記事を読んで、大陸に向かうアマチュアの気分も高まったであろう。

広大な新国家が被写体として一般にも意識され始めた一九三九年夏、満鉄の機関紙とも言うべき『満洲日日新聞』と満洲観光連盟による満洲紹介写真募集が告知された。題材は「風景、風俗、行事、産業、各種施設等満洲に取材したもので、躍進満洲を効果的に表現するもの」[37]で、一等当選者には賞金二百万円と満日社長杯の授与が謳われた。募集告知には、応募写真は「一切返却せず当選作品の版権は連盟の所有」「当選圏内に入りたる作品に対しては原板の提出を乞ふことあるべし」[38]とも明記され、満洲国宣伝のためのストックフォト収集企画だったことがわかる。

この頃の内地ではアマチュアの撮影制限が一層厳しくなり、趣味撮影そのものが難しくなっていた。既に、軍機保護法により東京、横浜、川崎、名古屋、大阪、神戸、京都などに撮影禁止地区が設定されていたが、一九三九年一二月の改正後はより拡大し、保護法施行地域内で二〇メートル以上の高所から水陸の形状や施設物の俯瞰撮影が一切禁止され、違反者は三年以下の懲役または一〇〇〇円以下の罰金となり、未遂でも罰せられた。軍需物資である写真材料は一般向けの供給量が激減し、入手困難になっていた。「フイルムや印画紙の改正新値段が正式に官報に発表されて、これで少しは市場に出回るかと喜んだのも柄の間、材料店で御生憎様と挨拶されガッカリした(39)」という有様だった。

それでも、体制の望む方向にアマチュア写真家の関心を向けさせようとする大型企画が、次々に示された。

一九三九年一二月、各写真雑誌に「皇紀二千六百年記念事業に　全写真家諸君の熱意ある協力を乞ふ」という告知広告が掲載された。「現代日本の姿を写した二千六百枚の印画を一千年後の子孫に残す」という事業案で、日本写真家協会の企画だった。

日本写真家協会は、ダゲレオタイプ発明を記念する「写真百年祭(40)」をきっかけに一九三七年に発足した。松平康昌侯爵を会長に、副会長に鉄道省国際観光局の田誠、名誉会員に有馬頼寧伯爵を据えた同協会は、理事に秋山轍輔、江崎清、高桑勝雄、福原信三、松野志気雄らアマチュアの写真結社指導者やカメラ雑誌編集長らが名を連ねた(41)。板垣鷹穂は、同協会を「日本の写真界の各方面を代表する中心勢力の統制機関(42)」と評している。同協会常務理事には『アサヒカメラ』初代編集長でNHK報道部長を勤めていた成沢玲川が就任して、一九四〇年に予定されていたオリンピック東京大会での芸術競技に写真を加える運動を行なった。

しかし、一九三八年七月に東京大会開催返上後は、全国に一三四名の会員を持ちながら「社交団体以上には出てゐない(43)」休眠状態になっていた。戦時にあたり、「我が写真界が、この時局に対応し、国策の線に沿ふて進まなければならない」「本会が行つて始めて意義のあるやうな事業とか、また本会今後の方針等(44)」を模索し、二千六百枚を千年後に残すという企画が考案されたのだ。

皇紀二千六百年記念事業としての「全写真家諸君」への呼びかけだけに、『アサヒカメラ』のみならず、他の写真雑誌にもこの告知をフォローする頁がある。例えば、『カメラ』は一九四〇年四月号の一頁を使って「皇紀二千六百年記念事業」の趣旨説明と「一般写真家各位に対しては、『風俗』『生活』（建築を含む）『芸術』及び『運動』の各部門に対する写真の呈供を乞ひこれを展覧し、また併せて『皇紀二千六百年の全日本写真集』（仮題）の刊行をも行ふ」と募集内容を記した。同誌六月号の追加告知では、「一千年後に伝へる写真募集」として詳細な募集要項が示され、記念事業委員長の成沢や審査員となる主な写真雑誌編集長や写真団体会長ら一四名の名前が列記されている。

一方、この「一千年後に伝へる写真」が提唱された直後、「八写真雑誌社推薦満洲撮影隊」企画が打ち上げられた。「八写真雑誌」とは、『写真月報』『写真新報』『カメラ』『写真サロン』『カメラクラブ』『カメラアート』『フォトタイムス』『アマチュアカメラ』で、満鉄主催、拓務省・陸軍省情報部協賛により、各雑誌から一人ずつ推薦された写真家で構成する撮影隊が満洲を訪問撮影するというのだ。

撮影隊の目的は、「写真ニ依ル大陸事情ノ紹介宣伝(45)」にあった。産業開拓ルートと観光ルートに分かれて約一カ月間という撮影旅行で、一九四〇年六月一日に出発した八人の隊員の旅費は満鉄が負担した。「一千年後に伝へる写真」の旗振りを担う『アサヒカメラ』に対抗する諸写真雑誌にとって、狭くなる一方のアマチュア写真業界での生き残りをかけた大イベントであった。

隊員に選ばれたのは、猪野喜三郎、濱谷浩、桑原甲子雄、近藤幸男、延永実、金原三省、田頭良助、中井猛。彼らは、カメラとフイルムを用意するだけでよかった。戦後の桑原は、「断る理由はなにもなかった」こと、何時も使っていたコダックスーパーXやドイツのデュポン・スーペリア、アグファのイゾパンISSが手に入らなくなっていて、やむを得ず、国産の「さくらパンFフイルム[46]」を持っていったことを回想している。

八誌には隊員の動静や報告が続々と載せられ、『写真月報』一九四〇年一一月号には六月九日のハルピン到着時に満鉄から招待されていた中山岩太と木村伊兵衛がニコニコとして出迎えたことが、また、同年同月号の『カメラアート』には木村と隊員が合同で撮影する様子が掲載された。桑原は、帰国直後の報告座談会で、「今まで苦力の顔とか満洲の石畳なんかばかり写されて居つたが、明るい満洲の建設の姿を撮してくれと弘報処長が言つて居つた[47]」と撮影の様子を述べている。戦後になってから、「満洲写真協会の当時の作品を退廃的な芸術写真と見做しているようであった」「わからずやの役人や軍人が何をいうか、といった気分がみんなに共通[48]」していたと、当時は書けなかった本音が付け足されている。

『カメラ』一九四〇年八月号の「写真界雑信　満洲撮影隊帰還」は撮影隊の写真に対する検閲の厳しさにふれている。撮影隊一行の帰国直前、撮影した「原板の全部に対し密着焼三枚づゝを添えて満洲国治安部に呈出し検閲を終るまでは絶対発表を禁止」と告げられたが、「千枚位は写したと思ふが三枚づゝとすれば合計三千枚の密着焼きを焼かなくてはならない。出発前にはこんな重荷は課せられて居なかつた[49]」という。同記事には「こんな事情の為め満鉄主催作品発表展覧会が果して何時開催されるか、運を天にまかせる状態である」と書かれたが、同年一〇月に「満洲写真撮影隊報告展」（二五日〜二九日、日本橋白木屋）として展示された。

同年一一月には、「満洲に於て、優秀な写真作品を一般より公募し、その中から国家として有用と認むるものを登録し、これを各種機関を通じて活用せしむるといふ制度」[50]が、制定実施されようとしていた。登録写真で編まれた写真集には、満洲写真作家協会に所属する中田司陽、写真家の三枝朝四郎、事務所を満洲に構えていた建築家の土浦亀城などの写真が収められている。「八写真雑誌社推薦満洲撮影隊」の写真も、当然、登録写真の候補となっただろう。

五　出版新体制と写真防諜

合同で撮影隊を送り出したことにも見られるように、一九四〇年の写真雑誌はさまざまな連携、協力を探っていた。『カメラアート』同年五月号には、同年三月にもたれた「五写真雑誌　編集者の座談会」として、勝田康雄『カメラアート』、田村栄『フォトタイムス』、野崎昌人『写真新報』、北野邦雄『光画月刊』、鈴木八郎『カメラクラブ』らの編集長対談でアマチュアの指導方針などが話し合われている。八誌撮影隊が満洲に向かった同年六月には、「写真雑誌の横の連絡を緊密ならしめると同時に写真界の智的向上」を計るために、若手編集者が集う「二六会」が結成された。「第一回会合出席者は、石津良介『カメラ』、石井敏行、師岡宏次『カメラクラブ』、奈良原弘『フォトタイムス』、日暮正次『カメラアート』[51]」で、『写真サロン』の関根正一郎や田中操も後に加わった。若手編集者たちは何を話し合っていたのだろうか。前節でも触れた通り、写真材料の供給先細りの中で写真人口は減る一方となり、趣味の世界に胡座を組んで一国一城を固持していれば足りるという時代ではなくなっていた。

一方、『アサヒカメラ』「写真印刷」欄では、一九四〇年初頭から「紙飢饉」や印刷工程での不自由さが話題になっていた。石炭不足のために製紙会社が生産量を削減し、電力統制で印刷工場の休業日が指定され、写真製版で使う銅版、硝酸銀、青酸カリ、写真用インキの調整剤不足などが頻繁に起こっていた。一九四〇年の写真雑誌では、印刷用紙不足が話題になる。同年八月号『カメラ』「編集の前後」では、高桑勝雄が「紙の不足は遂に日刊新聞にまでヒシと迫つて来て、最近再び減頁が断行され、ムダ雑誌がドシドシ整理されてゐる中に、本誌が事変前の姿を其儘今日持続し得る其裏面には、幾多の犠牲が払はれ、涙ぐましい努力と工夫とが講ぜられて居る事を是非認めていたゞき度い。写真印刷にアート紙を使ひ得なくなれば半身不随も同様だ、此の貴重なアート紙を一〇〇パーセント効果的に使用する事に吾々は日夜頭を悩ましてゐる」と記した。『カメラ』『カメラクラブ』とも一九四〇年六月号以降の表紙には、国策への恭順を示すかのように、「カメラ報国」と記入された国旗・日の丸が小さく掲載された。

そんな中、同年八月号の『フォトタイムス』では、渡辺勉が「当面の課題　雑誌統制について」を寄稿した。まず、「窮迫せる物資の現下の情勢は、愈々当局をして、月刊雑誌の統制を強化すべく全面的に現在の何分の一かに減数される様である」と伝聞らしい情勢分析を踏まえて、「然し、最近耳にする当局の積極的な雑誌統制の意図は、必ずしも物質統制に基因するものでなくて、今日の国家の政治的動向が要求するところの文化統制の意味をも、多分にその意図の中に加味されてゐるものだと思ふ」と主観的な見解を示した。伝聞情報への主観的見解のはずだが、続けて「この二つの現実的な根拠に依る統制については、吾々時局下の国民として何等反対し得るものを持たないばかりか、寧ろ進んで文化統制の誤またざる為に協力し、困難と不自由の中にも日本の文化の推進に文化人としての名誉の為にも責任と負担を背負ふべきである」と、「現実的根拠」と言い換えている。そして、結論では、「文化人として」雑誌の統制に進んで協力すべきだと、雑誌社の命運に関わることに言及している。

手前勝手な考えで、言わば、他人の土俵に土足で上がるような内容だが、「私は他人の利害として無責任に一人良がりの言を吐くのではなくて、吾々も又その一人として責任をもつべきカメラジャーナリズムの写真文化への正しい協力の為に、聽て訪れるであろう雑誌統制を、寧ろ祝福されるべき高度の写真文化への再出発の機会として、真面目に心情を吐露したいのである」と意欲を示し、「要するに問題は、当局が今迄の各雑誌の写真界における功罪に対して、高い文化的意識と明日の写真文化への正しい意欲に尺度を置いて計量し、妥当なる審判に依つて当然残すべきものを残し、或ひは廃刊、併合を決行すべきである(52)」と続けた。

以降の論旨は、批判と提案の二つに分かれる。まず前半で、「今迄の各雑誌の写真界における功罪」として、写真雑誌界を批判している。一〇を越す写真雑誌がそれぞれのレベルとジャンルで棲み分けをし、お互いを侵食しないことで共存共栄してきたことを、「文化意識の低さと、良心を亡失した功利的な編輯態度」と痛烈だ。「各雑誌に写真文化に対して各々の主張があって」「各々が党派性を鮮明にした闘ひの中」にあるのならばよいが、「事実はかくの如き意識の上にあるのではなくて、全く他動的に生れた不自然な現象である」「編輯者自体を始め写真家や寄稿家側にも確固たる信念や主張のテイームワークがあるわけでない」と決めつけている。あたかも、自らはそれを超越した存在のように記しているが、この時の渡辺は、雑誌に顔を出す新進写真家、写真評論家の一人にすぎない。批判はしているが具体的な雑誌名は挙げられず、「残すべきものを残し、或ひは廃刊、併合を決行すべきである」という提案部分でもその判断は「当局」の「計量」にまかせるとしている。

この頃の渡辺は、ドイツのＰＫ隊について伊奈信男から説明を受けて感嘆し、『カメラアート』一九四〇年一〇月号に、「吾が内閣情報部は国家宣伝の方法において今迄余りにも姑息にして稚拙であり、寧ろ内閣の中心を離れた外務省文化事業部や文化振興会や民間の営利会社の中に、比較的秀れたる内容が偏在し、無統制と無組織の状態でそれぞれの立場から国家宣伝が遅々として実行されてゐた」が、「吾々は内閣情報部の一元的統制化に、国家宣伝の組織が早急に確立されることを切望するのである」(53)と国家による統制を望む意見を記している。そして、「吾々写真家側も今迄の様に個々の営利目的やジャーナリスチックな便乗主義を排して新体制下における国民的自覚の上に、吾が国の写真文化の高度な建設と国家宣伝における文化技能者としての役割を果たし得る様な、新しい意欲と共感による純粋な作家精神に貫かれた組織体をつくるべきである」(54)と主張している。『フォトタイムス』で展開した写真雑誌統廃合への積極的発言も、ＰＫ隊構想への傾倒に起因していると思われる。

渡辺の提案は、前節で触れた『フォトタイムス』一九三八年七月号で田中雅夫が内閣情報部によるアマチュア動員に積極的に応じたいと言っていたのと同じく、写真家側からの発言である。しかし、田中の発言は写真家として如何に活動するかに関わるものであり、この時期にも「写真家が時代の先頭に立つて国家に協力する体制をとるためには、先づこの自由的色彩を払拭して全体主義的な方向をとることが最大の急務であることは誰しも異論がないであろう」としながら、「写真の全体的組織にあつては、各人の持ち分を夫々最高に発揮せしめ、個人と個人との間にも密接な連関を保ち、それが全体となつて、大きな力となるやうな指導原理を組織体の基本とすべきである」[55]と、写真家が如何にあるべきかを示すに留まっている。対する渡辺は、自らが経営しているわけでもない写真雑誌の中でその組織化を当局に任せるべきと主張しているので、突出した印象を与えるのだ。

この頃までに行なわれてきた出版界への統制は、第一段階が言論統制、第二段階が用紙統制である。この渡辺の発言は、第三段階の雑誌改廃・統合、企業整備へ向かう時点のもので、第二段階は企画院と商工省の管轄であったのに対して、第三段階は用紙統制も含めて内閣情報部の管轄へと一本化される。次の第四段階では配給や価格の統制に移るが、ひとまず、一九三七年以降の統制の流れを見てみよう。

日中戦争の戦況が深まるにつれて、思想動向を検閲する動きが強まり、出版物への規制が顕著になったのが第一段階である。一例を挙げると、一九三八年二月、総合雑誌『中央公論』三月号に掲載された石川達三の従軍小説「生きてゐる兵隊」は、全文削除処分を受けた。「皇軍兵士の非戦闘員殺戮、略奪、軍紀弛緩の状況を記述したる安寧秩序を紊乱する事項」が書きこまれたという理由で、石川と雨宮庸蔵編集部長らが新聞紙法違反の容疑で起訴され、有罪判決を受けた。同年八月、内務省は出版物検閲の統制強化をはかるため、全国を一三のブロックに分けて、警視庁と思想対策の連携を強化した。

第二段階は、用紙統制で、雑誌への用紙制限は、一九三八年九月三日の商工省臨時物資調整局次長による通牒（一九三八年下半期の用紙供給量を前年下半期の八〇％にする）が最初とされる。しかし、業界団体・日本雑誌協会の資料（『日本雑誌協会史　第一部（大正・昭和前期）』日本雑誌協会、一九六八年）によると、一九三七年の日中戦争勃発後から、雑誌用紙節約について諮問されて答申書を提出するなど、次のようなやり取りを積み重ねていた。

まず一九三七年一一月、商工省より「約二割の節約を要望」されたが、一二月六日の日本雑誌協会の商工大臣宛答申書では八項目の用紙節約が書かれている。第一項は「本誌及ビ附録の節約」で「約一割程度ノ節約」をし、第二項「印刷部数ノ調節」で「五歩内外ノ調節」、第三項「返品ノ調節」で「返品率ヲ最小限度ニ緊縮」するなどという内容である。続けて、一九三八年五月一四日には商工次官より「書籍雑誌ノ用紙標準化に関スル件」という通牒がくる。「昭和六年二月十日商工省告示ハ第十一号ニ依ル紙ノ仕上寸法ニ関スル日本標準規格ニ準拠シ一層用紙ヲ節約シテ非常時局ニ対処」するようにという内容で、同時に日本製紙連合会にも「特別の理由ナキ限リ規格判原紙ノミヲ抄造」するように通牒が出された。日本標準規格は、例えばA列5番（A5）は菊判より小さく、B列6番（B6）は四六判より小さいなど、従来の判型よりひと回り節約できるサイズだ。

このあたりから用紙統制の緊張感が高まり、日本雑誌協会は七月九日に緊急臨時総会を開き、「誠心誠意一致協力以テ国策ニ応ヘンコト」を申し合わせるが、前年一二月の答申以上の具体策は出ないままだった。七月二五日、具体性に欠ける答申書を携えて企画院、商工省と会見するのだが、この場で用紙使用量二割減の内示を受け、同じ内容が、前述した一九三八年九月三日の商工省臨時物資調整局次長による通牒となった。管轄省庁と業界団体の間で内示と答申が繰り返されるという、官民協力の典型的なやり取りだが、緊急時に対応するには時間がかかり過ぎる。

用紙規制措置が深まる出版業界では、多数存在していた種々の業界団体・組合などを統合して自主的に出版統制を行なう一大機関を設置する構想を持った。業界有志で形成する「出版懇話会」は、一九三九年八月に「出版文化中央連盟」の設立を呼びかけ、民間指導による出版一元団体の実現を目指した。「新体制運動」声明後一九四〇年七月に発足した第二次近衛内閣の誕生により、強固で統制力のある組織化への対応が迫られたが、民間企業の存続と利害をかけた話し合いはまとまらなかった。

先立つ一九四〇年五月に「新聞用紙統制委員会」（委員長は内閣書記官長、幹事長が内閣情報部長）が内閣に設けられ、紙の統制は国策と直結するようになっていた。同年七月、同委員会で「新体制基本国策要領」に呼応する「出版新体制」がはかられ、その実現の為に、内務省事務官は既存の各種出版団体を解消して新たな出版統制機関「出版文化協会」の設立を要請した。アート紙について高桑が嘆き、渡辺勉が雑誌統制について記したのは、この動きに連動していた。『アサヒカメラ』が同年九月号から予約販売となるのも、この流れに沿ったものだ。

この後出版会では、同年八月に日本雑誌協会と東京出版協会の解散が決議され、九月末には、内閣情報部長伊藤述史を委員長とし、岩波茂雄（岩波書店）、斉藤竜太郎（文芸春秋社）、佐藤義亮（新潮社）など出版人四二名を含む出版文化協会設立委員が正式に決定した。そして、同年一一月、「日本文化建設並びに国防国家確立に関する出版文化事業の使命を遂行し斯業の適正なる運営を図り以て出版報国の実を挙ぐるを目的」と謳う「日本出版文化協会」が設立した。設立総会は首相官邸・内閣情報部会議室で行なわれ、同協会の事業は、出版関係官庁との連絡の下に出版事業の改善指導、出版用紙の割当調整、出版物配給及び販売の監督指導の三つを柱としていた。

追って、製紙各社の製品を管理下に置いて配給を一元化する「洋紙共販株式会社」が一九四〇年末に設立し、一九四一年四月から商工省の洋紙配給統制規則に基づいて運営される。また、刊行物を小売り書店に取り次ぐ配給機構は各会社組織を解体して「日本出版配給株式会社」として再構成され、一九四一年五月に創立総会が持たれる。

さらに、全国の小売書店を構成員とする書籍商組合を統括していた全国書籍業連合会は一九四一年六月に解散し、同月以降「東京書籍雑誌小売業組合」ほか新組合が全国で結成されていく。最後に、「闇」の紙が流れて割当切符以外の印刷物ができることを防ぐために印刷業界の統制が図られ、一九四一年一〇月に「日本印刷文化協会」が結成される。

こうして、出版社、用紙、取り次ぎ、小売店、印刷など刊行物を取り扱う様々な業界が統制下に置かれ、「出版新体制」が完成していくのだ。用紙や配給が直接的な国策会社に変更されたことに比して、出版社、小売店、印刷所は組合方式で統括されているが、組合内部での自粛が強く行なわれたのは言うまでもない。

写真雑誌の統廃合問題は、紙の統制以降の流れに沿っている。しかし、他分野の雑誌に比して展開が早いのは、この時期に防諜上の写真取締が重視されたからだ。既に、一九三九年夏頃に取締要項が関係主任に示されていたが、「行政指導に依り日本国民の防諜思考の向上を図ると共に其の自発的協力の下に我が国の安全を確保しようとの意見」[56]が一九四〇年七月に決定されていた。その結果、写真雑誌の統廃合は一九四〇年後半に急速に進むのだ。

一九四〇年七月一五日、警視庁は上野、九段、飛鳥山、愛宕山、日枝神社などの写真撮影禁止高台を抜き打ち巡回し、「注意者一九三名、違反者九名にのぼるカメラマンを検挙」[57]した。同年九月一五日には、東京市内一六箇所が巡回された結果、「二百余名が所持するフイルムを全部没収されるとい う憂き目」[58]をみた。以降、防諜上軍機保護法により「禁を破つたものは三年以下の懲役、又は千円以下の罰金、之を公布した者は五年以下の懲役、又は二千円以下の罰金、外国に報道したものは七年以下の懲役、又は三千円以下の罰金」[59]という、厳重処罰が宣言された。

アマチュア規制が強化されたこの頃、小学校の図画教員だった中村立行[60]は、南部線の引き込み線に止まっている黒い貨車と明るい菜の花を撮影していたら、「突然男が現れ『交通機関を写してはならん』としかられ、その場でフィルムは無残や天日にさらされた。私服の特高らしく問答無用の脅迫」[61]を受けたという。

一九四〇年八月一三日、第一ホテルで陸軍省兵務局U少佐と内閣情報部H情報官を囲んで「時局とアマチュア」と題する座談会が持たれ、福森白洋［桑田商会］、吉川速男［アマチュア指導者］、金丸重嶺［日本大学芸術部写真部長］、的野厳、北原正雄［玄光社社長］、斉藤鵠児［『写真サロン』編集長］、田中操［『写真サロン』編集部員］が参加した。ここで、Hは、「今日迄のアマチュアが私共の利用出来るやうな宣伝写真を撮るといふ事は無理な事で、報道写真を作つて行くには新聞記者の頭になつて、而も之を対外宣伝に使ふものとなると又別のセンスが必要なんです」「芸術写真一天張りでは国家のお役には立ちにくいのです。アマチュアの報道写真が上手になつたらこれを利用しようと考えて居ります」[62]と述べた。発言内容から、「内閣情報部H情報官」とは、これまでも繰り返し同じことを主張していた林謙一であろう。

五日後の八月一八日には、高輪・緑風荘で陸軍省W少佐、内務省緒方情報官、内閣情報部林情報官を囲んで写真防諜についての座談会が行なわれ、『写真月報』秋山轍輔、『カメラアート』勝田康雄、『アマチュアカメラ』唐沢純正、『写真新報』野崎昌人、『カメラクラブ』鈴木八郎、『フォトタイムス』田村栄、『カメラ』高桑勝雄、アルス社長北原鉄雄が集った。同年一〇月号各誌、そして、編集者が座談会に加わっていない『アサヒカメラ』にまで、タイトルこそ違え内容は一語も変わらない座談会の速記が掲載されている[63]。本文中にはW少佐の「電撃的措置」で、陸軍、内閣情報部情報官と写真雑誌編集長らとの座談会が設けられたとあり、写真雑誌にとっては、むしろ、強制された座談会であったと推察される。緒方の発言に「写真防諜はW少佐が専門家」とあり、Wとは、後述するようにその方面で活躍しつつあった大坪義勢[64]陸軍少佐かと推察される。

この席で、W少佐は写真防諜について、「一一法律の禁止を俟つまでもなく、日本人の自覚としてやつて戴かなければならぬ」と、また、林は「アマチュアが何時までも所謂芸術写真にばかり籠つてゐることはいかぬのではないか、報道写真が盛んに研究されなくてはならない」[65]と、趣味写真の内容に対するはっきりした要望を述べた。

出版新体制と写真防諜の動きの中で、如何にすれば生き残れるかを写真雑誌各誌が模索した。『カメラアート』編集長の勝田康雄は、同誌一九四〇年九月号で、「吾々は今迄自由主義の立場から凡ゆ論説を容れ、凡ゆる立場の写真作品を認めてきた」「写真家のみが社会情勢の推移に対して目を覆ふてゐられるものだらうか。答えは明白である。未曾有の変革期に際会して吾々は今積極的に新体制の方向に協力しなければならない。作家としても写真だけは全く自由な世界として楽しませて貰ひたいなどと考へることは一日も早く止めなければならない[66]」と、体制への賛意を示した。

同誌同号では、伊奈信男も「新時代の写真はその実用性に於て絵画の追随を許さない。それは報道（ルポルタージュ）に於て、広告宣伝に於て、説明に於て、記録に於て、科学に於て、産業に於て、無限の『用』を持つてゐる。写真はこの『用』を完全に遂行することによつて『美』を創造することは出来ないだらうか。否。かくてこそ写真は、新しい高度の芸術となり得るのである[67]」と唱えた。

また、同誌同号で、田中雅夫は女性写真への激烈な批判を行なった。「戦争を忘れたやうな女人群像式の『女の写真』は、その好むと好まざるとを問わず、早晩何らかの形式で制限を受くることは必至である」「当局の指導を俟つまでもなく、われわれはわれわれの手で写真に関する限りすべての問題を処理し、以て国家の向ふ所にともに進まなければならない[68]」というのだ。同文の主眼は福田勝治批判で、福田の名前を挙げて「個人主義的」「自由主義的」「時局に相応しくない[69]」と否定し、その作画能力で銃後女性の勤労奉仕を撮れと迫った。

福田は、一九三九年に『続・女の写し方』『花の写し方』『静物写真の作り方』『女の表情』の四冊をアルスから上梓し、女性や静物を艶やかにとらえる写真でアマチュアから絶大な支持を得ていた。一九四〇年四月に刊行した写真集『出発』（玄光社）では、「『女の写し方[70]』以来、多くの追従者を生んだことは、今日の写真雑誌の口絵で周知[71]」と自負を見せ、「死を覚悟して」「及第するまでに女の世界の美しさを見極めたい[72]」と、さらなる耽美への意志を記していた。

田中の批判を受けた翌一〇月、福田は、写真家として「遊戯的[73]」な内容を改めて新体制運動に応じると『カメラクラブ』へ寄稿した。「個人主義的な芸術思考の殻を完全に脱ぎ捨てて、総てのものが国家的見地から始り、それが国家的運命として進んで往くといふことに於いて、自づからにして国家の組織の帰一を意図してくといふ、恁ういふ方法が最も正しい考へであり、正しい新体制運動への結びつきの往き方のやうに思ひます[74]」と、その理由を記している。『出発』は「新体制運動が始まる以前に発表したものである事を、読者諸氏にもよく記憶していただきたい」「従来扱つてきたところの享楽面に活躍してゐたところの女性をモデルにとりあげることや、意味のない遊戯的な女性の撮り方など、この際一切を清算していただき、新体制の精神から自覚ある女性の美しさをものにして頂きたいと、切に希つて居ります[75]」と読者にも呼びかけた。

写真の方向性をリードする評論家たちは、「自発的協力」により、新体制に適う用と美の一体こそが目指すべき写真だと口々に叫び、福田はそれに従う態度をとることによってアマチュアに範を示したのである。

アルスから写真集を出している作家の転向宣言掲載は、同社の「自発的協力」姿勢を示すことでもあった。『カメラ』編集長の高桑は写真雑誌と体制がアマチュア指導の立場で共生する道を探っていたが、先に挙げた八月一八日の座談会で「慰問写真」の重要性について発言し、防諜上禁止されるものではなく推進してもよいという内諾を得た。以降、アルスの写真雑誌は、「写真報国運動」の目標を、「国際写真サロン」から前線に銃後の様子を伝える「慰問写真」に転じた。一九四〇年一一月号

『カメラ』巻頭言は出征者留守宅慰問撮影の推進を提言し、同年一二月号『カメラクラブ』表紙写真は大きな慰問袋を抱えて笑う幼女をとらえている。

ところで、慰問写真運動は、事変二周年記念事業として一九三九年七月に朝日新聞社と全関東写真連盟の共同主催で既にはじめられていた。「郷土将士カメラ慰問」と称して、陸軍省、海軍省、内務省、厚生省の後援を取り付けて、同月八日から東京府下、神奈川、静岡、山梨、長野、新潟、群馬、埼玉、千葉、茨城、栃木、福島、山形、宮城、岩手、秋田、青森、北海道、樺太の各地区で県当局、師団などの後援を受けた。各地では全関東写真連盟の支部が結成され、第一期運動終了の一〇月七日時点で、撮影奉仕者総数は四〇〇〇名以上に上った。東日本全土で一年間に合計五一五回の撮影が行なわれ、奉仕カメラマン四五四八名、延べ七〇〇〇名以上が参加し、三〇万枚を超える留守宅写真が撮影されている(76)。高桑は『カメラ』独自の活動を模索していたが、国際写真サロンばかりでなく、慰問写真運動でも『アサヒカメラ』の後塵を追うことになったのである。

図57　『カメラクラブ』　1940年12月号［J］

ちなみに、『アサヒカメラ』に掲載さ

れた防諜座談会記事出席者には、同誌編集者子安正直の名前が加えられ、他誌全てに記されているアルス社長北原の名前が削られている。そして、『アサヒカメラ』防諜座談会記事には、囲みの告知記事「写真と防諜の標語募集」が埋め込まれた。誰にでも解りやすい防諜スローガンを募るもので、審査員は、陸軍省防衛課大坪義勢少佐、海軍省軍務局岡巌少佐、憲兵司令部上坪鉄一少佐、内務省警保局緒方信一情報官、内閣情報部林謙一情報官、『アサヒカメラ』編集長松野志気雄が務めた。「郷土将士カメラ慰問」「写真と防諜の標語募集」など、軍部の写真イベントには朝日新聞社が密接に関わっていた。防諜座談会に『アサヒカメラ』編集部は出席しなかったようだが、その内容を伝えられる別の機会があり、記事では主たる写真雑誌編集者全員参加の形式が整えられたようだ。

「写真と防諜の標語募集」では、『アサヒカメラ』同年一二月号に一等入選の「法を守って楽しくパチリ」などが発表され、翌一九四一年一月号には金丸重嶺指導、日大写真科学生制作による写真防諜標語ポスター七例が掲載された。この後、写真防諜標語は写真雑誌表紙や写真用品広告などで盛んに使われていく。

六　写真雑誌統廃合

一九四〇年一〇月一二日に、大政翼賛会発会式が挙行された。同月、写真雑誌各誌に「国策に協力すべく自発的に廃刊乃至合同すべき」(77)という内務省当局からの話があった。

『芸術写真研究』の中島謙吉によれば、写真雑誌統制の噂は夏ごろからあったが、同月一七日に呼び出されて、「現在のやうに内容の大差無い類似の写真雑誌がかう多種発行されるのは無駄なことだから此際数を減じ度いと思ふ。それについては順序として兎に角一旦全写真雑誌一様に廃刊して貰ひ度い。其時期は追て通知する[78]」と告げられたのである。目的を尋ねると「文化の向上と物の問題[79]」だと答えられたので、中島は「物とは紙其他の材料の節約のこと[80]」と理解した。

『写真新報』と『写真月報』は、「新体制に即応すべく[81]」廃刊した。『写真新報』は「十月中旬突如内務省図書課より出頭を命ぜられ、懇談的に写真雑誌廃合の慫慂があつた。一応は本誌の立場を主張したが、国策とあつて見れば、潔く犠牲とならざるを得ない。而も本誌は光輝ある歴史と独自の伝統を有し、到底他と合併してまでも生命維持を図るべきものでない。依つて率先廃刊を決意するに至つた[82]」と経緯を記した。抵抗はあっても、二誌を支えるスポンサーの浅沼商会や小西六は軍部とも取引があり、差しさわりのある事態は避けねばならなかっただろう。中島によれば、二誌の廃刊は「材料商の機関として出発したものであるといふ理由[83]」だった。

統廃合の対象は、商業誌だけではなかった。写真結社の会報である『日本写真会会報』も、「此度政府の御勧奨もあり、事変下に於ける用紙節減の国策に副ふ為本号を以て、廃刊の已むなきに立ち至りました[84]」と一一月号で会員に告知している。芸術写真は不要と当局が廃刊を決めていた節がある。

一方、『小型カメラ』の堀江は、写真雑誌統廃合の目的は「日本が、国家目的を達成するためには、この分散してゐる力を綜合して強力なものとし、その力を行使する必要がある。これが今回の写真雑誌の整理統合の根本なのであつて、紙の消費節約とか、趣味娯楽乃至は学術技術の研究発達に制限を加へるのが目的ではない[85]」と言われたと記している。この後に雑誌が統合されたか廃刊されたかで、用紙に関わる説明は正反対だったようだ。写真雑誌の役割を想定し、統合組と廃刊組に分けて懇談が持たれたのだろうか。

堀江の記した「力を行使する」先は雑誌の読者であり、教科書たる写真雑誌や先生たる執筆者は体制の一員として事に当たることが求められていた。小さな出版社を経営していた堀江は、「斯うした運動のイニシアチヴをとることなどは、到底できるものではない憾を、しみじみと感じ」ながら、他誌との「同格合併(86)」の道を急いだ。

一一月初め、二回目の話が内務省からあった。『カメラアート』の勝田によれば、「全写真雑誌が十二月号を最終刊として一斉に廃刊しそれぞれの面に於て統合体系を整へ四個の経営体として新年号から新発足すること(87)」という内容だった。堀江によれば、統廃合の対象は「東京で発行されている月刊写真雑誌十三種」、即ち、「『写真新報』『写真月報』『カメラ』『アサヒカメラ』『フォトタイムス』『写真サロン』『カメラアート』『アマチュア・カメラ』『小型カメラ』『光画月刊』『カメラ・クラブ』『芸術写真研究』『営業写真研究(88)』」だった。すでに一二月号限りの廃刊を決定していた二誌の他は合同合併の道を探り、見通しがついた一一月一五日に、各社一斉に一二月号限りの廃刊を届け出た。

各誌一二月号で告げられた統廃合の結果は、『カメラ』『カメラクラブ』『写真サロン』合同の『写真文化』（アルス）、『小型カメラ』『光画月刊』『アマチュア・カメラ』合同の『写真日本』（明光社）、『フォトタイムス』『カメラアート』合同の『報道写真』（財団法人写真協会出版部）、『アサヒカメラ』『芸術写真研究』『営業写真研究』合同の『アサヒカメラ』（朝日新聞社）という四誌への変更だ。廃刊となる一二月号各誌には、創刊以来を振り返る記事があり、巻頭言や編集後記では主幹や編集者によって惜別の心情が記された。

自由な趣味世界に写真の理想を描きつつ生計を立てていた雑誌関係者は、「分散してゐる力を綜合して強力なもの」にしていくため合同したわけだが、お互いに納得できるパートナーを見つけるのは簡単ではなかった。『芸術写真研究』は、自らの独自性を自覚して創刊時の発行元であるアルスに発行権と誌名を返上、もしくは、廃刊を考えていた。しかし、アルスは自社二誌と『写真サロン』で合併してしまう。中島によれば、統廃合の方法は「内容は検討せず一様に三誌づつ合併させ、かくして其数を必然的に三分の一の四種に減ずる案」で「単独の廃刊がいけないと同様に四誌合併も亦不可」だったので、「他の三組合併は成り立つてしまつて、アサヒ・カメラのみが未だ合併の相手が無くて残つて」いたため余儀なく同誌と合併して「統制は事務的に完了[89]」したという。

統合の内幕を告げる中島の一文が掲載された同誌は一九四〇年八月号だが、甚だしい遅刊となり、一九四一年三月に刊行された[90]。全てが終わった一九四一年になってから説明する経緯は、他誌にない踏み込んだ内容になっている。

アルス系の雑誌に掲載された統廃合の告知では、対象となった一三誌の一つとして『営業写真研究』の替わりに『肖像写真研究』の名称があげられている。しかし、これまで探求した結果、『肖像写真研究』誌は存在せず、『小型カメラ』の記していた『営業写真研究』が統廃合対象誌と考えられる。同誌は商業出版ではなく、写真学会及び材料製造界の後援と各地代表営業写真家の支持を得て創立された全日本営業写真研究会の機関誌である。創刊号には「営業家の編集する技術誌[91]」と謳われており、アマチュア写真界には馴染みが薄かったために、慌しさの中で誌名が間違って伝わったのではないか。

同会事務所は東京市神田淡路町の日本写真新聞社内に置かれ、機関誌の刊行も同所で行なわれていた。Ａ5変形判二四頁と小型ながら全てアート紙を使用する『営業写真研究』は、編集を地方支部で巡回担当する異色の存在だった。「終刊の辞」には、「本誌は会の機関誌であり一般写真雑誌とは自ら其質を異にするものとの見解を強く主張したのですが、国策の命ずるところに従順であるべきが此際に於ける国民としての責務ですから、まことに遺憾ながら潔く廃刊することに定めました[92]」と記されている。『アサヒカメラ』へ合同という字句はどこにも見あたらず、実情は、材料商系雑誌廃刊の一環であり、アート紙を召し上げる意図もあっただろう。

内務省の「話」があってから統廃合成立まで、僅か二カ月足らず。慌ただしく今後の道を探る一方、一一月号までの各誌誌面はそれまでと同じ調子で、月例懸賞写真募集も続けられていた。写真メディアの一大事は、体制側と民間企業である各誌、そして、企業と企業の間の出来事であり、読者はおろか、常に誌面で語られていた写真の理想とは無関係に進行していた。

堀江は「斯うした運動のイニシアチヴをとることなどは、到底できるものではない」と感じたというが、写真雑誌界の一大事に「イニシアチヴ」を取れる者があるとすれば『カメラ』を擁するアルス以外にはなかっただろう。短期間のうちに各社が統廃合とその後の行く末を決定したのには、写真雑誌の多くに「『カメラ』卒業生」が関係していたことが影響したのではないか。お馴染みの顔ぶれで寄り合い、統廃合の組合せやその後の雑誌が担う役割を協議したと推察される。

日本出版文化協会監修『雑誌年鑑　昭和十七年版[93]』の「昭和十六年雑誌界展望」には、「この仕事

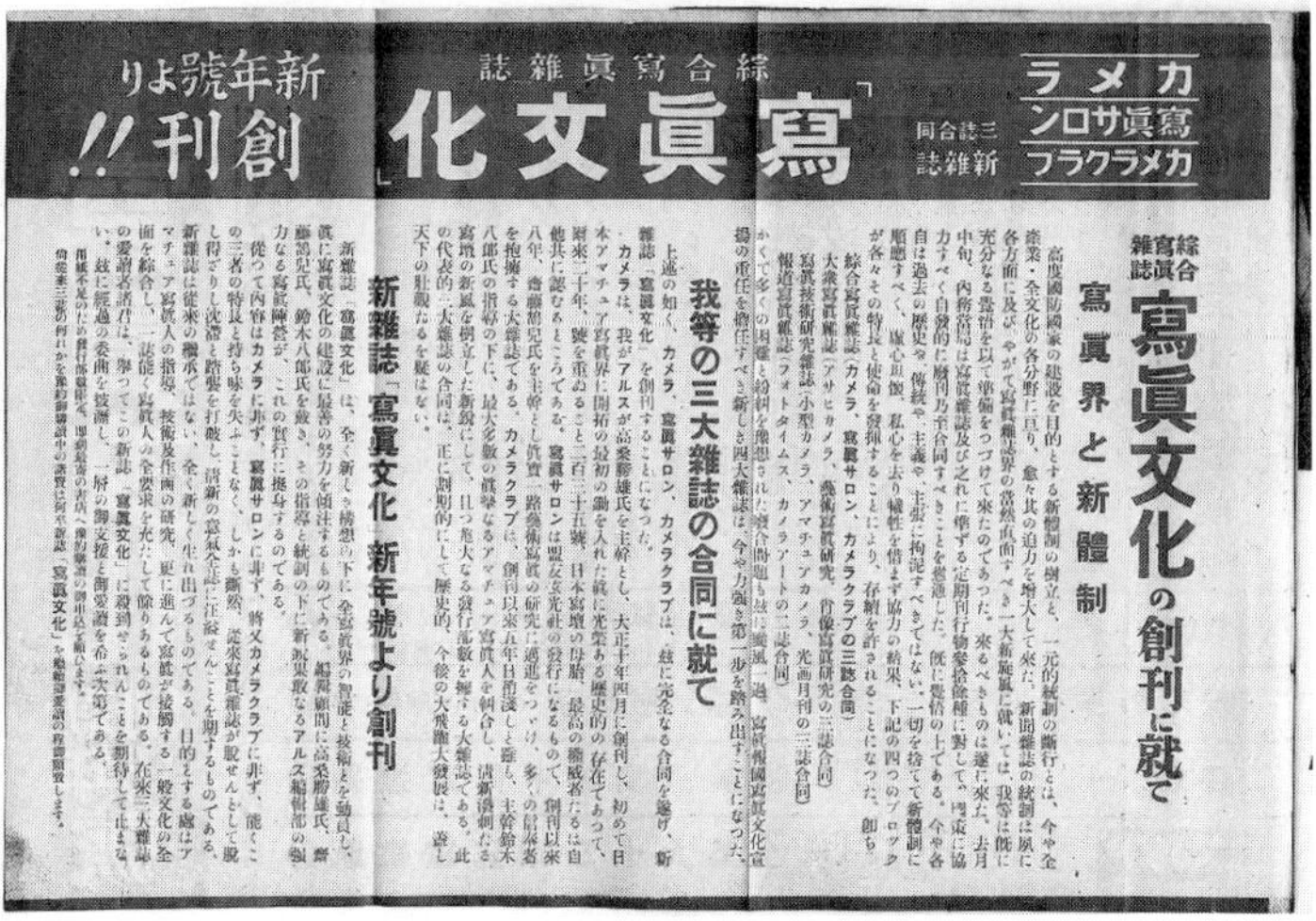
新年號より
創刊!!
綜合寫眞雜誌
「寫眞文化」
カメラ
寫眞サロン
カメラクラブ
三誌合同
新雜誌

綜合寫眞雜誌
寫眞文化の創刊に就て
寫眞界と新體制

高度國防國家の建設を目的とする新體制の樹立と、一元的統制の斷行とは、今や全產業・全文化の各分野に亘り、愈々其の追力を增大して來た。新聞雜誌の統制は夙に各方面に及び、やがて寫眞雜誌界の當然直面すべき一大新旋風に就いては、我等は既に充分なる覺悟を以て準備をつづけて來たのであつた。來るべきものは遂に來た。去月中旬、內務當局は寫眞雜誌及び之れに準ずる定期刊行物拾餘種に對して、圓滿に協力すべく自發的に廢刊乃至合同すべきことを慫慂した。既に覺悟の上である。今や各自は過去の歷史や、傳統や、主義や、主張に拘泥すべきではない。一切を捨てて新體制に順應すべく、虛心坦懷、私心を去り犧牲を惜まず協力の結果、下記の四つのブロックが各々その特長と使命を發揮することにより、存續を許されることになつた。卽ち

綜合寫眞雜誌（カメラ、寫眞サロン、カメラクラブの三誌合同）
大衆寫眞雜誌（アサヒカメラ、藝術寫眞研究、肖像寫眞研究の三誌合同）
寫眞技術研究雜誌（小型カメラ、アマチュアカメラ、光畫月刊の三誌合同）
報道寫眞雜誌（フォトタイムス、カメラアートの二誌合同）

かくて多くの困難と紛糾を豫想された複合問題も茲に一過、寫眞報國寫眞文化宣揚の重任を擔任すべき新しき四大雜誌は、今や力強き第一步を踏み出すことになつた。

我等の三大雜誌の合同に就て

上述の如く、カメラ、寫眞サロン、カメラクラブは、茲に完全なる合同を遂げ、新雜誌「寫眞文化」を創刊することになつた。

カメラは、我がアルスが高桑勝雄氏を主幹とし、大正十年四月に創刊し、初めて日本アマチュア寫眞界に開拓の最初の鍬を入れた嶄に光榮ある歷史的の存在であつて、爾來二十年、號を重ぬること二百三十五號、日本寫壇の母胎、最高の權威者たるは自他共に認むるところである。寫眞サロンは盟友玄光社の發行になるもので、創刊以來八年、齋藤鵠兒氏を主幹とし眞實一路藝術寫眞の研究に邁進をつづけ、多くの信奉者を擁護する大雜誌である。カメラクラブは、創刊以來五年日尙淺しと雖も、主幹鈴木八郎氏の指導の下に、最大多數の熱擧なるアマチュア寫眞人を糾合し、清新溌剌たる寫壇の新風を樹立した新鋭にして、且つ尨大なる發行部數を擁する大雜誌である。此の代表的三大雜誌の合同は、正に劃期的にして歷史的、今後の大飛躍大發展は、蓋し天下の壯觀たるを疑はない。

新雜誌「寫眞文化」新年號より創刊

新雜誌「寫眞文化」は、全く新しき構想の下に、全寫眞界の智能と技術とを動員し、眞に寫眞文化の建設に最善の努力を傾注するものである。編輯顧問に高桑勝雄氏、齋藤鵠兒氏、鈴木八郎氏を戴き、その指導と統制の下に新銳果敢なるアルス編輯部の強力なる寫眞陣營が、これの實行に挺身するのである。

從つて內容はカメラに非ず、寫眞サロンに非ず、將又カメラクラブに非ず、能くこの三者の特長と持ち味を失ふことなく、しかも斷然、從來寫眞雜誌が脫し得ざりし沈滯と踏襲を打破し、清新の寫氣全誌に汪溢せんことを期するものである。

新雜誌は從來の繼承ではない、全く新しく生れ出づるものである。目的とする處はアマチュア寫眞人の指導、技術及作畫の研究、更に進んで寫眞が接觸する一般文化の全面を綜合し、一誌能く寫眞人の全要求を充たして餘りあるものである。在來三大雜誌の愛讀者諸君は、擧つてこの新誌「寫眞文化」に殺到せられんことを期待して止まない。茲に經過の委曲を披瀝し、一層の御支援と御愛讀を希ふ次第である。

用紙不足のため發行部數限定、即刻最寄の書店へ豫約御注文の御申込を願ひます。
尙從來三誌の何れかを豫約御購讀中の諸賢は何卒新誌「寫眞文化」を繼續御愛讀の程御願致します。

図58　統廃合告知広告　『カメラクラブ』1940年12月号［J］

は時局の緊迫化に伴つて雑誌用紙の相次ぐ激減のなかに行はれたのであつて、その困難もさることながら何よりも発行者、編輯者に与へ《ママ》た影響は深刻であつた[94]」と記されている。「四誌を統合して一誌にせよという厳命である。ウンもスンもない[95]」という写真雑誌の統廃合も、その後に爪跡が残された。

『カメラ』一九四〇年一二月号には、統廃合後は、『写真文化』が綜合写真雑誌、『写真日本』が写真技術研究雑誌、『報道写真』が報道写真雑誌、『アサヒカメラ』が大衆写真雑誌だと、担当分野が分かれているように記されている。しかし、『写真日本』編集長となった北野邦雄は、「昭和十五年師走」に記した創刊号「編集後記」の中で、「本誌は技術雑誌として認められたかの様に伝へてゐるが、上からその様な命令があつたこともなければ、希望を述べられた事実も無い[96]」と記した。「イニシアチブ」の下で担当分野を割り振られて、

図59『写真日本』1941年1月創刊号［J］

北野は納得していなかったと思わせられる。

新しく出発した『写真日本』は、堀江の社で発行を受け持ち、堀江が作品の月例審査評を担当し、全体の編集長として北野が就任した。これが堀江の目指した「同格合併」だった。が、堀江と同じく社を興して独自の誌面を展開する立場であった北野には、そうは受け止められなかったようだ。北野編集長は、自らも選評の場を持ちたいと主張して新雑誌の月例部門増設を決めた。のみならず、先にあげたように創刊号編集後記で同誌の写真雑誌界での位置付けにかみつき、続けて、「ルポルタアヂユ・フオトを提示して、アマチユアの進むべき道なりと広告宣伝されている」のは「誇大広告なり」と打ち上げ、「内閣情報部——現情報局——から写真関係の防諜標語の印刷物を送って来た。その一例、『ここは写してよいとこか』。下手な川柳みたいなものであつて、とても表紙などに印刷しようと言ふ気にはなれない」[97]とも記した。

体制の一員となることを潔しとせず、寧ろ、統廃合の犠牲になった悔しさを隠さぬ北野の姿勢のためか、同誌は二号で休刊となった。

一九四一年六月頃までに、経済、医学、写真、映画の四分野二五二誌が約三割の七五誌に統廃合された。(98) 戦争に直結する経済、医学に、娯楽と考えられていた写真、映画が並んでいるのは、防諜、宣伝が如何に重視されていたかを物語る。出版文化協会が事業を本格的に始動した六月以降、同年度内に整理統合されたのは、婦人、教育、音楽、現代美術、受験、児童などの九分野で、四二八誌が約二割六分の一一三誌に統廃合された。写真ほか先行した雑誌統廃合は、出版文化協会の体制も十全でない時期にいち早く図られ、統廃合後の刊行誌割合が六月以降の実行分野に比べて多い。紙の消費調整だけがその目的でなかったのは明らかである。

注

(1) ヘリオグラフィ（héliographie）とは、鉛とすずの合金にアスファルトを塗布して感光剤として使う、世界最初の写真技法。原板をカメラオブスキュラに入れて、日中の屋外でも八時間程の長い露光時間が必要なため、実用的ではなかった。

(2) 「支那事変と写真（フォト・ノート）」『アサヒカメラ』一九三八年三月号

(3) 前出（2）「支那事変と写真（フォト・ノート）」

(4) 井深徴「風景写真」『アサヒカメラ』一九三八年一月号

(5) 唐沢純正「アマチユア写真界の足跡」『アサヒカメラ臨時増刊　日本写真年鑑　昭和十四年版』一九三九年

(6) 「写真界雑信」『カメラ』一九三七年一一月号

(7) 『東京写真材料商組合五十年史』東京写真材料商業共同組合、一九六〇年

（8）「昭和十三年驀進座談会」『フォトタイムス』一九三八年一月号
（9）同様告知が『フォトタイムス』一九三九年一月号などに掲載された。
（10）市河彦太郎ほか「写真外交座談会」『カメラ』一九三八年一二月号
（11）前出（10）「写真外交座談会」
（12）市河彦太郎「写真を通じて外交へ」『日本写真会会報　光と其の諧調』一九三八年一一月
（13）「写真外交連盟組織」『日本写真会会報　光と其の諧調』一九三八年一一月
（14）前出（10）「写真外交座談会」
（15）前出（7）『東京写真材料商組合五十年史』
（16）「編集の前後」『カメラ』一九三五年一〇月号
（17）前出（10）「写真外交座談会」
（18）「国際写真サロンの昨今」『カメラ』一九四〇年二月号
（19）高桑勝雄「日本写真外交連盟の活動を望む」『カメラ』一九四〇年四月号
（20）高桑勝雄「日章旗翩翻と翻る世界の写壇」『カメラ』一九四〇年五月号
（21）「事業案の編成に協力を求む」『カメラ』一九四〇年八月号
（22）成沢玲川「世界情勢と国際写真サロン」『世界写真傑作集』一九四〇年
（23）松本昇ほか「内閣情報部と国策写真の座談会」『フォトタイムス』一九三八年七月号
（24）桑原甲子雄、1913–2007
（25）田中雅夫、1912–1987
（26）前出（23）「内閣情報部と国策写真の座談会」
（27）前出（23）「内閣情報部と国策写真の座談会」

(28) 仁木正一郎「報道写真に於るアマチユーアの限界」『フォトタイムス』一九三八年一二月号
(29) 「写真界雑報」『カメラ』一九三九年三月号
(30) 『カメラ風景・新満洲　関西学生写真連盟渡満作品集』朝日新聞社、一九三八年
(31) 『カメラ報告・大陸　東京大学写真連盟作品集』東京日日新聞社・大阪毎日新聞社、一九三九年
(32) 市河彦太郎「対外文化宣伝と写真作家」『随筆集　外交と生活』人文書院、一九四〇年
(33) 阿部芳文、1913-1971
(34) 渡辺勉「転戦九ヶ月を顧みて1」『フォトタイムス』一九四〇年二月号
(35) 阿部芳文「旅行記㈠」『フォトタイムス』一九四〇年二月号
(36) 「社告」『フォトタイムス』一九四〇年二月号
(37) 「写真界雑信」『カメラ』一九三九年七月号
(38) 前出（37）「写真界雑信」
(39) 石津「良介」「編集の前後」『カメラ』一九四〇年八月号
(40) 『アサヒカメラ』、全関東写真連盟共同主催、七月一七日、日比谷公会堂
(41) 一九五〇年に発足したプロ写真家団体の日本写真家協会と同名だが無関係。
(42) 板垣鷹穂「写真展月評」『アサヒカメラ』一九三七年九月号
(43) 「記録」『日本写真家協会会報』第二号、一九三九年一月
(44) 前出（43）「記録」
(45) 「満洲撮影隊の出発」『写真サロン』一九四〇年五月号
(46) 桑原甲子雄「私の写真史⑤　越前蟹と満洲ロマノフカと」『写真批評』№5、一九七四年二月
(47) 桑原甲子雄ほか「満洲撮影隊報告座談会」『カメラクラブ』一九四〇年九月号

(48) 前出(46)「私の写真史⑤　越前蟹と満洲ロマノフカと」
(49) 「満洲撮影隊帰還　写真界雑信」『カメラ』一九四〇年八月号
(50) 総務庁弘報処長武藤富男「登録写真に就て」『第一回登録　満洲国写真集』満洲事情案内所、康徳八[一九四一]年
(51) 「二六会結成さる」『カメラアート』一九四〇年六月号
(52) 渡辺勉「当面の課題　雑誌統制について」『フォトタイムス』一九四〇年八月号
(53) 渡辺勉「国家宣伝と写真作家」『カメラアート』一九四〇年一〇月号
(54) 前出(53)「国家宣伝と写真作家」
(55) 田中雅夫「写真の全体性」『カメラアート』一九四〇年一〇月号
(56) 陸軍省大坪少佐『防諜上写真は如何に取締られるか』(『さくらの国』一九四〇年一一月号別冊)
(57) 「経済統制の進展と写真界の受難」『写真とともに百年』小西六写真工業、一九七三年
(58) 前出(57)「経済統制の進展と写真界の受難」
(59) 「高所写真に厳罰」『日本写真会会報　光と其の諧調』一九四〇年一〇月
(60) 中村立行、1912-1995
(61) 中村立行「言いたい放題7　撮影を禁ず」『アサヒカメラ』一九八五年七月号
(62) 「時局とアマチュア」『写真サロン』一九四〇年九月号
(63) 同文が「防諜と写真」と題されて『オリエンタル　ニュース』一九四〇年一一月号にも掲載。
(64) 大坪についての詳細は第六章第四節『日輪』の項を参照。
(65) 「写真と防諜座談会」『アサヒカメラ』一九四〇年一〇月号
(66) 勝田康雄「不健全写真の排撃へ」『カメラアート』一九四〇年九月号

(67) 伊奈信男「新体制下に於ける写真家の任務」『カメラアート』一九四〇年九月号
(68) 田中雅夫「作家論3　福田勝治の再出発」『カメラアート』一九四〇年九月号
(69) 前出 (68)「作家論3　福田勝治の再出発」
(70) 福田勝治『女の写し方』アルス、一九三七年
(71) 福田勝治「女の写し方」『出発』玄光社、一九四〇年
(72) 前出 (71)「女の写し方」
(73) 福田勝治「新しき出発」『カメラクラブ』一九四〇年一〇月号
(74) 前出 (73)「新しき出発」
(75) 前出 (73)「新しき出発」
(76)「地方ニュース縮刷版」『アサヒカメラ』一九四〇年一〇月号
(77)「『写真文化』創刊告知広告」『カメラ』一九四〇年一二月号
(78) 中島謙吉「本誌の終刊と今後」『芸術写真研究』一九四〇年八月号
(79) 前出 (78)「本誌の終刊と今後」
(80) 前出 (78)「本誌の終刊と今後」
(81)「お知らせ」『写真月報』一九四〇年一一月号
(82)「廃刊謹告」『写真新報』一九四〇年一二月号
(83) 前出 (78)「本誌の終刊と今後」
(84)「終刊謹告」『日本写真会会報　光と其の諧調』一九四〇年一一月号
(85) 堀江宏「別れの言葉」『小型カメラ』(『月刊ライカ』改題) 一九四〇年一二月号
(86) 前出 (85)「別れの言葉」

(87) 勝田康雄「廃刊・合同に直面」『カメラアート』一九四〇年一二月号
(88) 前出（85）「別れの言葉」
(89) 前出（78）「本誌の終刊と今後」
(90) 『芸術写真研究』一九四〇年八月終刊号「編集後記」には、刊行が早春の候となったとある。この後、同誌の誌友会報として発行された『日本ヴェス単会会報』一九四二年一一月創刊号には、『芸術写真研究』は「昨年三月終刊号を発行」とある。
(91) 「創刊辞」『営業写真研究』一九三六年五月創刊号
(92) 「終刊の辞」『営業写真研究』一九四〇年一二月号
(93) 日本出版文化協会監修『雑誌年鑑　昭和一七年版』共同出版社、一九四二年
(94) 「昭和十六年雑誌界展望」『雑誌年鑑　昭和一七年版』
(95) 斉藤鵠児「私と『写真サロン』」『写真サロン』一九五一年九月復刊号
(96) 北野邦雄「編集後記」『写真日本』一九四一年一月号
(97) 前出（96）「編集後記」
(98) 日本出版文化協会監修『雑誌年鑑　昭和一七年版』共同出版社、一九四二年

chapter 6

第六章　写真雑誌と翼賛写真

一　『写真文化』から『写真科学』へ――民間出版社の健闘

アルスの『カメラ』は、他誌と統合して創刊した『写真文化』にそれまでの巻次を引き継いだ。新誌名には、一九三八年に国際報道写真協会が刊行していた雑誌の名が買い取られた。木村伊兵衛の回想によれば、「自費出版をやろうというので、あれは光吉［夏弥］君なんだが、『写真文化』という単行《ママ》本を二冊出した。そのうちに戦争で、出版会の統合かなんかで、『アルス』から買いにきたわけですよ。『写真文化』という名前が非常にいいというので、名前を買いにきた。『めんどくせえから』ちうって、やっちゃった」[1]というのだ。アルスの使者は編集部の師岡宏次で、岡田桑三、伊奈信男、木村に申し出ると「三人とも非常に好意的で、無償でくれたのである。そこでアルスでは、お礼に銀座で一席もうけた」[2]と振り返っている。

二号しか刊行されなかったとはいえ、木村や岡田桑三らが海外グラフ事情分析や写真論を展開した同誌は尖端的な雑誌であり、『写真文化』という誌名には既にアマチュアが目指すべき報道写真のイ

図60 『写真文化』 1941年1月創刊号 ［J］

メージが加わっていた。「新時代の意識に目ざめ、全く新しい観念から全写真界の協力の下に従来の伝統や踏襲や芸術観を脱却し、白紙に還元して新しき建設の第一歩を踏み出す」(3)と謳った同誌では、合併前各誌の編集長であった高桑勝雄、斎藤鵠兒、鈴木八郎は編集顧問に棚上げされて、アルス編集部の石津良介を中心に、師岡、石井（藤川）敏行らの若手が編集に当たった。大御所への気苦労もあったのか、戦後になってからの石津は、「アマチュアももちろんですが、こっちも大いにオタオタしました」(4)と当時を振り返っている。

刷新された編集部には、アマチュアに「写真外交」的なものではない報道写真を提示することも期待されただろう。一九四一年三月号の口絵には、「土門拳『手』の写真集」として、土門が日本工房在職中に『NIPPON』やドイツで開催された工芸展用に撮影した職人の手のシリーズが五頁にわたって掲載された。師岡によれば、この特集には、「三号になって、同僚の石津君が盲腸炎をおこして長期欠勤になった。締め切りが間にあわないことを口実に、土門さんの報道写真のにおいの少ない『人形の顔』の写真を五ページ特集した」という経緯があった。「土門さんは、これ以前には『フォトタイムス』の表紙などを作っていたが、作品として写真雑誌に掲載したのは、これが初めて[5]」であり、職業として報道写真にあたっていた土門にとってもアマチュアを相手にしていたアルスにとっても、画期的な試みであった。報道写真に惹きつけられたのか、この後、師岡は国際報道工芸に転じる。

若手奮闘の中で、新しい企画が生まれた。日本初の写真賞「アルス写真文化賞」を考案し、北原鉄雄社長の賛意を得たのだ。石津は、「受賞者の第一候補は誰、第二候補は誰、それに対する編集方針はこう、と一生一代の熱弁をふるったが、最後までジッと眼をつぶってきいていた社長、『よかろう、アルスの全機能を動員して応援するから、しっかりやり給え』と肩を叩いて呉れた。これこそ編集者の冥利と云うべきものであろう[6]」と振り返っている。

その「第一候補」は、土門だった。一九四二年には一月号口絵に「土門拳・人物写真」八頁と三木淳によるインタビュー記事「声と顔　土門拳氏を訪ねて」を、同年一一月号口絵には一六頁もの「土門拳選集　昭和十一年―十七年」が掲載された。赤十字看護婦や文化人の肖像、日本の教育をテーマにした学校風景、職人と工芸品など、掲載された土門の写真は日本工房入社以降の対外宣伝写真傑作集とも言える内容だった。

この掲載依頼に行った石津に対し、土門は要望を出した。「良質のアート紙を使うこと。水性インクでなしに、グラビヤ用の油性インクを使ってほしい、というのです。今なら何でもない。ところが当時はこれは正に無理難題にもひとしい、大変な条件でした。ご承知のように、戦局の急激な悪化にともなって、紙もインクも物資欠乏の煽りをうけて、どんどん逼迫する。とくにアート紙にいたっては、どうにもならない。写真ページを多く使うわれわれには、その点苦労も多かったわけです。印刷

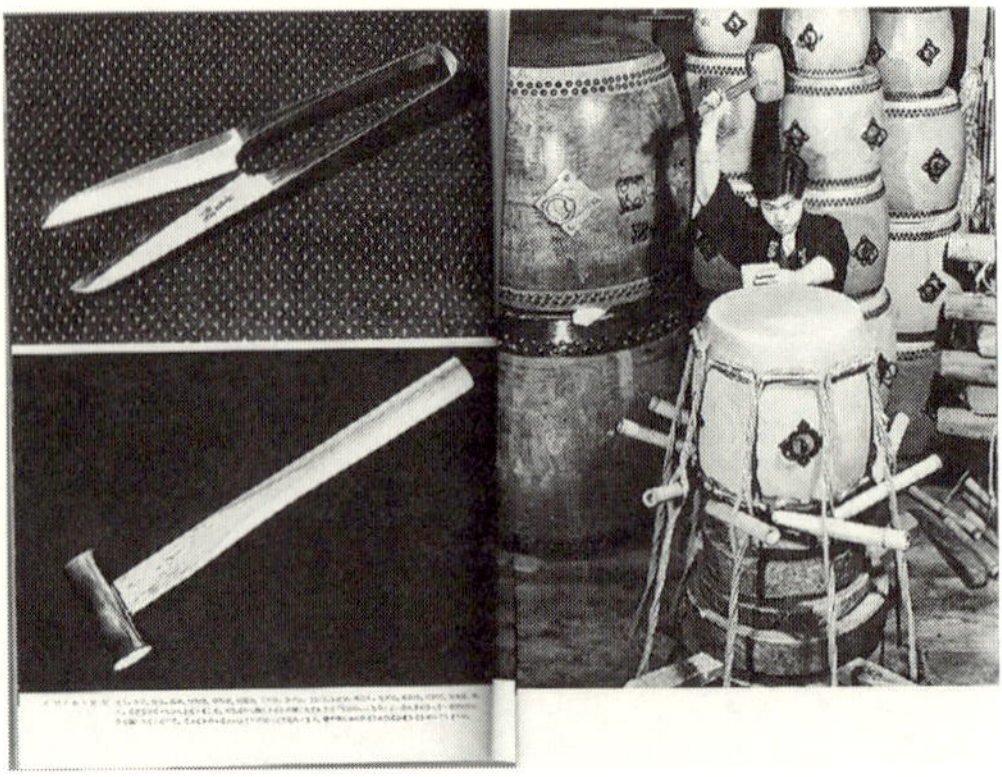

図61 「土門拳『手』の写真集」『写真文化』1941年3月号［J］

インクもガソリン不足から、それまでの油性から、水で溶かし薄めた水性インクという、ひどくあがりの悪いのを我慢して使っていた《ママ》です。ところが、それじゃ絶対にいやだ、と頑として土門氏は頑張る。持ち前のあの強引さで一歩も引かないのです」[7]。石津の苦労の末、土門の頁は他を圧する迫力を放った。

一九四二年一一月号に作品と共に掲載された「作者の弁」で、土門は、自らの写真家としての第一歩を「昭和十年十一月十五日、借物の古ぼけたC型のライカで、七五三で明治神宮にお参りする子供や親達をスナップで撮影しました。それが僕の報道写真家としての出発でありました。当時二十六歳。専門家としては遅い出発でせう。その時の生まれて初めて撮つたライカ写真が、その後ベルリーナ・イラストリールテ・ツァイトングとライフに二三枚載りました。これは僕のひそかなる自慢の種です」[8]と記した。出発が遅かったという書き出しは、志の実現に年齢は関係ないとアマチュアに訴える力があっただろう。組立て暗箱とローライで撮った早稲田大学卒業アルバムではなく、『LIFE』などの外国グラフ誌にも掲載された「ライカ写真」が自らの出発だと記したのは、報道写真家としての実感だったのかもしれない。

「一年ちかくの準備期間をとってその間に十分根廻し」[9]を行ない、一九四三年二月号で発表された一九四二年度の第一回受賞者は、編集者の思惑通り土門に決まった。翌月号には彼の被写体になったことがある高村光太郎や藤田嗣治が祝辞を寄せて、『写真文化』の存在感が打ち出された。

一方、同誌は、一九四二年一月号で「『生活写真』を求む！」として「家庭生活の記録、子供の成長記録、街の、農村の、漁村の人達の日常生活」や動植物の写真などの募集を始めていた。同年一〇月号では、「『日本小国民写真文化研究会』の発足」を宣言し、児童向き写真製作運動を提言した。同会は、『写真文化』ではなく出版元のアルスが協賛する団体という位置づけで北原を会長に据え、同年一二月から活動を本格化させた。アルスは、土門という職業写真家を目標に仰ぎつつ、身辺を題材にするアマチュアや若年層の育成に向かった。

後述するように、「大衆写真」を担う『アサヒカメラ』が一九四二年四月号で廃刊になると、アマチュア読者は「綜合写真雑誌」の『写真文化』に集まった。しかし、それを断ち切るように、同誌は用紙割り当てが大幅削減されて一九四三年二月号以降はそれまでの一〇四頁から七二頁となり、さらに、同年一一月には突然『写真科学』に改題される。

同年一〇月号の改題予告には、「我々は時局の要請にしたがつて卒先、写真をもつて科学戦、生産戦の部門への突撃を開始し、本誌をもつてその指導機関たらしめようとする」[10]と謳われたが、同号の北原の挨拶文「『写真科学』の新発足に際して」には、「この予告なき突如たる本誌の大転換は或いは永年の愛読者諸君へ一応の驚愕と混迷をお与えするでありませう」[11]と記されている。転換の経緯を戦後に回想する北原は、「昭和十八年情報局は突如『写真文化』の改題と内容の変更を命じた。命に背けば即刻廃刊だという、きついお達しである。理由は、戦局苛烈を極める際、写真文化でもあるまい、直ちにその性格を切りかえ、写真の技術をもって戦争に協力せよ、というのであった。石津編集長はとうとう腐りきってしまった、報道写真関係の仕事をするため北京にいってしまった[12]」と裏面を明かした。報道写真に目配りし、アマチュア育成も計って雑誌は軌道に乗りつつあったのに再度の方針変更を命ぜられて、読者ばかりか、発行元のアルス関係者も大転換に驚愕、混迷していた。

石津は玄光社編集部の伊藤逸平を訪ねて、「俺は近々の中に北支に行くつもりだが、あとを君にやってもらいたい、引受けろ[13]」と告げた。後を託された伊藤はX線写真特集号（一九四四年六月号）、天然色写真特集号（一九四四年一〇月号）などを企画し、戦闘帽とゲートル姿に身を固めて原稿集めに狂奔した。戦後の伊藤は、この頃の編集者に許されたのは「馬鹿になってゐる事と息をすることだけ」であり、「一、軍及び政府を批判するなかれ、一、軍及び政府の政策について反対するなかれ、一、外国よりの声を聞くなかれ、一、不平を云ふ勿れ[14]」と要求されたことを振り返っている。

一九四三年二月に公布された「出版事業令」は、出版界の完全統制化を目標とした。これによってアルスは玄光社、アトリエ社、東成社、大和書店と合同して、「北原出版」となり、一九四四年一〇月号からは『写真科学』の発行所名も「北原出版」と印刷された。

紙の生産・輸送は困難になるばかりで、一九四五年一―三月期の出版物用紙割当量は、一九四一年七―九月期の一〇％にまで落ち込んだ[15]。資材、内容、出版社と戦時態勢が進む中で、伊藤は『写真科学』の定期刊行を守ろうと努力した。しかし、「民間出版界に対しては紙は一枚も配給出来ないといふ商工省の物動計画が出来上がったのが昭和二十年の春であった。これに対して日本出版［文化］会の会長達が八方手を尽くしてやつと軍官のお余りをホンのチヨツピリ」[16]もらって刊行を維持した。
そんな努力の甲斐もなく、一九四五年には空襲被害のために「原稿を焼くこと数回、印刷、製本所で本を焼くこと二、三回という始末で、その内に社は丸焼けになり、又しても、始めからやり直し、というような調子で終戦」[17]を迎えるのである。

最後の刊行となった『写真科学』一九四五年五‐六月号は、三六頁の工業写真特集号だった。同号編集後記は、「もつと充実し、もつと広範に亘る計画であつた」と、「音の撮影」「写真による火花検査法」「電子超顕微鏡」などの記事やグラフが載せきれなかったと報告した。民間企業の雑誌制作者は、度重なる圧力をしのいで刊行継続に懸命の努力を重ねたのだが、米軍の空襲が総てを灰燼に帰してしまったのである。

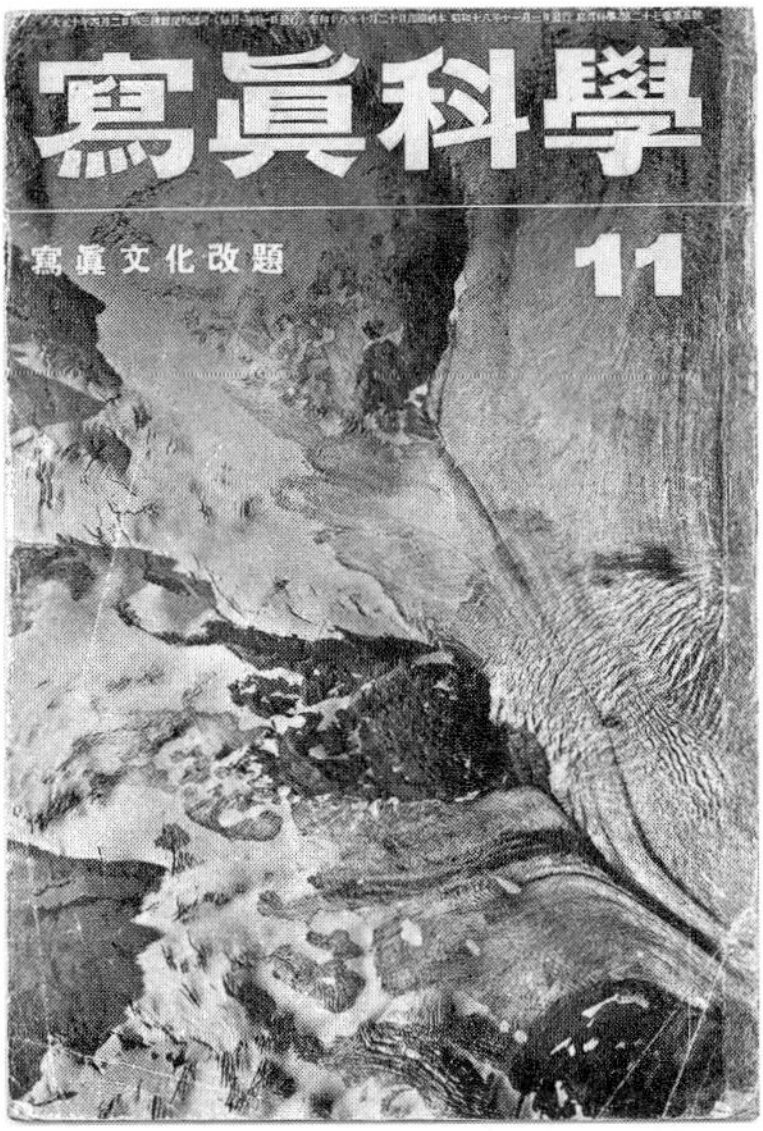

図62　『写真科学』　1943年11月改題号［J］

二　『報道写真』――内閣情報部の対外宣伝写真

さて、一九四〇年一〇月、林謙一は『報道写真集　野尻湖』をフォトタイムス社から刊行した。湖畔で過ごした夏休みの七日間に撮影したもので、ドイツでPK部隊が組織されているように「私達も自分の趣味が一朝有事の際、日本の役に立つやう、精一杯のところで報道写真を勉強して置かうではないか」[18]と前書きに記している。林は、防諜取締りの対象であるアマチュア写真を、報道写真に誘導していた。

『フォトタイムス』の「今月の話題」は同書を取り上げて、「現下の写真家大衆を指導すべく林氏の知識と情熱について吾々のこの著書に対する期待は甚だ大きいのである」と評す一方、「この用紙とインキの不足な時代に百頁近くのグラヴイヤ画集を刊行しようとするには、営業的に考へたら随分と犠牲を払つてやつてゐるに違ひない。同社が敢然とこの仕事に対することは営利以外の突進んだ理念、言ひかへれば、写真と国策運動の愛国精神の一端に外ならぬと考へる[19]」と記している。物資不足の時期にアマチュアである林の写真集が刊行されたのは、報道写真の意義を認める他に、権勢者へのおもねりもあっただろう。統廃合の混乱の中で、「報道写真の教科書」というキャッチフレーズがつけられた同書の広告が、各写真雑誌に掲載された。

『野尻湖』刊行と同年、パウル・ヴォルフの写真集『パウル・ヴオルフ　傑作写真集[20]』が刊行され、林はここでも「たとへ趣味にせよ、業にせよ、吾々の写真の営みが国家の規範と軌道に乗つて前進しなければならない時、報道写真の勉強こそ急がねばならず、拡めねばならない(21)」と言葉を寄せた。この後もアマチュアの規範として、ヴォルフの『ライカ写真(22)』や『ライカ写真の完成(23)』、真継不二夫の『報道写真への道(24)』や『海軍兵学校(25)』などの写真集が刊行された。

こんな中で、報国写真啓蒙誌として「写真文化、写真行政の主務官庁たる内閣情報部の指導に依り名実共に国家の要求する写真雑誌として発足(26)」したのが、『報道写真』だ。ひよこが殻を破って生まれ出てこようとする写真を表紙に使った一九四一年一月創刊号には、オリエンタル写真工業とフォトタイムス社が雑誌発行権を情報局に献納したことが告知された。

図63　パウル・ヴォルフ『ライカ写真』番町書房，1941年［J］

フォトタイムス社は、「国家的使命に鑑み我社は茲にその全機構を、情報局へ献納致しました」「嘗ては国家と民間とは隔離して行動を取り、ともすると民間に於てこそ自由なる意見の発表が許されるとされて居りました。然し、今日こそかゝる見識は一方的のものと成り、一心表裏と成り、そこにこそ新日本の出発があると信じます(27)」と創刊号に記した。この言葉は、同誌一九四〇年八月号で雑誌統廃合を「高度の写真文化への再出発の機会」と記した渡辺勉の言に呼応している。渡辺は、同誌一一月号でも、「飽く迄も国民であると

図64　『報道写真』1941年1月創刊号［J］

同時に写真家としての技能を通じて、国家的協力の態度と分野があり、又、日本的写真文化を創造することが吾々の背負ふべき仕事」「写真家としての国民的、職能的単位を忘れて、徒らに旧体制下の政治家の政略のやうに、只管自己の地位と利益の為に、新体制の衣を着飾つて国家を冒涜し、国民を欺瞞し、写真家と写真文化に汚名を記録しては断じてならない[28]」と読者を扇動している。

『カメラアート』も、「フォトタイムス誌と本誌とはその編集理念に於て相通ずるものがあり、合同体としての新雑誌『報道写真』が内閣情報部指導により強力な発足をなす点に於て吾々は旧形態を解消し、積極的に協力する根本方針を樹てた[29]」と、両誌の合同と内容変更に全面的賛意を強調した。同誌編集の日暮正次は、「写真雑誌ジャーナルの大先輩である勝田康雄氏、奈良原弘氏と不肖私[30]」が一丸となって『報道写真』の編集に当たると明記した。

しかし、内閣情報部は、両誌編集者が「高度の写真文化への再出発」のために適任と見込んでいたわけではなかった。『報道写真』創刊号は、編集に当たった両名への謝辞とともに、「次号より新編集陣を整容、名実共に報道写真の発展に努力する覚悟[31]」と記し、翌月以降は平野譲信、西村克巳が編集にあたった。雑誌発行権献納は内閣情報部の方針に写真界の賛意を添えただけに止まり、両誌は事実上廃刊となり、編集者はお払い箱になったのだ。

『報道写真』の発行所は財団法人写真協会に置かれ、編集兼発行人には内閣情報部の松本昇が据えられた。創刊号の「巻頭の言葉」冒頭には、「報道写真は、今日まで新聞写真《ニュース》の一分野のやうに考へられてゐた。それは狭義の解釈である。今日では、新聞写真は報道写真の一分野である」「聖戦ここに五年、日本はそのやうな写真の熟練者を数多く必要とする時のあることも考へてゐる」と、報道写真を担う写真人養成の意図が表された。創刊前年の対談で林情報官が述べた、「アマチュアの報道写真が上手になつたらこれを利用しようと考えて居ります[32]」という言葉のままだ。以降、写真協会の機関誌として写真関係の国策や組織についての記事が多数掲載された。無論、写真家の記事も柱となったが、写真界の立場から編集していた『フォトタイムス』『カメラアート』とは視点が異なる。

さて、一九三七年の「写真報道事業」以降、国家にとっての報道写真は、即ち、対外宣伝写真だった。当初から掲載ターゲットだった『LIFE』は、『報道写真』でも度々記事にされた。当時朝日新聞社企画部次長に就いていた中野五郎は、「ライフの正体を曝く」（一九四三年一月号）、「『ライフ』のカメラマンを中心に見た米国の写真宣伝人」（一九四三年五月号）などを寄稿した。同社ニューヨーク特派員として日米交換船で一九四一年八月に帰国した中野は、乗船直前に収容された日本人抑留キャンプで「『ライフ』の毒々しい記事と写真を見てムカムカした[33]」という。

「無知単純なるアメリカ大衆に対して、悪どいクローズアップ写真を巧妙な構成で見せつけ『日本人は斯くの如きものなり』とアメリカ大衆に強烈なる侮蔑と憎悪の感情を昂揚してゐるのだ。此の思想戦の覗ひ所は（一）日本人は矮小貧弱である。（二）日本人は出歯で近眼である。（三）日本人は足が湾曲して顔が扁平である。といふ様な陋劣なる人種的侮蔑感をアメリカ国民に植付け、また湧立たせるにある。斯くの如き人種的侮蔑感を温床として、凶悪なる敵愾心を全米に扇動してゐる所にルーズヴエルト一派の思想戦略があるのだ。その手段として『ライフ』の如き厖大なる発行部数を有する写真画報の煽情性は想像以上に強大である[34]」と、見る側として現地で感じた不快を露わに記している。

宣伝写真を送る側であった林も、一九四三年七月号から三回に亘って「敵誌ライフに大東亜戦争を見る」を寄稿した。戦場で押収した『LIFE』の中から太平洋戦争開戦直前の一九四一年一一月二四日号から翌年二月二三日号までの一二号分を、記事内容、編集者の態度や広告、制作に至るまでを「敵国の国民大衆のバロメーター[35]」として具体的に解説、分析した連載記事だ。開戦前から広告に兵士が出てくるなど雑誌の戦時色が濃厚になっていること、一二月八日号が開戦を伝え得ないのはともかく、翌一二月一五日号も表紙が女優の写真で、真珠湾攻撃を受けた「ハワイ敗北の第一報に『ライフ』がとりあへず用意した写真」が臨場感のないものであったなどと挙げて、同誌が日米開戦を想定していなかったという判断を示した。

しかし、一二月二二日号以降については、「正味二週間の時間に編輯プランを樹立し、取材し、編輯し、数百万部を印刷し、配本し、店頭に送り出したとすると、敵ながら天晴れ」、と評価し、「『ライフ』の編輯者は自らの感情に十セントの定価を付けて大衆に売り、政府の代弁者になつて明らかに、宣伝に突入してゐる[36]」と、彼らの仕事ぶりに最大の賛辞を記した。「あの国柄から考へて、到底完全な統制は出来得まい。政府は相当にこれを持てあまし国論の分裂さへ起るかも知れないとも観測出来た。ところが、今、此処でライフを通覧するに、その編輯者は自ら国内世論の指導者の立場をとつて、政府の指導を待つ迄もなく（と見て置かう）愛国者になりきつてゐる。誌面は愛国的な言辞と写真とを満載し、国難を説き、国防を叫び、国債の消化に力を致してゐる。これは我々がアメリカをみるのに大切なことで、ひとりライフの誌面のみではなく経済界にしても、政治自体にしても、或は複雑だと予測されてゐた炭鉱の争議にしても、これを以て直ちにアメリカ国内が崩壊するかの如く即断しては大きな過誤に陥るのである」(37)と、編集の背後に冷静な判断を下している。

こんな林の寄稿の中で、『LIFE』一九四二年二月二三日号のカール・マイダンス(38)の消息を伝える記事についての論評が目を引く。『LIFE』の幹部カメラマンであるマイダンスがマニラで捕虜になったことを伝える記事を詳細に紹介し、「ライフの関係者が直接大東亜戦争の渦中にまぎれ込んで」収容されていること、「支那の宣伝に浮身をやつしたいはば同業宿敵(39)」だからこそ興味深く感じたとしている。そして、敵国人収容所の撮影に派遣された「H記者」がタイプ打ちされたマイダンスの「同収容所内の生活の完全な撮影計画書」を収容所当局から入手し、その通りに撮影して『写真週報』第二三〇号に載せたので「溜飲が下がる(40)」と、該当記事を掲載しているのだ(41)。

ここで林は、マイダンスの企画を奪って『写真週報』に載せたことを、敵国人が企てた対外宣伝写真を日本がものにした「大戦果(42)」だとしている。しかし、テーマ主体の報道写真は特ダネを追うニュース写真とは違う。グラフの企画を横取りしても、撮る人によって写真は変わり、使われるかどうかは編集者の判断次第だ。『写真週報』に掲載したからには対外宣伝用に配信もされたのだろうが、自

マニラの敵國人收容所

図65　「マニラの敵国人収容所」『写真週報』230号1942年7月22日号〔J〕

ら記している通り、敵側も戦時の論調は愛国的であり、写真を送った側がコントロールできるわけではない。これをもって成果とするのは、この頃の林が担っていた報道写真は、編集、企画優先であり、写真は誰が撮っても同じとされて、評価の対象は配信数であったことを物語っている。

ちなみに、戦後になって収容所生活を振り返ったマイダンスは、収容所当局が入手したという「撮影計画書」には言及していない。セント・トーマス大学を流用した収容所で民間人の所長が彼に気づき、「日本軍のマニラ占領がいかにうまくいっているのかを写真に撮ってくれないか」と言ってきたが、「おことわりします。私たちは、あなたたちの敵です。もしアメリカにいる日本人が、アメリカのために情報を集めているとしたら、あなたはどういう気持ちがしますか」と応え、所長も「よくわかりました」[43]と、責めもなく普通の捕虜として扱われたと回想している。『LIFE』一九四二年九月七日号「ヤンキーガール　日本のマニラ捕虜収容所で五カ月を過ごした若いアメリカ人の冒険」[44]では、カメラを胸に下げたマイダンスの写真キャプションに、収容所で「他の捕虜に写真を教えている」と記された。どんな写真を教えていたのかは不明で、少し後のこの記事について林は言及していないが、マイダンスの「撮影計画書」を手に入れたとすれば、それは、収容所内でのレッスンカリキュラムだった可能性もある。

『報道写真』には、写真協会の主な事業を紹介する「写真協会だより」欄が、また、一九四二年に日本報道写真協会設立後は「日本報道写真協会の頁」が設けられ、一九四三年七月には同協会会員に一括配布されるなど機関誌の立場も加えられた。陸海軍の従軍写真家や新聞社の特派カメラマンも作例を発表し、南方や北方での撮影に対する機材の備えなど戦時下ならではの啓蒙記事も多く、プロ写真家を対象とした誌面が展開された。

グラフ頁に『LIFE』からの写真を掲載し、他方の雄であるソビエト連邦のグラフ誌『シグナール』の分析も行なう『報道写真』の主眼は、外国グラフ誌に送る有効な対外宣伝写真制作を導くことにあった。「東亜の盟主」という戦時概念の上で、世界と渡りあう写真を担う自負と誇りを鼓舞する記事が展開されていった。

三　『アサヒカメラ』――朝日新聞社と全日本写真連盟

ところで、金丸重嶺によれば、『アサヒカメラ』編集長の松野志気雄は「雑誌の統廃合が問題になった時も、特に同業誌と協議をしようとする席を避けていた」[45]という。一九四一年以降も誌名、発行所とも変わらなかった唯一の写真雑誌『アサヒカメラ』には、統廃合やスタッフの異動について特別な記事が無く、一九四一年一月号の記事「昭和十五年の写真界を回顧する」に「写真刊行物の整理」という項目があるだけだ。「新しい良い物を生むために、古い皮を脱ぎ、時勢に合はないものを排除する建前から、写真雑誌にも一死再生が要求されたので、十二月号を以て総ての写真雑誌は廃刊し、今迄十数種類に余ったものが此新年号から僅かに四種に生まれかはつたのである」「次代を背負つて写真界に躍り出た四誌が、正しく逞しく成長する事を切望する次第である[46]」という同誌の無署名記事は、自らもその四誌に入る当事者とは考えていないような傍観者的筆勢だ。

同号には『芸術写真研究』や『営業写真研究』についての言及がなく、その方面の内容が増えることもなかった。「合同」とした『芸術写真研究』でも、「仮に同誌の一部誌面を割いてもらつたにしても、其処へ同居して在来の研究誌の雰囲気を伝へることは不可能[47]」と記されていた。統廃合前と同じ誌面展開を続けた『アサヒカメラ』は、拠り所無く消えていく雑誌の名目上の受け皿にすぎなかった。

では、『アサヒカメラ』は、新体制を推進する当局から何の介入も受けなかったのだろうか。

先にあげたように、一九三九年七月に朝日新聞社と全関東写真連盟の共同主催で慰問写真運動「郷土将士カメラ慰問」が始められていた。開始前、主宰者から陸軍大臣宛に陸軍省、海軍省、内務省、厚生省の後援名義使用許可が申請された。申請書には、企画目的のほか、撮影対象は撮影者が選択し費用も負担すること、写真は家族に進呈して出征兵士への送付費用は家族が負担すること、一回に二点までを主宰者に送ると朝日新聞地方版への撮影奉仕者名掲載、記念章贈呈、優秀作品掲載があること、さらにその中から優秀な作品が本部に推薦されて審査を経て表彰状と記念品贈呈があり『アサヒカメラ』へ掲載、という道筋が記されている。つまり、テーマは慰問写真だが、『アサヒカメラ』への掲載を最終ゴールとするコンテストのような形式だったのだ。

主宰団体については、「全関東写真連盟ハ本部ヲ東京朝日新聞社内ニ置キ関東各府県、並ニ関東以北各県、静岡、新潟ニ於ケル写真団体ヲ以テ組織スル連合団体ナリ、理事長、朝日新聞社、取締役会長村山永挙」と説明し、会員数が一一五五名と最も多い東京市は「撮影ノ機会多カルベキニヨリ東京市ヲ本計画ノ対象ヨリ除外」[48]するとして、他府県会員七四二名の県毎の内訳が挙げられている。当分の間期限を設けずに続行するとあることから、「郷土将士カメラ慰問」とは、写真の撮れない時勢に、地方の出征家族に対する感謝と奉仕を名目にしたアマチュア振興企画でもあったと言えよう。前述のように、各地での支部成立によって全関東写真連盟の新会員は大幅に増加し、運動には一年間で延べ七〇〇〇名以上が参加して三〇万枚を超える成果をあげた。これは、一人に直せば平均四〇回以上の提出があったことになり、五〇〇枚以上の奉仕者も各県に多数存在した。フイルムが市場に出回らないことがこの頃のアマチュアの大きな不満だったが、慰問写真撮影の名目があれば入手できたのだ。こうして、全関東と全関西を合わせた全日本写真連盟は、一九四〇年には加盟団体一五〇〇、会員数は二万人に達し、アマチュアの最大団体として規模を拡大していった。

そんな一九四一年四月、同連盟は「昭和十五年度を以て一応発展的に解消し、昭和十六年四月一日を期して改めて新機構新規約による全日本写真連盟として一致団結、心を新たにして写真を通じての臣道実践に強く踏み出す」[49]と『アサヒカメラ』誌上で告知した。併記された新規約には、同会の目的として「写真報国の実を挙げ、斯道の向上発展と相互の和親を計る」[50]ことが挙げられた。

一九四一年三月二四日付『大阪朝日新聞』は、全日本写真連盟再編の意図を次の様に明解に伝えた。「内容実質いずれからも内外写真界に君臨していた全日本写真連盟は、今回時局の重大性に鑑み新体制に即応して一層の躍進を期すべく」「これまでの全関東、東海、全関西などの各連盟は昭和十五年度限り解消し、改めて全日本写真連盟を東京に設け、その中核体として東部、中部、関西、西部の各本部をそれぞれ東京、名古屋、大阪、小倉に置き、さらに第一線的な推進組織として道府県単位に各支部を確立、この三つの層がそれぞれ全国的に、或は地域的に実力ある写真関係代表者を役員に網羅して新なる陣容を整え、その三層がおのおの縦にも横にも密接なる連繋を保ちつつ打って一丸となる、かくて強化整備されたる結合体として臣道実践、職域奉公に向って活溌なる新発足をなし以て写真報国の実を挙げることとなった[51]」。

改組後の「中核体」「第一線的な推進組織」という階層的、効率的な組織展開は、本部指令をあまねく末端まで伝達する軍隊のようだ。今後についても、従来の事業を継続するだけでなく、「写真防諜の徹底、銃後奉公精神の宣揚、現地部隊の慰問、写真文化の普及発達に関する諸般の事業などを継承するほか、特別委員を設けて、写真を通じてなし得るあらゆる角度からの新計画を樹つべく引続き具体案を考究中」[52]と、軍部との密接な活動を匂わせた。

同年六月四日、全日本写真連盟に呼応して、東京帝国大学他が参加する学生写真団体が団結した全日本学生写真連盟が結成し、朝日新聞東京本社計画部に事務所を置いた。この頃、一九三七年六月発足の婦人カメラクラブ（顧問は成沢玲川、野島康三ほか）も同所に事務所を置いた。壮年部、青年部、婦人部に該当する各写真連盟が成立し、それぞれが朝日新聞東京本社計画部に事務所を設置したのである。一誌だけ統廃合から手つかずで残されたように見えた『アサヒカメラ』は、アマチュア統合団体の結成と、それらに本部意図を伝える機関誌として温存されたと言えよう。

同連盟会長には「朝日新聞社重役を推す」[53]とされていたものを、再編後は「朝日新聞社長」[54]が指名された。連盟委員には日本写真会を率いる福原信三や一九三九年三月に福原とともに国画会写真部を成立させた野島康三など、アマチュア団体のリーダーが引き続き名前を連ね、新機構新規格になったとは言え、一見、大きな変化は見られなかった。『アサヒカメラ』は、表紙に写真防諜標語を掲げるなど時勢なりの変化を見せつつ、健全な趣味写真を尊重する誌面展開を続けた。

福原委員は、日本写真会会報の一九四〇年一一月廃刊号に「われわれの写真芸術は国民的希望なる効用方面を受持つといふ矜持のもとに、飽くなき精進を続けたい」「希望を持たせ又善導するには芸術以外には無い」[55]と、写真のあるべき方向性を主張していた。また、『アサヒカメラ』誌上でも「光と其諧調の具象化とは誇るべき国民性、創造された風土の美そのものである」、「世界の芸術を多彩にし、我々の使命を全うすることとなり、延いては日本文化の昂揚」[56]として写真に向かうと記していた。

福原同様にディレッタントとして芸術写真に向かっていた野島委員は、『アサヒカメラ』一九四一

図66　『アサヒカメラ』　1942年 2 月号
［J］

年六月号に「芸術写真家から見た報道写真」の立場で「写真に於ける智情意」を寄稿した。「智情意という文字がありますが、科学写真は智、芸術写真は情、意は報道写真にあてはめてもいいと思ふのです」「写真をやる人の才能にまかせて、苦労出来る方向の仕事をやつたらいいぢやありませんか。私は芸術写真をやります。君は報道写真がやりたかつたらやつたらいいでせう。苦労して、そこに喜びを求めることの出来る仕事をすることですよ」と、進む道はアマチュアのそれぞれが考えるべきだと呼びかけた。再編は名目であり、『アサヒカメラ』には自由な精神が生きているように見えた。

そんな中、朝日新聞社に大きな変化が起きた。一九四一年一〇月に新聞用紙の制限強化が行なわれて夕刊が週三回に減じられたのだ。

軌を一にして、『アサヒカメラ』は一一月号から定価八〇銭を五〇銭に改め、一三五頁を六六頁に減頁し、造本も中綴じの「新体制版」に変更となった。一〇月号の告知文では、「用紙割当量の不足は、現在の頁建を以てしては、到底現在の発行部数を維持し得ないことが、減頁の最大原因」と事情を説明している。発行部数維持のために薄くて安い雑誌に変えたというのだ。告知文には、「カメラによつて絵を描くこと、カメラを取り扱ひレンズの知識を体得すること、印画を製作することは、娯楽として最も高尚である許りでなく、又、審美感覚と科学知識の涵養であることを信じて居る」と、雑誌の理念を保とうとする言葉が添えられた[57]。しかし、この一〇月号はこれまでにない戦争特集号で、「戦争と写真科学」「戦争と写真宣伝」「グラフ戦争写真史」「作家の描く戦線写真」などが大きく取り上げられている。そして、一一月号以降の新体制版では、「温度と現像」（一九四二年一月号）、「フィルターの科学」（一九四二年四月号）など娯楽性のない写真科学に重きが置かれて、それまでの趣味雑誌とは全く異なる内容になった。

『アサヒカメラ』新体制版刊行と同年同月、「機械知識涵養に重点を置く」と謳う新雑誌『科学朝日』が創刊されている。これは、朝日新聞社出版局長で日本出版文化協会専務理事も務める飯島幡司が、情報官の鈴木庫三陸軍少佐から示唆を得て陸軍の用紙割当特別配給を受けて創刊したもので[58]、『アサヒカメラ』編集長の松野が『科学朝日』に移動となって編集に当たった。統廃合後も以前と変わらぬ「大衆写真」を維持していた編集長は、同誌から離されて別の仕事に廻されたように受け止められる。朝日新聞社全体のために一刊行物である『アサヒカメラ』は抑圧され、利用されていたようだ。

四　『日輪』――陸軍の翼賛写真

『アサヒカメラ』が新体制版となり写真科学に傾いた一九四一年一一月、新雑誌『日輪』が創刊した。発行所は、前年同月に設立の興亜写真報国会だ。同会設立の趣意は、「写真人の自覚と技術の鍛錬により防諜へ協力せんことを期す[59]」ことにあり、同誌は、「いはゆる『写真雑誌』ではなく、興亜写真報国会という写真人の翼賛団体が発行する機関誌であり、形式上からも、新聞紙法による写真評論を主とする総合文化雑誌[60]」であった。

創刊時の編集発行印刷人は、同会理事長の朝原吾郎である。当時を振り返った師岡宏次は、「朝原吾郎という名前も私の知る限り、それまでの写真人には見当たらない[61]」と、また、渡辺義雄は、「今でいえば新興宗教家ですね。写真報国がその人にとつて大変な信仰でね。本業の炭屋さんをほつたらかして熱狂的にやりましたね[62]」と回顧している。金丸重嶺によれば、朝原は中支からの帰還軍人で、出征家族の慰問写真を提唱して同志を集め、朝日新聞社がこれを社会面の記事にして推進した[63]という。

朝原は、創刊号に「日輪に題す」を寄せた。曰く、「時代は、写真資材の有無を超えて、一切の出直し、樹て直しを要求している」、「然るに、写壇の指導者達は、この重大事局に際し、拱手傍観、超然として、芸術至上主義の温室に篭り、写真は趣味なり、娯楽なりとて、旧態依然たる自由主義的、個人主義的観念に陶酔し時代の動きに、強ひて耳を塞がんとするのみならず、吾等の大政翼賛運動を、写真の邪道なりとし、時局便乗なりと妄語を放ち、写壇における自己の地位を徒に固守せんとして、写真人の反省を妨げ、国策へ協力せんとする正しき進路を阻止しつつある」と、激した調子で写壇批判を展開している。

同誌は、一九四一年末に「用紙の特別配給を受け、また今期［一九四二年］の割当用紙の増額[64]」を得た。さらに、一九四二年三月号表紙には陸軍省、文部省、商工省、軍事保護院と後援団体が記され、すぐに、大政翼賛会、厚生省、農林省、逓信省、大東亜省、司法省が加えられた。

図67　『日輪』　1941年11月、創刊号

他誌が用紙不足で規模を縮小する中で発展する『日輪』の背後には、防衛総司令部陸軍中佐大坪義勢がいた。一九四〇年の『アサヒカメラ』で「写真と防諜の標語募集」審査員を務めた大坪である。一九三六年に陸軍大学校を卒業し、一九三八年から陸軍中野学校で防諜担当教官を務めた彼は、一九四一年には国民歌謡「さうだその意氣[65]」の企画推進に励むなど、防諜意識を国民一般に植え付ける役目を負っていた。

小西六の広報誌『さくらの国』一九四〇年一一月号は「写真と防諜の話」特集号で、臨時別冊『防諜上写真は如何に取締まられる

図68　『日輪』　1942年10月号［J］

か』とともに大坪が執筆している。この特集号には、「写真撮影の態度を一変しても現在のやうに大部分がただ一人で写真を楽しんで居たり、団体はあつてもバラバラの勝手気儘な動きをして居るやうでは依然として旧体制であつて何の役にも立たぬ、眞に写真報国を期するならば全国を打つて一丸とする大団結を結成し国家的の写真報国機関に迄躍進せねばならぬ[66]」と記している。そして、一九四一年一月号『アサヒカメラ』特輯「国民写真読本」でも、「アマチユアはこれ迄のやうに単に個人的の娯楽や、趣味乃至利用の範囲から脱却して、常に国家的の仕事に貢献せんとする態度に飛躍すべきであり、かくしてこそ写真の発達が正道を驀進し、くだらぬ写真工業界が整理されて、写真界が新しい体制に立ち直り、写真の眞使命が達せられるのではないだらうか[67]」と、アマチュアや写真界の自由な態度を批判した。この時期に、一方では「写真文化、写真行政の主務官庁たる内閣情報部」が『報道写真』などで啓蒙活動を行っていたのだが、防諜を掲げて軍部が対抗しようとしていたと受け取められる。

『日輪』の編集方針は「創刊に際し、大坪中佐より提示せられたる広義の写真防諜精神[68]」に従い、

「一、精神修養　一、時局認識　一、日本文化の伝統認識　一、郷土の文化・風俗・産物の紹介　一、報道・宣伝・技術の研究　一、写真機材の審査発表　一、時局の記録撮影・報道　一、写真の日本的性格樹立」[69]が上げられ、国策宣伝、防諜参考資料、銃後慰問、教育資料用写真としてアマチュアの退蔵印画を集める「興亜写真文庫」を提唱している。

『日輪』創刊と、『アサヒカメラ』の「科学写真」への内容転換、鈴木少佐の関与する『科学朝日』創刊は同時に起こっている。『日輪』が『アサヒカメラ』読者を取り込もうとする、即ち、拡大する全日本写真連盟を興亜写真報国会の配下に置こうとする準備は、着々と整えられつつあった。

『日輪』と他誌の動きを追ってみよう。写真雑誌関係者は、突然現れた『日輪』に驚いた。「此の雑誌に反感を抱いてゐる一部の写真ヂヤーナリスト達は、この雑誌の短命に終わるであらうことを密かに噂し合つてゐるとのことであるが、この雑誌が他の写真諸雑誌の改廃統合後幾許もなくして創刊の許可が与へられたといふことは、この雑誌の特殊性を認められてのこと」[70]と受けとった。「総合文化雑誌」として創刊された同誌は、趣味アマチュアの写真雑誌とは異なった誌面になると予想されたのだ。しかし、田中雅夫らが筆を振るった翼賛写真論などの読み物は時局を反映していたが、口絵作品掲載や月例作品募集などの構成は一般的写真雑誌と変わらず、元『カメラクラブ』編集長の鈴木八郎が同会技術指導部長となってアマチュア指導にあたった。

田中は、前述のように、『フォトタイムス』一九三八年七月号の座談会でアマチュアの報国写真組織を提案していたが、興亜写真報国会に理想を見いだしたのか、同会組織部長となった。そして、毎号のように写真論を記し、「われらは、カメラを銃として、軍報道班の徴用に、いつでも応じ得るやう、技術を常に錬磨してをらねばならない」[71]とアマチュアを扇動した。

当初、興亜写真報国会への入会者は少なかった。「写真人は、依然として、防諜にさへ気をつければ、随意に遊べるだらうと、信じられてゐたし、本会の五大指標も行過ぎであるとされ、或るひはまた、会のありやうが、海のものか山のものか、見透がつくまでは、入会をいそがず」[72]という姿勢だったのだ。ところが、静岡では、一九四一年六月一八日の支部結成式で大坪らを招いた防諜講演会を開催したところ、静岡新聞、読売地方版などが大きくとり上げて一挙に会員が増加し、その後は「新聞社後援の下に、『そうだその意気』や『興亜の子供』等の写真募集を手始めに、警察当局の委嘱による写真撮影をやつたり、防諜写真展や、慰問撮影など」[73]が活発に行なわれた。神戸でも同年五月一八日に大坪の防諜講演会を催し、往路の車中で偶然出会った読売新聞小島通信部長らが入会して運動に熱意を示したという。

また、同会は、同年五月の「防諜より見たる写真展」（上野松坂屋、五月六日から一〇日）、六月の「国民学校展覧会」（新宿伊勢丹、六月一九日から二六日）、一〇月の「軍人擁護写真展覧会」（高島屋、一〇月一日から五日）、一一月の大政翼賛会新穀感謝祭協力「新穀感謝写真展」（松屋、一一月二三日から三〇日）と、立て続けに百貨店での写真展を開いた。頻繁な新聞掲載やデパート展示が戦時アマチュアを翼賛写真ムードへ誘導して、各地に支部が設立されていった。

こんな一九四二年四月、『アサヒカメラ』が廃刊となった。新体制版改変後半年が経って軌道に乗ろうかという頃であったが、老舗写真雑誌の廃刊により、戦時「大衆写真」のリーダーが誰であるかがはっきりした。興亜写真報国会の活動が活発になる中、『日輪』は、「アサヒカメラ廃刊が示唆する時代の動きは、芸術自由主義に據れる写真人に対し、覚醒を促すものがありませう。本会への入会者の激増は、このことを実証するものといへます」[74]と記した。ちなみに、『アサヒカメラ』誌上で『日輪』や興亜写真報国会について触れられることは、一度もなかった。

『日輪』は、一九四二年二月号で「米英風潮排撃特輯」、同年四月号で「聖戦貫徹翼賛総選挙特輯」、同年五月号で「写真の日本的性格」、同年七月号で「防諜週間特輯」、同年一〇月号で「軍人擁護強化週間特輯」を編み、軍事保護院の委嘱で記事の提供を受けて制作した一〇月号は「二千部買上に決定」[75]した。

同年一二月二八日には、『日輪』『報道写真』『写真文化』三誌編集長が出席する情報局主催月例写真雑誌懇談会の第一回が開催された。『日輪』には、「林情報官より、今後各雑誌の編集内容を割定し、『写真文化』は青少年の技術養成と写真科学に重点をおき、本誌はアマチュア写真人の錬成と国策活動に力を注ぐやう、当局の方針が明示」[76]されたと記された。『写真文化』にはこの記述がないが、前述のように、この後の一九四三年二月号から用紙割当が激減して頁数が三割少なくなっている。そして、一九四三年一一月に『写真科学』に改題したわけだが、アルス社長の北原は内容変化の告知を「予告なき」[77]と記している。懇談会に出席した石津編集長が社長にこれを伝えなかったとは考えにくく、北原は、自誌の重点は「青少年の技術養成」に置かれたと見ていたのだろう。

写真が内外の宣伝宣撫に多用されるようになったこの頃、写真材料の供給が統制下に置かれた。感光材料の公定価格が設定された一九四〇年六月に日本写真感光材料製造工業会が設立していたが、一九四一年一一月の林情報官は、「フイルムベースを作る硝化綿は火薬を造るのに絶対必要なもの」、

図69 「東京日本橋支部の慰問撮影奉仕状況」『日輪』 1943年8月号［J］

「[輸入頼りの]ゼラチンは兵器の塗装用その他カリウム、臭素等も重要な軍需品」で、アマチュアはフイルムなどを「殆ど入手できないといふお気の毒な実情」だが、「今後は全国的に一元的な団体をつくつて配給する」[78]と述べている。その言葉通り、製造工業会は翌一二月に日本写真感光材料統制株式会社に改組され、一九四三年一月には卸売り業者を一元化する日本写真感光材料販売株式会社が設立された。

統制会社がフィルムの製造と供給を管轄するようになった同年四月、全国に張り巡らされた興亜写真報国会支部は、出征軍人の家族を撮影して戦地の兵隊に送る「慰問撮影」を始めた。軍事保護院の指示に基づき、全国の市区町村銃後奉公会指導の下に会員が撮影するもので、「国家が写真の面で、直接全国の写真人と結びついて仕事をするのは、この度が最初」[79]と謳われた。

奉仕撮影は、銃後奉公会長の発行する「出征軍人家族撮影券」と引き替えにフイルムの配給が得られるシステムで、開始月には一万本が用意され、以降毎月民需用フイルムの過半数がこのために使われた。各々には、アグファイゾパンISS、さくらパンF、フジFPなどが「一枚では失敗するといけないから、二枚の量[80]」が配給された。割当販売であり、全ては「会員自らの物質上の全額支出と労力の徹底的な奉仕[81]」が前提だったが、「一枚で慰問撮影をすませれば、もう一枚分は自分が好きなものを撮影出来る[82]」と考えた多くのアマチュアがこれに参加した。

秩父の清水武甲は、「十二枚撮りフイルム一本撮ると、半分の六コマは自分用に使える勘定だったから、その分で山の暮らしや祭りを撮りつづけた[83]」と回想している。桑原甲子雄は「ライカDⅢ型の愛機に配給のフィルムをつめ、一家族一枚きりのシャッターを押した[84]」というから、やはり同じだったのだろう。慰問写真は二枚現像して家族に渡され、うち一枚は興亜写真報国会制作の封緘葉書に貼って慰問文を添えて戦地に送られた。

こうした活動を円滑に進めるためか、興亜写真報国会理事長は、一九四二年一〇月に東京写真機材料小売商業組合理事長田野定次郎に替わっていた。同じ頃、同会の撮影指導をしていた四二歳の鈴木八郎は、軍部の仕事を担う自覚を迫られでもしたのか、近況を語る中で「二十年ぶりで頭を五分刈りにした[85]」と記している。

興亜写真報国会の発足からわずか二年。慰問写真は同会が中心になって進められ、アマチュア写真の大勢は翼賛写真へシフトした。『アサヒカメラ』廃刊後も全日本写真連盟は存在していたが、大坪は同連盟を興亜写真報国会に吸収合併しようとあからさまに動き出した。同会理事を務めていた金丸重嶺は、「東京会館を使ってた翼賛会に呼ばれて行くと、大坪中佐が剣を右手で突きながら『きみはそれまで頑張るなら、国賊の汚名を着ても承知なんだな？』というような脅かし方をしたもんですよ[86]」、「合併しろというので、そのために大政翼賛会なるものと情報局に何度も行きまして、しまいには大坪少佐（後に中佐）がぼくに剣をつきつけて、おまえは朝日から幾らもらっているんだということで脅かされたことがある」[87]と回想している。

ところが、突如として、『日輪』一九四三年一一、一二月合併号が、「毎号用紙入手困難を克服して、発行して来ましたが、本誌に対する次期用紙割当量が激減しましたため、従来の形式で発行することは、不可能になりました」[88]と告知する。

実は、一九四三年九月、情報局は戦争の深刻化に伴う「情報宣伝機構の戦時体制」[89]を図り、大政翼賛会の宣伝啓発企画部門を情報局に移管するように検討を始めていた。アマチュアの「写真文化」を変容させた「翼賛写真」と情報局が押さえていたプロフェッショナルの対外宣伝写真、即ち、「報道写真」が、統合される時が来たのだ。この変化により、大政翼賛運動の『日輪』と情報局管轄下の『報道写真』のすり合せが必要となったのである。

『日輪』創刊から廃刊までの変化は、年度の半期毎に集中している。あたかも年度目標を実行していったかのようで、陸軍のアマチュア包囲網は作戦であったと考えられる。すでに慰問写真のシステムは稼働していて、アマチュアのために貴重な紙を投入する必要はなかった。『日輪』の廃刊は、写真全般への一層強い影響力行使という次なる作戦を実行するための一時撤退に過ぎなかった。

五　『日本写真』——日本写真道の確立

『報道写真』の「日本報道写真協会の頁」によれば、大政翼賛会が一九四三年春に準備を始めていた写真団体統合組織「大日本写真報国会」設立について、同年九月一八日の日本報道写真協会研究会で経過報告がなされた。

続く同月二〇日、日本報道写真協会は林謙一情報官の南方赴任壮行会を日比谷山水楼で開催した。一九三八年一月に東京日日新聞から内閣情報部へ転じて以降、常に対外宣伝手段たる報道写真をリードし続けた林のために、田村茂、梅本忠男、藤本四八ら二七名が集い、記念品贈呈や演芸で名残を惜しんだ。林は、同年一〇月一五日に海軍司政官としてセレベス民政府に赴任して海軍治世区の情報課長に就任し、スマトラ、ジャワ、セレベス、ボルネオ、ニューギニアなどの東インド地方を担当することになる。

前述のように、一九三九年末には内閣情報官であった陸軍の清水盛明中佐がイタリア大使館付武官として在外勤務に就いていた。赴任一年後にはイタリア宣伝省の賛同と補助金を得て日伊友好を表す相互親善グラフ誌『大和』（日本友の会、一九四一年二月創刊）、『イタリア』（イタリア友の会、一九四一年三月創刊）が創刊していることを見ると、同盟国との宣伝交流に強い絆を築く使命を負っていたと推察される。林の南方赴任にも、清水同様に現地との絆を深めて宣伝交流システムを構築する目的があったのではないか。

基本的には写真好きで、一時は木村伊兵衛の仲間だったこともある林が外地に転じたことで、写真の国家的運用はより官僚的になっていく。

一九四三年一一月一五日、情報局は外郭団体の整備刷新を図った。プロ集団の日本報道写真協会は「今後之ヲ育成強化スルノ必要アリ之ガ前提トシテ」整備をする、アマチュア団体として設立準備中の日本写真報国会は「彼等ノ有スル優レタル技術及ビ貴重ナル器材ハ国家目的ノ為ニ動員」できるように「大政翼賛会ト協力ノ下ニ之ガ大同団結ニ付キ準備中」とされ、そして、写真協会は「一層拡充強化スルノ必要アリ目下大写真協会トモ云フベキモノヘノ改組ヲ計画中[90]」と変革が計られた。

一九四四年二月一〇日、情報局から次官会議に「写真宣伝協議会」設置が提案されて、決定された。主目的は写真宣伝用資材の配給統制、写真宣伝業務の調整、写真による啓発宣伝と指導の三点で、「決戦段階ニ即応セル対内外写真宣伝方策ノ樹立並写真団体ノ指導育成等写真行政ニ関シ必要ナル連絡調整ヲ行フ[91]」ものだった。大綱は、既に一月二五日に情報局、外務、内務、陸海軍、文部、大東亜各省から協議員が参集して決定されていた[92]。

以降、資材と指導を表裏一体で握った「写真宣伝協議会」が、日本新聞会、日本印刷文化協会、国際文化振興会、写真協会、日本報道写真協会、大日本写真報国会、山端写真科学研究所（旧ジーチーサン商会）、日本出版会、同盟通信社、朝日・毎日・読売各社の現地用資材の割当量を決定していく。

同年三月二八日、大政翼賛会講堂で「大日本写真報国会」発会式が正式に挙行された。約一年の準備を経て、日本報道写真協会、日本写真会、日本写真家協会、日本写真文化連盟、日本写真技術者連盟、東京写真研究会、興亜写真報国会、全日本写真連盟が全て解散し、写真報国のために大同団結したのだ。趣意書には、「我等ここに、持てる写真の全技能を挙げて、軍人援護事業その他国家の要請するところに挺身し、以て大東亜戦争完遂の聖業達成に翼賛し奉らんことを期するものなり[93]」と記された。

会長は情報局次長村田五郎、理事長は成沢玲川、理事に金丸重嶺、鈴木八郎、松野志気雄、稲葉熊

野ほか、幹事に渡辺義雄ほか、評議員に木村伊兵衛、野島康三ほかが就任した。金丸理事が、会員を代表して「陸海空ニ善戦勇闘シツツアル前線将兵ニ相呼応シ我等マタ強固ナル団結ノ下粉骨砕身決戦下緊急ノ国家要請ニ応ヘテ大東亜戦争完遂ノ聖業達成ニ翼賛シ奉ランガ為ナリ[94]」という宣誓文を朗読した。そして、フイルムや写真材料は「情報局の斡旋で同会を経て適当な事業に配給される[95]」と報告された。

日本写真会は、芸術写真を追求するアマチュア団体だが、この頃を三〇年ほど経ってから振り返った同会の東根徳松は、「陸軍報道部の度重なる要請に否応もなく、断腸の思い[96]」で解散したと記している。会長の福原は、合同直前に会員に向けて次のようなメッセージを記した。「写真を内面的に利用せるわれわれの写真芸術は、一と先づ鋒を収めなければならない情勢となつた。写真は、写真の最も特徴とする形象の齎らす功利性を極限まで使つて、今の情勢に間に合して行かなければならないことになった」「われわれは国是に随ひ今回創立された大日本写真報国会へ勇んで加入し日本写真会二十年の歴史の頁を閉ぢることになつたが、既成作家の錬成と、初歩者の育成は、われわれに課せられた責務であり、奮縁であると考へたので、今回の改変が行はれたわけで、諸君と共に写真を語り次代の人々への写真芸術の指標たらんと志す所以である[97]」。趣味写真家に「希望を持たせ又善導するには芸術以外には無い」と一九四〇年に記した福原は、この度は、アマチュア指導を大義として報国写真に芸術の道を残そうと考えていたようだ。しかし、日本写真会の解散により、雑誌統廃合以降発行されていた日本写真会会務報告と例会出品作品抜粋集は休刊し、福原も同年夏には箱根の別荘へ疎開して行った。

同年二月号の『報道写真』「編集後記」は、一九四〇年末の写真雑誌統廃合以降の同誌が「思想戦の弾丸」の役割を果たしたと来し方を振り返るように記し、翌三月号で「五月号より『日本写真』と改題し、唯一の写真綜合雑誌として新発足するが、その準備の為四月号は休刊[98]」と告げた。また、『写真週報』も同年三月二二日号で「本誌は来る四月五日号から現在の大きさの倍のA３判総グラビア刷八頁（戦時版）として発行することになりました。戦局の要請にもとづきこれによつて用紙の節約をはかるとともに新構想のもと写真宣伝の威力を一段と発揮するやう編輯に最善の創意工夫を加へることになり目下着々と準備を進めてをります。御期待下さい。尚次の三月二十九日号は休刊いたします[99]」と戦時版への変更を告知して、四月五日号から大型化した。同誌は欄外に「本誌を壁新聞や掲示板に　回覧や前線慰問にも[100]」と記されて折り畳んだだけの造本となり、スローガン「時の立札[101]」が刷られた表紙はA３判のポスターに、見開き頁はA２判の壁新聞として利用できる構成に変わった。写真宣伝協議会は、撮る側と見せる場の整備を同時に行なったのである。

同年四月、財団法人写真協会は、「苛烈なる戦局に応え、思想宣伝戦の飛躍的進展に即応[102]」するために財団法人日本写真公社に改組改称した。写真協会からは松井春生が会長に、松本昇・稲葉熊野が常務理事に就任して改組後も重責を担ったが、顧問には情報局、外務省の部長とともに大本営陸海軍報道部長、大東亜省総務局長、軍需省化学局長が連なった。

『報道写真』を改題した『日本写真』は、この日本写真公社が発行した。『日本写真』一九四四年五月改題号では、それまでの『写真週報』掲載写真をまとめた写真集『銃後の戦果』刊行が告知されている。情報局監修、育英出版（旧目黒書店）発行の同書刊行は日本写真公社に改組後の一九四四年七月だが「写真協会編輯」と明記されていて、同会の活動総括として刊行されたのが明らかだ。

『日本写真』改題号「巻頭の辞」では、「躍進する報道写真の指導啓発に併せて、永き米英の妖色を払拭し、形も、心も真に日本的なる日本写真道の確立を目指して、誌題を『報道写真』より『日本写真』に改題するものであります。全写真人諸氏並に愛読者諸兄よ。本誌のこの発展的改題は『報道写真』への魅力と愛惜に加へて、更に諸兄の胸に、烈々たる祖国愛と不退転の闘魂をかき立て、満腔の賛意を以て迎へられることと信じます(103)」と記された。写真雑誌を一掃し、写真団体を統合し、写真の公的機関を改組した結果、体制が望んだのは、「報道写真」の熟練者ではなく、「日本写真道」という精神論の浸透だった。続く村田五郎の「時局と写真家の使命」では、「写真人全員が『撃ちてしやまむ』の意気を以て、この大みいくさに粉骨砕身、挺身」すべきで、「かくてこそ始めて写真も亦兵器となり写真家もまた『写真兵』となる(104)」と煽られた。

同誌には「大日本写真報国会の頁」が設けられ、「三万人の写真家団結(105)」が伝えられた。「大東亜戦争完遂への総進軍を開始(106)」するという写真支配のシステムが、ここに完成したのである。

『日本写真』は、報道写真、写真科学、銃後の慰問写真を柱とした。海軍少将匝瑳胤次、同浜田昇一、同日暮豊年、軍事保護院吉川覚、陸軍中将堀丈夫、陸軍中佐森正光ら軍人が毎号執筆し、長谷川如是閑、齋藤瀏、谷川徹三の鼎談「写真の日本的性格」(一九四四年五月号)、西谷弥兵衛「皇国写真道」(一九四四年六月号)、寺田弥吉「写真即戦力論」(一九四四年七月号)など、精神論の記事が大半を占めた。

前年に外地へ去った林は、写真協会が日本写真公社になり、報道写真の重点がプロ写真家を使った

図70　『日本写真』　1944年5月改題号〔J〕

外国への配信から軍部主導の翼賛写真へと変わっていくことを察していただろう。南方へ赴任前の彼が『LIFE』を詳細に分析したのは彼が力を注いだ対外宣伝写真の重要性を訴えたかったためとも考えられる。マイダンスの企画を奪った「大戦果」という手柄話も、軍部への解りやすさを狙ったものだったのかもしれない。

『日本出版百年史年表』[107]には、『日本写真』が「[昭和]二〇年二月から育英出版発行となる」と記されている。しかし、国会図書館その他のアーカイブや古書店を巡り、個人所蔵家にもご教示を願ったが、現在までに日本写真公社発行の一九四四年九月号までしか確認できていない。この九月号には、「われ等写真戦士は敵の空襲下、防空壕のみに依存して命を守ることのみに終始することなく、われ等の『武器写真』を以て敵米英の謀略宣伝を破推し、更に宣伝攻勢に於て敵の心臓部へ『電送写真で、写真伝単で最後の止めを刺すべし』である」[108]と勇ましい言葉が並んでおり、休刊の気配はない。だが、一九四四年七月にはサイパン島が陥落し、陸海軍連立内閣が成立し、一〇月にはレイテ上陸作戦が行なわれるなど、戦闘は苦戦が続くようになる。育英出版刊行の『日本写真』がどのようなものであったのかは不明だが、写真資材統制、内外啓発システムは既に体制の手中にあり、『写真週報』という発表の舞台も整備された中では、もはや、アマチュアや報道写真家のための機関雑誌ではなかっただろう。

感材の品薄と価格高騰は著しく、神奈川県では「感材を印画紙でも乾板でも最初は四トン車に一杯積んで仕入価格が大体一万円だった。それが次にはダットサン一杯（約五百キロ積みか）で一万円になり、次にリヤカー一杯が一万円、次にはリュックサック一杯で一万円、最後には両手に持って一万円といった具合」[109]に変わっていた。激しい時局の中で、趣味写真に向ける社会の見方は厳しさを増した。カメラを持っているだけでスパイと思われて通報される恐れがあった。この頃を振り返った渡辺義雄は、アマチュアも「多少でも有閑的な鑑賞写真を撮ったら、まさに国賊呼ばわりをされましたからね。しかしそれだけに報道写真というものが非常な関心をよんだわけです。何か社会のためになるとか、国家のためになる写真を撮ろう、という目的意識が働いたんですね。きれいな風景、川の流れというようなものばかり撮ってた人が、そういうことをやらされてすつかり変つてきた。戦後もその意識がズッと遺つてると思います[110]」と述べている。

注

（1）木村伊兵衛「木村伊兵衛放談室18　ゲスト伊奈信男、渡辺勉」『アサヒカメラ』一九七三年六月号
（2）師岡宏次「銀座五丁目　写真雑誌―二つの『写真文化』誌」『銀座写真文化史』朝日ソノラマ、一九八〇年
（3）北原鉄雄「綜合写真雑誌『写真文化』の発刊に就いて」『写真文化』一九四一年一月号
（4）石津良介、伊藤逸平「対談　二人の写真ジャーナリストが語る　戦争と写真ジャーナリズム」『写真リアリズム』一九七三年一〇月号
（5）前出（2）「銀座五丁目　写真雑誌―二つの『写真文化』誌」
（6）石津良介「創刊三十周年に寄せて　『写真文化賞』前後」『カメラ』一九五一年四月号
（7）前出（4）「対談　二人の写真ジャーナリストが語る　戦争と写真ジャーナリズム」
（8）土門拳「土門拳選集作者の弁」『写真文化』一九四二年一一月号
（9）前出（4）「対談　二人の写真ジャーナリストが語る　戦争と写真ジャーナリズム」
（10）「『写真科学』第一号内容予告」『写真文化』一九四三年一〇月号
（11）北原鉄雄「『写真科学』の新発足に際して」『写真文化』一九四三年一〇月号
（12）北原鉄雄「『カメラ』三十年の歴史」『カメラ』一九五一年四月号
（13）伊藤逸平「創刊三十周年に寄せて　最悪の時」『カメラ』一九五一年四月号
（14）伊藤逸平「編集者の抗議」『カメラ』一九四六年一月号
（15）「第二部出版課所轄事務概要」一九四五年一月一五日付（『情報局関連極秘資料　第8巻』不二出版、二〇〇三年）
（16）前出（14）「編集者の抗議」
（17）前出（13）「創刊三十周年に寄せて　最悪の時」
（18）林謙一「前書き」『報道写真集　野尻湖』、フォトタイムス社、一九四〇年

(19)「今月の話題」『フォトタイムス』一九四〇年一一月号
(20)パウル・ヴォルフ『パウル・ヴオルフ　傑作写真集』番町書房、一九四〇年
(21)林謙一「追ひつけ追ひ越せヴオルフ」『パウル・ヴオルフ　傑作写真集』番町書房、一九四〇年
(22)パウル・ヴォルフ『ライカ写真』番町書房、一九四一年
(23)パウル・ヴォルフ『ライカ写真の完成』番町書房、一九四二年
(24)真継不二夫『報道写真への道』玄光社、一九四二年
(25)真継不二夫『海軍兵学校』番町書房、一九四三年
(26)「社告　国策雑誌『報道写真』の発刊に就いて」『フォトタイムス』一九四〇年一二月号
(27)オリエンタル写真工業株式会社　フオトタイムス社「『報道写真』発行献納のことば」『報道写真』一九四一年一月創刊号
(28)渡辺勉「時評　真に起ち上るとは如何なることか」『カメラアート』一九四〇年一一月号
(29)日暮正次「発展的解消に際して」『カメラアート』一九四〇年一二月号
(30)前出(29)「発展的解消に際して」
(31)「編集室より」『報道写真』一九四一年一月号
(32)「時局とアマチュア」『写真サロン』一九四〇年九月号
(33)中野五郎「『ライフ』のカメラマンを中心に見た米国の写真宣伝人」『報道写真』一九四三年五月号
(34)前出(33)「『ライフ』のカメラマンを中心に見た米国の写真宣伝人」
(35)林謙一「敵誌ライフに大東亜戦争を見る　上」『報道写真』一九四三年七月号
(36)前出(35)「敵誌ライフに大東亜戦争を見る　上」
(37)林謙一「敵誌ライフに大東亜戦争を見る　下」『報道写真』一九四三年九月号

(38) カール・マイダンス、Carl Mydans, 1907–2004
(39) 前出 (37)「敵誌ライフに大東亜戦争を見る　下」
(40) 前出 (37)「敵誌ライフに大東亜戦争を見る　下」
(41) 在マニラ久宗、深尾両特派員「マニラの敵国人収容所」『写真週報』一九四二年七月二二日号
(42) 前出 (37)「敵誌ライフに大東亜戦争を見る　下」
(43)「三木淳インタビュー　マイダンス夫妻　写真、戦争、そして家庭を語る」『ニコンサロンブックス　九　カール・マイダンス　激動日本の目撃者 1941–1951』ニッコールクラブ、一九八三年
(44)「YANKEE GIRL ADVENTURES OF A YOUNG AMERICAN WHO SPENT FIVE MONTHS IN JAP INTERNMENT CAMP AT MANILA」『LIFE』一九四二年九月七日号
(45) 金丸重嶺「写真会夜話5　松野志気雄のこと」『アサヒカメラ』一九五七年五月号
(46)「昭和十五年の写真界を回顧する」『アサヒカメラ』一九四一年一月号
(47) 中島謙吉「本誌の終刊と今後」『芸術写真研究』一九四〇年八月号
(48)「願書」朝日新聞社、全関東写真連盟、一九三九年七月三日（「郷土将士カメラ慰問後援ノ件」陸軍省受領番号三一二三号）
(49)「全日本写真連盟の新発足について」『アサヒカメラ』一九四一年四月号
(50) 前出 (49)「全日本写真連盟の新発足について」
(51)「写真連盟全日本を一丸に　〝カメラ報国〟へ四月から新発足」『大阪朝日新聞』一九四一年三月二四日
(52) 前出 (51)「写真連盟全日本を一丸に　〝カメラ報国〟へ四月から新発足」
(53)「全日本写真連盟　A. J. A. P.」『アサヒカメラ』一九二七年一月号
(54) 前出 (49)「全日本写真連盟の新発足について」

(55) 福原信三「写真の覚醒」『日本写真会会報』一九四〇年一一月号
(56) 福原信三「『光と其諧調』について（誌上写真相談欄）」『アサヒカメラ』一九四一年九月号
(57) 「愛読者の皆様へ」『アサヒカメラ』一九四一年一〇月号
(58) 鈴木庫三については、佐藤卓己『言論統制』（中公新書、二〇〇四年）に詳しい。鈴木は、一九四二年四月の出版文化協会用紙割当査定会議席上で、自らの示唆には口をつぐんで『科学朝日』への用紙割当は飯島の職権乱用による不当配当だと問題視し、これがきっかけで六月の出版文化協会第二回総会は専務理事や協会へのさまざまな不満が吐き出されて大混乱に陥った（『言論統制』三二四頁）。
(59) 『興亜写真報国会趣意』一九四〇年一〇月
(60) 田中雅夫「日輪の編集方針について」『日輪』一九四二年一一月号
(61) 師岡宏次「出征軍人留守家族の撮影をやった興亜写真報国会」『カメラレビュー』No.30、一九八三年七月
(62) 伊奈信男、渡辺義雄、金丸重嶺、木村伊兵衛「座談会　わが写真界の潮流　その2」『アサヒカメラ』一九五四年六月号
(63) 金丸重嶺「写真界夜話2　福原信三のこと」『アサヒカメラ』一九五七年二月号
(64) 「編集後記」『日輪』一九四二年三月号
(65) 西條八十作詞、古賀政男作曲。吉本明光「国民歌を環って」（『音楽之友』第一巻第一号一九四一年一二月）によれば、後楽園での発表会は一九四一年五月一四日。レコードはコロムビアから発売されて、外務、内務、大蔵、陸軍、海軍、司法、農林、商工、逓信、鉄道、拓務、厚生各省の撰定歌となり、哀調の靖国歌として大ヒットした。
(66) 陸軍省大坪少佐「防諜と写真の話」『さくらの国』一九四〇年一一月号
(67) 大坪義勢「新体制下の写真界への希望（特輯　国民写真読本）」『アサヒカメラ』一九四一年一月号
(68) 「編集後記」『日輪』一九四二年一〇月号

(69)「日輪の編集方針」『日輪』一九四二年九月号
(70)青山生［春路］「新写真雑誌『日輪』の創刊」『満洲カメラ時報』一九四二年四月一日
(71)田中雅夫「日輪の編集方針について」『日輪』一九四二年一一月号
(72)朝原吾郎「支部成立の経過と推進者（二）」『日輪』一九四二年三月号
(73)前出（72）「支部成立の経過と推進者（二）」
(74)「編集後記」『日輪』一九四二年五月号
(75)「編集後記」『日輪』一九四二年一〇月号
(76)「編集後記」『日輪』一九四三年二月号
(77)北原鉄雄「『写真科学』の新発足に際して」『写真文化』一九四三年一〇月号
(78)「写真材料はどうなるか？　林謙一情報官にアマチュア写真の見通しを訊く」『アサヒカメラ』一九四一年一一月号
(79)「出征軍人家族慰問撮影に関する件」『日輪』一九四三年四月号
(80)前出（61）「出征軍人留守家族の撮影をやった興亜写真報国会」
(81)田村栄「慰問撮影感想記」『日輪』一九四三年一二月号
(82)前出（61）「出征軍人留守家族の撮影をやった興亜写真報国会」
(83)岡井耀毅「第三章プロデビュー　3　報道写真と国家統制」『評伝　林忠彦』
(84)児玉隆也『一銭五厘たちの横丁』晶文社、一九七五年
(85)鈴木八郎「顔を語る」『写真文化』一九四二年一〇月号
(86)前出（62）「座談会　わが写真界の潮流　その2」
(87)「創立15周年記念特別座談会　日本の写真界の歴史　その4　昭和一〇年代」『日本写真家協会会報』No.12、一九六五年一二月

(88)「編集後記」『日輪』一九四三年一一、一二月合併号
(89)情報局『現情勢下に於ける国政運営要綱に関する措置案』一九四三年九月
(90)第一部週報課長「外郭団体ノ整備刷新ニ関スル件」一九四三年一一月三〇日
(91)内閣官房課長「写真宣伝協議会設置ニ関スル件」一九四四年二月一〇日
(92)「写真宣伝協議会を解説する」『日本写真』一九四四年八月号
(93)「大日本写真報国会創立趣意書」『写真科学』一九四四年五月号
(94)「大日本写真報国会の頁」『日本写真』一九四四年五月号
(95)前出(94)「大日本写真報国会の頁」
(96)東根徳松「日本写真会解散」『わが道』自家版、一九七三年
(97)福原信三「日本写真会解散の辞」『日本写真会事業報告』一九四四年三月二五日
(98)「編輯後記」『報道写真』一九四四年三月号
(99)「『写真週報』戦時版のお報らせ」『写真週報』一九四四年三月二二日号
(100)『写真週報』一九四四年四月五日号
(101)『写真週報』は一九四五年四月一八日号よりA4判に戻る。
(102)「写真宣伝の中枢機関日本写真公社の発足」『日本写真』一九四四年七月号
(103)「巻頭の辞」『日本写真』一九四四年五月号
(104)村田五郎「時局と写真家の使命」『日本写真』一九四四年五月号
(105)「大日本写真報国会の頁」『日本写真』一九四四年五月号
(106)前出(104)「時局と写真家の使命」
(107)『日本出版百年史年表』日本書籍出版協会、一九六八年

(108)　「編集室」『日本写真』一九四四年九月号

(109)　戸村利貴「戦前の神奈川写真業界——五十年史資料に戦前派座談会」『続・昭和期の写真業界』日本写真興業通信社、一九八〇年

(110)　前出(62)「座談会　わが写真界の潮流　その2」

chapter 7

第七章 戦中

——「用」の完全遂行

一 写真家たちの戦中

さて、八写真雑誌社推薦満洲撮影隊に選抜された若き写真家たちは、その後どのような道を辿ったのだろうか。

猪野喜三郎[1]は、満洲から帰国間もない一九四〇年九月一七日に支那派遣軍報道部へ従軍した。一九四二年に著した『撮影戦線』に、「かつての私のカメラの対照となるものは、すべて自己の興味本位に置かれてゐた。しかし、二カ年間の現地生活に、その自己の享楽的な境地を根底から修正されてしまつたやうである[2]」と、従軍によって写真への姿勢が変わったことを記している。一九四三年の座談会では、弾丸や爆撃機とともに行動している時に「芸術をもつて戦争の実態を撮らうといふ、絵なんかだとそれがあらはれるけれども、少なくとも現在要求されてゐる写真ではそんなことよりも、写真としてもつと大切な仕事があるんだ」「報道部の写真班になつてもらふには技術よりも体力、兵隊と同じ苦労に堪えて行ける立派な体力[3]」と、現場の厳しさを訴えた。

一方、兄の田中雅夫(4)と銀スタジオを開いていた濱谷浩は、一九三九年にグラフ誌『グラフィック』の仕事で新潟高田連隊スキー部隊の冬期演習を撮影するために初めて雪国へ行った。豪雪の中の風俗を撮るうちに民俗学研究所の市川信次を紹介され、翌年も撮影に行くと、アチック・ミューゼアムを主宰する渋沢敬三から「民俗学に関係のものがだんだんに失われてゆく。いまのうちに何でもいいから、古いものを撮っておいてくれ(5)」と五〇〇円を出資された。

一九四一年には濱谷にも支那派遣軍報道部写真班長上田陸軍少佐や名取洋之助からの招請状が届き、戦争と向き合う撮影が求められた。木村伊兵衛からの誘いもあって、雪国の正月行事撮影を続ける了解を得て、同年五月に東方社に入社した。桑原甲子雄にも、木村から東方社への誘いがあった。「僕は光栄にも、写真部に来ないかと木村さんに誘われましたよ。僕と濱谷浩とね。当時、新人として二人。私は結核をやったりなんかして、身体が弱かった。だから飛行機とかタンクに乗ったりするのはとてもだめだからお断りした(6)」と振り返っている。入社した濱谷は、前述のように、軍事施設や満洲の撮影に従事し、一九四二年九月には木村と共に満洲建国一〇周年も取材した。

しかし、演出写真をさらにエアブラシで改変した「作品」を「写真」として扱う東方社の仕事に、濱谷は不安を感じていた。そんな頃、怪我をした若い写真部員に対する同社の対応に抗議すると、その決着がつかないうちに、ラバウル戦線の従軍報道班員として派遣される話が陸軍報道部から持ち上がった。同社理事長岡田桑三の差し金と思った彼は、ラバウル行きを断って同社を辞め、雪中に生きる民俗の撮影を独自に続けていた。

一九四二年には、濱谷の民俗写真を特集した「わが足跡　濱谷浩作品集(7)」や「民族の記録(8)」が写真雑誌に発表された。かつて満洲を共に旅した猪野はそれを見て、「ここまで切迫した情勢の中で作家がこんなところに沈潜して居るといふのは一寸どうかと思ふんだ。民俗なんてものは空襲されれば亡びてしまふかも知れん」「戦争遂行に直接役立つ以外のものは後廻しにして欲しいと思ふんだよ(9)」と強い調子で語った。

この時の濱谷は特に反論をしていないが、戦後になってから新潟での撮影成果を写真集『雪国』にまとめた際、「時代はその時々の人間の思想行動によって動いてゆくわけですが、上からの命令一下、新体制に変貌するというのもおかしなものです。文化から遠い常民の世界には、その世界の生き方があるわけです」「その裏付けに、彼らの民俗があるのです(10)」と信条を記している。

徴用の手紙が来たのをきっかけに、濱谷は外務省の外郭団体である太平洋通信社（パシフィック・ニュース・フォト・サービス、PNP）に嘱託として入社し、禅僧の鈴木大拙など文化人の肖像写真を手がけた。

この太平洋通信社は、一九三八年にシュライナーが所属した写真通信社（パシフィック・ニュース・アンド・フォト、PNP）と同じ機関だ。前述の『プロパガンダ戦史』によると、PNPは一九四〇年から小平利勝が責任者となり、「英語で写真についての説明を書き、外務省の手を経てドイツ、イタリア、東南アジアの各国に流していた。戦時中もずっと日比谷の市政会館の五階に事務所をかまえて、日本の写真家をはじめ五六人のスタッフをおき、終戦まで写真と情報をフィリピンはじめ南方諸国(11)」に送っていた。濱谷の入社条件は、「一週間に一度出社」して、「日本文化に関する写真を自由に取材して随時提供」することで、「月給も悪くなく、まことに願ってもないようなありがたい条件(12)」

図71　「飛行機工場は昼夜兼行の増産だ　レンズ工場も　日本光学工業」『写真週報』1944年2月23日号

だった。外郭団体の整理によって、PNPは一九四三年九月に写真協会と統合され[13]、一九四四年には日本光学の工場を取材した濱谷の写真が『写真週報』[14]や『日本写真』[15]に掲載されている。東方社の軍事取材を経験していた彼には意識が違ったようだが、日本文化に関する取材も体制から見れば同じ宣伝写真だったのは言うまでもない。

桑原は徴用逃れのために知人の工場で事務員をしていたが、濱谷の少し後にPNPへ入った。同社は、既に日比谷から大田区雪ヶ谷に移っており、彼も「日本の文化をいわゆる大東亜共栄圏へむかって写真と記事にしておくる」仕事として、「京都へ出かけて庭をとったり日本画家の訪問写真[16]」を撮影した。しかし、悪化する戦況によって南方での輸送船撃沈が多発するようになり、写真も記事も海外への送付は不可能になった。

濱谷には一九四四年七月に召集令状が届いたが、心臓の持病のため入隊直後に帰され、一九四五年には写真機材やネガを持って高田に疎開した。桑原は、PNP社長の世話で「霞ヶ関の外務省の巨大な防空壕に通勤して、アメリカ軍の発する日本語短波放送の聴取員[17]」としての仕事に就いた。

一方、新体制へ向かう中で女性写真を批判された福田勝治は、報道写真の仕事に向かっていた。一

図72　「日本光学の厚生運動」『日本写真』1944年6月号

九四〇年秋に西多摩小学校（現・東京都羽村市）農民道場を取材した『牛飼う小学校』のカバーには、「報道写真集」と記され、「唯『臣民実践』この理念に基き、私は私の職業であるところの写真芸術の新しい建設へと急カーブを切るところの転轍手となりました」「吾々写真作家は、いまや経験と認識とを土台として、職業を生かすべき絶好の機会が与へられている」「古い殻は秋の落葉と共に、木枯らしさながらに吹き飛ばして進まなければならないと思ひます[18]」と、新たな決意も表された。

福田は、一九四二年には対外宣伝グラフ誌『VAN』や『NDI』を制作する日本写真工芸社スタジオに勤めて、同年四月には、同社から写真集『神宮外苑』（日本写真工芸社、一九四二年）を刊行した。画家の猪熊弦一郎が装丁した同書は、見開きごとに写真一枚と菊岡久利の詩が組み合わされていて、ゆったりとした余白が美しい。これを見た満洲の芳賀日出男は、「これだけの技術と、今日尊いアート紙がありながら、出版の美しい遊戯に終はつてしまつた『神宮外苑』を今日の時代であるが故に悲しく思ふ」[19]と評した。そして、「自らの持つてゐるすぐれた美的感覚が、たまたま時代精神に沿はないものであると感じた時、此の国策に沿はんとする生き方には懸命な、涙ぐましいものすらがあつた」「かうした繊細華麗な感覚の作者を日本の写真文化の社会が入れきらない――換言すれば利用しきらない――と言ふのは、その社会の狭さと、無能さを指摘する」[20]と、報国写真一辺倒の頑なさを嘆いている。

一九四四年に南方の撮影を海軍から委嘱された福田は、朝鮮にも行った。外地をめぐって時局に相応しい写真を目指したが、一九四五年四月に空襲被害にあい、郷里の山口県防府市に疎開して行く。

二　かくあるべき姿――国家宣伝グラフ誌

対外宣伝写真制作の主力であったプロ写真家は、日米開戦後に何をしていたのだろうか。戦後の座談会では次のように語られている。

……渡辺［義雄］　これ［プロ写真家］は根こそぎ海外に持つていかれましたよ。

……本誌　その主な人は？

……渡辺　第一回に、これはほんとの秘密裡《ママ》に出発したのが田村茂[21]、光墨弘[22]。

……木村［伊兵衛］　田村がビルマ、光墨がシンガポール。

……渡辺　杉山吉良さんが、しばらく経ってからアッツ島へいきましたね。[23]

……伊奈〔信男〕　林（忠彦）君は？

……渡辺　だいぶ後に北支へ行きました。北支に写真協会というのがあって、そこに師匠の加藤恭平さんがいて、林さんはそこにいたんです。

……木村　大竹〔省二〕さんもいったでしょう。

……渡辺　そう、石津良介というアルスの「カメラ」の編集長が行って写真協会を作っていて、そこにいたんです。

……本誌　ほかに海外へいった人は？

……渡辺　はっきり思い出しませんね。若い人十何人かの壮行会を、帝国劇場の舞台でやったりしましたよ。そこが当時の情報局でした。[24]

田村、光墨、杉山は徴用従軍なので「持っていかれた」という表現に相応しいが、林らは自主的な中国行きだった。もともと東京写真工芸社を主催して『写真週報』などにも寄稿していた加藤恭平は、一九四二年末頃に外務省へ働きかけて、北京大使館の外郭団体として華北弘報写真協会を設立した。この頃の林忠彦は東京写真工芸社に所属するカメラマンで、「当時、外国旅行届を出している期間は兵役を免除されるという制度[25]」があり、加藤と林の半年交代で現地に滞在したという。同協会は、内地と大陸を取材して互いの地で刊行される雑誌などに発表するのが仕事だった。「華北の五大産業である綿、鉄、石炭、塩、大豆の写真を撮ったり、日本軍の活躍ぶりを中国側に宣伝する仕事」を「それが使命と思い込んで働いた[26]」と林は振り返っている。同会の写真は、北京在住の吉田潤が勤めていた東亜交通公社が買い上げた。

大陸に注目が集まる中、満洲写真界の要として活躍していた淵上白陽は、一九四一年に妻を亡くし、間もなく満鉄を退社して大連を去った。この後、一九四二年に迎える建国十周年のために多くの報道写真家が渡満している。一九四二年六月には、土門拳が満洲・北京へ行き、紫禁城や学校の様子、協和会の活動などを撮影した。[27]土門と懇意だった婦人画報編集者の川辺武彦は、同年八月に「スーパーシックス一つだけ[28]」を荷物にした土門と国際文化振興会の長島喜三に華北交通の局長室で会ったことを回想している。

前述のように、同年八月には渡辺義雄を班長とする日本報道写真協会撮影班が訪満し、木村、渡辺勉ら東方社同人も加わって、満洲写真家協会による日満写真家交歓懇親座談会が同月二八日に開催された。[29]東方社の満洲行きは『FRONT』満洲号取材のためだった。翌一九四三年夏に『FRONT』の取材で木村と華北を撮影した林重男は、この頃の東方社では「当時の日本の占領地、つまり南方から華北全般にわたっての占領地をくまなく撮影に行かされまして、たくさんの資料を持ち帰って、日本の占領地はこれだけうまくいっている[30]」という宣伝用の素材作りを行なっていたことを語っている。

日本報道写真協会のことを回顧した二〇年後の渡辺は、「要するに新聞社以外の報道写真を目指す人たちの一種の統制団体になって、材料の配給までやったということ[31]」と総括している。写真家の取材成果は写真協会、国際観光局、国際文化振興会などのストックフォトになった。海外宣伝は南方向けが強化されていて、一九四三年には、これらを編んで「米英的迷夢からさめた共栄圏各地に、戦ふ日本の姿を伝へるため、写真協会と国際観光協会の共同編輯で、共栄圏向けグラフ[32]」の『現代日本』

が作成された。同誌は「産業編、教育編、軍事編を刊行し近く女性編」が刊行されて、「南方向けグラフの枠として現地では大歓迎を受けてゐる(33)」と伝えられた。

『現代日本』は、写真の組み合わせとキャプションの誘導で盟主日本の素晴らしさを伝えようとしている。誌面デザインが共通で記載言語だけが違う同誌は、識者がテーマを論じる『NIPPON』とも、デザイン優先の『FRONT』とも異なっていた。

筆者の手元にある『現代日本』は、タイ語の教育編が一九四二年三月刊、同産業編が一九四三年頃、同女性編が一九四三年三月刊、インドネシア語の体育編が一九四四年一〇月発行となっている。「中国、泰国、仏印等に於てそれぞれ有力新聞の挿込みとして頒布(34)」したというが、B４判三二頁のグラフ誌は付録にしては贅沢で、手にした現地の人は驚いたのではないか。

同誌が刊行されつつあった一九四三年五月の国際文化振興会国内向け機関誌『国際文化』では、陸軍報道部員竹田光次中佐が、対外宣伝グラフ誌の「ニッポン—フィリッピン《ママ》」「カウパアプタワンオーク(35)」「ニッポン(36)」「サクラ(37)」「婦人アジア(38)」「太陽(39)」「新ジャワ(40)」「フロント(41)」を挙げて、南方向け宣伝物は写真で語るグラフ誌が一番だが程度が高すぎる、「もつと程度を低めたものであること、編輯の主眼点はあくまでも大東亜戦争への民心把握」「編輯は出来るだけ柔かい感じを与へることが必要」「我が国力宣伝もとより必要であるが、徒に米英式と競争して見せる様なやり方は大東亜戦争の本質から一考すべきで、日本の精神文化を徐々に理解せしめる様持つてゆくことが必要(42)」と記して、西洋化された現地識者向けに格調高く訴えるのではなく、直接住民に向けて日本への親和を促すように編集の転換を望んだ。

一方、土門拳も、同年九月号の『日本評論』に掲載の「対外宣伝雑誌論」で対外宣伝グラフ誌のあり方を批判した。『NIPPON』は「小ブルジョア的綺麗事趣味から脱けきれないで、時代の激流の中に全く方向を見失つた」、『太陽』は「新聞社特有の泥臭さは余りに土人的」、『サクラ』は「フランス的グラフ形式の古臭い洒落気が鼻につく」、『フジンアジア』は「ライフの三、四頁の一テーマ分だけで一冊を作つている貧弱さ」、『ニツ《マ》ポン・フイリツ《マ》ピン』は「体裁内容共に貧弱」、そして、『FRONT』は「対外宣伝は決して図案家や写真家の自己満足的演習の具ではない」と厳しい。

これらと、「サンライズ（国際観光協会、季刊、英語）」「東光（国際観光協会、季刊、支那語）」「カーパープ」「その他貿易宣伝のコンマース(43)とか満鉄の北(44)とか——」が大東亜共栄圏向け宣伝グラフ誌の全部で、「発行部数最低のもので五千、最高で五万位。殆ど夫々情報局から多かれ少なかれ補助金を貰ひ、今や民間では姿も見せぬ特アート紙や上質紙やインキなどの特配を受けて出されてゐる」のだが、「こんな大同小異のつまらない雑誌を何で幾種類も作る必要があるのかしらと疑問を持たずにゐられない(45)」と斬り捨てた。そして、これらが一〇冊束になっても、「写真・編輯・構成等の雑誌そのものの要素だけを比較しても、かの米国の週刊グラフ誌ライフ一冊の持つ報道宣伝力に遥かに及ばないのではないか」「現在ある対外宣伝雑誌の全部と写真週報を整理せしめて、ただ一冊の大衆的グラフ誌を作る(46)」べきで、お手本は『LIFE』だと主張した。決戦的段階なのに虚飾主義、恫喝主義の対外宣伝雑誌を家内工業的編輯で分散的に出している状態こそ「嗤い去られてよい(47)」と結んでいる。

土門の愛国の情とグラフ誌への思いが人一倍強いことは、これまで見てきた通りだ。彼は、この一文で「グラフ編輯の写真の正しい生かし方を各誌の編集部に忠告を試みた(48)」つもりだった。しかし、理想を高く持ちアメリカの『LIFE』を目指すべきという主張は、直前の『国際文化』で展開された竹田中佐が披瀝した意見、即ち、もつと程度を低めて米英式でない編集で日本を理解させよという意見と、決定的に食い違っていた。

土門の理想をストレートに記した文章は、竹田中佐に刃向かおうとしたものではなかっただろう。しかし、「直接関係筋からの反響として僕に反つて来たものは、紐育万国博覧会の写真壁画以来五年間嘱託をして居つた国際文化振興会を辞職すべきことの強要」[49]だった。『LIFE』に肩入れする親米派と見られ、特高警察から「お叱言を喰ふ」[50]一幕もあった。

彼は、宮内写真館入門の前年である一九三二年に、農民運動に参加して検挙されたことがある。[51]また、『中央公論』編集部員であった畑中繁雄の著書『覚書　昭和出版弾圧小史』（図書新聞社、一九六五年）によれば、一九四二年一月に警視庁特高第二課長中村絹次郎から呼び出しを受けた畑中は、同誌同年新年号を示されて左翼的思想者、親米英的学者などの著作物掲載に「個人的忠告」を受けていて、同号には高倉テルと土門によるグラフ頁「生まれ変わる農村」も掲載されていた。羽生三七（「民心の動員と国内体制」）、武村忠雄（「歴史的必然としての総力戦」）などとともに土門も名前をあげられて、「かれらはすべて偽装せる左翼的思想の保持者であるか、ないしはかつて左翼運動の前歴者である。こういう擬装共産主義者はほかにも土屋喬雄や岡崎三郎などいくらでもいる。米英にたいして現に宣戦を布告した今日、こういう人たちが雑誌に顔を出しているのはどうか」と言われていた。

若き日にはマルクス主義へ傾倒していた土門だが、前述のように、一九三九年三月号『フォトタイムス』の座談会「今後の写真はこうでありたい」で写真報道と出版の自由を認めるアメリカのデモクラシーへの賛意を述べ、また、この際は「擬装共産主義者」とされている。しかし、土門の言動の揺らぎを見ると、深い政治的思想があったわけではなく、時々の自分の感情が傾倒する理想をその場に押し出したに過ぎないように受け取れる。

『対外宣伝雑誌論』では、彼が写真家として尽くそうとすればこそ思い描いた対外宣伝雑誌についての正論を述べたつもりで、失職の措置には合点がいかなかっただろう。しかし、彼が何よりも愕然としたのは次の対応だったのではないか。係りの情報官から、「ああいふ意見を外部に発表されては困るね。こちらだつて何も現在の対外宣伝雑誌がいいと思つてゐるわけぢやないんだからね(52)」と言われたというのだ。

土門は、この言葉を「総力戦下の戦時政策として、絶対不敗的政策として、最も合理的な能率的なことは各方面共に何一つとしてやられていなかったのではないか、軍の要求だから、お役所の命令だからといふだけで、こんな馬鹿なことをやつても仕様がないぢやないかといふことを夫ぞれの持ち場でやつて居つた。心からの共感と賛意を表せないことだから、自然いい加減にやつて済まして置く(53)」という、対外宣伝の実態暴露と受け止めた。

一九三五年の日本工房入社以降、シュライナー事務所、国際文化振興会と所属は変わっても、自らの理想を求めて全力で対外宣伝写真に邁進してきた土門にとって、情報官の言葉は伴走者の裏切りであり、誇りとしていた報道写真への失望感、挫折感につながったのではないか。

戦後の土門は、「少ししか製品のない自動車工場を、大工場のように見せようと苦心して撮影したり、うすぎたない町をきれいに見せようとする宣伝写真、十のものを百に見せようとする対外宣伝写真は、欺瞞的な写真である、とつくづく考えさせられた」「文楽や室生寺を撮ったのは無意識的なイキぬきだった。そして日本評論に対外宣伝論を書いたら、うるさく調べられて首になった」「それで戦後、写真は絶対非演出でなければならない、といい出したのは血の出るような叫びだったわけだ。現実の中にはナンテ、マガイインデショウというようなものはないわけだ。したがって写真も、こっちの赤心をたたき込んで撮らなければいけない。それを初めから人をだまそうとして撮った写真なぞ、そらぞらしくって見ていられないのは当然だ(54)」と述べている。戦中に演出も辞さぬ宣伝写真に邁進していた土門が、敗戦後のアマチュアに「カメラとモチーフの直結(55)」、「絶対非演出の絶対スナップ(56)」をスローガンにリアリズム写真運動を展開したのは、この頃の挫折の反動だったのである。

　土門の「対外宣伝雑誌論」が元で『日本評論』九月号が発禁になったと言われることがあるが、事実ではない。刊行された同号には、検閲の痕跡と思われる二行ほどの空行がある理化学研究所員武谷三男の「戦力と理論的科学」や、中国との文化運動で「後に残るものは物々しい『会員名簿』と、次の大会までの『人件費』だけ」と痛烈な批判を展開した「中国文化運動偶感」が掲載されているが、土門の文章は空行もなく掲載されている。土門自身は、一九七六年に記した年譜に「情報局の政策を批判し物議を醸す」と、また、翌一九七七年の自伝「私の履歴書(57)」には「日本評論発禁のうわさのさなかにぼくは［取材先の信州から］東京へ帰った」と状況描写をしている。一方、土門の弟子の三堀家義は、一九七八年の『アサヒカメラ』連載「土門拳　その周囲の証言」で「日本評論発禁事件(58)」と題してこの頃のことを記している。土門論文による発禁という「伝説」は、弟子によって生じたのかもしれない。

ともあれ、グラフ誌の編集は写真家の理想と離れていた。東方社でレイアウトに携わっていた原は、一九四四年に、「一枚の報道写真は現実の一瞬をとらへたものであつて、その限りに於ては『かくある姿』であるが、それは必ずしも『かくある姿』としてのみは編集されない。時には『かくあるべき姿』として編集されることもある。この戦争が持つ理想とか、戦争遂行の方法の指導とかにあつては、恐らく後の方法がとられるであらう[59]」と記した。原の言葉は、写された事実を編集やデザインのテクニックによって変容させ、現実を装いながら架空の物語を載せた国家宣伝グラフ誌の実態を物語っている。

一九四四年に浜名湖北辺への学童疎開に付き添った図画教師の中村立行は、面会の父兄から差し入れられたフィルムで子供たちの生活を撮影していた。現像薬が不足して、「当時著名な写真家だった寺岡徳二氏のところへ、リュック一杯のミカンを背負って薬品と交換するためはるばる川口市[60]」まで訪ねた。そこで見たのは、「東京市街を高度から空撮した写真を作り変える作業」で、全紙の倍ほどに引き延ばした写真を切り抜き、「国会議事堂が別の建物になっていたり二重橋がただの土手[61]」になっているコラージュだった。寺岡は、「複写して米軍に流すそうだ。奴らの目標をごまかそうてんだが、そんなにうまくいくかね」とつぶやきながら、「薬品は軍からもらえるから要るだけ持ってっていいよ」と徹夜仕事に向かい、中村はミカンを置いて「ハイポ一袋と亜硫酸ソーダ二缶[62]」を持って疎開先に帰った。グラフ記事のみならず、宣伝に使うための写真はすべからく手が加えられていたと思わせられるエピソードである。

土門は国際文化振興会嘱託を辞したというが、筆禍の翌一九四四年四月に天主公教関口教会を、五月七日から一三日まで日立製作所水戸工場を、また、六月に上智大学を撮影した写真が、同会ストックフォトの密着帖に整理されている(63)。雇用形態が変わっただけで、同会の仕事を粛々と続けていたようだ。

三 「工芸」は無用——国際報道株式会社

一方、写真を清新なデザインにのせて伝えることで定評のあった国際報道工芸株式会社は、一九四三年初頭に国際報道株式会社と改称した。対外宣伝の相手が「欧米」から「大東亜」になっても、組織の名前にまだ「工芸」が残されていた頃は、「報道の仕事ではあるが、美しいやり方ということも大きな命題だから(64)」と語った名取の意識が反映される仕事が成立していた。

同社が制作して一九四二年八月に銀座三越で開催された「泰国向日本文化紹介写真移動展国内展示会」を見た芳賀日出男は、「此の新しい試みによる国際的報道写真展は、仕上げ技術に於て、従来の報道写真展には見られなかつた美しさがあり、その美しさが亦大きな魅力となつてゐる(65)」と感想を記している。展覧会の目的は「東亜の盟主としての日本の偉大さを理解させ、日本が国を挙げて完遂を期してゐる大東亜新秩序建設への世紀の偉業に対し共栄圏内にある諸民族をして衷心から協力を発心せしめること(66)」にあり、そのために「美しさ」は有効な手段だったのだ。編集制作プロダクションとしての意欲を生かす余地が、ここにあった。

しかし、一九四三年に「工芸」が抜けて「国際報道」と改称した後は、写真とデザインの融合に都

図73 「ハナサカヂヂイ」、国際報道制作　1944年頃

会的洗練を感じさせる「日本工房」とは思えない制作物が散見される。一九四四年頃に大東亜への日本語普及のために製作されたと考えられる絵の紙芝居「ダイトウアカミシバヰハナサカヂヂイ」や「ハナレジマノカンゲキ」などには、そうしたセンスがなく、名取の言う「美しさ」は竹田中佐が言うところの「徒に米英式と競争して見せる様なやり方」として否定されていたのかと思われる。

一九四三年二月公布の「出版事業令」に従って一九四四年三月に発表された統合整備後の出版社一覧[67]には、岩波書店が国際報道株式会社、古今書院、拓南社と合同したことが示されている。東京の国際報道にかまえていた「名取書店」では、英文グラフ誌『CANTON』の掲載記事をまとめた『支那文化談叢』が一九四二年に刊行された後の出版物が確認されておらず、一方、上海の「太平書局」では一九四四年に高見順[68]や芹沢光治良の作品を収めた『現代日本小説選集』や武者小路実篤の著作が、中国語で翻訳刊行されている。国際報道の書籍出版部門である「名取書店」と、古典や文学の良書を刊行していた岩波書店を合同させ、名取が中国で経営する編集出版の太平書局で翻訳刊行する日本文学の提供を得る。それが、この合同の主意だったのではないだろうか。

岩波書店の小林勇によれば、一九四三年に東京の同社を訪ねた名取は、日本の中国に対するやり方を非難する同社岩波茂雄社長に対し、「もちろん日本はよくないが、はじまってしまったことだから、それを少しでもよくしなければならない(69)」という趣旨で果てしのない議論をしていたという。同年五月、国際文化振興会は「本邦文学を外地並びに諸外国に紹介する参考に資する為め、日本文学報国会と密接に連絡を保ち、本邦文芸作品選定(70)」を行なう事を理事会で承認した。この頃、上海で名取洋之助が経営していた太平出版印刷公司は、フランス租界のケリー・アンド・ウォーレス印刷会社跡に移転している。

　清水盛明が一九三九年に同盟国へ、林謙一が一九四三年に南方へ派遣されたことと軌を一にして、名取の日本工房は一九三九年に国際報道工芸株式会社になり、一九四三年に国際報道株式会社になっている。一九四〇年の中国への移住とその前後に重なる中国地名グラフ誌刊行なども考え合わせると、彼は、一九三七年一一月の内閣情報部嘱託就任以降、中国での宣伝工作の一部を任されていたと推測される。

　カモフラージュして実行すべき宣伝作戦には、豊富なアイデアと、実現させていく組織を持つ名取のような民間人が便利であったろう。戦争の深化とともに仕事の規模は拡大し、彼の率いる組織は発展した。しかし、一九四三年の名取は、次のような言葉を残している。「私はいつか写真月刊新聞が読めない人の多い中国で、また商売で忙しい中国で多くの発行部数を獲得出来る日を待つて居ります。写真ほど真実であり、真実であると思へるものも、字で見たら宣伝のための宣伝といふ様に見馴らされてゐるのですから《ママ》……(71)」。現代の生き生きとした日本を外国に伝えようとがむしゃらに突き進んできた名取は、報道写真が宣伝写真になり、「真実であると思へる」だけで真実ではない宣伝に携わっている虚しさを感じていた。写真とデザイン、編集を駆使する仕事を日本で切り開いたのは彼だったが、自由な社会で描いた理想は、戦争の現実に疲弊していた。

一九四四年五月、名取は大陸打通作戦の湘桂作戦に宣撫班として従軍し、日本軍の残虐行為を見かねて、軍規粛正の宣伝を決行した。この頃の名取について、画家・漫画家の島崎蓊助[72]は、「大戦中の名取さんは上海・南京・漢口に〝名取機関〟と呼ばれた事務所を置いて、中国派遣軍の要請による文化工作のコンダクターだった」「卓抜な写真家、編集者、アートディレクターとして、彼の手にある武器は紙と印刷であった。その道具を駆使する活動家としての名取さんは自分にもきびしい理想主義でのぞみ、そのラジカルな完全主義は、占領軍報道部のプリミティブな無理解に苦しみ、怒り、軍指導部の政策批判にまでおよぶはげしさはおだやかでなかったと思う[73]」と回想している。

名取は、司令部に直訴して日本軍への啓蒙宣伝班（島崎も参加）を率い、「焼くな、盗むな、犯すな」というスローガン入りのポスターやペンキ画などを戦場の建物に施し、日本兵への啓蒙活動にのめり込んだ。同年八月に岩波書店の小林勇が中国を訪問した際、名取は、軍司令官・畑俊六元帥への、「日本が占領地でやっている政策を具体的に批判し、日本人および日本軍部のやっている数々の罪悪をならべて、それを徹底的に是正しなければならない[74]」という長文の意見書を書くことを手伝わせた。その猛烈な内容に、小林は「文章にすることは引き受けてもよいが、そんなことをいって大丈夫か」と聞いたが、「少々機嫌を損じても我慢ができないからどうしてもいいたい[75]」と言ったという。

一九四四年九月、国際文化振興会は常任理事会で「本会最近に於ける写真、製版作成事業の重要性に鑑み国際報道株式会社を本会外郭団体となし文化資料作成の迅速円滑を計る」[76]ことを決定した。名取が意見書を提出した後に国際報道が国際文化振興会に吸収されたのは、即ち、彼自身との関係は切られて実行部隊が召し上げられたということではないだろうか。満洲の新京支社を盛り立てていた小林正寿は、一九四三年暮れに帰国して、すでに国際文化振興会嘱託として編集出版事務に携わっていた。

さて、現在確認されている『NIPPON』最終刊の三六号は、国際報道が国際文化振興会の外郭団体になった同月に刊行されている。この号の大きな特徴は、大東亜青年円卓会議特集のために、写真構成の色刷りポスターを付けていることだ。紙やインクの統制が厳しくなり出版事情の厳しさが増す一方の時期にこのような編集を行なったのは異例である。ポスターは、名取が理想を求めて創刊した『NIPPON』に贈られたレクイエムともいえよう。

その後の名取は、草野心平がホスト役を務める第三回大東亜文学者大会の準備に励んだ。しかし、同年一一月一〇日、大東亜文学者大会の開会前日に、名古屋で入院治療中だった汪兆銘が死去した後は、敗戦で日本に引き揚げるまで、彼におもだった活動は見られない。

名取は、一九四〇年四月二九日付で「陸軍・元嘱託プレスユニオン主任」として勲六等瑞宝章と支那事変従軍記章を受章している。陸軍省は、他省文官の支那事変論功行賞を一九四〇年四月二九日付けをもって行なう通達を一九四四年三月一日に出しており、国際文化振興会は一九四〇年四月二九日付で「支那事変への貢献」に対して陸軍大臣から額一面を賞賜されている。名取の実際の受章日は定かでないが、国際文化振興会の被授報告がされたのは、一九四四年一一月一〇日、つまり、汪の死去した日に行なわれた理事会であった。

名取との仕事の後も陸軍から最前線に配属されて前線地区のスケッチ記録画を書いて中国各地を廻っていた島崎は、一九四五年五月に南京に戻った。帰還したその日に夕食を共にした名取は、島崎に様々な仕事の計画を話したという。それはパンフレットや総合雑誌の構想であり、島崎は「紙の物量にものを言わせて、中国大陸での文化事業を夢見ているらしかった」(77)と振り返っている。名取はこれらを実現すべく、『三田文学』編集長を務めた和木清三郎(78)や南京特務機関から太平出版印刷公司に移っていた会田綱雄(79)に協力を依頼したというが、手がつけられた跡はない。

この後、東京では空襲がひどくなり、国際報道が三カ月かけて制作していたビルマ語のグラフ誌創刊号は一九四五年五月の空襲により共同印刷で印刷途中に焼失した。さらなる空襲が予想される中、国際報道の役員飯島実は、「東京壊滅後の砦」(80)として編集者やデザイナーの一部を長野県上田市郊外に疎開させて自家発電を持つ印刷工場開設を計画した。翌年の「国際文化振興会の近況」(81)には「長野県上田市の分室乃至財産寄託先を夫々撤収又は閉鎖」とあり、疎開は国際文化振興会の分室として行なわれた可能性が高い。

四　空　襲――東方社

東方社では、一九四二年に岡田桑三が理事長を辞して林達男が就任し、濱谷浩が辞めたあとの写真部には横浜シネマ出身で三年間の従軍を終えた林重男が入社していた。一九四四年に同社は九段下の野々宮アパートに移転し、同年に理事となった中島健蔵は『FRONT』のような「手間のかかる仕事よりは、伝単（宣伝ビラのこと）でも作れ」と「購入主」[82]から要求されたという。多川精一の回想によれば、中島の意見で宣伝物は次第に中国や華僑対策に絞られていき、戦争末期には企画制作はすべて平社員がチームを組んで進めていた。

その頃の制作物の一つに、戦場のアメリカ軍将校を対象にしたグラフ誌『NEW LIFE』がある。同誌は、敵側の資料を使って逆宣伝し、戦意喪失を謀ろうというもので、日本側で撮ったヌード写真も掲載された。同盟通信の石井彰は、一九四五年五月のドイツ降伏後に日本が接収した上海ドイツ大使館で秘密裏に行なわれた白人女性のヌード撮影に立ち会った。石井は、「参謀本部から来た東方社のカメラマンがヌードを撮るのか」と驚き、「これ、何にするんです」と聞くと、「ライフのミニチュアみたいなものをつくってばらまくんだ」[83]と言われたという。戦後になってからその話を聞いた木村は、「ピンアップですよ。謀略だな。それは日本でも戦後にアメリカ側がピンアップのヌードだのどんどんばらまいたのと同じ手口ですよね」[84]と答えている。

一九四五年三月一〇日、東京大空襲により野々宮アパートが被災した。二階以上に火が回ったが、東方社が入居する一階と地階はなんとか助かった。この空襲で凸版印刷も被災し、製本直前だった『FRONT』の「戦時下の特別号（通称東京号）」が消失した。同年四月には、日暮里の木村の自宅も空襲で焼けて、それまでに撮影したネガのほとんどを焼失した。

同盟通信や在京新聞社の写真部は東部軍所轄の「国防写真隊」を組織しており、一九四四年一二月以降の空襲被害状況写真が紙面に掲載されている。東京大空襲・戦災資料センターの研究によれば、一九四四年一一月には東方社、日本写真公社も国防写真隊に組み込まれていた(85)。

写真部の菊池の回想では、本土決戦が叫ばれる中で一九四五年六月には東方社の管轄が参謀本部から東部軍司令部に移り、「それまでの東方社は解散し、新しい東方社になるわけで、理事長の中島健蔵さんと木村さんの前に一人ずつ呼ばれて覚悟のほどをきかれたものである。最後の防戦への構えであったわけで、東方社と運命を共にするかということ(86)」だったと振り返っている。多川の回想によれば、七月から管轄が移ることになっていたのだが、地域司令部と連絡がつかないままに日が経ち、この月には全社員に解散手当が支給された(87)。

参謀本部の下を離れた東方社はいったん解散し、なお戦争に向かう覚悟で東部軍司令部の管轄下に潜り込もうとしたが、うまく連絡がつかなくて立ち往生していたようだ。戦後になってからの対談や座談会でこの頃を振り返る木村は、「〔東京大空襲の後〕参謀本部でその本〔『FRONT』〕を買つてくれなくなつた(88)」「ずっと前から、どこからも補助もない状態だったんですが、終戦の年には、もうしようがなくて、その当時はやけのやんぱちになって酒ばかり食らっていたんだ。それで野島さんに話してぼくが野々宮アパートの室を借り受けて、あすこならば安全だろうというので仕事をしていたところが、三月十五《ママ》日にやられちゃって、それからはもうほとんど何もないんですよ。何かしらたたき売ったり、いろいろなことをして食って、終戦になると同時に何もなくなっちゃって(89)」「広島の原爆があつて、もう海外へ輸送ができないからというので解散したんです(90)」と、彼一流の口調で語っている。

多川の記憶では、空襲が酷くなって田舎に引き込む者もある中で、中島と原、木村、その他の東京出身の社員は、野々宮アパートに出社して情報交換などをしていた。八月八日のソビエト連邦参戦の報に際しては、中島が編集部の部屋から飛び出して来て「いよいよきたなスタ公！」と叫んだという。こんな言葉からは、末期の気配を感じつつも、東方社が戦争に向かう気力は衰えていなかったと感じる。資材の手配も仕事の受注も軍の庇護がなければ身動きできなかったのが社の実体であり、仕事が成立したかはともかくも、試行は続けられていたようだ。

五　原　　爆――陸軍の宣伝写真

一方、名取と共にプレス・ユニオンを担当して写真制作に携わった山端祥玉のジーチーサン商会は、一九四三年一月に「山端写真科学研究所」に名称変更した。同年二月には、週刊誌の名前が『サンデー毎日』から『週刊毎日』へと変更されるなど、アルファベットの名前が敵性語として排除される中での社名変更だった。

山端は、ジーチーサン商会の頃から軍部を相手にさまざまな事業に取り組んでいた。献納兵器の撮影や海軍恤兵部への出張撮影を行なう普通写真部、陸海軍の要請に応えて大陸や南方に写真家を派遣する報道写真部、陸海軍や諸官庁などの写真を大量迅速に処理する高速度輪転写真部、撮影済み写真原板を分類整理して大東亜の事象を網羅しようと試みた「大東亜写真文庫」、山端が起居を共にして写真家を育成する山端写真青年塾などだ。(91) 一九四四年には山端が海軍省嘱託となって、部外秘写真の製作や空襲による散逸回避目的の海軍士官名簿複写などに携わった。

山端の息子で一九三六年に同社カメラマンとなった山端庸介は、一九四〇年に海軍省軍事普及部写真班員として中支、南支に派遣され、一九四二年には横浜航空隊に入隊して台湾、インドシナ、シンガポールなどに従軍していた。一九四三年には、陸軍報道部の指導で制作されて東京有楽町の日劇正面に飾られた百畳敷き写真大壁画「撃ちてし止まむ」プロジェクトにも参加するなど旺盛な活動を示していた。

一九四五年七月、庸介は西部軍司令部報道班員に徴用された。戦況も深まって空襲が日本全土に及ぶ中、西部軍本部のある福岡県博多へ列車で向かった。退避しながら走り続ける列車は、ようやく八月六日に目的地に到着した。

その日は、広島が「新型爆弾」の攻撃を受けた日であった。西部軍報道部に所属していた小説家の火野葦平は、宿舎の山本ホテルにいたが、唐突に奇妙な爆音が聞こえて待機したこと、叩きつけるような風圧を感じた者があったことを回想している。広島がたった一つの原子爆弾で全滅したことを知ったのは三日後で、真相が明白になるにつれて「伝説的な魔法に類する原子兵器の強力さは、日常の理解と、限界を超えたものとして、私たちを威圧(92)」した、そして、それがいつ我が頭上に降るかもしれない不安と絶望感が「米英撲滅をスローガンとしていた勇ましい人々を、いおうようもない頽廃と放棄の感情の中へ誘つて行つた(93)」と記している。

八月九日一一時二分、長崎に「新型爆弾」が投下されると、一三時には下士官二名と庸介、それに、報道記者として徴用されていた詩人の東潤と画家の山田栄二上等兵の合計五名に長崎行きの命が下った。庸介には、「出来るだけ対敵宣伝に役立つ、悲惨な状況を撮影する様、命令(94)」が下された。

決戦世論指導では、「米英指導者ノ野望ガ今次戦争ヲ誘発シタル事実ヲ解明シ且米英人ノ残虐性ヲ実例ヲ揚ゲテ示シ殊ニ今次戦争ニ於ケル彼等ノ暴虐ナル行為ヲ暴露ス」(95)と一九四四年十月に閣議決定されていた。これに従い、報道部では空襲された街に部員とカメラマンと画家を直ぐに派遣していた。しかし、新型の原子爆弾については認識が不十分で、兵隊たちに「外出の際出切るだけ露出部を少くする事と毛布を持つて歩くことを命令(96)」していたに過ぎない。どんな事態が待ち受けているのかもわからぬままに、謀略宣伝のための現場行きが命令されたのだ。

彼らが乗った一五時博多駅発長崎行き列車は、翌一〇日午前三時頃の道ノ尾駅到着まで、途中で幾度か上り列車に出会った。東によれば、それらの列車からは危地を後にした被災者の乗客が漏らす鬼気せまる呻吟が聞こえ、一種異様な腐肉の臭いが鼻孔をつき、「『死の上り列車(97)』」と感じられたという。

一面焦土と化し、被爆死亡者七万人以上という惨状の中を二時間近く歩いて憲兵隊司令部に到着した庸介は、「『写真をとろう』ということと『新型爆弾が落ちたらどういう方法で避けて助かろうか』ということだけ(98)」を考えていた。死体は大変な数だったが瓦礫と同じ色のために一見ではわからず、生きて食欲がある人が少ないために炊き出しのおむすびは山積みのままになっていたという。

午後三時頃までの滞在で目視できる異常だけを写し、撮影は一〇〇カット余りだった。重傷の人々が病院へ護送される列車に東らとともに便乗して、一一日午前三時頃に博多へ帰った。

被爆二日後の一一日に防衛総本部が発表した「新型爆弾に対する心得(99)」には、「この爆弾の火傷には油類を塗るか、塩水で湿布すればよい」とか、「白い下着の類は火傷を防ぐために有効である、待

図74　山端庸介『記録写真　原爆の長崎』第一出版社、1952年［J］

避壕の入口はなるべく塞ぐのがよろしい、蛸壺式防空壕には板一枚の蓋でもして置くと有効である」という項がある。山端の写真は、一二日朝の常会席上で披露された。これを見れば、前日に出された心得など通用するはずもないことは明白だった。

写真を見た火野は「全身凍る思いになり、恐ろしさと、怒りと、悲しみと、狂気に近い絶望感とにさいなまされた(100)」という。庸介は「環境が人間の性質を変えますね。あの写真をとって、報道部員として、同じアパートにいた火野葦平さんに見せたら、火野さんは、いろいろなことをおっしゃるので、なんとも感じなかったぼくは、実に申しわけがないような気になったんですよ(101)」と、残虐な現実の中でも冷静に行動しなければならない従軍カメラマンの性を振り返っている。

注

（1）猪野喜三郎、1902–没年不明

（2）猪野喜三郎『撮影戦線』宏英社、一九四二年

（3）猪野喜三郎「猪野喜三郎氏を囲む　報道班員として内地の写真家に訴ふ」『写真文化』一九四三年八月号

（4）濱谷は四人兄弟の第三子。第二子の田中は養子に出たため苗字が違う。

（5）小堺昭三「濱谷浩物語　神を見てきた人」『ロッコール』No.11、一九七五年一〇月

（6）桑原甲子雄、石井幸之助、長野重一、田沼武能、岡井輝毅「東京フォト・ジャーナリズムの流れ　座談会」『日本列島写真人評伝』日本写真企画、一九九二年

（7）濱谷浩「わが足跡　濱谷浩作品集」『写真文化』一九四二年九月号

（8）濱谷浩「民族の記録」『写真文化』一九四二年一二月号

（9）猪野喜三郎「猪野喜三郎氏を囲む　報道班員として内地の写真家に訴ふ」『写真文化』一九四三年八月号

（10）「あとがき」『雪国』毎日新聞社、一九五六年

（11）池田徳眞『プロパガンダ戦史』中公新書、一九八一年

（12）濱谷浩『潜像残像　写真家の体験的回想』河出書房新社、一九七一年

（13）「現情勢下に於ける国政運営要領に関する措置案」一九四三年九月二一日閣議決定

（14）「飛行機工場は昼夜兼行の増産だ　レンズ工場も　日本光学工業」『写真週報』一九四四年二月二三日号。撮影者名の記載はない。ちなみに、この頃、濱谷の兄・田中雅夫が日本光学工業で社内報発行や女子工員の教育を担当していた。

（15）濱谷浩「日本光学の厚生運動」『日本写真』一九四四年六月号

（16）桑原甲子雄「私の写真史⑤　越前蟹と満洲ロマノフカと」『写真批評』No.5、一九七四年二月

(17) 前出(16)「私の写真史⑤　越前蟹と満洲ロマノフカと」

(18) 福田勝治［無題　文末に「昭和一五、十一、八」と記載あり］『牛飼う小学校』玄光社、一九四一年

(19) 芳賀日出男「写真家の書架　8」『満洲カメラ時報』一九四二年一〇月一日

(20) 前出(19)「写真家の書架　8」

(21) 田村茂のビルマ徴用は一九四二年二月から約一年間。

(22) 光墨弘のシンガポール徴用は一九四一年一一月から約一年間。

(23) 杉山吉良のアッツ島徴用は一九四二年六月出発。

(24) 伊奈信男、渡辺義雄、金丸重嶺、木村伊兵衛「座談会　わが写真界の潮流　その2」『アサヒカメラ』一九五四年六月号

(25) 「第三章プロデビュー　四日米開戦—華北弘報写真協会へ」『評伝　林忠彦』朝日新聞社、二〇〇〇年

(26) 前出(25)「第三章プロデビュー　四日米開戦—華北弘報写真協会へ」

(27) 川辺は「この満州・北支の旅行中、一枚も写真を撮った気配がない」(「常住坐臥あるいは出足の遅いという話」『特集フォトアート』No.16（通巻一六六号）、一九七二年一二月）としているが、この時の撮影をまとめたと思われる密着がある。これは、国際文化振興会ストックフォト密着帖と同じ用紙に貼付されており、他と同様に撮影者（土門）、日付、撮影場所が明記されている。この資料は、後年になって土門拳写真研究所が古書店から購入し、現在は土門拳記念館所蔵。

(28) 川辺武彦「常住坐臥あるいは出足の遅いという話」『特集フォトアート』No.16（通巻一六六号）、一九七二年一二月

(29) 「日本報道写真協会　満洲撮影班一行来満」『満洲カメラ時報』一九四二年九月一日

(30) 林重男「『トーク・ショー　原爆を撮った男たち』の証言」『日本写真家協会会報』No.88、一九九一年一一月

(31) 「創立一五周年記念特別座談会　日本の写真界の歴史　その4　昭和一〇年代」『日本写真家協会会報』No.12、一九

六五年一二月
(32)「写真協会だより」『報道写真』一九四三年三月号
(33)「内地雑報」『満洲カメラ時報』一九四三年一月一日
(34)前出(32)「写真協会だより」
(35)『カウパアプ・タワンオーク　東亜画報』国際報道株式会社発行、月刊、タイ語。一九四一年一二月創刊
(36)『NIPPON』国際報道株式会社発行、季刊、一九三四年創刊
(37)『SAKURA』毎日新聞社、月刊、『ホーム・ライフ　海外版』(一九四一年九月創刊)を一九四二年七月号より解題。
(38)『フジンアジア』毎日新聞社、一九四二年九月創刊、隔月刊
(39)『太陽』朝日新聞社、月刊、一九四二年七月創刊
(40)『ジャワバルー』朝日新聞社、月二回刊、インドネシア語、日本語併記。一九四三年一月創刊。本誌については、井上祐子『戦時グラフ雑誌の宣伝戦』(青弓社、二〇〇九年)に詳しい。
(41)『FRONT』東方社発行、不定期刊。一九四二年創刊
(42)竹田光次「南方軍政下に於ける文教状況」『国際文化』第二五号、一九四三年五月
(43)『COMMERCE JAPAN』貿易組合中央会、一九三八年四月創刊
(44)『北』南満洲鉄道発行、季刊、一九四二年創刊
(45)土門拳「対外宣伝雑誌論」『日本評論』一九四三年九月号
(46)前出(45)「対外宣伝雑誌論」
(47)前出(45)「対外宣伝雑誌論」
(48)土門拳「友へ」『カメラ』一九四六年二月号
(49)前出(48)「友へ」

(50)　桑原甲子雄「反省と前進」『カメラ』一九四六年一月号
(51)　神奈川県立第二中学校の同級生だった出田孝一によれば、土門と母親は共産党系の活動を始めた一九三二年にマルクス主義の理論家である風早八十二を尋ねたが、その際、母親は「息子を立派な職業的革命家にしてほしい」と願い出たという（出田孝一「画家志望だった土門さん」『芸術新潮』一九八六年五月号）。
(52)　前出（48）「友へ」
(53)　前出（48）「友へ」
(54)　永田一脩「作家をたずねて　土門拳の巻」『カメラ毎日』一九五九年六月号
(55)　土門拳「新写真作画講座第2回　第四〇回月例第一部印画評」『カメラ』一九五〇年二月号
(56)　土門拳「レアリズム写真とサロンピクチュア　月例第一部総評」『カメラ』一九五三年一〇月号
(57)　土門拳「私の履歴書」は、「日本経済新聞」一九七七年一二月七日から三一日まで二五回連載
(58)　「土門拳　その周囲の証言　日本評論発禁事件」『アサヒカメラ』一九七八年九月号
(59)　原弘「編輯　報道写真の企画と編輯　戦ふ写真報国講座第七回」『日本写真』一九四四年八月号
(60)　中村立行「言いたい放題7　撮影を禁ず」『アサヒカメラ』一九八五年七月号
(61)　前出（60）「言いたい放題7　撮影を禁ず」
(62)　前出（60）「言いたい放題7　撮影を禁ず」
(63)　土門拳記念館所蔵の国際文化振興会ストックフォト密着帖に、日付、撮影場所、撮影者などが明記されている。
(64)　竹中登美「日本工房学校」『先駆の青春――名取洋之助とそのスタッフたちの記録――』日本工房の会、一九八〇年
(65)　芳賀日出男「写真による文化宣伝について　日本文化紹介展の感想」『満洲カメラ時報』一九四二年一〇月一日
(66)　前出（65）「写真による文化宣伝について　日本文化紹介展の感想」

(67)「決定された！新事業体の全貌」『新刊弘報』一九四四年三月二一日
(68) 高見順、1907-1965
(69) 小林勇「哀惜名取洋之助」『図書』一九六三年一月号
(70)「ＫＢＳ第一一八回理事会」一九四三年五月一四日
(71) 名取洋之助「写真宣伝雑誌」『紙弾』支那派遣軍報道部編集発行、一九四三年
(72) 島崎蓊助、1908-1992
(73) 島崎蓊助「灰色の時―名取さんと私」『先駆の青春――名取洋之助とそのスタッフたちの記録――』日本工房の会、一九八〇年
(74) 前出（69）「哀惜名取洋之助」
(75) 前出（69）「哀惜名取洋之助」
(76)『ＫＢＳ第一三一回常任理事会議事録』一九四四年九月八日
(77) 島崎蓊助『島崎蓊助自伝』平凡社、二〇〇二年
(78) 和木清三郎、1896-1970
(79) 会田綱雄、1914-1990
(80) 飯島実「日本工房」創設から「国際報道工芸」解散まで」『先駆の青春――名取洋之助とそのスタッフたちの記録――』日本工房の会、一九八〇年
(81)『国際文化振興会の近況』一九四六年一〇月一〇日付
(82) 中島健蔵「伊兵衛さんの表情」『フォトアート臨時増刊　現代写真家読本・一　木村伊兵衛読本』一九五六年八月
(83)「木村伊兵衛放談室22　ゲスト石井彰」『アサヒカメラ』一九七三年一〇月号
(84) 前出（83）「木村伊兵衛放談室22　ゲスト石井彰」

(85)　井上祐子、山辺昌彦、小山亮、石橋星志『アメリカ軍無差別爆撃の写真記録――東方社と国防写真隊――』公益財団法人政治経済研究所付属東京大空襲・戦災資料センター、二〇一二年
(86)　菊地俊吉「写真家をめざしたころ　戦中・戦後のカメラマン」『母と子でみる　原爆を撮った男たち』草の根出版会、一九八七年
(87)　多川精一『焼跡のグラフィズム　『FRONT』から『週刊サンニュース』へ』平凡社新書、二〇〇五年
(88)　前出（24）「座談会　わが写真界の潮流　その2」
(89)　木村伊兵衛「創立一五周年記念特別座談会　日本の写真界の歴史　第3回・その2　戦後写真家の動き」『日本写真家協会会報』No.14、一九六六年一二月
(90)　前出（24）「座談会　わが写真界の潮流　その2」
(91)　山端祥玉に関する基本事項は、山端祥玉『或る写真家の生涯』（未刊原稿）を参照した。全八巻二七章、四〇〇字詰原稿用紙七九二枚にわたるこの資料は、山端もしくはその周辺から依頼を受けた第三者が公刊を目指して一九六〇年頃に執筆したと推察される。山端の生い立ちやジー・チー・サン商会創設から戦後の事業までの写真関連事業を、山端の立場から詳細に解説している。白山は、祥玉の孫、庸介の息子である祥吾氏より閲覧・複写を許された。
(92)　火野葦平「世界に唯一の記録」『記録写真　原爆の長崎』第一出版社、一九五二年
(93)　前出（92）「世界に唯一の記録」
(94)　山端庸介「原爆撮影メモ」『記録写真　原爆の長崎』第一出版社、一九五二年
(95)　「決戦与論指導方策要綱」一九四四年一〇月六日、内閣閣甲第三三〇号
(96)　前出（94）「原爆撮影メモ」
(97)　東潤「ルポルタージュ　原爆長崎の惨状」『記録写真　原爆の長崎』第一出版社、一九五二年
(98)　「日出造見参　やァこんにちは　三六八回　原爆投下直後の長崎を写した山端庸介氏」『週刊読売』一九六一年八月

二〇日号

(99)「白衣を着て横穴壕へ」『朝日新聞』一九四五年八月一二日

(100) 前出(92)「世界に唯一の記録」

(101) 前出(98)「日出造見参　やァこんにちは　三六八回　原爆投下直後の長崎を写した山端庸介氏」

chapter 8

第八章　占領期と戦後の「報道写真」

一　原　爆——東方社残党の記録写真

一九四五年七月二六日に発せられたポツダム宣言には、軍国主義の排除、国土占領、領土削減、軍隊の武装解除、戦争犯罪人の処罰などが提示されていた。鈴木貫太郎首相はこれを黙殺し、佐藤尚武駐ソ大使は条件付き和平の斡旋をソビエト連邦に依頼した。八月六日の広島原爆投下後、八日にはソビエト連邦が対日宣戦布告、九日に長崎へ原爆投下、その後の御前会議で「国体護持」を条件にポツダム宣言受諾が決定された。日本の降伏条件に対する連合国の回答公電が到着したのは一二日で、一四日の御前会議で改めてポツダム宣言受諾が決定されて、天皇による受諾宣言が一五日にラジオ放送された。

桑原甲子雄は、外務省の防空壕で短波放送を傍受する仕事の最中にポツダム宣言受諾を知った。疎開先の濱谷浩は、天皇の声で終戦を知り、思わず庭に駆け出して太陽に向かってシャッターを切った。国際報道株式会社は、長野県上田市郊外に疎開する話し合いの最中で、名取社長の消息もわからず、役員の飯島実が外務省、情報局、陸軍報道部などに出向いて今後の社の方針を立てようとした。役人は右往左往しながら書類を焼却するばかりだったが、支那事変から太平洋戦争までの写真の原板を破棄するようにと陸軍報道部から連絡を受け、「文化的写真の原板以外はすべて廃棄」するために「裏の川へ捨て」[1]て、役員を務めていた名取の弟・譲之助のリードで終戦後二週間ほどで組織を解散した。

同盟通信では、ラジオ放送の三日程前に中田義次写真部長が陸軍報道部によびつけられて、「直ちに全国の新聞社に、持っているすべての戦時中の資料を全部、焼却しろという命令」[2]を受けた。同報電話で各新聞社に通達する傍ら、同盟通信の資料も焼却し、「いまの日比谷公会堂が同盟の社屋として使われていて、あの周辺が全部、幅2メートル、長さ5メートルの防空壕ができておりました。われわれの社でも通達を受けると同時に、当時はフィルムより乾板のほうが多かったんですが、壕の中で3日3晩くらいかけて焼却、破棄」[3]して、後は埋めた。戦後の中田は、焼かないでいて後で判明したらみんなに迷惑がかかるだろうと思って実行したが、「数カ月経つと、何も焼かなくてもかくしておけばそれで済んでしまった」[4]と、後悔の念をにじませた。

木村伊兵衛は、丸ビルのオフィス街でも「ハッキリ命令がでたわけじゃないでしょう。だけどとっつかまったらということで」[5]貿易商から商店まで写真や資料を自主的に焼いていたこと、東方社は参謀本部関係から資料を焼けと言われなかったことを述懐している。それでも、自主的に、地下室に積み上げてあった『FRONT』をボイラーで焼却したが、軍艦や飛行機の掲載紙面が半焼けのままで煙突から飛び散り、風下の近所から苦情が舞い込んだという[6]。

同社の林重男は、「好むも好まざるも、軍に追随していた我々の職場にあって、豊富な資材を使い

写真一筋に勝ちを信じていた。それだけに原爆に次ぎ敗戦のショックは、我々を暫し放心状態に置いた」[7]と回想している。彼らは野々宮アパートに三々五々集って情報交換したが、虚脱状態で、「ただあるものは機材とかなりのフイルム等の資材、そして人」[8]だけだった。

長崎被爆写真のネガは、火野葦平の勧めによって山端庸介の手元に留められていた。少し後にこれを振り返った彼は、「末期的現象を表していた軍部の手によって発表され、日本の民心の最後の士気鼓舞や、続いて行われるであろう原爆攻撃に対する最も消極的避難方法に、誤つた利用をされなかったことは不幸中の幸いだった」[9]と、自らの写真が戦中に使われなかったことを安堵している。

八月三〇日に米国太平洋陸軍総司令官で占領軍最高司令官となったダグラス・マッカーサーが厚木に降り立ち、九月二日にはミズーリ号上での降伏文書調印式が挙行された。日本側は米英からの侮辱を覚悟していたが、マッカーサーの演説は、「この厳粛なる機会に、過去の流血と殺戮の中から信頼と理解に基礎づけられた世界、人間の威厳とその抱懐する希望のために捧げられたよりよき世界が、自由と寛容と正義のために生まれ出でんことは予の熱望するところであり、また全人類の願いである」[10]と紳士的だった。

占領軍は、九月三日に全国の駅名および主要街路名のローマ字表示を命じ、八日には壊滅的被害を受けた東京の街に進駐して来た。一〇日には間接統治などを謳う日本管理方式についての声明発表、一二日には横浜から日比谷の第一生命相互ビルに本部移転を決定し一五日に使用開始など、占領体制を次々に整えていった。

旧体制解体のスピードも迅速だった。九月一一日に東條英機元首相ら三九名に戦争犯罪人として逮捕命令、一三日に大本営廃止、一四日には同盟通信社が業務停止となった（翌日解除）。そして、占領政策を円滑に行うために、一九日に新聞紙規定としてのプレスコードが、二二日にはラジオコードが発せられて、一九四八年七月まで日本の全出版物は占領軍の事前検閲を受けるようになった（この後、一九四九年一〇月まで事後検閲）。これによって、占領政策への批判や連合軍の威信を傷つける報道、軍の機密に触れる報道は一切許されず、特に原爆については真っ先に報道管制が布かれた。戦闘が終わり、体制が変わっても、そして、新しい権力の目指すものが「よりよき世界が、自由と寛容と正義のために生まれ出でんこと」であったとしても、報道規制は厳然と存在していた。

そんな九月中旬、社団法人日本映画社の記録映画部長加納竜一が木村伊兵衛を訪ねて、原爆跡の撮影行きに誘った。「いま日映ではアメちゃんから頼まれて全部材料を出してくれる。しかしたいへんな記録なんだからいくんだけれども、普通写真でもいこうじゃないか[11]」というのだ。原爆記録映画のスチール写真担当要請だった。

社団法人日本映画社は、国策映画会社として戦中にはニュース映画と文化映画を製作していた。原爆記録映画制作に携わった同社文化映画部長相原秀次によれば、マッカーサーが厚木に到着して間もなく「アメリカのニュースマン」が来て根岸寛一専務と話をして、相原が既に提出していた「原爆記録映画製作企画案」実行が決定したという[12]。

映画製作には莫大な資金がかかるが、相原は、九月三日に占領軍映画政策についての情報交換のために映画配給社の山梨稔理事が根岸を訪れ、その際、同社から一〇万円の制作費用融通が決まったと記している。そして、記録映画に科学の裏付けを得るために理化学研究所の仁科芳雄博士に協力を頼

広島県観光協会，1949年

み、また、文部省の岡野澄事務官に依頼して学術研究会議の全面協力による「原子爆弾災害調査特別委員会」が正式に組織されるなどしたが、同社の岩崎昶は、こうした学者の動員に、映画配給会社からの資金が役立てられたことを回顧している[13]。

相原は、「東方社は写真でいい仕事をしているので、われわれには知られていたが、どちらかというと近寄りにくいところだったので、プロデューサーの加納さんが交渉をかってくれた」「曖昧な話しのまま加納さんはわれわれの会議を中座して東方社へ行った[14]」と、制作も定まらない時期に木村へ声をかけたことを振り返っている。

「曖昧」というのは、写真にかかる経費のことだ。「アメちゃんから頼まれて全部材料を出してくれる」ことは、実は、決まっていなかった。原爆記録映画撮影班は文部省が関係するこ

図75 『LIVING HIROSHIMA』

とで調査特別委員会補助機関という位置づけになり、宿舎、食糧とその経費は文部省側で準備することになった。しかし、交通費や広島・長崎での行動に要する実費は日映全体の経費で補えるだろうという漠然としたとらえ方だったのだ。最盛期の従業員総数九〇〇名余りという大規模組織ならではの丼勘定だが、外注する写真に払う資金はなかった。東方社が見込まれたのは、良い仕事をしていた実績が第一だったろうが、一般にはほとんどフイルムがないこの頃に資材があったことや、軍事関連機関であったために企業体力があると思われたからではないか。

当初は木村も行く予定だったが、「資金の関係で[15]」林重男と菊地俊吉が現地取材に行った。送り出す木村は、「林君、いいかい。道楽するなよ[16]」と告げたという。林は、「木村さんなりの解釈だと思いますが、向こうへ行って人間をテーマに写真を撮ったらそっちへのめり込んじゃう。それじゃ調査団の目的からはずれる。そういう意味で『道楽するなよ』とひとことといわれた。なるべく忠実に撮ってこい[17]」という意味だったと振り返っている。

広島に着いた林は、商工会議所のビル屋上から廃墟と化した町を一望して、負けた実感や無念さが胸に迫ったという。四方を撮影してつなぎ合わせたパノラマ仕立ての写真は、忠実な現場の記録であると同時に、焦土に敗戦の虚無感を重ね合わせた林の心象風景でもあろう。

既に、「新型爆弾」は原子爆弾だとわかっていた。出発前に「七五年間草木も生えないといわれ、もし行けば頭は禿げるし、子どももできなくなる[18]」と言われたというが、写真家の心配は放射能がフィルムに影響せずちゃんと写るかどうかだった。現地に着くなりテスト用に撮った何本かを急いで東京に送り、大丈夫という電報を受けて撮影を続けた。東京に残っていた木村は、後に、「ぼくが現像したんだから。現像液に突っ込めば入れたかと思うと真っ黒になっちゃう。カブリとオーバー[19]なんだ。放射能が入っていたのかもしれないね。だからカブッちゃうんだ[20]」と回顧している。

食料も水も車もなく、未曾有の惨事に撮影計画も立てられぬ手探り状態だった。物理班同行の林は九月三〇日から一〇月一一日まで広島、翌一二日から二二日まで長崎を、また、医学班同行の菊池は九月三〇日から一〇月二二日まで広島を撮影した。

菊地が長崎に行けなかったのは、一〇月二一日に映画撮影班のカメラ助手がアメリカ軍憲兵につかまり、その時初めて日本が記録映画を撮影していると認識した占領軍から日本映画社に撮影禁止命令電報が届いたためだった。「アメちゃん」の官吏は、日本に原爆の記録を頼んだつもりはなかったのだ。岩崎によれば、軍人と科学者で構成されたアメリカの戦略爆撃調査団がこの記録映画を利用する

ことにしたために仕事の続行が許されたという。(21)

二　原　　爆——占領軍の宣伝写真

アメリカ軍は、映画のスチールとして撮影していた写真も見逃さなかった。同年一一月、アメリカ軍将校と通訳が東方社に来て、撮影した写真フィルムを全部出せと強要した。

その時、木村は、「われわれにとって撮影したフィルムは、あなたが腰の右につけている拳銃と同じだ」と将校を指差し、「その拳銃をここに置きなさい。そうしたら、われわれの部員が撮ってきたフィルムを全部ここに出しますよ。交換しましょう(22)」と告げたという。写真を武器と同じだと主張する木村の言葉は、『写真週報』第二号（一九三八年二月二三日号）の「写真は短刀よく人の心に直入する銃剣でもあり、何十何萬と印刷されて撒布される毒瓦斯でもある」という言葉を思い出させる。将校は方針を変えて、ネガにはこだわらず「プリントしろ」と命令し直した。

相原によれば、原爆災害学術調査団は、帰米する戦略爆撃調査団の後をうけた海軍技術団と占領軍軍医部が日本の調査特別委員会医学班と提携した日米合同の形になっていた。「この三つともう一つ予備のものとを合わせて四枚の写真を焼いてくれないかといってきた」「責任者は戦略爆撃調査団だったんです。後でわかったんですが、これは非常に都合がよかった。なぜならGHQの関係のところは没収する権利を持っているけれども、こちらは調査団ですから持ってない(23)」という事情があった。

木村は、敗戦国には写真をプリントする資材がないと言って大目に見積もった材料をアメリカ軍に届けさせた。三日後、トラック三台に載った材料が野々宮アパートに横付けされた。林の回顧によれば、「一台は印画紙。八×一〇のコダックブロマイド。これが何百箱か、ものすごい量。次の一台は薬品ばかり。みんな缶入りで、ポーンと投げ込めばすぐD72[24]ができちゃうという。これでまたびっくり。三台目は乾燥機材だけなんですよ」「ピッカピカのドラムのドライヤー[25]」。国家の仕事をしながらも感光材料の厳しい統制を受けていた戦中と比べると、占領軍の物資の豊富さと手配の迅速なことは驚きだった。林らは、「こんな豊かな国と戦争したのがまちがいだった[26]」と実感した。

アメリカ軍が傍についてのプリント作業が連日続けられた。菊地は一三五ミリフィルムで七〇五枚、六×六で八二枚を撮影していた。林は、「ネガ一枚について一〇枚近く焼きました[27]」と回顧している。「毎日毎日手が薬でまっ黒になるほどたくさん[28]」プリントして、全てが納められた。

一方、この作業中の木村は、資材を「できるだけけちれ[29]」と命じた。余らせた資材を手元に留めようという狙いだ。林らは印画紙を切って使い、薬品の入った缶詰を隠したりもした。が、アメリカ軍はドライヤーの機械だけをさっさと持ち帰り、余ったかも知れない消耗品には目もくれなかったという。

翌一九四六年、占領軍から改めてネガの提出命令があった。木村は撮影者の著作権を主張して提出しなかったため、大森にあった菊池の自宅が二度に亘って土足で踏み込まれる家宅捜査が行なわれた。ネガは会社と自宅屋根裏に隠してあったために見つけられず、沙汰やみとなって、後に会社解散時に撮影者の手元に戻された。

木村は、戦いの相手であった占領軍から資材をせしめ、記録的な写真のネガが廃棄されたり改竄されたりするのを守ったつもりだっただろう。しかし、物資はアメリカ製でも、物資調達費は日本政府の特別調達庁が占領費の予算項目から出していた。そして、提出したプリントを原板として複写プリントが作られ、さらに四×五のネガが作成された。何度も複写を重ねた末のプリントは、コントラストや階調が変わって曖昧な画像になる。一九七三年五月にアメリカから返還された原爆資料には、複写ネガから製作されたと思われる写真が多数含まれていた。街中に散在する白骨が紙くずのように見えたり、洞窟の入り口があるのに崖にしか見えない写真ばかりで、撮影した林は、「記録として、正確に再現できない代物なので私は広島、長崎両市にこのフィルムは使わないようお願いした」(30)という。写真を守るためにとった木村の行動は、むしろ、曖昧な画像を跋扈させる皮肉な結果を生んでしまった。

林らの原爆調査団同行撮影とプリントに対して、やはり、アメリカからの支払いはなかった。それでも、木村らは、余らせた資材でＧＩ相手に写真の現像プリントを行うＤＰ屋を始めて、カメラマン七、八人と暗室作業のアルバイト五、六人が食いつないだ。

この後、占領軍宿舎に転用される野々宮アパートを立ち退いた東方社は、山室太柁雄を代表者とする文化社を神田区神保町に立ち上げた。一九四六年二月号『カメラ』では、アメリカ進駐軍通信隊写真部（SIG・PHOTO）部員Ｌｔ・ジャック・ハルターが「最近見たものでは〝フロント〟など非常に洗練されたものだし印刷も大変綺麗なものです、特に主眼となる写真撮影技術の良さには敬服しました」(31)と感嘆している。東方社から文化社への転換は、原爆記録写真のプリント制作過程で焼け残った『FRONT』を発見されて、戦争への関与追及を逃れる意味もあったのかもしれない。

文化社は、一九四六年四月に英語日本語併記のお土産写真帖『東京・一九四五年　秋』を刊行した。壊滅的被害を受けた東京の街と占領の様子を撮影した写真集だ。対外宣伝に携わっていた彼らにとって、こんな写真帖制作はお手のものだった。中島健蔵がキャプションを書き、週刊誌と同じB5サイズで、残っていた戦中宣伝用の紙を使った。表紙はアート紙だが、写真のグラビア印刷は水インキで、他と違って「戦争中は油インク(32)」で制作していた木村にとって、「刷っていくと全部とけちゃう(33)」と感じるような代物だった。

判型も印刷も『FRONT』とはレベルの違う粗末な写真集だったが、渡辺義雄は羨望の眼差しで見たという。一九四五年三月と五月の東京空襲で焼け出されて、ライカだけを持って転居を重ねていた彼は、戦争が終わっても機材が無いために「いざ活動するとなると、本当に手足をもがれたという感じ(34)」を持ち、「終戦後母校で人がない折りでしたが、そこの教壇も断り、社会的に影響のある仕事（発表）は静観(35)」していた。そんな時に『東京・一九四五年　秋』を見て、「良い写真ですね。併し私と気持ちが違う。あれを見たときには、ははあ、自分が撮ろうと思つておつたのは、こういうものではなかつたんだが、しかし、うまくやつたなあと羨望すると同時に感服した。矢張り出版社にいることの力と、自分のように野放しの個人の無力というものを感じました(36)」と、複雑な心境だったことを振り返っている。

渡辺の言う「うまくやつたなあ」というのは、この時期に『東京・一九四五年　秋』を刊行したというだけでなく、これをPXに売り込んで一〇万部を完売したことも示していたろう(37)。したたかな木村らは、原爆記録写真のネガについてはアメリカ軍将校と真っ向から対立したが、半年後に売り込み

図76　上：PX 向け　下：日本向け　『東京・一九四五年　秋』　文化社，1946年

をかけて戦後を切り抜けようとしていた。勢いを駆った同書は、同年七月には定価八円で「日本向けに五万部[38]」が刊行された。同書も完売したが、東京の卸売物価は一九四五年八月から一二月までの四カ月間で二倍、一九四六年二月には金融緊急措置令による新円発行、預金封鎖が実行されて、同年六月には五倍にまで跳ね上がるという猛烈なインフレーションが拡大していた。単発の仕事では、携わった者たちの暮らしは安定しなかった。

文化社は、同年一二月に

図77　『マッセズ』創刊号　1946年12月［J］

Ａ４変形判二八頁の不定期グラフ誌『マッセズ』を創刊した。巻頭言は中島健蔵による「マッセズに就いて」。「だれがいひ出すでもなく、人から教へられるでもなく、てんでんばらばらに考へられた意見が、だんだんに集まつて、ＭＡＳＳの意見となつた時、その意見は一ばん強い。それらのＭＡＳＳの全体がＴＨＥ《ザ》 ＭＡＳＳＥＳ《マッセズ》である。民衆である。人民である。そしてその人間の大きな集りの意見が、ほんとうの与論なのである[39]」と謳いあげている。

同誌の発行は、公的機関の下請けとして外国の識者に向けた仕事を主体にしていた木村らが、敗戦に直面して初めて国内大衆の労働者に向き合ったように思える。しかし、この背景には、ＧＨＱが打ち出した経済民主化のための制度改革の一つ、「労働民主化」があった。一九四五年一〇月に労働組合結成推進が指令されており、労働者を主役にした『マッセズ』は時流に乗った企画だった。創刊号の一〇月二〇日付「編集ノート」には、「編集・写真・業務の全員が何十度びか編輯会議につらなつて検討し活動した。すべてがよくない条件のもとで甚い生活苦に直面しながら苦戦した。この苦戦はやはり人民運動の波と無縁ではない。そのことの自覚が当然この雑誌の基調となり性格となるわけである」[40]と記されている。編集部の内情をうちあけて親密性を感じさせる一文だが、軍部に食い込んで『FRONT』を制作した時と同じ様に会議が制作のベースにあり、この企画は、占領軍と敗戦後の世相に食い込もうと練られたのであろう。

だが、創刊号の取材と編集が八分通り進んだところで、文化社は行き詰まった。同誌を刊行したのは、総務部営業担当の井筒有が雑誌の発行権と社名を譲り受けた「第二次」文化社だった。『マッセズ』創刊号は定価八円、一九四七年四月の第二号は一〇円、同年六月の第三号は一二円。一〇月の第四号はB5判二〇頁の一五円と物価上昇を反映した定価となったが、同誌は五号で休刊となった。

一九四七年八月から九月の木村は、『マッセズ』に写真を寄稿する一方、占領軍から死守した原爆被災地のネガを使った新しい写真集の制作を計画して、中島、菊地、大木実と広島を再訪していた[41]。戦前にアメリカへ移住した広島県人向けに、前回と同一地点からの撮影で街の現状を伝え、郷土の山河や風俗も折り込もうというのがねらいだった。しかし、相原によれば、「この場合は本をつくる条件は『観光用』[42]」でしか下りなかった。

英語の解説が施された『LIVING HIROSHIMA』[43]は、二年後の一九四九年五月に広島県観光協会から出版された。中島健蔵編集、山室太柁夫文、原弘・多川精一デザインと、旧東方社メンバーが総出で制作した本書の一行目は、「ヒロシマはまだ生きている！」[44]。一二八頁に掲載された写真総数八七八枚のほとんどは観光宣伝写真で、原爆の悲惨さを取り上げたページは僅かだ。壊滅的だった市街地に建物と人の気配がよみがえり、穏やかな自然や力強い祭りなどがエキゾチックな日本の魅力を伝えて

図78 『LIVING HIROSHIMA』 広島県観光協会，1949年

いる。これを見た人には、原爆の強い力と対で語られるべき過酷な被害実態など想像もできなかっただろう。

前述のように、占領軍の検閲は被爆地の真相を伝えることを許さなかった。例えば、敗戦直後に『科学朝日』で特集を組むために長崎・広島を撮影した朝日新聞社の松本栄一は、GHQの検閲で不許可の通達を受け、三枚ずつ付けたプリントは没収され、ネガの提出命令を受けた[45]。被占領民のみならず、外国記者も原爆については占領軍の報道規制下にあった[46]。ミズーリ艦上での降伏調印の翌日に広島へ行き原爆被害第一報を打電したロンドン・デイリー・エキスプレス紙のバーチェット[47]記者は、一〇年後に当時を回顧して、外国人記者も規制を受けていたことを次のように記している。「一九四五年九月初旬、広島では何人も原子放射能の余塵のために苦しんでいるものはない、という全面的な否定が世界中の新聞に発表された。この否定発表した科学者たちは、そのときまだ被災地を視察していなかつたのだつた。広島は新聞記者の立ち入り禁止区域にされてしまつた。私が広島に入った数時間後に、広島に一群の新聞記者たちが到着した。しかし、彼らは米国空軍の大佐たちに注意深く監視された。かれらは私の訪ねた病院へはゆかなかつた。かれらは住民の誰とも話しを交さなかつた。かれらは『新爆弾』の破壊力を賛美する記事を書いた[48]」。

こんな中で刊行された木村たちの広島写真集は、壊滅状態の日本に残された山河を資源とする「観光立国」政策と、占領軍の統治宣伝に使われたに過ぎない。後に敗戦後の時期を振り返った木村は、「今までの自分を反省すると共に、これからどう進むべきか、という精神的苦痛をいやという程味わせられた[49]」と述べている。戦時同様、占領軍下にも報道写真は宣伝写真として使われ、検閲があり、思うがままの撮影や制作は許されなかった。焼け出され、戦後の猛烈なインフレにさらわれて、彼の生活もどん底だった。

三　敗戦後の写真雑誌

写真雑誌は、一九四六年一月に、先ず、『カメラ』が復刊した。後の座談会の中で、「アルス『カメラ』なんかが発刊できたのも戦争中からの紙の統制のなかで配給があって、それがつづいてあったわけでしょう?」「実績がないとダメだし、石炭をもってないとダメだったんだよ。だから新しい出版社は実績が無いから石炭を確保しないと紙がでなかったんですよ[50]」というやり取りがある。軍や情報局のご用雑誌は敗戦前に刊行途絶しており、統廃合で消えた雑誌には実績がなかった。改組後も空襲で発行不能になるまで刊行を続けた北原出版（アルス）だけが、早期復刊の条件を満たしていた。

復刊号は、三二頁で口絵写真が八頁。「ザラ紙の少し厚いのを口絵に使いまして、水性インキでグラビアで刷つたんです。本文はほとんどセンカ紙みたいなものだつた」が、「返品はひとつもなかつた[51]」という。戦中を総括した本文頁に力がこもり、編集長の伊藤逸平は、「自由である可き雑誌を全く一個の範疇にとぢ込めて型で押し出させた」「面白くもない、写したくもない被写体に張子の愛国主義でシヤツターを押して行った[52]」と綴った。写真雑誌が一斉に報道写真へ向かったのは体制の押しつけであり、アマチュアと共に被害にあったという論調だが、福田勝治は同誌復刊二号に「写真界にも大多数の戦争犯罪人が居る[53]」と、新体制に迎合した写真界のスケープゴートとなり、美の追究から報道写真へ転向させられた恨みを記した。

こうした本文記事は、伊藤が「戦争が終わって写真がどう生きるべきか[54]」と注文して寄稿されたものので、「反省というより現実[55]」を書こうとした桑原甲子雄は、「新しい報道形式と云はれる報道写真が貧困でニュース写真の羅列に終つたこと」が最も遺憾で致命的としつつ、「戦時写真界は量的には貧弱だが質的には或程度の収穫を維持し得た現象が対外グラフ、写真書出版面等[56]」と評した。そのほかの論者も、情報局や大日本写真報国会などの組織は無能、アマチュア写真家は惨めだったとしながらも、戦中の報道写真家の活躍を評価した。

『カメラ』復刊にあたっては、戦災で写真関係者の消息がわからず、編集は「どうやって原稿を集めていこうか、実に苦心しました。それが一番大きな仕事[57]」であった。統廃合まで写真雑誌を牙城としていたアマチュアは疎開や罹災で自宅を離れ、戦禍が甚大な中で多くは写真どころではなかった。焼け出されたアマチュアには、撮影機材も秘蔵の作品プリントもなかった。「食はんがために虎の子の晴れ着を一枚一枚持出して、どうやら底をついた簞笥の前で溜息がちの細君の目がカメラを見逃す筈はない　この憎めない栄養失調者の触手にかかつてあへない最後を遂げたのが先づイコンタシツクス[58]」という有様で、手元に残っていた愛機も食べ物に換えられた。一方、プロ写真家は「疎開したら食えないもん。東京離れたら食えないんで、僕らはがまんしていた[59]」という。勢い、写真雑誌は、「戦後はプロ作家の写真によつて口絵を埋めるよりなかつた。これが戦前に見られない特殊な事情[60]」であり、「プロに頼らなければ、雑誌ができない[61]」という状況が続いた。

図79　『カメラ』　1946年１月復刊号

同年四月号の「メーカー訪問記」には、写真機材が食べ物と並べて論じられている。食糧難の日本を救うための輸入物資の「見返り」としてカメラが輸出されたためだ。「現在一番問題な主食、お米のことですが、このお米と引換へに見返り物資として写真機が相当数必要なのです[62]」「殊にアルコールなんか主原料がお芋でしやう、ですからフイルムを余り作ると皆んなが腹がへつて了ふといふ事になりますね[63]」というのだ。また、「見返り物資の他にPXといふ進駐軍向が又多数の注文があり、見返り品とPXで相当量になつて唯今では［写真機］生産が全然間に合はぬといふ状態です[64]」という事情も語られた。

敗戦後の混乱期に写真機材の生産体制が整っていたのは、占領軍の指示があったからだ。一九四四年に軍需会社に指定されていた富士フイルム、小西六は、ともに一九四五年一〇月に民需品製造会社として再出発した。その直前にGHQから呼び出された小西六は、「日本の公衆衛生、とくに結核防滅のためXレイフィルムの増産に励んでもらいたい。また、日本国民に供給する食料輸入のためには、見返りとして輸出を促進しなければならない。このため貴社は、カメラの生産につとめてほしい。それに使う資材は日本政府が優先的に割当てることを約束する[65]」と言われた。また、富士フイルムは、同年一〇月五日に「戦後の治安維持と民心安定のために、映画の振興を、食料の増産におとらず奨励する方針をつたえ、当社に対して、ただちにキネマフィルムの生産を開始せよ[66]」と第八軍から指示されていた。一九五〇年から富士フイルムに勤めた石井彰は、「一般のアマチュア用の感材は優先できなかったわけです。レントゲン優先、映画優先、その合間にすこしずつ作ったから当然量が少ないのです。印画紙においてはなおそうですね[67]」と振り返っている。

こんな風に、写真産業は戦後社会にも必要とされた。「カメラ産業というのが戦後復活してきて、カメラメーカーが出てきましたから。広告というものが望めるようになるわけですよね。雑誌というのは広告がないと成立しないですから。要するに、日本のカメラメーカーが、当時おそらく五十社以上のカメラメーカーがあったんです。社員が五人ぐらいで『四畳半メーカー』というのがありまして、アルファベットのAからZまで[68]」と、玉田顕一郎が振り返っているように、産業復興と合わせて、写真雑誌も次第に復活していった。一九四七年一月には北野邦雄が『光画月刊』を復刊させた。同年十二月に『写真撮影叢書[69]』が、また、一九四八年一〇月には元『カメラクラブ』編集者で復刊『カメラ』の編集にも携わった藤川敏行が『アマチュア写真叢書[70]』を、そして、『カメラ』から独立した伊藤逸平が一九五〇年一一月に『カメラファン』を創刊した。

雑誌のよみがえりと軌を一にするように、アマチュアも次第に写真への気力を取り戻していった。「全日本写真連盟」も活動を再開し、『アサヒカメラ』は事後検閲終了後の一九四九年一〇月号で復刊した。二〇年以上後に振り返った渡辺義雄は、「アマチュア写真が非常に復興してきたんですね。そしてそのころ連盟は団体単位だったんですが、個人の人も入れて、連盟を復活させようということになって、連盟の機関誌として『アサヒカメラ』を復活させようという機運があったところを、朝日新聞社としては、それだけじゃ読者がもたん、本の経営ができないということで、連盟だけじゃダメだということで、一般的なものにした[71]」としている。『アサヒカメラ』一九四九年一〇月復刊号の発行は四万五〇〇〇部[72]で、同年九月二八日号『アサヒグラフ』の四万部[73]よりも多い。同誌に対する朝日新聞社の意気込みが感じられる。

同年七月に復刊編集長を命じられた津村秀夫は、戦前の常連アマチュア二〇人くらいに手持ちの写真を送ってもらうよう依頼状を出した。しかし、「古色蒼然たるもの、使いものにならない。道楽の手習い草紙、多くは旦那芸[74]」だと感じて、旧知の木村伊兵衛に特写を依頼した。

図80　『アサヒカメラ』1949年10月復刊号

目島計一は、『アサヒカメラ』復刊翌年に写真雑誌の集まりができたことを回想している。「一九五〇年の十二月に、写真雑誌懇話会というのができるんですよ、通称「七日会」といってるんですが、これが朝日をぬかしてつくっているんですね。アルス『カメラ』『カメラファン』『光画月刊』『フォトアート』『日本カメラ』というのでつくっているんですね」と座談会で説明すると、戦後世代の伊藤知巳が「『アサヒカメラ』は入ってないの」「断られたんじゃないの、アサヒから」と笑いながら尋ねた。渡辺は「新聞社というのは別だったからね、むかしは[75]」と答えているが、アルス写真学校卒業生の集まりと『アサヒカメラ』は、戦後も一線を画していたようだ。

四　敗戦後の写真家とグラフ誌検閲

戦時社会を牽引する写真でもてはやされた報道写真家は、戦後をどのように過ごしていたのだろうか。写真雑誌が復刊し始めた一九四六年頃に戻って見てみよう。

報道班員として戦中の濱谷浩を批判した猪野喜三郎は、一九四六年に次のように記した。「もはや私達の出る幕ではないのです。例へて本誌に就て言へば――『CAMERA』『写真文化』『写真科学』と推移の末、またもとの『CAMERA』に還つたとしても、其処へ私達が待つてましたと許りに顔出しをさして貰うことは断じて許されない凡てが厳しい現実です[76]」。満洲行きを推薦されるほど評価されていた古巣に戻れないと考えたのは、戦争を推し進める写真を声高に語った自覚があったからだろう。

しかし、猪野は、「写真」そのものから離れることはなかった。三年後に「僕はもう二度とフォトジャーナルの世界に恥さらしをしない決心」と記しながら、「働く日のある限りは、子どもの成長を満たしてやるために写真屋で行こうと思います[77]」と表明している。この場合の「フォトジャーナル」とは趣味の写真雑誌、「写真屋」とは注文通りに撮る職業写真家という意味のようだ。いずれにせよ、混迷するインフレ下で家族を養うためには、腕に覚えのある道を歩むのが当然であった[78]。

猪野のみならず、戦争に関わった多くの写真家はこの後も写真を生業とした。陸軍の徴用でアッツ島に派遣された杉山吉良は、「敗戦と云ふ現実は、報道写真家であり、かつて報道班員であつた私には、大いに責任ありと感ずる、日本の写真家も亦、敗れたのである」と反省しながら、「敗戦国の報道写真家として今後の日本に役立ちたい[79]」と新時代への意欲を見せた。

また、海軍の宣伝写真を担った真継不二夫は、「ヴェス単やハンド・カメラは机の中に、大型カメラは押入れに、家人が持出した筈のライカも防空壕に置忘れ、窓近くに数十発の焼夷弾を受けて燃え上がる我が家を眺めたときの暗澹たる気持ち――数万の原板も、写真も、一切の家財とともに消失し去つたのか？　災火消えて焦土の中から掘出した防空壕の片隅に、黎明の光を受けてサンゼンと輝くライカを見出したときの喜び、この悦びは体験した人でないと実感として受取つて頂けないかと思います(80)」と、再びカメラを持つ喜びを吐露した。

外地にいた写真家も、引き揚げて写真の仕事を続けた。北京の華北弘報写真協会にいた林忠彦は、短波ラジオで無条件降伏の一〇日前に敗戦を知った。ただちに謀略宣伝用のプリントを庭で燃やし、五万枚ものネガは進駐してきた蔣介石の国民政府に売り払った(81)。既知の中国人にライカを奪われ、国民政府と共産軍の両方から報道班に誘われたが、応じずに引き揚げを待ち、一九四六年五月に内地へ帰り、その後、宇都宮の実家に疎開していた加藤恭平にスーパーシックスとローライフレックスを借りて、吉田潤とともに雑誌社などに挨拶廻りをして多くの仕事を得た。林と同じく華北弘報写真協会で仕事をして敗戦前に内地へ引き揚げていた大竹省二は、父親のカメラを借りて銀座へ行き、闇市で一本一円二〇銭のフィルムを買ってGI相手の街頭写真を撮っていた。

また、当時の写真雑誌には、「占領軍の兵隊さんは、カメラを持つてゐる、さかんに写してゐる、写されたくない日本の恥しい場面を、さかんに写してゐる(82)」と記されている。焼け跡や占領風景などの公式的な写真ばかりでなく、一般兵士が故郷に送る写真もあり、写真の現像需要があった。戦中のストックや伝手で材料を入手することができた写真関係者の多くはDP店を開業し、前述のように、木村は文化社の仕事としてDPを手がけ、土門拳もフリーランスとしてグラフ頁に寄稿する傍ら明石町の自宅でDP店を営んでいた。一九四六年前半に「ある人の話では銀座界隈だけでも新旧大小合わせて二百以上を数へる」[83]ＤＰ店が開業されていた。この数字は、戦中にどれくらいの写真家や工房が報道写真に携わっていたかの示唆になるだろう。

桑原甲子雄も、「東京裁判で、二年ぐらい友達とあそこでＤＰをやったことがある。みやげもの屋の一角があってね、ずいぶん儲かった。それで、のちにアルスのカメラの編集部へ来たら、収入が五分の一だよ」[84]と回想している。ＤＰ店では「二三枚引伸すと先づ百円かかる」[85]ほどだったというが、これが彼らの生活を支えた。

写真家たちは複雑な思いを抱えながら、前へ進もうとしていた。しかし、彼らの仕事を高く評価していた軍部や内閣情報部は既になく、占領軍には従軍写真家がおり、海外の雑誌社は日本を伝える写真のために直接写真家を送り込んできた。また、グラフ誌の印刷に必要な物資への物資統制は続き、被災工場整備の遅れもあって、刊行物が順調に発行されることは稀だった。戦前から続いていたグラフ誌『アサヒグラフ』は一九四五年四月以降は月三回の刊行、一九四六年五月創刊の『読売ウイークリー』はグラフ誌ではなくタブロイド判活版新聞で[86]、『毎日グラフ』[87]は未だ創刊されていなかった。

こんな中で、林ら日本の写真家たちは、国内向けの新興グラフ誌に仕事を求めた。雨後の竹の子のように出てきたカストリ雑誌を見た渡辺義雄は、「旧知の人達の行き《ママ》方には、インフレの影響は勿論であろうが、何かやらされているのではなかろうかと思いました。ジャーナリズムのために。それほど昔の仕事ぶりと違つたのです。私にはエロ、グロなど平気で写す気はなかつたし、一時の現象的な表れ方のものには心底からとりつけなく、従つてニュース方面にも行ききれなかつた」[88]と戸惑いを隠せなかった。渡辺は、原稿料をはずむと言われても、「その頃それをやつておればもつと経済的に楽だつたし、いろいろな点で便宜があつたでしようけれども、どうしてもやれない[89]」と、それまでに携わった啓蒙的な報国写真と敗戦後の民情へ迎合する写真とのギャップを乗り越えられずにいた。

しかし、もともと国情や文化を伝えようとする対外宣伝写真は、婦人雑誌や大衆雑誌のグラフ頁に馴染んでいた。戦中の木村伊兵衛や土門拳は『婦人画報』『中央公論』『日の出』などに寄稿しており、編集者にも馴染みがあった。一九四六年一月創刊の『生活文化』（旺文社）には土門拳や藤本四八が寄稿し、一九四六年一月に創刊した『世界画報』では田村茂が写真部長になるなど、それぞれに活躍の場を定めていった。渡辺が戦後の初仕事として『生活文化[90]』に寄稿したのは一九四六年四月。他の写真家のように直ぐにカメラを持たなかったことを後に問われて、ぽつりと、「戦争中真実、自らの本心良心のみにしたがって仕事をしてきたか否かを問い直すためだった[91]」と漏らしている。

統合を重ねて戦中に一一五九社だった出版社の数は、一九四六年四月には二二五七社に急増していた[92]。新時代を伝える新雑誌が次々に創刊し、そして、次々に廃刊した。前述のように出版社への挨拶回りで多数の依頼を受けて戦後グラフの寵児となった林忠彦は、「半分は原稿料がもらえなかったよ。たいてい三ヵ月くらいでつぶれちゃったんだから[93]」と振り返っている。

占領軍の検閲はこうした膨大な雑誌すべてを対象としており、二五年ほど後にもたれた写真家の座談会で話題に上った。渡辺は、一九四九年頃に「『中央公論』の仕事をしたときに、全部グラビアの青写真をもってってみてもらう[94]」と振り返った。『世界画報』の編集をしていた渡辺勉は、「ぼくなんか毎号いくわけよ。そうすると――日本の検閲もぼくは戦争中にいきましたけど、日本のほうがおめでたいんだよ。日本のは露骨におこって、ここはいけないとかいうんだけど、むこうのは絶対おこらないんだな。それでいんぎん無礼に二世が出てきて、責任者がいないから預っておくという形で、いつまでも引伸ばすんでね。月刊雑誌だからこっちは困っちゃうんだな。それで催促にいくと〝どうぞおかけ下さいまし〟とくる。こっちはかけなくたっていいから、どうとかいってくれりゃいいんだけれども。（笑い）まだ何々少佐が旅行中で帰らないからというだけで、いけないということは絶対いわないんだ」[95]と、慇懃な対応に面食らったことを話した。

そして、「いいときは電話一本かければ、すぐ取りにきてくれというんですよ。そうでないとなんとかかんとか引伸ばしてそのまま握りつぶしちゃうんですよ。こっちは締め切りがくるし仕様がないから、他のを入替えるわけですよ」と、刊行日が迫る中での探りあいを明かし、「一回はなんで引っかかったのかわからないけど、ソ連の集団農場の写真をやったら、引っかかっちゃってね。それからアメリカの集団農場もってったら、これがオーケー。（笑い）それから一番おもしろかったのは、『世界画報』でCIEからもらった写真――日本軍の残虐行為の特集をやったわけですよ。これはむこうがもってきたんだからオーケーになったけれども、むこうの内部で問題になったわけ。つまりこれを日本人に見せたほうがいいと思ったからオーケーしてくれたわけだけども、なかで意見がわかれたわけですね。これを日本人に見せるのはマイナスだというわけで、それから呼び出されて、どこから出たというから、そっちから出たといってね。なかでずいぶん問題になって、責任者が左遷されたらしいけどね」[96]と、裏話を紹介している。

報道写真で何をどのように伝えるかは、占領軍内部でもせめぎ合いがあったようだが、日本の編集者に定見があったわけでもなく、混乱の中でがむしゃらに雑誌が作られては消費されていった。

る。

五　サン・ニュース・フォトス——天皇写真

戦中に活躍した写真家、編集者ともに混乱する中で、戦後になって場を広げたのは、山端祥玉である。

一九四五年一〇月八日、写真通信社「サン・ニュース・フォトス（英名 Sun News Agency）」が東京市麴町区有楽町の毎日会館六階に設立された[97]。毎日新聞社の出資と役員参加によって設立された同社代表は、戦中に名取とともにプレス・ユニオンを運営していた山端であった。毎日会館は、一九三九年春から一九四四年の改組まで写真協会が事務所を構えていた場所だ。有楽町には朝日、毎日、読売と新聞社が集まっていて、写真配信には最適の立地であった。

戦中に軍関係の仕事を担っていた「山端写真科学研究所」は、戦争が終わると仕事が無くなって八月三一日に解散した。新しい組織であるサン・ニュース・フォトスの設立趣意書には「終戦の新事態に鑑み、写真の機能を最高度に発揮して、欧米の文化を急速度に摂取し、日本の真姿を世界に紹介するには、その技術と施設と経験に於て、本社が最も適格者であることを自認し、国際写真通信を主体とし、高速度写真、特殊写真及び出版等の業務を以て、新日本の発展に貢献することを企図する[98]」と記された。

内外の写真を国内新聞社や雑誌社などに提供するのは、戦中には、同盟通信社と写真協会の仕事だった。しかし、占領軍による独占禁止法や内外ニュース受信の自由などの政策によって、同盟通信社は弱体化されつつあった。(99)写真協会は、一九四四年の日本写真公社改編時に神田美土代町へ移り、敗戦後は財団法人日本交通公社(100)の一部局として観光宣伝写真に特化して出直した。山端は、報道写真の配信機関が弱体化されたことに商機を見て、体制の変化に従った新たな組織で事業の出直しにかかったのだ。

サン・ニュース・フォトスに最初に現れた外国人カメラマンは、『LIFE』の特派員ジョージ・シルク(101)だ。彼は、マイダンスらとともに「米国の占領地日本(102)」を撮影して同誌九月一〇日号に、また、戦犯として捕らえられた東條ら二三名の獄中生活を単独撮影して同年一一月一二日号「日本人の戦犯、裁判を待つ(103)」として掲載された。当時サン・ニュース・フォトスのカメラマンとして勤務していた長田耕助は、「サンとライフが特別の関係を結び、彼［シルク］の撮影して来るフイルムの暗室作業を一切我我が手伝ふ事に成つた(104)」と振り返っている。

サン・ニュース・フォトスはこうした暗室作業請け負いのほか、一九四五年一二月に米国の写真通信社アクメ(105)と契約を結び、一九四六年一月には同社内にアクメ東京支局を設営して、配信される世界ニュースを「サン・アクメ」として日本の新聞社に提供していた。

さて、戦後の日本社会に衝撃を与えた写真に、昭和天皇裕仁と占領軍最高司令官マッカーサーの記念写真がある。天皇は、一九四五年九月二七日に東京赤坂の米国大使館にマッカーサーを訪問した。この時、マッカーサー付き米軍写真班員ジェターノ・フェーレイス(106)が撮影した会談前の記念写真が、同月二九日の朝刊各紙（朝日、毎日、読売報知）に掲載されたのだ。夏用軍服の第一ボタンを外し両手を腰に当てた気楽なポーズのマッカーサーと、モーニングを着てカメラに正対する小柄な天皇の写真は、体格の差のみならず、勝者のゆとりと敗者の緊張を歴然と写し出している。

政府は、「安寧を紊乱するもの」として掲載三紙を戦中の内務省検閲に基づく「新聞紙等掲載禁止令」によって発売禁止にした。その主因は、同時掲載された開戦当時の首相東條英機を非難する天皇会見記にあり、天皇はどんな人物も個人的に非難しないという慣例に反していたことにある。会見記は、先立つ二五日に『ニューヨークタイムズ』特派員フランク・クルックホーンからの質問に文書で寄せた回答で、親英米派で「国体護持」を第一と考える貴族院議員幣原喜重郎が準備したものだった。入江相政侍従は、当日の日記に「紐育タイムス記者クロックホーンに謁見、僅か五分間であつたが非常によい記事を本国に打電した由」(107)と記している。しかし、「国体護持」を目指す全ての者が「東條非難」を最善と思っていたわけではなく、かえって、政府による発禁処分という結果を招くことになったのだ。

一方、この処分を知った占領軍は、直ちに新聞ならびに通信に対する一切の制限を撤廃するよう命令し、同日午後には発禁措置を受けた新聞を自由に販売してよいと指示した。連合国最高司令官政治顧問ジョージ・アチソンは、「過度にならない限り、天皇がある程度メンツを失うことは望ましい」(108)と、天皇を狙う構えを見せていた。政府と占領軍のやりとりは、同時に、天皇の戦争責任不問に傾くマッカーサーに対するアチソンの牽制でもあった。

ともあれ、会見記と同時掲載された記念写真は新聞読者を驚かせた。高見順は「かかる写真はまことに古今未曾有のことである。将来は、なんでもない普通のことになるかもしれないが、今は、――今までの『常識』からすると大変なことである。(109)」と、また、歌人の斉藤茂吉は「今日ノ新聞ニ天皇陛下ガマツカーサーヲ訪ウタ御写真ノツテヰタ。ウヌ！　マツカーサーノ野郎[110]」と憤懣を、それぞれの日記に記した。敬うべき対象の惨めな姿を見せ付けられて、大方の日本人は敗戦を実感せざるを得なかった。

天皇の弟宮である高松宮も、この写真に強い感情を抱いた一人だった。「今日ノ新聞ニ『マク』トオ上トノ御写真ガ出タノデスベテ発禁、郊外ト昨夕ノ東京ハソノマヽ出タ。(三〇日ニ『マク』司令部カラマタ指令デ之ヲ再配ス)。『マク』司令部コト〴〵ニソレ威令ヲ示シ、国民ノタメヲハカツテヰルト云形ヲトル[111]」と日記にしたためている。高松宮は、そもそも、二人の会見についても、「敗戦国ノ元首トシテ呼ビツケラレル様ナ形ニナツテハヨクナイ[112]」と考えていた。彼は、占領軍の態度に天皇への不敬を感じていた。

図81　『読売報知』　1945年９月29日

この記念写真は、「かつての神の末裔[113]」として『LIFE』一九四五年一〇月二二日号に掲載された。また、アメリカの写真年鑑『U. S. CAMERA 1947』は、写真と共に「日本人は誰がボスかを学び始めた[114]」と、込められた意図を

新聞記者に異例の賜謁

無造作に御會釋

御髪もやゝ白きを加へさせられ

御顔に拜す勞苦の跡

天皇陛下

新年の御儀・親祭

叫び

物價政

図82　『読売報知』　1946年1月1日

記した。

記念写真の新聞掲載から間もない一〇月四日、占領軍は覚書の中で天皇に対する自由討議を促した。既に、共産党の天皇廃止論、南原繁東大総長の天皇退位論などの厳しい批判や分析が盛んになっていた。国内論議が高まる中で、一〇月以降の高松宮は度々占領軍高官を芝高輪の自邸に招いて、天皇の地位保全をアピールした。

一方、マッカーサーは、強硬派のアチソンと対立する考えを固めつつあった。占領軍の中では、彼の「最高司令官」という役職は「日本軍隊の降伏を受理し、それを達成するという限定された目的のため[115]」と考える者も多く、占領軍の全権を掌握する権威となるためには何らかの打開策が必要だった。

そんな一九四六年一月一日、天皇は勅書で現人神にあらずと自らの神格化を否定し、「人間宣言」を伝える各紙記事には娘の孝宮とともにステッキを手に散歩する背広姿の天皇の写真が掲載された。

前月二二日に設けられた初の記者会見での、「『おだやかな学者』か、あるひは『やさしい紳士』[116]」という天皇の印象も記された。さらに、「『御兄君』天皇陛下[117]」という高松宮の談話が同日の囲み記事になり、正直で自然を愛する人物像が強調された。

実は、人間宣言が行なわれたこの日、宮内省大臣官房総務課事務嘱託に山端祥玉が任じられている。目的は天皇一家撮影のためであり、仕事は既に前年の一二月二三日に始められていて、元旦の新聞に掲載された写真もサン・ニュース・フォトスのカメラマンが撮影したものだった。

かつて、海軍艦隊を巡幸した若き摂政宮であった天皇を撮影したこともあった山端は、敗戦によって天皇イメージが激変しつつあることを恐懼の念で受けとめて、郷里福井の旧藩主で一九四五年一一月まで内大臣秘書官長を勤めていた松平康昌を通じて宮内大臣石渡荘太郎に宣伝写真撮影を進言していた[118]。松平は、幻となったオリンピック東京大会での芸術競技に写真を加える運動を行なった日本写真家協会の会長を務めており、世論を動かす写真の力を十分認識していた。

撮影日は、団欒の食卓を撮るには「その日でないと食べるものがそろわない[119]」と、皇太子（平成天皇）の誕生日である一二月二三日が指定された。準備のため二一日に天皇の居室であった御文庫に案内された山端は、その質素な生活を見て、「殊に両陛下のおスリッパを見て感泣[120]」したと侍従の入江相政が遺している。

山端は、宮内省と打ち合わせて、天皇をヒューマニストとして、また、自然科学者として万人に周知させる写真を目指した。この時写された天皇とその家族の写真は約二〇〇カット。被爆直後の長崎を写した山端庸介も、同社カメラマンの一員として撮影に参加した。一家の写真は『LIFE』に配信され、同誌一九四六年二月四日号は「裕仁邸の日曜日　天皇が初めて非公式写真のためにポーズをとる」[121]として、五頁に一〇枚の写真を使った。本文には撮影の経緯として、宮内省が『LIFE』に対して一二月の第四日曜日に撮影許可を出していたが、皇室（the family）は暗殺を恐れて米国人の撮影[122]を拒否し、代わりに日本の「Sun News Agency」のカメラマン四名が撮影したとある。

撮影を拒否した「皇室」とは誰だろうか。宮内省を上回る力を持っているとすれば、天皇に近い親族と考えるのが妥当だろう。アメリカ人による撮影を拒否したのは、実際に殺害されることを危惧したからではなく、マッカーサーとの初会合で撮られた記念写真のような、天皇の立場を危うくする写真を拒否したという意味ではないか。

例えば、シカゴ・サン紙の記者マーク・ゲイン[123]の日記には、少し後の埼玉巡幸で初めて間近に見た天皇の印象が次のように記されている。「いやな仕事を無理矢理やらされている疲れた悲愴な男、そして自分に服従しない声音や顔面や四肢を何とか支配しようと絶望的にもがいている男。これが天皇のありのままの姿だった」「神としての天皇の有用性は降伏の日と共に痛く減少した。今や宮廷の中の、また宮廷をとりまく抜け目ない老人たちは新しい神話を製作しつつある、――国民の福祉に熱心な関心を持つ民主的な君主に関する神話である[124]」。ゲインはカメラマンではないが、もしも彼の率直な天皇観を写真で表現すれば、それは再度の侮辱的写真となったであろう。「皇室」は、ゲインの言うところの「新しい神話」としての天皇像をつくるために、絶対的敬意を抱いている日本人カメラマンに写真を撮らせたと考えられる。

終戦までの『LIFE』は、ヒットラー、ムッソリーニとともに天皇を悪の総督とし、軍服姿で伝え

図83「裕仁邸の日曜日　天皇が初めて非公式写真のためにポーズをとる」『LIFE』1946年２月４日号

ていた。イラストによる広告表現まで見れば、戦争主導者としてのイメージが強烈である。しかし、「裕仁邸の日曜日」の写真は、背広を着て、家族で団欒の一時をもち、顕微鏡を覗き、リンカーンの彫像が設えられた部屋で米軍グラフ誌『Stars and Stripes』を読むのが彼の「日常」であるように伝えた。本文には、アメリカ人にも理解出来る人物として、また、民主的で、父、祖父、市民、植物学者としてのイメージでとらえられるように写された意図的な写真だと記されている。写真の裏を読もうとするこうした文章が付くことや、「日本」を蔑称で「Jap」と記していることは、占領間もない時期としてうなずける。一方、文章はどうであっても、穏健で上品な雰囲気の天皇とその一家の写真は同誌を見るアメリカ大衆にとって新鮮であっただろう。「この写真は『ライフ』のヒットになつたので、提供者の『サンニュースフォトス』社長に対し、『ライフ』編集長から鄭重な讃辞と感謝の電報が寄せられた[125]」という。

マッカーサーは、一九四六年一月二五日付アイゼンハワー陸軍参謀総長宛電報で、天皇の戦争責任追及や告発はアメリカの負担を大きくすると伝えた。天皇が裁判にかけられることに「全日本人は消極的あるいはなかば積極的な方法で抵抗するものと予想しうる」、そうなれば「すべての政府機関が崩壊し、行政活動が停止し、地下活動による混乱、山岳部および周辺地域におけるゲリラ戦による秩序不安などが醸成されることは、予想されないことではない」「分断された大衆のあいだからなんらかの形の、たぶん共産主義的な線に沿った高度の組織化運動が起こってくると信じられる。これは現在とはまったく異なった占領問題を提起する。占領軍を大幅に増強することが必須となろう。少なくとも百万の軍隊が、はかり知れないほど長年月にわたって維持されなければならなくなろう。加えて、

図84　「日本の天皇」『LIFE』1940年6月10日号

図85　North American 広告『LIFE』1942年8月31日号

数十万にのぼる行政官を調達し、日本に投入しなければならなくなろう[126]」という内容だった。そんな時に刊行された二月四日号『LIFE』掲載の天皇写真は、親米の態度を示しており、米国にとって温存しても悪くない人物という印象をもたらしたのではないか。

日本ばかりでなく、アメリカ軍、占領軍内でも「国体護持」を巡る駆け引きがあった。敵国の王である天皇を裁くのか、それとも利用するのかについて、米国内の意見は拮抗していた[127]。日中戦争以降、世論喚起のために日米のターゲットとなった『LIFE』が、戦後も同じ役割を期待された可能性は大きい。

同年二月二七日、高松宮を訪ねたマッカーサーの副官であるボナー・F・フェラーズ准将は、今後の天皇について、「陛下ガ唯一ノ現在ノ指導適格者ト認メルカラ、モット積極的ニナサルガヨイ」「MC［マッカーサー］

ハ陛下ヲ認メテヤツテユクツモリデヰル[128]」と述べた。占領軍最高司令官は天皇の権威を占領政策に利用することで仕事を順調たらしめ、その庇護者として日本に君臨しようとしていた。天皇の地位が保全されるこの案は、高松宮に歓迎されたに違いない。同年三月六日、占領軍との事前折衝にあたっていた米内光政に、天皇訴追回避と東條以下陸軍の責任を重く問うというマッカーサーの意向が伝えられた。強硬派の多い中で揺れていた米国の最終方針は、天皇の退位は不必要で、裁かれることはないという「国体護持」に落ちつき、これを推進したマッカーサーは以降の占領期日本に絶大な力を保った。

ところで、マッカーサーを訪ねた天皇の記念写真が新聞に掲載された後の一九四五年一〇月二一日付け高松宮日記には、「午後、何ニモセズ『ライフ』や手当リ次第の本をヒロイ読ミスル」とある。占領軍高官に国体護持を訴える中で、高松宮が手に取った『LIFE』は「かつての神の末裔[129]」としてマッカーサーとの記念写真が掲載された同年一〇月二二日号だったろうか。前述のように、高松宮は創設時からの国際文化振興会総裁である。戦中同様に、相手側の宣伝に対抗する写真を送ることを考えても不思議ではない。戦中に軍の宣伝写真に携わっていた山端からの提案を、松平から石渡を通して聞いた可能性もある。一二月二三日のサン・ニュース・フォトスによる撮影に「皇室」として影響力を発揮したのが誰であったのか資料などに明確な記載は見つけられないが、撮影直前の二一日の高松宮日記には「陛下ニ拝謁ヲ願ヒ、米人ノアセリニ対シ手ヲウツベキ件申上グ」とある。同日に山端が御文庫を訪れ、翌日は記者会見が開催されたことを考え合わせると、「手ヲウツベキ件」とは一連の写真を使った宣伝に関係したことであったのかもしれない。

「国体護持」を磐石にするためには、戦争責任追及を免れることも必要だった。この後の一九四六年夏、山端庸介は皇居での天皇一家や行幸の様子を撮影した(130)。これは、ワシントンからマッカーサー元帥に下された「密かに天皇を人間化し、人気を高めるよう援助せよ(131)」という指令を反映したもので、目的は極東軍事裁判での天皇追及回避にあった。アメリカ将官は宮内省に「広告をしなければいけない。天皇を人民に売りつけなければいけない(132)」と説いていた。米国は、占領政策に天皇を使う方が得策であると決め、多国籍で構成される裁判を乗り切ろうとしていた。

サン・ニュース・フォトスが撮影した一連の天皇写真は、一九四七年二月にトッパンによって定価一〇〇円の写真集『天皇(133)』にまとめられた。編著者はサン・ニュース・フォトスで、本文エッセイの巻頭は、高松宮宣仁親王「逸話のない陛下」。以下、写真頁の前に東久邇宮成子内親王「父陛下」、国務大臣金森徳次郎「憲法と天皇」、UP東洋総支配人マイルズ・W・ヴォーン「天皇の印象」、武者小路実篤「純情の人・天皇」と続き、写真頁の後には賀川豊彦「平民『ヒロヒト』」、前宮内大臣石渡荘太郎「御親子の情」、宮内省御用掛理学博士服部広太郎「生物学者としての陛下」、毎日新聞記者藤樫準二「人民の中を行く陛下」、宮内省厨司長秋山徳蔵「陛下の御食膳」と続く(134)。

執筆のテーマは、家庭人、教養人としての姿を強調して天皇への親和感を喚起している。写真キャプションには日本語と英語が併記されていて、読者対象は日本人だけではない。勿論、『東京・一九四五年　秋』と同様に、占領軍のお土産写真集の役割も果たしただろう。「新しい神話」のイメージ作戦が後押ししたのか、天皇は戦争責任追及をも逃れた。

『入江相政日記』昭和二二年一一月一九日には、「トッパンの佐藤氏、伊奈氏、大宅壮一氏来、官房

図86　サン・ニュース・フォトス編『天皇』トッパン，1947年

で種々打合をする」とある。後に詳述するように、この頃山端祥玉は公職追放されており、後を受けて、『天皇』の再版には対外宣伝に詳しい伊奈や大宅が関わったようだ。同年一二月一七日には「午后二時に三井さん、高尾さんの所へ行きトッパンの伊奈さんに会ふ。『天皇』の再版も段々進んでゐる由、三時過迄色々話をし『宮城』といふのを来秋頃に作つたらどうだらうといふことになる」とあり、一九四

九年三月に刊行された、熊谷辰男と渡辺義雄の撮影による『皇居 IMPERIAL PALACE』（トッパン）の背景が浮かび上がる。

さて、サン・ニュース・フォトスの天皇写真が『LIFE』に掲載された頃、アクメ東京支局には同社カメラマンのトム・シェーファー[135]が駐在していた。来日以来、天皇や皇族の生活を撮った報道写真を撮ろうと狙っていたが叶わず、『LIFE』を見たニューヨーク本社は「お前は東京に居て何をして居るのか[136]」と電報で叱責してきた。シェーファーはサン・ニュース・フォトスに「アクメと契約を結んで置き乍らなぜライフに提供したか」と抗議したが、「契約をする前にライフに渡した[137]」と退けられた。それでも収まらない彼は宮内省に撮影申請を出し続け、一九四六年五月に葉山御用邸で天皇を撮影した。

その時、前代未聞の写真が撮られた。シェーファーが手にしたカメラのスピードグラフィックに興味を引かれたのか、傘を差しかけられている天皇が近づいて、彼と写真に納まったのだ。司令官マッカーサーならともかくも、一カメラマンとのスナップショットなど、正に「古今未曾有」のことだ。

侍従の入江相政は、占領軍関係者が天皇の写真を撮ろうとして手を焼いたことを日記に書いている。例えば、天皇が葉山滞在中の同年四月七日には、長者崎方面付近で「進駐軍の兵三名が御後をつけて来て御写真をとらせてくれといふ。葉山署長が断つてゐたが、お上はかまはないから撮らせてやれと仰せになる。それが拝写すると、そこに来合はせた陸軍二名、海軍二名の将校も拝写した。それから浜伝ひに南庭の海岸御門からお入りにならうとした。又お後から四名の兵がつけて来て是非拝写させてくれといふ。拝写を終つてから自分等と一緒に拝写させてくれといふ。予がこれは断つた[138]」という

図87　『写真展望』 1947年1月創刊号
［J］

次第だ。

　居合わせた占領軍関係者の撮影希望に応じたのは天皇の意思だったが、兵と共に写ることを入江が拒否したのは、どのように使われるかも知れぬということ以前に、それが彼にとってあり得ない事だったからだろう。敗戦までの天皇写真は、その威容を示す必要があって新聞社などが撮影する時も、事前に撮影者を届け出て、身辺調査の後に許可が下され、礼服に身を包んで謹写するものだった。いかに占領期とはいえ、貴顕でもない兵に言われるまま天皇が並んで写真に納まるなど、侍従には許しがたいことだったろう。シェーファーとの写真を誰が撮ったのかは不明だが、侍従が天皇写真の一件で山端を見知っており、山端に近いアメリカのマスコミ関係者として特例扱いされたからではないか。

　シェーファーは、一九四六年七月末にアメリカへ帰国した。初めて天皇と二人で写ったアメリカ人カメラマンという歴史的写真は、写真雑誌『写真展望』一九四七年一月創刊号の表紙に使われた。しかし、彼がアクメ特派員だったにも関わらず、『LIFE』など米国グラフ誌への掲載は見つけられない。

天皇のアメリカ人への親しみを示す好例と思われる写真だが、一介のカメラマンに示した好意では、天皇の「新しい神話」にも、また、占領政策の宣伝写真にも使えなかったのかもしれない。

六　『週刊サン・ニュース』——公職追放と戦後世代の育成

『LIFE』特派員として一九四五年一一月頃に来日したアメリカの写真家アルフレッド・アイゼンシュタット[139]は、サン・ニュース・フォトスに出入りしつつ、三菱財閥の総帥岩崎小弥太男爵の葬儀（一九四五年一二月二日没）や、日比谷公園で大々的に催された共産党員野坂参三帰国歓迎国民大会（一九四六年一月二六日）などを取材した。

この頃を振り返った木村伊兵衛は、アイゼンシュタットのことを「好きじゃない」と明言している。「ぼくもあの人は好きじゃないんですよ。ぼくは徳球（徳田球一）が出獄してきて、野坂が帰って、志賀［義雄］と三人を、共産党に撮りに行ってたんですが、野坂参三が眼を悪くしていましたよ、延安から帰ってきたばかりでね。そのときに、アイゼンシュタットがきてて、いばっていてね——。進駐軍の服なんか着て、われわれなんかよせつけませんよ、当時は。ああいうもんでしょうね、占領したということになるとはね[140]」というのだ。原爆被害記録を撮るのも、そのプリントを作るのにも敗戦国の惨めさを味あわなければならなかった悔しさが、我が物顔に振舞う占領国の写真家への悪印象に繋がったのではないだろうか。

その一方、「何を撮つてい丶のかということさえ考えることが出来なかつた[141]」木村は、アイゼンシュタットの撮影振りを見て「やはり今の現実にカメラを向ける報道写真が自分の仕事だと思い直した[142]」とも言っている。「『1946年《ママ》の秋』をだして全部終わっちゃって、ぼくなんかもぐだらぐだらしているうちにどうすることもできなくなって、有楽町の毎日新聞の上の山端さんのところにいったら名取君がいて、あすこに泣きついていって何か仕事をさせてもらう[143]」ことになったと、戦後の転機を回顧している。

名取洋之助は、一九四四年の大東亜文学者大会準備中に草野心平の縁で知り合った宮島玖[144]と南京で暮らして子どもをもうけ、一九四六年四月に東京に引き揚げていた。派遣軍報道部軍属写真家として戦中に仕事を共にしていた細井三平によれば、敗戦によって軍命が下り、名取の手がけた膨大なネガと雑誌は一週間かけて焼却処分されたという。中国に骨を埋めるつもりで蘇州に墓を買っていた名取は、引き揚げの三カ月前に膵臓壊疽の手術を受け、家族や仲間と共に上海に移っていた。そこに、「戦犯になりそうだというはなしが入り、『やばい、引き揚げよう』ということ[145]」になり、術後の不如意な体で引き揚げ船「上海丸」に乗って帰国したのだ。東京に着いて既に日本工房が解散しているのを知った彼は、「拠点がなくては何もできねえじゃないか[146]」と慨嘆したという。

一方、不在中にも名取は忘れられていなかった。「米軍が進駐してきて、洋之助名取《ママ》はどうしたと訊ねまわった。さては名取の宣伝中隊はやられるのかと思いきや、ただアメリカで有名な報道写真家の所在を、たしかめようとしただけ[147]」という出来事があったのだ。

経験豊富で欧米に顔が利く名取は、山端祥玉が一九四六年一二月に再興したジーチーサン[148]の幹部になった[149]。木村が山端を訪ねたのは一九四七年の『マッセズ』刊行中だろうか。名取と木村は、一九三三年に日本工房を結成し、一九三四年に袂を分かち、以降それぞれの組織で報道写真に邁進していた。戦後の事情が彼らを一〇年ぶりに同じ組織に、しかも、雇われる立場として集わせたのだ。

　経営者として報道写真を推進していた名取が戦後には雇用される側になった経緯を、一九六二年に飯島実が打ち明けている。「自分はずっと若い頃から技術者であって経営者であったが、これがうまくいかなかった。終戦を転機に自分はある機構の中で一サラリーマンとして仕事をしたいと思っているからどこか就職口を探してくれ(150)」と名取に言われたというのだ。大きな機構で名取に相応しいポストを打診したが、「デスクができない人(151)」だと断られてしまったことを振り返っている。

　一九四七年にサン・ニュース・フォトスでレイアウトに携わっていた岡部冬彦(152)は、その頃の同社の様子を次のように振り返っている。「サンニュースフォトス《ママ》というのは、アメリカのアクメ、フランスのＡＦＰと特約した写真通信社で、ニュースカメラマンの撮った国内ニュース写真、営業カメラマンの撮った営業写真、それにアクメとＡＦＰ外国通信社の写真、この三本を加盟各社に毎日売っているのが商売である。そしてニュースカメラマンには稲村［隆正］、三木淳、富士フイルムの石井彰、前文春写真部長の樋口進などがいた。長野重一、田沼武能、佐伯義勝などがサンに入社したのは、かなり後になってからである。営業写真の部長は木村伊兵衛さんで、嘱託として藤本四八さん、吉田潤さん、なくなった牧田仁さんなどがおられ、外国通信社のアクメは同じ部屋の一隅に事務所と暗室があり、カメラマン兼通信員のリチャード・ファーガソンがいた。また故名取洋之助さんが、なんだか忘れたがやはり当時写真の方のエライサンでいた関係上、ライフのカール・マイダンスなどがいつも遊びに来ていたし、通信社という商売の関係上、ＡＦＰの日本支社長レオン・ブルーやマンチエ《マ》スターガーディ《マ》アンのヘッセル・ティルトマン［Hubert Hessell Tiltman］などという、錚々たるジャーナリストが、いつも顔を出していて、毎日が活気に溢れた会社だった」「そのうち名取さんが編集長になって、週刊サンニュースという大判の週刊誌を出すことになり、文化部から私がそのレイアウトマンとして入り、写真からは稲村がカメラマンとして入ることになった[153]」。

山端の率いていたサン・ニュース・フォトス、ジーチーサン、そして、特約していた占領国の通信社は、渾然一体となって活況を呈していた。かつての国際報道や東方社のようなライバルもなく、木村、藤本、牧田、小柳次一が名取の誘いに応じ、報道写真に憧れて戦中の国際報道で写真の修行をしていた若手の三木[154]が、友人の稲村[155]や長野[156]を連れてきた。そして、東方社で暗室担当だった薗部澄[157]が加わり、デザイナーでは原弘、若手の多川精一に加えて、新進の岡部や根本進らが参集した。終戦までの対外宣伝を担った者とそれを慕う戦後世代の、いわば、梁山泊となったのだ。

名取は彼らに「日本の『ライフ』」を作ろうと呼びかけたという。実は、彼の帰国直後の一九四六年五月七日に、図書、写真及び印刷物類の商標として『Sun LIFE（サン・ライフ）』という名称が山端祥玉によって特許庁に申請され、八月一七日に正式登録されている[158]。サン・ニュース・フォトスは、同年一月からアクメと提携して「サン・アクメ」としてニュースを配信していた。これに倣えば、「日本の『ライフ』」は単なる掛け声ではなく、『LIFE』と密接な関係を結んでのグラフ誌発行が考えられていたのだろう。同年七月、タイム社はアジア地域をカバーする『LIFE International』の刊行を開始している。当初は、これと提携する計画があったのかもしれない。

週刊グラフ誌創刊は、名取にとっては「報道写真の発表の場があいかわらず狭い[159]」現状を打破する意味があった。物資の不如意な敗戦間もないこの時期にグラフ誌制作に向かったのは、活躍の場がなければ仕事にならない報道写真のためだった。また、「終戦後、上海から帰ってきたての私は大病を患って、あまり長くは生きられないと医師に宣告され、なにか後を継ぐ人がほしいという気持ちにせきたてられた」(160)という個人的な理由もあった。日本工房で土門や亀倉を鍛えたように、実際の仕事の場で若者を鍛えるのが名取の流儀だった。

一方、山端にとってのグラフ誌創刊は、別の意味があった。実は、この頃の彼の主要な業務は、毎日新聞の全面協力により創業した「株式会社サン写真新聞社」の経営であった。同社は一九四六年四月一九日創刊の日刊紙『サン写真新聞』を刊行しており、タブロイド判左開き横組みで写真を大きく使う斬新なスタイルが大衆に受け入れられていた。(161)同社社長である山端は、同時に、サン・ニュース・フォトスで内外への写真配信を担い、今また優秀な写真家を抱えるグラフ誌の実現で海外に発信するコンテンツを充実させようとしていたのだ。

山端の事業は他にもあった。一九四六年二月に映画興行のスバル興業株式会社を、また、一九四七年五月には国際宣伝企画株式会社を設立している。(162)同社の業務は、ポスター・壁新聞・リーフレット等の企画・構成・編集・図案及び印刷、各種博覧会・展覧会展示等の企画・構成・製作、映画・幻灯の製作、屋外広告塔等の設計建設と運営、その他国策の啓蒙宣伝並びに商工業及び貿易等の広告・宣伝業務一切(163)であった。戦前のジーチーサンや日本工房が手がけていた仕事と同じような内容で、山端の伝記によれば同社最高顧問には名取が就いていた。敗戦から二年後の山端は、写真、映画、新聞、展覧会、雑誌、広告に関連する事業を次々に拓き、ビジュアルコミュニケーションの一大首領たらんとしていたのである。

ところが、サン・ニュース・フォトスの新グラフ誌創刊を目前にした一九四七年一一月五日、「株式会社サン写真新聞社代表取締役山端啓之助[164]」は公職追放該当者に指名されたのだ。公職追放は、占領軍の指令によって戦争責任者や戦争協力者を公職から罷免あるいは排除するために内閣総理大臣名で発令された。一九四六年二月の発令初期には閣僚経験者や貴族院議員などが対象だったが、一九四七年からは財界や地方政界、マスコミにもその範囲が広がっていた。山端の追放理由は、終戦まで「海軍、陸軍、情報局及軍令部等の嘱託となりその他各種写真の印刷により好戦的軍国主義若しくは極端な国家主義を鼓舞し又はその様な傾向に迎合した[165]」ことだった。

彼は、事前に中央公職適否審査委員会に提出していた説明で、陸軍省嘱託になったのは「昭和三年東北地方陸軍大演習の砌り、御野立所に於ける天皇陛下の謹写を命ぜられ、二十四時間後には二万枚の御真影としてこれを盛岡の統監部に納入してその技術と高速とを高速とを賞賛せられました」云々、宮内省嘱託になったのは「終戦後の新しい事態に即した皇室の御写真謹写のためで画期的な皇室御一家の御写真を内外に発表してその任務を完遂し、過去十八年間に謹写五十四回の記録を持つております」、そして、結びには「これを要するに前記各嘱託は商工省関係をのぞき、概ね皇室御写真の謹写に関連し、当時の制度として無位無冠の身で至尊に御接近することははばかりあるため、便宜上嘱託の肩書きを与へられたこと、部外者が機密にわたる写真を製作するためには嘱託といふ待遇がひつよ禹であつたこと、又官庁出入の際関門通過の便宜のために嘱託が与へられたこと等が考へられるのでありあります。いづれも無給であり、メーカーとして技術者として下命によつて作業をしたものであります[166]」と主張していた。戦前からの天皇写真撮影の実績をアピールしているのは、戦後の天皇写真によるマッカーサーへの貢献を匂わせているようにも受け止められる。

その後も、「軍官の宣伝政策乃至企画に参画した事実なく単に写真技術者として商取引に終始した[167]」だけだと主張し、海軍、陸軍、情報局、宮内省などの嘱託辞令と元海軍大将井上成美、元陸軍大将馬淵逸雄、元情報局第五部長川面隆之、小西六写真工業株式会社専務取締役杉浦千之助らによる証明書も添付した[168]。しかし、「その実施に際し同人の優秀な写真技術と施設によって積極的に協力し軍事思想の普及、戦意昂揚に努め以て軍国主義を鼓吹し又はそのような傾向に迎合して居たことは情報局関係者、写真による報道事業関係者間に顕著な事実[169]」であると、却下された。また、写真技術者は公職追放条件に該当しないとする主張も「文章、絵画、映画、演劇、言論等全ての言論報道の関係者を含めて居る[170]」と、退けられた。占領軍は、山端への追及の手を緩めなかった。

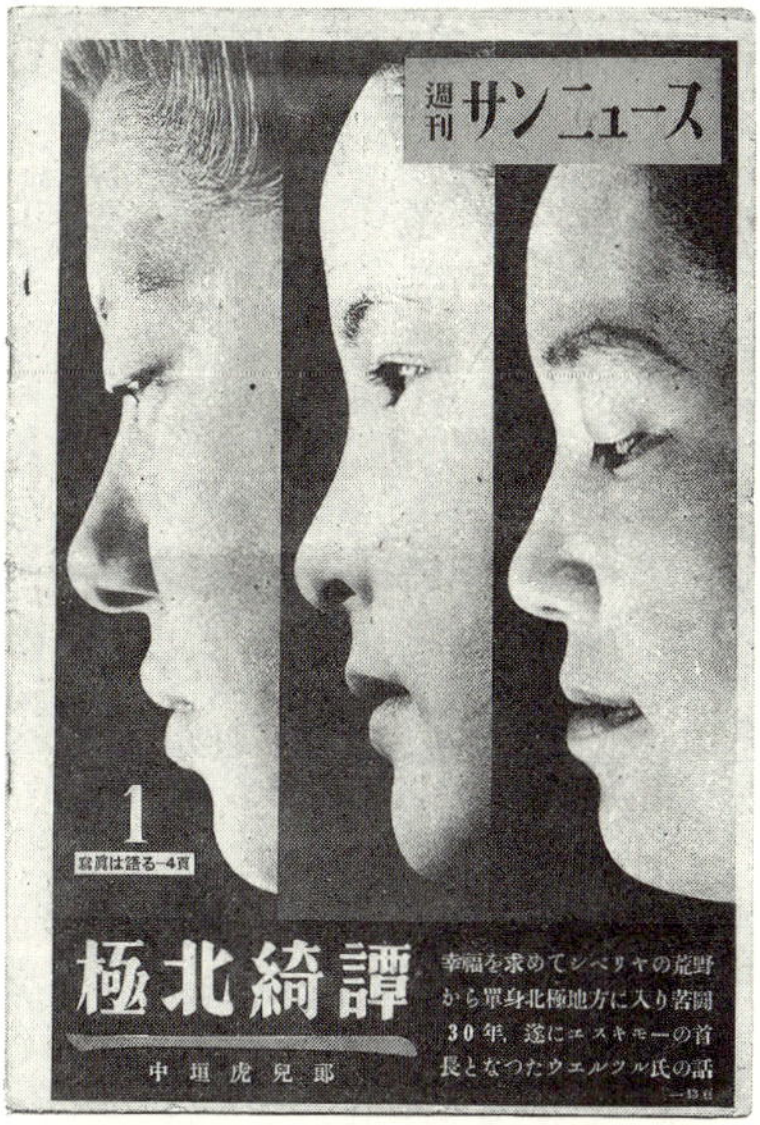

図88　『週刊サンニュース』　1947年11月12日創刊号［J］

社長が公職追放指名を受ける混乱の中、新しいグラフ誌は社名を組み入れた『週刊サンニュース[171]』として創刊した。一九四七年一一月一二日創刊号表紙は、木村が撮影した女性の横顔が三つ並べられた型破りなデザインだった。同誌には、度々寄稿したロンドン・ディリー・ヘラルド極東総局長ヘッセル・ティルトマンによる天皇行幸取材の「広島における天皇」（一九四七年一二月二五日号）や、『LIFE』東京支局長になっていたカール・マイダンスによる「大統領選挙選」（一九四八年四月一日号）など、民主主義や占領政策、アメリカについての啓蒙的な記事が多い。こうした記事は時代の興味や編集長格である名取の志向を反映しているが、同時に、サン・ニュース・フォトスが占領軍やその政策に協力的であることのアピールとも見える。

　組織としてのサン・ニュース・フォトスは、山端庸介が指揮を執った。経営状況が困難な中、制作現場の名取は若手を厳しく指導した。長野は、二度の手術を重ねた直後の名取が「やつれた体をオフィスの片隅に置いた寝椅子に横たえ、片手で痛む腹を押さえながら、われわれ数人のスタッフを指揮する仕事の鬼となった[172]」と回想している。三木が写真を見せると、「物もいわずぺりぺりっと破いて布古《ママ》籠に捨て[173]」しまった。稲村には「出来上がった写真をポイッと机の上に放って『これでいいと思うのかい?』のくり返し[174]」で、「お前さんは不可能だというけれど、やってみたのかい?[175]」が口癖だったという。また、憤慨する三木らを慰めていた木村も、撮影助手としてライト持ちに手こずる薗部に対して、「言葉に出して叱りはしない。だが、ほんとうに、バカじゃないのか、という目[176]」を向けるという具合だった。

　少し後の三木は、名取が「社会的、経済的な比重の上に立ったテーマを設定されるのです。それに対する理解力がわれわれに足りないために、雷をいただく[177]」と振り返っている。薗部も、木村からは「だんだんその〝目〟で見られることが少なくなり、たまには撮影もさせてもらえた[178]」と懐かしんだ。

稲村は、「苦しいことも多かったけれど、楽しいというか生き甲斐を感じるというか、身体中の血がカッカッと燃える感じの方が多かった。恐らく全てを写真の中に没入していたからだろう。見るもの聞くものが、すべて新しい血となって行った。話好きの名取さんは、こちらから色々な技術的、理論的な問題で質問すると、二時間でも三時間でも話して下さるし、週のうちに日を決めて夜開かれた講習会のような研究会のような会合の時には、コッペパンと肉や野菜を皆で有楽町のマーケットまで買いに行き、電熱器にかけたフライパンで名取さんが独特の料理を作り、それを御馳走になりながら夜の更けるのをわすれることも度々であった(179)」と記している。

編集に携わった長野は、「十七字から二十字ぐらいの少ない字数に、三つか四つくらいの意味を入れて、しかも決められた字数でピタリと文章が終わるように書くことが要求され、たつたこの一行を書くのに徹夜することが連日のようにつづけられた」が、「こうしたきびしい態度でおしえこまれたことが、どれだけそれから後の私の仕事にプラスしたかは計りしれない(180)」と述懐している。

名取は、小島敏子などの女性写真家も育成し、岡部や根本などレイアウトに携わっていたデザイナーを漫画の道へ誘導して、多彩な誌面を展開した。映画やファッションまで幅広く扱われた『週刊サンニュース』は健全な明るさに満ち、啓蒙主義が貫かれていた。毎号行なわれた占領軍の検閲で、同誌は一貫して「Liberal」と評価された。

だが、この頃は享楽的なカストリ雑誌がブームになる時期で、大衆の関心は欲望を全開させる方向へ向かっていた。創刊号以降四万部(181)を発行した『週刊サンニュース』は、売れ行き不振で返本の山を作った。そこに、終戦後の猛烈なインフレーションが重なった。物価上昇を雑誌の価格で見ると、

『アサヒグラフ』一九四六年二月一五日は一円、六月五日から二円、一二月二日で三円、一九四七年二月五日から五円、四月から七円、六月に一〇円と一年余りで一〇倍になっている。一九四七年からの二年間では、小売物価が四八〇％近く上昇している。『週刊サンニュース』は、創刊号から一九四八年四月一日号まで定価二〇円、その後の五カ月は二五円、そして休刊号まで定価三〇円を維持した。

一九四八年一月以降の同誌が、サン・ニュース・フォトスの姉妹社であるサン出版社[182]に発行元を移したのは、「サンニュースフォトス社の中でやるのには収支ともに大きすぎる[183]」ためだった。このように語った松岡謙一郎[184]は、同年にサン・ニュース・フォトス専務取締役に迎えられている。後にこの頃を振り返って、「事業というものは、ひとよりちょっと早くやる所に成功の秘訣があるものだが、その場合に懐が深くないと成功しない。三年間持ちこたえる準備と資力が必要だったのだろうが、それを名取の猪武者的人格は、三カ月の手当で始めてしまった。写真によって社会的な指導力を発揮しようと言う名取セオリーは破れていかざるをえなかった[185]」と述べた。この言葉は、『週刊サンニュース』を名取が一人で始めたように誤解させるが、名取は雇われ編集長であり、事業は山端のものであった。

評論家の丸山邦男は、同誌を「プラットホームの売店で見たり買ったりしていた[186]」と振り返っている。売れ行き不振の一因は、新聞の販路を主体としたことにもあっただろう。旺盛な事業展開をしていた山端のこと、公職追放指名がなければ新販路を開拓して同誌を成功に導いたかもしれない。同年五月二一日には山端の公職追放が適用され、一二月にはサン写真新聞社の社長も毎日新聞から出向した石川欣一が就いた。

編集者らの名前は一九四八年六月一五日号から記載され、「名取洋之助」の名は同年七月一五日号から「企画」担当者として松岡、山端庸介と並べられた。山端祥玉同様に追放されかねない名前であったが、経営者でない彼にお咎めはなかったようだ。

会社は揺らいでも『週刊サンニュース』の刊行は続き、戦前と戦後の報道写真をつなぎ、育て、実践する場として機能した。現場の若者たちは撮り直しや徹夜を重ねる中で多くを学んだが、名取のやり方に耐えられなくなった三木は、一九四八年に写真通信社ＩＮＰ[187]へ移った。同じ建物で、スタイケンの海軍写真班で活躍したこともある『FORTUNE』特派員のフォーレス・ブリストル[188]が写真通信社イースト・ウエストを開設していて、両社は『週刊サンニュース』にも写真を提供していた。サン・ニュース・フォトス社長が山端から松岡に交代した一九四九年二月、名取は退職し、三木に誘われた稲村はイーストウエストへ移籍した。交代した社長は同誌発行に意味を見出せなかったのか、三月五日号で『週刊サンニュース』は休刊した。

木村伊兵衛は、「ともかくインフレ、インフレでもって、今週ゼニはいったかと思うと、来週になると物価が倍になってしまって、とうとうやめようということになった」「あそこでみんなずいぶんきたえられたし、愉快であったし、一つのいいたまりを持ったということですね[189]」と回顧している。

イースト・ウエストに移籍した稲村は、外国へ送るシリーズもの、「たとえば富士の山開きに行って、それを一枚写真じゃなくて五枚とか十枚でシリーズでまとめて売る」ための撮影をした[190]。また、この後、福井の大地震被害を取材中だったマイダンスに代わって朝鮮から日本への引き揚げ船第一号を撮影した三木の「日本の赤色部隊祖国に帰る[191]」が『LIFE』一九四九年七月一八日号に掲載された。

木村から「ミキ・ライフ」と渾名を付けられるほど『LIFE』に憧れていた三木は、これを機に同誌契約カメラマンとなり、少し後の一九五一年九月二四日号では吉田首相の肖像でその表紙を飾る。有為の若者たちが名取の手を離れて行く先は外国の通信社やグラフ誌だった。世界を相手に仕事をする人材を育てたという意味において、『週刊サンニュース』における名取の目標は達せられた。

さて、写真雑誌『カメラ』は、一九四九年一月号の「カメラトピックス」で『週刊サンニュース』から送られた写真が『LIFE』に掲載されると伝えた。ライフ東京支社から依頼を受けた名取がかねてからアメリカ本国に送付中であったが、名取と木村による「日本人の結婚」を扱った写真記事が採用された旨一九四八年一一月九日に連絡があったというのだ。当時編集長だった桑原甲子雄が書いたのであろうか、同記事には、「五百五十萬の発行部数を有する、世界最大のグラフ・マガヂンであり、一流写真家の檜舞台である『ライフ』に日本の写真家の仕事が紹介されることは、欣快至極であり、日本の写真文化のため萬丈の気焔を吐くものである」「掲載料は五〇〇ドルで邦貨に換算すると実に十三萬五千圓」とある。戦いに敗れ、占領下に置かれていても、我等が「報道写真」は世界に通用するのだという写真人の自尊心が強く感じられる。

「日本人の結婚」に該当する記事を調べると、『LIFE』一九四八年一一月八日号に「ライフ、日本人の結婚式に行く」(192)が掲載されている。四頁に一〇枚の写真で構成されていて、写真配信者は「NATORI」。木村の名前はどこにも記されていない。『週刊サンニュース』を見ると、同年一一月五日号に秋の結婚シーズンで角隠し姿の花嫁が式の順番を待つ「花嫁は増産される」が掲載されているが、見開き二頁のこの記事にも写真撮影者の記載はない。実際の写真撮影者が誰なのかは不明だが、

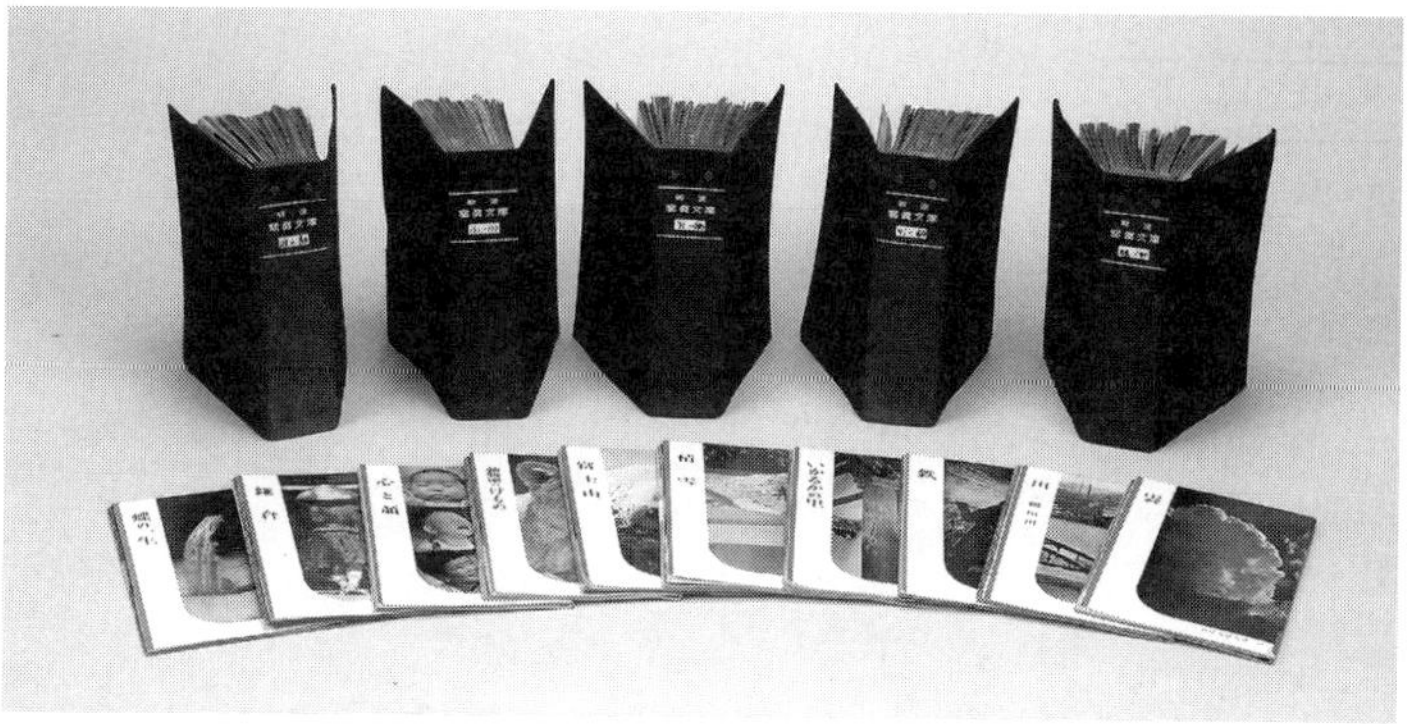

図89　岩波写真文庫

『LIFE』の記事は「NATORI」名での配信が敗戦後も通用していたこと、そして、『週刊サンニュース』が、かつての『写真週報』のように、外国へ送る写真コンテンツの供給源でもあったことを物語っている。

七　報道写真と啓蒙——岩波写真文庫

山端の事業から手を引いた後の名取洋之助は、新東宝の映画紹介パンフレット『映画速報』を長野重一に作らせる傍ら、敗戦後も存続していた国際文化振興会に『NIPPON』のようなグラフ誌制作を持ちかけていた[193]。しかし、この話がまとまらないうちに、「岩波写真文庫」企画の相談を受けて熱中していく。

企画の始まりは、「紙」にあった。占領軍の指導による出版委員会で用紙割当部門議長を務めていた岩波書店の小林勇がアート紙の配給制限解除が近いという情報をつかみ、紙質を生かして写真を中心にした本を創ろうと考えたのだ。小林は、「岩波書店で写真文庫を計画したのは昭和二十三年であった。これは岩波映画製作所の人たちが撮影・編集をするというたてまえではじめたが、名取洋之助は私のところへ遊びに来て、この仕事の相談に乗ってくれた。そしていつのまにか、彼がその仕事の中心人物になった[194]」と振り返っている。

岩波写真文庫の創刊前予告は、「レンズはわれわれの肉眼がおよばない独特な世界をつかんで威力を発揮する。ここに新しく企てられた写真文庫は、自然と社会とに存在し生起する事柄をつかまえるために、カメラをわれわれの代表者として働かせようとする[195]」と宣言していた。同文庫は、一項目一冊の写真による百科事典とも言えるＢ６判六四頁の小冊子で、科学映画を志向して設立された別組織「岩波映画製作所」（当初は中谷研究室と称した）で編集・製作を行ない、岩波書店が刊行した。グラフ誌を舞台とする報道写真は数枚一組でテーマを語ったが、ここでは、個々の写真を単語として、二〇〇枚ほどの写真を使って一項目の成文を作ろうというのだ。

岩波書店で編集に携わっていた内藤初穂には、名取の創る世界が新鮮だった。「最初の企画会議のときであつた。その人が二、三人の助手を連れて岩波の役員室に、入つてきたとき、まつたく異質の世界が進入してきた思いだつた。その人たちを形づくる色そのものが、岩波の色とはまつたく変わつていた。テーブルの上に外国の写真雑誌が山と積まれ、写真文庫の表紙や本文のデザインの見本が無造作にいくつか並べられた。髪をふりみだした大きな体躯から発する言葉は意外に女性的であつたが、〝写真は芸術ではないコミュニケーションの一つの道具にすぎぬ〟という自分の信念を、初めて全面的に具体化できる仕事を得たという喜びが、その全身に満ちあふれていた[196]」。既に自らの組織を持たない名取が、新しい企画のプレゼンテーションに力を入れていた様子がうかがえる。

「岩波写真文庫」でも「非常に意識的に若い人々を育て上げよう」[197]とした彼は、『週刊サンニュース』の編集担当だった長野をカメラマンに誘い、少し遅れて薗部澄も参加した。また、デザイナー兼漫画家だった岡部冬彦に表紙の基本デザインを依頼した。名取の指揮下、岩波映画製作所のスタッフだった羽仁進はもちろん、当初は羽仁の助手であった羽田澄子も編集に取り組んだ。後の羽田は、「ものをつくる仕事に無縁だった私も名取さんから徹底的に仕込まれることになった。『きみはこの本で何を訴えようとしているの』『写真は挿絵ではない、写真をして語らしめよ』と名取さんは繰り返し話した」[198]と回想している。

長野によれば、名取と羽仁とで三つ巴の議論になることも珍しくなく、「企画が決まってから刊行までの半年、そしてそれに続く一年ほどの間は、ただもうめちゃくちゃに忙しかった。昼間は撮影、帰ってくると夜中まで暗室。あとは編集室の机の上に貸し布団屋の布団にくるまって、わずかの時間まどろんでは、夜が明けると朝の早い魚河岸にとんで行くといった生活」[199]が続いた。

一九五〇年六月、岩波写真文庫第一回発売は『木綿』『昆虫』『南氷洋の捕鯨』『魚の市場』『アメリカ人』の五冊。以降、毎月ほぼ三冊を刊行するために、カメラマンの細井三平、小島敏子、織田浩らが参加した。

各冊ごとにバリエーションはあるが、同シリーズの基本レイアウトは見開き頁を天地左右に三分割していて、各キャプションは写真の巾に丁度納まる文字数で書かれた。本文は短く、情緒を排した冷静な筆致で記されている。こうした定型にテーマを落とし込むことで、写真を多用しているにも関わらず、感情的な眼の驚きよりも理性に訴える硬質な内容に仕上げられたのだ。

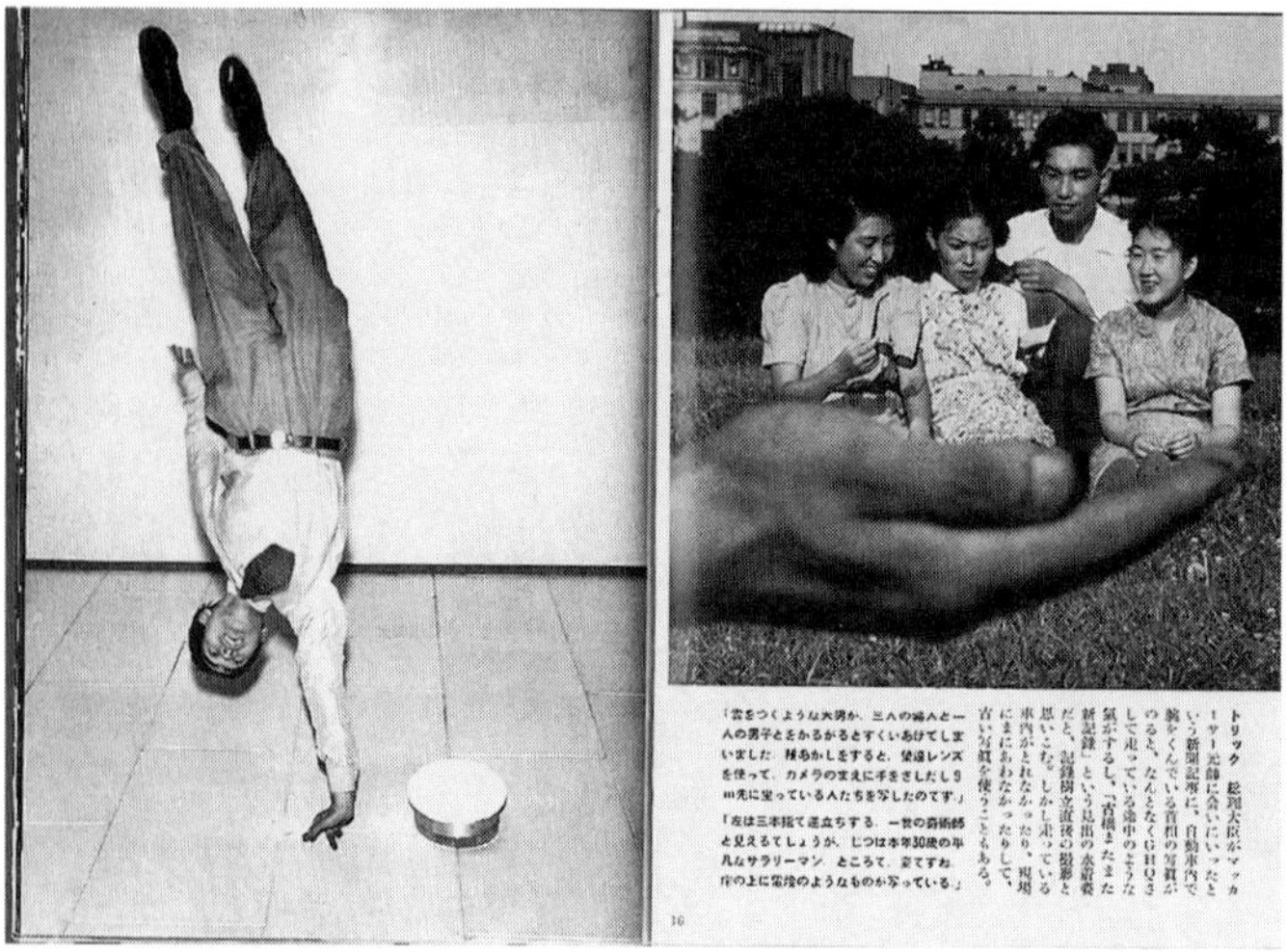

図90　『写真（岩波写真文庫８）』　岩波書店，1950年

一九五八年のシリーズ終了まで二八六冊が刊行された岩波写真文庫には、特徴のある話題作や製作者のエピソードが多数ある。名取はこの全てに企画、撮影、編集など何らかの形で関わったが、ここでは、創刊早々に彼が監修した『写真』に注目したい。

同書の内容について、岩波写真文庫目録では、「われわれは毎日活字による印刷を見ないことはない。《ママ》と同じくらい写真を見ている。そして写真こそは真実を伝えるものと信じて少しも疑わない。ところが、写真は読み方を知らないと本当のことがわからない。この本には写真の見方に関するあらゆる知識がもりこまれている[200]」と紹介している。「眼は正しいか」「写真を見るために」「写真はどのように使われるか」と目次を立てて、遠近感やアングルなどによる写真特有の効果や、キャプションに誘導される見る側の心理を分析した。

図91　『写真（岩波写真文庫８）』　岩波書店，1950年．左頁が1944年『アサヒグラフ』の例

「写真をつくる人の主観」という項では、「あらゆる錯覚を利用し、トリックを動員して大衆をだまし、意識的に戦争の宣伝に使われたこともある。私たちの良識や、科学的なものの見かたにくもりがなかったならば、そのいつわりをみやぶられたことであろう[201]」と解説した。一九四四年に刊行された『アサヒグラフ』の誌面を載せて、「戦争中の情報局が『聖戦』をあおったトリックのひとつ。まるで関係もない二枚の写真が、このようにならべられて、手前勝手な説明つきで、『対敵概念』の宣伝に使われた」というキャプションを付した頁もある。

内藤が感じたように「写真は芸術ではないコミュニケーションの一つの道具にすぎぬ」という考えで「岩波写真文庫」を推進した名取にとって、そして、戦中に「写真ほど真実であり、真実であると思へるものも、字で見たら宣伝のための宣伝といふ様に見馴らされてゐるのですから……《ママ》」[202]と感じていた名取にとって、写真はある方向に読ませるために使うものであった。そして、岩波写真文庫の『写真』は彼の手の内をさらすような内容だったと言えよう。

　同書の内容には賛否があった。名取は、「去年、私が岩波写真文庫の一つに『写真』を作ったところが、アサヒカメラの津村氏などから『写真』と題するなら、もっと素直な本にすべきだ、これではまるで写真の裏道案内のようだとお叱りをうけた。なるほどごもっともな事である。しかし私としては、写真の本といえば写真を写す人のための本ばかりが多くて、写真を見る人や利用する人に対しての本が案外少ないように思われたので、ああいう本を作ったわけなのである」[203]と記している。津村は、アマチュアを名作や芸術思潮に関心がある者と捉えて苦言を呈したのであろうが、名取は、あくまでも「報道写真」を推進する立場からその両刃を見せつける同書を編集し、読者を啓蒙しようとしたのだ。名取は、戦中の仕事を反省していたが、戦後になっても戦前と同じように「報道写真」に生きようとしていた。そして、「報道写真」発展のために、プロフェッショナルだけが知っていた写真の常識を世間と分かち合う姿勢を見せたのである。

八　戦後アマチュアとリアリズム写真運動

　敗戦後は、プレスコードを守りさえすれば自由で奔放な写真が可能になった。その意味では、報道写真ばかりでなく、趣味の芸術写真が発展する可能性も高まった。規制がなくなった同好の集いは早期に再開され、伊奈信男は「戦後の復活はプロよりアマチュアの方が早い」「丹平や浪華クラブが早いんじゃないの。実際に例会は再開しているし、展覧会は若干あとかもしれないけれども…。例会といってもあまり大きくはないね。みんな疎開してるからね(204)」と述懐している。一九四七年には、朝日新聞社によって再組織された全日本写真連盟の「日本写真サロン(205)」やアルス写真年鑑への公募が始まった。一九三八年に「墨絵の模倣のような芸術写真」として林謙一が切り捨てたアマチュアの写真が復活しようとしていた。

戦中に報道写真に向かっていた福田勝治は、女性美を讃える写真に再び取り組み、一九四七年にはヌードを交えた写真集『花と裸婦と(206)』をまとめた。同書を刊行したイブニングスターは、『カメラ』復刊後間もなく退社した伊藤逸平が興した出版社だ(207)。ストリップでも泰西名画を真似た「額縁ショー」が精一杯だったこの頃、巷に氾濫するエロ、グロと一線を画すとはいえ、裸婦の写真集は物議をかもした。伊藤は、「そのころ警視庁が非常にうるさくて、ぼくに出頭しろなんていってきて、戸塚署にいって指紋をとられたことがありますよ。福田さんもいったんですがね(208)」と刊行の頃を語っている。

戦争の抑圧から解放された世相もあり、福田に限らず、美しいものを切望した写真家はヌード写真を志向した。復刊した『光画月刊』や、戦後に出てきた新しい写真雑誌『写真撮影叢書』『アマチュア写真叢書(209)』はヌードをテーマにした特集を組み、曲線に浮かぶ光の階調やフォルムのクローズアップをテーマにした作品が次々に発表された。津村秀夫は、『アサヒカメラ』復刊直前に当時刊行されていた写真雑誌数種を取り寄せてみると「ヌード写真とも言えない低級」な「ハダカ写真の氾濫」で、「これでは売れるかもしれんが、わが復刊『アサヒカメラ』は絶対のせないことに断固として方針をきめた[210]」と回顧している。

福田のヌード作品はアメリカの『USカメラ年鑑　世界編』一九五〇年版に掲載[211]され、同一九五一年版には吉田潤や図画教師から写真家になっていた中村立行のヌード作品も取り上げられた[212]。一方、『USカメラ年鑑』では、占領軍側が撮った日本の社会や生活風景は掲載されているが日本人の撮った同種の写真は無視されている。占領軍は、日本の写真家に対して社会批評が伴う「報道写真」ではなく女性の「ヌード」に向かわせようとしていたように感じる。

ともあれ、美をたどる写真に邁進する中で、一九四八年の福田は戦中を振り返り、「彼ら自称報道写真家と写真の出来ない写真家、口先やペンの先で写す写真家、情報官、他に蟻のような小者」が、「情報局の帽子に翼賛会のお守り札を肩章にして、ナポレオンの道化役者となつて、お先棒を担いだ」、「言論の暴力を加えて、美への交差点でストップさせた[213]」と糾弾する文を記した。

「口先やペンの先で写す写真家」とは、言葉で写真を語る編集者や評論家を指すのだろう。その一人である渡辺勉は、これについて、「私など戦争に協力したものには、福田さんの意見には全面的に賛意を表するわけにはゆかなかつたが、少なくとも反省の機会を与えてくれるものであつた[214]」と一九五二年に記した。かつて一九四〇年に「飽く迄も国民であると同時に写真家としての技能を通じて、国家的協力の態度と分野があり、又、日本的写真文化を創造することが吾々の背負ふべき仕事」と語った彼には、福田の追及するような戦争協力の自覚があったのだ。

しかし、この反省の弁は素直に記されたわけではなかった。続けて、福田の写真について、「センチメンタルとロマンチックな調子で自然をうたい、福田さんの頭に描かれた美や芸術観を、現実とはなんの関係もなくくりひろげ自分の桃源境をつくって楽しんでいる人」と彼を批判し、「ひとりよがりの遊びであり、写真の本質的機能からはずれている」と断じる言葉を続けている。渡辺が、戦争協力への反省を持たざるを得ないのも、福田の写真を認めないと表明するのも、社会的存在としての写真を重視するからだが、この場合の反省は反撃の言葉の前段として記されたに過ぎない。

注意したいのは、渡辺の文章が発表されたのは福田の糾弾文の三年後であり、社会的な写真を第一とする「リアリズム写真」が大きな盛り上がりを見せていた時期であったことだ。戦中に田中雅夫が記した福田に対する批判は新体制運動に向かう「報道写真」ブームの中で、そして、敗戦後の渡辺による批判は写真雑誌を席巻した「リアリズム写真」ブームの中で発せられている。これらの言葉は、写真界の時流と密接に発せられているのだ。

「リアリズム写真」ブームがおこったのは、一九五〇年一月号から『カメラ』の読者投稿である月例写真の選者となった土門拳の働きかけによる。終戦後の彼は週刊誌のグラフ頁に社会相を寄せ、文学や美術の専門誌に作家の肖像写真などを寄稿する一方、『カメラ』に作品を掲載していた。彼は、同誌が『写真文化』であった戦中に「写真文化賞」を受賞しており、読者の目標とされた写真家でもあった。選者として順当な人選であったと言えよう。土門は緊張感をもってこれに当たろうとした。一九四九年一〇月号の同誌に掲載された月例の「審査にあたって」で、「アマチュア写真家が少しきびしい批評をあびせられた時に『道楽にやっているることで、自分が楽しみさえすればいいんで、そんなむずかしいことはどうでもいいんです』という捨台詞をよく言います。もしその通りならば、何をかいわんやです」と真剣な態度を望んだ。そして、「この際、審査を通じて、僕の信念と経験と誠意の一切を、写真を近代芸術として一個独立の社会的な文化的な存在に確立する方向へ傾けたい(215)」と、覚悟を表明した。

土門が審査したのは、写真に表れる撮影者の心構えだった。一九五〇年二月号「倒れた灯」の評では、「作者がどこにも顔をのぞかせていません。カメラとモチーフの直結こそは優れた芸術作品の基本条件(216)」と好意を寄せた。同年五月号では、「真理と正義を愛する燃ゆるような熱情をうちにひそめて、科学者の如き冷たい客観的な眼を持って勇猛不退転にモチーフと取り組まずしては、真の『直結』は実践出来ません。そういう実践の中にこそ、写真の社会性を正しく生かした近代的リアリズムへの道があります(217)」と説いた。土門は、読者アマチュアに写真に対する生硬な真面目さを、もしくは、信念としての「リアリズム」を求めていた。

一九五〇年六月に勃発した朝鮮戦争の特需景気によって、大衆にカメラ・写真ブームが到来し、土門月例はアマチュア写真家が拡大しつつある中で進行した。切々と訴える土門の長文評掲載のために、編集長の桑原は本文の行詰めや文字の大きさを変えて全文を掲載し続けた。熱い選評に読者は感激したが、土門が熟考のあまり締め切りを守らないために、月例は一年で終わった。しかし、新しい写真の目標として掲げられた「リアリズム」は、この後もアマチュアから絶大な支持を受けるのだ。

リアリズム写真運動が始まった一九五〇年は、『岩波写真文庫』が始まった年でもある。敗戦から五年を経て、名取、土門は、それぞれに報道写真の新たな地平を切り拓こうとしていた。

九　占領終結と報道写真のゆくえ

一九四九年三月の『週刊サンニュース』休刊後、木村伊兵衛はフリーランスとして事務所を構えた。同誌に発表した「新東京アルバム」を『カメラ』に連載し、同年一〇月号で復刊した『アサヒカメラ』の表紙を担当するなど写真雑誌に場を得た。かたわら、サン・ニュース・フォトスから引き受けた日本の産業復興をアピールする写真を撮影する中で、「本来の自分を取り戻すとともに、報道写真への情熱[218]」を呼び起こしていった。

一九五〇年五月には、プロ写真家の職能団体として「日本写真家協会」が結成されて、初代会長に木村が納まった[219]。これは、一九四八年九月に木村、渡辺、土門、林、菊池、猪野らで作った「写真家集団」と、一九四九年三月に秋山庄太郎、稲村、大竹、薗部、長野、芳賀日出男らによって結成された親睦団体「青年写真家協会」を統合したものだった。

日本写真家協会の事務所は、銀座の写真材料商である山田商会に置かれた。同商会は、一九四六年に大陸から引き揚げてきた山田義人が富士フイルムと話をして、新聞社やプロ写真家に優先販売する会社として立ち上げたものだった。林忠彦は「山田義人さんの所から買えて助かったというのは二十二、三年頃[220]」と、また、石井彰一は「ぼくの記憶では、土門さんが月に五十本かな。我われはその半分ぐらい。つまり、山田さんが東京にいるプロをリストアップして、毎月定価で配給してくれた[221]」と回顧している。長さも品質もまちまちなフィルムがヤミ市で横行する中、正規商品を扱う山田商会には写真家が集うようになった。「大きな団体ができれば新聞社並みとはいかなくとも、小さな枠でも感材の確保は出来る可能性はあるから、まかして欲しい[222]」という山田の提案によって、同会会則には資材の斡旋が謳われた[223]。また、日本写真家協会には専従者がいなかったため、銀座八丁目の同商会社長室兼応接室が事務室替わりとなった。写真家は、結束することでフイルムを確保して仕事に向かったのだ。

一九五一年九月八日、米国サンフランシスコで日本を含む四九カ国の代表が講和条約に調印し、翌年の条約発効によって敗戦国日本が主権国家となることが確定した。新憲法は国民主権を謳っており、主権者によって宣伝に利用されてきた報道写真に携わる者たちは、新たな展開を期待した。

同年一〇月に刊行された『朝日新聞報道写真傑作集　一九五一[224]』で、伊奈信男は報道写真を次のように定義づけた。報道写真は「最初は、ニュース写真に対立しないまでも、事件写真を主とした当時のニュース写真が棄てて顧みなかった広汎な領域を開拓して行つたのである。そして写真が技術的にもその表現の可能性を拡大し得た今日では、事件写真であれ何であれ、すべて報道に奉仕しうる写真をひつくるめて報道写真の範疇に入れるべきだと考えられている」と成り立ちを解説した後、「報道に奉仕するという『目的』意識によつて、あらゆる写真は報道写真となりうる」ので、新聞や雑誌、壁新聞、展覧会など伝達媒体は様々でも「すべて報道写真である[225]」と断言した。さらに、報道写真の「美の源泉はむしろ対象そのものの中に潜んでいるというべきである。報道という目的を完全に果たすことと、美をその源泉から汲みとることとが一致した場合に、その報道写真は最もすぐれたものとなり得る[226]」と、理想を記した。伊奈が「報道」と「美」を同時に求めるのは、一九三四年の日本工房報道写真展パンフレットで表明して以来変わらぬ態度である。

一方、同じ本の中で、朝日新聞東京本社写真部長の西橋眞太郎は、「名士名優の近況や容姿を見せる文芸雑誌の口絵写真に至るまで、およそ報道写真である以上、ニュース性のない写真はないのであつて、報道写真即ニュース写真であるといえよう。ニュース写真とは、事件写真だけを指す狭義のものではなく、このように報道的な意味を持つ写真すべてがニュース写真なのである(227)」と、報道に使われる全ての写真が「ニュース写真」だと定義づけた。そして、「常にわれわれが厳にいましめていることは取材対象とするニュース写真が『作品』であってはならないということである」と、作者の視点が前面に出ることを嫌い、「楽屋裏での内密ごとや、ことさらの演出は、ことに事件写真のように純然たるニュース取材の場合、絶対に避けるべきで、演出技術の発揮は、多くはフィーチャー写真の領域にとどめるべきであろう(228)」と自然のままに撮影されることを尊んだ。新聞社の写真部長として、ニュース写真に作家性や演出は許さないが、フィーチャー写真、つまり、特集記事や企画ものにはそれもありうるというのだ。ニュースを効果的に知らせるための手段としてならば許される演出もある、という解釈であろう。

別の機会に、渡辺勉は、「私は報道写真とニュース写真は、当然区別して考えるべきだとしている。この二つは各々ちがつた立場と目的をもつていると思う。ところが、戦後一般的に二つを混同して扱い、ひいてはニュース写真のことを報道写真というようになつてきている(229)」と問題を提起している。戦争期に大衆にも身近になった写真が独立国家日本でどのような役割を果たして行くべきなのか、趣味写真家さえもが社会を被写体とするリアリズム写真に熱心になる中で、「報道写真」と「ニュース写真」の相違が写真雑誌のテーマになっていった。

　名取と木村の対談でも、両者についての意見交換が成された。名取は「ニュース写真、芸術写真、目につく写真、図案的な写真、いろいろ写真の表現分野は広いが、それらの写真は報道写真を構成していく、一つの技術的な手段だ[230]」と、議論の元は写真が使われる分野に過ぎないと位置づけて、「われわれはニュース写真と報道写真は一緒にしない。報道写真には主張がある、解説記事である。つまり、その事件について解説をしている場合が報道写真、ニュース写真は、ただ現場の状態を知らせる、それについての主張がない[231]」と述べている。事象を追うのではなく、訴えたいことを撮るのが報道写真だというのだ。木村も、「ニュース現象の片方に裏付けの写真が出て来なければ、報道写真とは言えない、単なるニュース写真だ[232]」と賛意を示し、「リアリズムというものがあつて、それを発展して行けば報道写真になりますよ。リアリズムを一応根本的に身につけて、写真家の主張とか人生観とか社会観とか、そういつたものでリアリズムという機能を使いこなした場合に報道写真というものができる[233]」と主張した。

　伊奈は「美」を求め、西橋は「演出」を嫌い、名取は「解説」を重視し、木村は「写真家の観点」を不可欠とした。写真が社会的に大きな役割を果たすことを誰もが認めるようになり、報道写真に携わる者たちは、それぞれの立場で真剣に考えていた。

　中でも、写真家の関心は、「演出」をどうするかにあった。一九五一年の『カメラ』は、木村と土門拳の対談を七月号から一二月号まで続けており、対談テーマは「光について」「モチーフについて」などで、最終回は「写真におけるリアリズムとはなにか」だった。それぞれの話題の中で、作家の感じた真実を表現するリアリズムが焦点となった。土門は「一番苦心していること」として「いかに演出しないでモチーフをこなすか。商売の上から言つても、いかに演出しない写真で商売をしていくかという苦心だな。演出の中にいかにリアリティを追求するかということでなしに」「実際問題としては、演出しなくちゃ、写らぬものが多いのだ、われわれの場合にはね[234]」と語っている。結果を出さなくてはならないプロフェッショナルとして、戦中には演出も辞さなかった土門が、戦後は何とかこれを避けたいと苦悩していた。

木村も同様に、アンリ・カルティエ＝ブレッソン[235]がマチスなどを撮った写真をこの頃見て、「俺はこれを忘れていたのだ。写真が芸術として社会に大手を振って一人歩きできるのは、この道よりほかにない」、「日常生活の出てないものからは、どんなにうまく作りあげても、私の仕事ではない[236]」と感じていた。

写真雑誌の読者投稿には、貧困や戦後社会の暗部を直視するかのようなスナップ写真が増えた。土門や木村の体験を踏まえたラディカルな主張としての「リアリズム写真運動」が、花鳥風月に情緒を愛でる趣味人の写真を現実告発の思想表現に転化させたかのように思われた。だが、読者投稿の内実は、戦前の国際広告写真展に新興写真表現が跋扈した時と同じように、アマチュアにとって目新しい「非演出」という提案を取り入れただけとも思われた。土門の盟友であるデザイナー亀倉雄策は、「乞食的なものにレンズを向ければたとえ写真技術が下手でも、なんとなく社会性とか人間性とかを深く追求している如くにみえる[237]」と、これらを「乞食写真」と揶揄している。

この頃編集長として写真を見ていた桑原は、一九九二年の対談で、「食うものもろくにない時代だし、だからやっぱり現実に眼を向けることは必要なことだった[238]」としているが、若手写真家としてこれを見ていた田沼武能は、「左翼じゃないと文化人じゃないみたいね、そういう時代だった[239]」と、労働運動が盛んだった時代の空気が、生活の困難を写すリアリズム写真を後押ししたという印象を述べている。

こうして、写真雑誌を舞台に次第に大きなうねりとなったリアリズム写真について、賛否が論じられた。一九五二年の土門は、木村と合同で『カメラ』月例選評に携わり、「写真におけるリアリズムというものは、モチーフをどう綺麗に飾ろうかどうまくゴマ化そうかということじゃない。結局社会的リアリズムの態度はモチーフと如何に直結するかであり、モチーフと共に喜び共に怒り共に泣くという作者自身の人間的感動に裏付けされなければ嘘になる[240]」と説き、覚悟の決まらぬ写真には「カメラブレのなかにチョロスナ的な安直さがでています[241]」と、チョロっとスナップした写真を叱咤した。

木村も、「いま写真をやってる連中は、戦争中苦労しているし、若い人への課題は、やはりリアリズムだよ。それにたえられなくなつて、昔のサロンピクチュアに入つていく人もずいぶんあるが、そういう人をそつちに行かせないようにするのも、写真雑誌の使命であり、新人賞でも出して育成して行かなければいけないよ[242]」と、他誌でもリアリズムへの気運を盛り上げた。

木村は、地方アマチュアの指導を盛んに行ない、その中で出会った秋田の農村生活に自らの撮影テーマを見出して足しげく通うようになっていた。一途に報道写真に向かっていた一九三六年に、「カメラを向けて被写体から何にものかをモギリとつてこなければなんにもならない[243]」としていた木村が、ようやく蘇ろうとしていた。

一方、新潟に隠棲していた濱谷浩は、一九五一年に『文藝春秋』のグラフ頁で「日本を創る百人」の連載を始めた。そして、「社会的リアリズムの問題は写真の場合、そうしたマスコミュニケーションと結びつかなかつたら、その力は微々たるものだと思うんだ。とくに強調したいのは、日本の場合、写真雑誌というごく専門的なアマチュア写真家を対象としたどちらかと云えば趣味の世界、芸術写真の分野でコマギレ的に一枚一枚発表していく場合のことを考えると、アマチュアカメラマンにはただ乞食やパンパンを撮ればいいという浅薄な受け取られ方をされやすいのじゃないかと思う(244)」とグラフに向かうべきプロフェッショナルが趣味のアマチュアを指導する写真雑誌の矛盾を告発した。そして、「神がかりの祝詞にひつかかつてはならぬ。日本人は元来、事大主義で一辺倒で、それが芸術の世界、写真の世界にも入つてきているからね(245)」と、ブームに乗りやすい写真界に疑問を呈した。

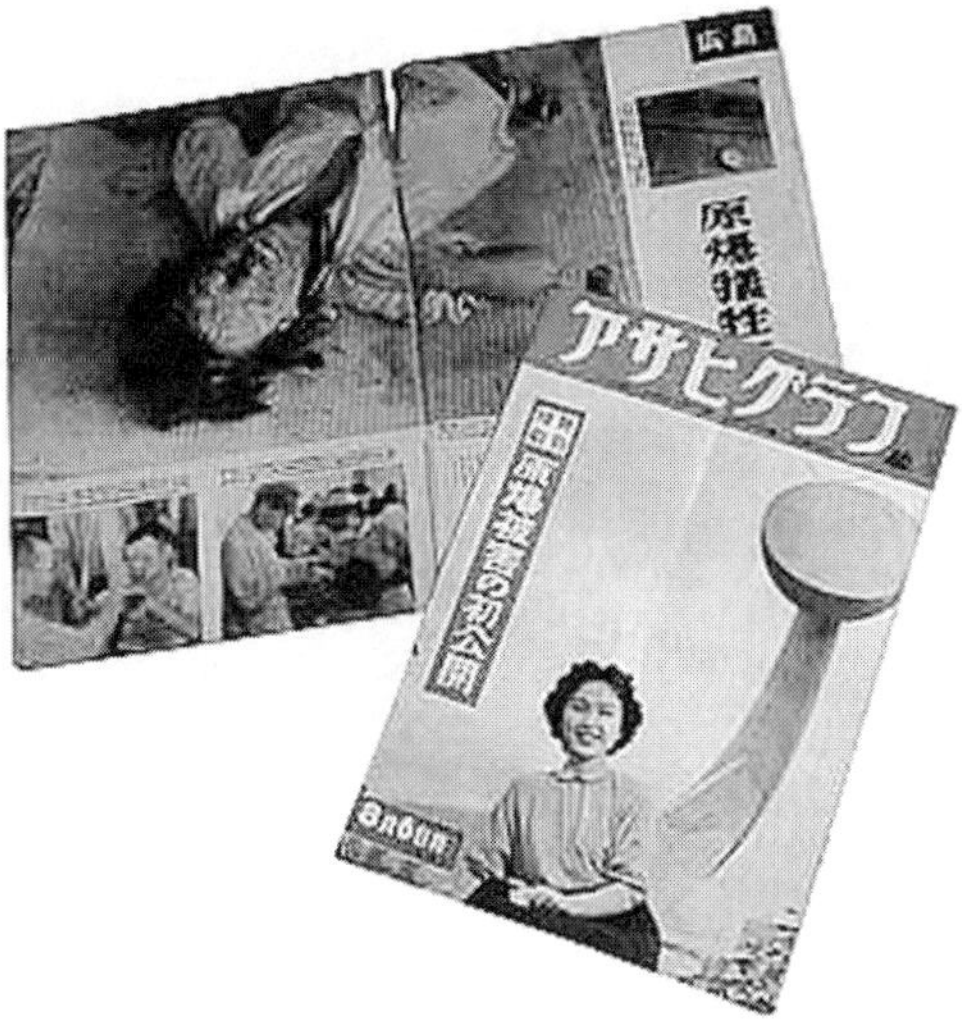

図92　『アサヒグラフ』 1952年 8 月 6 日号，［広島平和記念資料館 HP より］

一九五二年四月二八日、講和条約が発効し、原爆報道に関する縛りがなくなって、

図93 『広島―戦争と都市―（岩波写真文庫72）』
岩波書店，1952年

同年夏には原爆被害の状況を伝える写真が次々に刊行された。『アサヒグラフ』八月六日号は、表紙とも二八頁全てを初公開の原爆被害写真にあてる前例のない特集号で、五二万部を二日で完売し、四回増刷されて合計七〇万部が発行された。

同じく八月六日に、菊池俊吉、相原秀次、林重男、松重美人、中国新聞、共同通信、サン・アクメ、岩波映画製作所などの写真を使った岩波写真文庫『広島――戦争と都市――』が刊行された。また、『サン写真新聞』八月九日号は、「惨！原爆長崎の記録」として、山端庸介撮影の西部軍報道部写真班の写真を特集に使った。

原爆について一連の刊行物を見た渡辺勉は、「この種の出版物のうちでは、やはり、岩波写真文庫の『広島――戦争と都市――』[246]が、編集の積極性という点からも、またグラフとしての編集の仕方においても、はるかにすぐれている」と、名取の誌面展開に軍配を上げた。

そして、「グラフというものはルポルタージュからなつているといえる。そしてルポルタージュというものは、リアリズムでなければならないと思う。さらに、リアリズムというものは、見せるというだけでなく人を動かすものである。原爆被害写真を扱つて編集する場合も、単に秘められた資料の公開というだけでは、まだグラフの本道ではない。いわば見るというだけで、人を動かすものとはなりえない。それはニュース写真的感覚であっても、報道写真的感覚ではない[247]」と記した。渡辺は、「ニュース」か「報道」かを、眼を引くことと人を動かすことの違いととらえて、衝撃的な「初公開」という事実だけでなく、編集という一定の見解を通したものが人を動かすと考えていた。

注

(1) 飯島実「日本工房」創設から「国際報道工芸」解散まで」『先駆の青春——名取洋之助とそのスタッフたちの記録——』日本工房の会、一九八〇年

(2) 中田義次ほか「座談会　戦後の日本写真界を語る　新聞写真・ニュース写真の推移・その1」『日本写真家協会会報』№38、一九七四年九月

(3) 前出(2)「座談会　戦後の日本写真界を語る　新聞写真・ニュース写真の推移・その1」

(4) 前出(2)「座談会　戦後の日本写真界を語る　新聞写真・ニュース写真の推移・その1」

(5) 前出(2)「座談会　戦後の日本写真界を語る　新聞写真・ニュース写真の推移・その1」

(6) 林重男「敗戦とアメリカ」『母と子でみる　原爆を撮った男たち』草の根出版会、一九八七年

(7) 林重男「故　菊地俊吉君を悼む」『日本写真家協会会報』№86、一九九一年三月

(8) 「菊地俊吉　広島」『母と子でみる　原爆を撮った男たち』草の根出版会、一九八七年

(9) 山端庸介「原爆撮影メモ」『記録写真　原爆の長崎』第一出版社、一九五二年

(10) ジェターノ・フェーレス『マッカーサーの見た焼跡』文藝春秋、一九八三年

(11)　木村伊兵衛ほか「創立一五周年記念特別座談会　日本の写真界の歴史　第三回・その2　戦後写真家の動き」『日本写真家協会会報』No.14、一九六六年一二月
(12)　相原秀次ほか「[座談会] どうして原爆写真を撮ったか」『母と子でみる　原爆を撮った男たち』草の根出版会、一九八七年
(13)　岩崎昶『占領されたスクリーン　わが戦後史』新日本出版社、一九七五年
(14)　前出(12)「[座談会] どうして原爆写真を撮ったか」
(15)　「木村伊兵衛放談室22　ゲスト石井彰」『アサヒカメラ』一九七三年一〇月号
(16)　林重男ほか「座談会　ドキュメント写真の重要性――原爆写真の場合」『日本写真家協会会報』No.64、一九八三年九月
(17)　前出(16)「座談会　ドキュメント写真の重要性――原爆写真の場合」
(18)　前出(12)　林「[座談会] どうして原爆写真を撮ったか」
(19)　「カブリ」も「オーバー」も、感光材料への露光状態を指す。モノクロ写真における「カブリ」は黒っぽくプリントされ、「オーバー」は白っぽくプリントされる。
(20)　前出(11)「創立一五周年記念特別座談会　日本の写真界の歴史　第三回・その2　戦後写真家の動き」
(21)　前出(13)『占領されたスクリーン　わが戦後史』。記録映画フイルムは完成後に占領軍へ提出されたが、岩崎により未整理のラッシュプリント一揃いが現像所の天井裏に隠されて、占領終了後に日本映画社に戻された。
(22)　林重男「トーク・ショー『原爆を撮った男たち』の証言」『日本写真家協会会報』No.88、一九九一年一一月
(23)　前出(16)「座談会　ドキュメント写真の重要性――原爆写真の場合」
(24)　D72は、コダックの印画紙現像液。
(25)　前出(16)「座談会　ドキュメント写真の重要性――原爆写真の場合」
(26)　前出(16)「座談会　ドキュメント写真の重要性――原爆写真の場合」

(27) 前出(12)「[座談会]どうして原爆写真を撮ったか」
(28) 前出(11)「創立一五周年記念特別座談会　日本の写真界の歴史　第三回・その2　戦後写真家の動き」
(29) 前出(16)「座談会　ドキュメント写真の重要性——原爆写真の場合」
(30) 「[対談]広島原爆被災写真撮影者が語る被爆の実態」『母と子でみる　原爆を撮った男たち』草の根出版会、一九八七年
(31) 「対談　SIG. PHOTO部員Lt・ジャック・ハルター氏　写真家熊谷辰男氏」『カメラ』一九四六年二月号
(32) 木村伊兵衛ほか「座談会　戦後の日本写真界を語る　その3」『日本写真家協会会報』No.32、一九七二年九月
(33) 前出(11)「創立一五周年記念特別座談会　日本の写真界の歴史　第三回・その2　戦後写真家の動き」
(34) 小西写真専門学校(現・東京工芸大学)
(35) 「対談　先輩に聞く　渡辺義雄　濱谷浩」『アサヒカメラ』一九五〇年五月号
(36) 前出(35)「対談　先輩に聞く　渡辺義雄　濱谷浩」
(37) 前出(11)「創立一五周年記念特別座談会　日本の写真界の歴史　第三回・その2　戦後写真家の動き」
(38) 前出(11)「創立一五周年記念特別座談会　日本の写真界の歴史　第三回・その2　戦後写真家の動き」
(39) 中島健蔵「マッセズに就いて」『マッセズ』一九四六年一二月創刊号
(40) 「編集ノート」『マッセズ』一九四六年一二月創刊号
(41) 二〇一〇年一二月一二日付中国新聞(朝刊)によれば、広島県立文書館と図書館がこの時撮影された密着帖などを所蔵している。一九四七年九月一八日から一〇月上旬にかけて、市内、宮島、三段峡(現安芸太田町)一帯で撮影された三五ミリフィルム九六点とブローニーサイズ(六×六)三五〇点の密着写真が東方社写真部の台紙に貼られていて、表紙標記は「木村伊兵衛撮影　文化社」。
(42) 前出(16)「座談会　ドキュメント写真の重要性——原爆写真の場合」

(43)『LIVING HIROSHIMA』HIRSHIMA TOURIST ASSOCIATION PRESS　広島県観光協会、一九四九年（日本語奥付有）
(44)「Hiroshima is still alive!」
(45) 前出（12）「[座談会] どうして原爆写真を撮ったか」。松本は、会社で処分すると偽って、ネガの一部を自分のロッカーに秘匿していた。
(46) 占領軍による外国人記者への原爆報道規制については、繁沢敦子『原爆と検閲』（中公新書、二〇一〇年）に詳しい。
(47) バーチェット、Wilfred G. BURCHETT, 1911-1983
(48) W・G・バーチェット「忘れられぬ無言の抗議――私はヒロシマで何をみたか」『世界』一九五四年八月号
(49) 木村伊兵衛「作品鑑賞のために――傑作が生まれる前後」『フォトアート臨時増刊　現代写真家読本・一　木村伊兵衛読本』一九五六年八月
(50) 伊奈信男、渡辺勉、伊藤知巳、渡辺義雄、林忠彦、目島計一、細江英公、松本徳彦、東松照明「座談会　戦後の日本写真界を語る　その1」『日本写真家協会会報』No.30、一九七二年一月
(51)「戦後八年の回顧」『カメラ』一九五四年一月号
(52) 伊藤逸平「編集者の抗議」『カメラ』一九四六年一月号
(53) 福田勝治「聖鐘　作家として」『カメラ』一九四六年二月号
(54) 桑原甲子雄、石井幸之助、長野重一、田沼武能、岡井輝毅「東京フォト・ジャーナリズムの流れ　座談会」『日本列島写真人評伝』日本写真企画、一九九二年
(55) 前出（54）「東京フォト・ジャーナリズムの流れ　座談会」
(56) 桑原甲子雄「反省と前進」『カメラ』一九四六年一月号

(57)前出(51)「戦後八年の回顧」『カメラ』一九五四年一月号
(58)野崎昌人「諸家に訊く」『カメラ』一九四六年七月号
(59)伊奈信男、渡辺義雄、岡見璋「対談　生きた・見た・撮った」『アサヒカメラ増刊　日本の写真史に何があったか』一九七八年
(60)前出(51)「戦後八年の回顧」
(61)前出(51)「戦後八年の回顧」
(62)「マミヤ光機製作所の巻　メーカー訪問記　カメラと感光材料」『カメラ』一九四六年四月号
(63)「富士フイルムの巻　メーカー訪問記　カメラと感光材料」『カメラ』一九四六年四月号。アルコールはフィルム製造材料のひとつ。
(64)前出(62)「マミヤ光機製作所の巻　メーカー訪問記　カメラと感光材料」
(65)「戦後処理期」『写真とともに百年』小西六写真工業、一九七三年
(66)「戦後の復旧整備時代」『創業二五年の歩み』富士写真フイルム、一九六〇年
(67)「木村伊兵衛放談室23　ゲスト石井彰」『アサヒカメラ』一九七三年一一月号。上海の同盟通信に勤めていた石井は、敗戦後土門拳の助手となり、一九五〇年より富士フイルムに勤めた。
(68)玉田顕一郎「座談会　北原守夫氏第一七回日本写真家協会賞受賞記念　サロン写真時代からコマーシャルフォトへ」『日本写真家協会会報』No.89、一九九二年三月
(69)一九四九年五月創刊の『フォトアート』に引き継がれる
(70)一九五〇年三月創刊の『日本カメラ』に引き継がれる
(71)前出(32)「座談会　戦後の日本写真界を語る　その3」
(72)津村秀夫「『アサヒカメラ』復刊の頃」『nikkor clib』No.67、一九七四年。六年目には一五万部になったとも記され

ている。

(73) 同誌同号へのプランゲ文庫検閲誌への書き込み数字

(74) 前出（59）「対談　生きた・見た・撮った」

(75) 前出（32）「座談会　戦後の日本写真界を語る　その3」

(76) 猪野喜三郎「諸家に訊く」『カメラ』一九四六年三月号

(77) 猪野喜三郎「写真によせて近況を語る」『フォトアート』一九四九年五月創刊号

(78) 猪野は、この後、『写真作画の第一歩』（双芸社、一九五一年）などの写真入門書を著し、八洲精機株式会社（後の株式会社ヤシカ）で宣伝部長を務めた。

(79) 杉山吉良「諸家に訊く」『カメラ』一九四六年三月号

(80) 真継不二夫「諸家に訊く」『カメラ』一九四六年七月号

(81) 小堺昭三『カメラマンたちの昭和史』（平凡社、一九八三年）に収録された林へのインタビューでは、「五万枚あるネガを百万円で買い上げてやる」と言われて領収書を書いたが、後日持ってきたのは二〇万円だった。

(82) 佐和九郎「諸家に訊く」『カメラ』一九四六年七月号

(83) 「D・P屋大繁昌」『カメラ』一九四六年七月号

(84) 前出（54）「東京フォト・ジャーナリズムの流れ　座談会」。桑原は一九四八年一一月号より『カメラ』編集長を務めた。

(85) 唐沢純正「新生活と写真」『カメラ』一九四六年九月号

(86) 『読売ウィークリー』は一九五二年七月二一日号より本格的グラフ誌『家庭よみうり』となる。

(87) 『毎日グラフ』は一九四八年七月一日号創刊。

(88) 前出（35）「対談　先輩に聞く　渡辺義雄　濱谷浩」

(89) 前出（35）「対談　先輩に聞く　渡辺義雄　濱谷浩」

(90) 「化学肥料「硫安」の製造　昭和電工株式会社川崎工場設備」『生活文化』一九四六年四月号

(91) 澤本徳美「渡辺義雄の写真」『渡辺義雄の世界』東京都写真美術館、一九九六年

(92) 「出版社が直面した諸問題」『ＧＨＱ日本占領史　第一七巻　出版の自由』日本図書センター、一九九九年

(93) 前出（50）「座談会　戦後の日本写真界を語る　その１」

(94) 前出（50）「座談会　戦後の日本写真界を語る　その１」

(95) 前出（50）「座談会　戦後の日本写真界を語る　その１」

(96) 前出（50）「座談会　戦後の日本写真界を語る　その１」

(97) 多川精一氏より提供された資料（和文タイプ打ち、「昭和二五年後半のものと思われます」というメモ書き有り）には、同社設立年月日として「昭和二一年一〇月八日」「昭和二十年一〇月八日」の二種類が記されている。また、『或る写真家の生涯』（注98）六一〇頁には、一九四六年一〇月一五日に株式会社サン・ニュース・フォートス創設とある。「ＧＨＱ/SCAP Record (RG331) Description of contents. Box no. 2275 S. Folder title/number: (14) YAMAHATA Keinosuke」内の自己申告文書には、一九四六年一一月一日に代表取締役に就任とある。同社が一九四五年より活動していることから、ここでは、多川氏提供文書の一方をとって一九四五年一〇月八日設立とした。

(98) 山端祥玉『或る写真家の生涯』（未刊原稿）。第七章注（91）参照。

(99) 同盟通信社は、一九四五年一〇月末に解散して、時事通信、共同通信に分かれる。

(100) 旧ジャパン・ツーリスト・ビューロー（一九一二年創設）。一九四二年一一月に鉄道省国際観光局が廃止されて外客誘致斡旋機関はジャパン・ツーリスト・ビューローのみとなった。同年一二月に財団法人東亜旅行社に組織変更し、一九四三年一二月に財団法人国際観光協会も統合して財団法人東亜交通公社に改編。戦後は、一九四五年九月に財団法人日本交通公社に改編。

(101) ジョージ・シルク、George SILK, 1916-2004
(102) 「The Week's Events: U. S. Occupies Japan」
(103) 「JAP WAR CRIMINALS AWAIT TRIAL」
(104) 長田耕助「アメリカの写真特派員を語る――アクメのトム・シエファー氏のこと」『写真展望』一九四七年一月創刊号
(105) 通信社UP（United Press Assocoations, Inc.）の子会社。当時の世界四大写真通信社の一つ。
(106) ジェターノ・フェーレイス、Gaetano FAILLACE, 1904-1991
(107) 「昭和二〇年九月二十五日」『入江相政日記』第二巻、一九九〇年、朝日新聞社
(108) 「天皇、マッカーサーを訪問」『昭和二万日の全記録　第七巻』講談社、一九八九年、151p
(109) 高見順『敗戦日記』中央公論新社、二〇〇五年
(110) 『齋藤茂吉全集　第五十巻』岩波書店、一九五五年
(111) 「昭和二〇年九月二九日」『高松宮日記　第八巻』中央公論社、一九九七年
(112) 「昭和二〇年九月二〇日」『高松宮日記　第八巻』中央公論社、一九九七年
(113) 「The Week's Events: Ex-God Descends」『LIFE』一九四五年一〇月二二日号
(114) 「The Japanese were biginning to learn who was boss.」「THE MACARTHUR REPORT」『U. S. CAMERA 1947』（U. S. CAMERA PUBLISHERS, 1946）。同記事に、一頁一枚で掲載された記念写真のタイトルは「TWILIGHT OF A GOD」。
(115) 「極東小委員会「Minutes of Meetings of the SFE」におけるサピン大佐発言」『昭和天皇・マッカーサー会見』岩波現代文庫、二〇〇八年
(116) 「天皇陛下に新聞記者団拝謁」『朝日新聞』一九四六年一月一日

（117）「『御兄君』天皇陛下」『朝日新聞』一九四六年一月一日
（118）前出（98）『或る写真家の生涯』
（119）「日出造見参　やァこんにちは　三六八回　原爆投下直後の長崎を写した山端庸介氏」『週刊読売』一九六一年八月二〇日号
（120）「昭和二〇年十二月二十一日」『入江相政日記』第二巻、一九九〇年、朝日新聞社
（121）「Sunday at Hirohito's. Emperor poses for first informal pictures」『LIFE』一九四六年二月四日号
（122）『LIFE』カメラマンの誰が撮影することになっていたのかは不明だが、この頃の日本にはジョージ・シルクのほかに、マッカーサーとともに来日したカール・マイダンスや一一月頃に来日したアルフレッド・アイゼンシュタットらが滞在していた。
（123）マーク・ゲイン、Mark GAYN, 1909-1981
（124）「一九四六年三月二六日」井本威夫訳・マーク・ゲイン著『ニッポン日記　上』筑摩書房、一九五一年
（125）「『ライフ』の特ダネ」。『天皇』（トッパン、一九四七年）のカバーに印刷された宣伝文
（126）「天皇は日本占領に必要だった　二六年ぶりに公開！　米国務省文書　その1」『サンデー毎日』一九七二年一月二三日号
（127）例えば、一九三二年から交換船で帰国する一九四一年まで駐日米国大使を務めたジョセフ・グルー（Joseph Clark Grew, 1880-1965）は、日本の占領支配で最も摩擦が少ないのは天皇制維持だと運動していた。
（128）「昭和二一年二月二十七日」『高松宮日記　第八巻』中央公論社、一九九七年
（129）前出（113）「The Week's Events: Ex-God Descends」
（130）山端の写真集『NAGASAKI JOURNEY』（SAN FRANCISCO: POMEGRANTE ARTBOOKS、一九九五年）一〇七頁には、被写体である天皇夫妻と撮影する山端が写る現場写真が掲載されている。

(131) エドワード・バー著『ヒロヒト：伝説の陰で』ニューヨーク：ヴィンテージ・ブックス、一九九〇年（『NAGASAKI JOURNEY』日本語補足版）
(132)「一九四六年七月二日」井本威夫訳・マーク・ゲイン著『ニッポン日記　下』筑摩書房、一九五一年
(133)『天皇』トッパン、一九四七年。
(134) 一九四八年四月の再版（定価一八〇円）では、写真頁後のエッセイに谷川徹三「お相伴」が加えられた。
(135) トム・シェーファー、Thomas L. SHAFER、生没年不詳
(136) 前出（104）「アメリカの写真特派員を語る——アクメのトム・シエファー氏のこと」
(137) 前出（104）「アメリカの写真特派員を語る——アクメのトム・シエファー氏のこと」
(138)「昭和二一年四月七日」『入江相政日記　第二巻』朝日新聞社、一九九〇年
(139) アルフレッド・アイゼンシュタット、Alfred EISENSTADT, 1898–1995
(140) 前出（32）「座談会　戦後の日本写真界を語る　その3」
(141) 前出（49）「作品鑑賞のために——傑作が生まれる前後」
(142) 木村伊兵衛「私の写真生活」『木村伊兵衛傑作写真集』朝日新聞社、一九五四年
(143) 前出（11）「創立一五周年記念特別座談会　日本の写真界の歴史　第三回・その2　戦後写真家の動き」
(144) 玖は、小説家宮島資夫の娘。名取は、長女の出生届を出す前日にエルナと離婚し、日本帰国後に玖と結婚した。
(145)［中西昭雄］「名取洋之助は何を残したか⑨　日本の『LIFE』をめざした『週刊サンニュース』」『アサヒカメラ』一九八〇年九月号
(146) 前出（145）「名取洋之助は何を残したか⑨　日本の『LIFE』をめざした『週刊サンニュース』」
(147) 太田英茂「むざんに切りすてられた写真——伊兵衛さんと報道写真のスタッフ——」『フォトアート臨時増刊　現代写真家読本・一　木村伊兵衛読本』一九五六年八月

(148) 「GHQ/SCAP Record (RG331) Description of contents. Box no. 2275 S. Folder title/number: (14) YAMAHATA Keinosuke」内の自己申告文書によれば、山端は一九四六年一二月六日に株式会社ジーチーサン代表取締役社長就任。
(149) 前出(98)『或る写真家の生涯』
(150) 名取没後に催された「名取洋之助さんを偲ぶ会」録音より。飯島実、木村伊兵衛、岡本太郎、高松甚二郎、三木淳、根本進、立岩まや、内藤初穂、澤柳大五郎、河野鷹思、亀倉雄策、藤本四八、牧田仁、松方三郎、草野心平、小林勇、澤柳大五郎らの談話が収められている。名取家旧蔵資料として日本カメラ財団所蔵。一部は白山眞理『名取洋之助報道写真とグラフィックデザインの開拓者』(平凡社、二〇一四年)に収録。
(151) 「デスク」とは、業務管理など事務系の仕事のことか。
(152) 岡部冬彦、1922-2005
(153) 岡部冬彦「不思議な写真家」稲村隆正『踊子　ソノラマ写真選書　一四』朝日ソノラマ、一九七八年
(154) 三木淳、1919-1992
(155) 稲村隆正、1923-1989
(156) 長野重一、1925-現在に至る。
(157) 薗部澄、1921-1996
(158) 商標登録第三六五六三九号
(159) 名取洋之助「報道写真談義　5」『カメラ』一九五二年八月号
(160) 前出(159)「報道写真談義　5」
(161) 『サン写真新聞』美術部長には、亀倉雄策の紹介によって元日本工房のデザイナーであった伊藤幸作が就いた。
(162) 「GHQ/SCAP Record (RG331) Description of contents.」内自己申告文書。
(163) 前出(98)『或る写真家の生涯』。同書によれば、一九四七年から翌年にかけて国宣が携わったのは、「経済白書解

説展覧会」（経済安定本部）、「国のお台所展覧会」（大蔵省）、「われらの新憲法展覧会」（民主政治教育連盟）、「民衆警察展覧会」（国家警察本部）、「われらの赤十字展」（日本赤十字社、於高島屋［一九四八年三月］）、「横浜市平和博覧会」（横浜市野毛山公園）の企画・製作、宇治山田市平和博覧会のアメリカ文化館・日本赤十字館・憲法館の企画製作。この内、「われらの赤十字展」は「生活と赤十字展覧会」のことで、全体構成を名取が立案し、デザインは河野鷹思、亀倉雄策、原弘が担当した。また、貿易庁の監修による雑誌『Japan Commercial』を発行したが、同誌制作は三号で終了して日本商工会議所に引き継がれた。

(164)「GHQ/SCAP Record (RG331) Description of contents. Box no. 2275 S. Folder title/number: (14) YAMAHATA Keinosuke」

(165)「GHQ/SCAP Record (RG331) Description of contents」内「本カード　10．覚書該当」

(166)「GHQ/SCAP Record (RG331) Description of contents」内「昭和二二年九月一五日付　説明書」

(167)「GHQ/SCAP Record (RG331) Description of contents」内「証第一号　昭和二二年一一月一日付」。なお、同文は一一月一日付であるが、実際には同月五日の公職追放発令後に提出されたと「GHQ/SCAP Record (RG331) Description of contents」内「訴番第五四七」に記されている。

(168)「GHQ/SCAP Record (RG331) Description of contents」内「証第一号　昭和二二年一一月一日付」

(169)「GHQ/SCAP Record (RG331) Description of contents」内「訴番第五四七　昭和二三年三月二〇日付」

(170) 前出（169）「訴番第五四七　昭和二三年三月二〇日付」

(171) 創刊号裏表紙の雑誌名表示は「週刊サン・ニュース・フォトス」。次号以降「週刊サン・ニュース」となる。

(172) 長野重一「名取洋之助さんを想う」『三田評論』一九六三年四月号

(173) 三木淳「木村伊兵衛のダンディズム」『日本写真家協会会報』38号、一九七四年九月

(174) 稲村隆正「リンホフを壊した木村先生」『日本写真家協会会報』38号、一九七四年九月

(175) 稲村隆正「名取式毒舌の訓練　私の修業時代4」『アサヒカメラ』一九五三年一二月号
(176) 薗部澄「不肖の弟子」『日本写真家協会会報』38号、一九七四年九月
(177) 三木淳「座談会　弟子は師匠から何を学んだか」『アサヒカメラ』一九五三年三月号
(178) 前出(176)「不肖の弟子」
(179) 前出(175)「名取式毒舌の訓練　私の修業時代4」
(180) 前出(172)「名取洋之助さんを想う」
(181) プランゲ文庫の検閲記録によれば、発行部数は創刊号以降一九四八年九月一〇日号まで四万部を維持。その後、二万部、三万部と揺れて、一九四九年は休刊まで三万部発行。
(182) 多川精一氏提供タイプ打ち文書には、サン・ニュース・フォトスの「姉妹社として昭和二十二年四月サン写真新聞社同年十二月サン出版社が創立」とある。サン写真新聞社は昭和二一年設立のため、同年創立のサン出版社は一九四六年一二月に興されたと考えられる。サン出版社は名取が『週刊サンニュース』発行継続のために設立したのではなく、もともと山端が創設した出版社であった。
(183)「名取洋之助は何を残したか⑩　視覚総合雑誌を目指すが、『サンニュース』は廃刊へ」『アサヒカメラ』一九八〇年一〇月号
(184) 松岡謙一郎(1914-1994)は、元外相・満鉄総裁松岡洋右の長男。戦中は同盟通信に勤めた。日本教育テレビ(現・テレビ朝日)創設に関わり、後に同社副社長となる。
(185) 前出(145)「名取洋之助は何を残したか⑨　日本の『LIFE』をめざした『週刊サンニュース』」
(186) 丸山邦男「『サンニュース』に見る風俗写真師の戦後」『アサヒカメラ増刊　木村伊兵衛を読む』一九七九年一二月
(187)「International News Photos, Inc.」の略称。ハースト系写真組織で当時の世界四大写真通信社の一つ。同系統の通信社INS(International News Syndicate, Service)とタイアップした。

(188) フォーレス・ブリストル、Horace BRISTOL, 1908-1997
(189) 「木村伊兵衛放談室20　ゲスト藤本四八」『アサヒカメラ』一九七三年八月号
(190) 「木村伊兵衛放談室28　ゲスト稲村隆正」『アサヒカメラ』一九七四年五月号。この対談の中で、ブリストルの秘書として後にライシャワー夫人となる松方ハルが、また、後に英語ラジオ講座で有名になるジェームス・ハリス（平柳秀夫、1916-2004）が出版マネジメント担当としてイースト・ウエストに勤務していたと述べている。
(191) 「JAPAN'S "RED ARMY" GETS BACK HOME」『LIFE』一九四九年七月一八日号
(192) 「LIFE GOES TO A JAPANESE WEDDING」『LIFE』一九四八年一一月八日号
(193) 直筆日誌をまとめた『KBS理事日誌』一九四九年七月から一九五三年五月までのうち、一九四九年九月二二日、一〇月二〇日、一〇月二八日に関連記述あり。
(194) 小林勇「哀惜名取洋之助」『図書』一九六三年一月号
(195) 近刊広告『図書』一九五〇年四月号
(196) 内藤初穂『名取洋之助氏――日本工房の創始者――』私家版
(197) 前出（159）「報道写真談義　5」
(198) 羽田澄子「映画と私」『映画と私』晶文社、二〇〇二年
(199) 長野重一「カメラは万年筆、写真は記号」『カメラ面白物語　エピソードでつづる日本の写真一五〇年』朝日新聞社、一九八八年
(200) 「8　写真」『岩波写真文庫―目録―』一九五七年四月
(201) 「写真をつくる人の主観」『写真（岩波写真文庫8）』岩波書店、一九五〇年
(202) 名取洋之助「写真宣伝雑誌」『紙弾』支那派遣軍報道部編集発行、一九四三年
(203) 名取洋之助「『写真』やつあたり」『フォトアート』一九五二年四月号

（204）前出（32）「座談会　戦後の日本写真界を語る　その3」
（205）朝日新聞社主催国際写真サロンは一九五〇年に復活し、全作品を掲載した『アサヒカメラ臨時増刊　世界写真傑作集』が一九五一年四月に刊行された。
（206）福田勝治『花と裸婦と』イブニングスター、一九四七年
（207）イブニングスター社では、戦前『アサヒカメラ』編集長だった松野志気雄が一九五〇年から出版局長を務めた。松野は、一九五一年三月二九日に逝去。
（208）前出（32）「座談会　戦後の日本写真界を語る　その3」
（209）『写真撮影叢書』は一九四七年一二月に研光社が創刊し、発展して一九四九年五月創刊の『フォトアート』となる。毎号特集形式の『アマチュア写真叢書』は一九四八年一〇月に光芸社が創刊し、発展して一九五〇年三月創刊の『日本カメラ』となる。プランゲ文庫検閲誌への書き込み数字によれば、『カメラ』発行部数は、一九四七年中は一万三五〇〇から三万五〇〇〇部の発行であったが、他誌が参入した一九四八年以降は一万五〇〇〇～二万五〇〇〇部に減じ、一九四九年以降は一万五〇〇〇部に定まった。『アサヒカメラ』は一九四九年一〇月号で復刊している。写真雑誌の本格的な復興は、『カメラ』『アサヒカメラ』の二大誌と新興雑誌の出揃った一九四九年頃と言えよう。
（210）前出（72）「『アサヒカメラ』復刊の頃」
（211）KATSUJI FUKUDA「NUDE」『U. S. CAMERA ANNUAL 1950 INTERNATIONAL EDITION』U. S. CAMERA PUBLISHING CORP. 一九四九年
（212）『USカメラ年鑑　世界編一九五一年版』（『U.S. CAMERA ANNUAL 1951 AMERICAN— INTERNATIONAL』U. S. CAMERA PUBLISHING CORP. 一九五〇年）には、図画教師出身の写真家である中村立行（1912-1995）の「NUDE」と、ヌード彫像制作を捉えた吉田潤の「SCULPTRESS」が掲載された。
（213）福田勝治「写真界の浄化」『光画月刊』一九四八年一一月号

(214) 渡辺勉「福田勝治の作品」『写真の教室』No.9、一九五二年三月
(215)「審査にあたって」『カメラ』一九四九年一〇月号
(216) 土門拳「新写真作画講座　第2回」『カメラ』一九五〇年二月号
(217) 土門拳「新写真作画講座」『カメラ』一九五〇年五月号
(218) 前出(49)「作品鑑賞のために——傑作が生まれる前後」
(219) 木村伊兵衛は一九五〇年から一九五八年まで日本写真家協会初代会長を務めた。
(220) 林忠彦、渡部雄吉「座談会　写真界を語る　昭和二〇年代のフォトジャーナリズム」『日本写真家協会会報』No.77、一九八八年二月
(221) 三木淳、石井彰一、稲村隆正「写真界を語る　集団フォト時代・その2」『日本写真家協会会報』No.69、一九八五年五月
(222) 渡辺義雄「お世話になった二人の山田さん」『日本写真家協会会報』No.55、一九八〇年九月
(223) 三木淳によれば「山田商会は我われJPSの会員にはお金を請求しなかった」、土門は支払いのお礼として山田に「明石町に飾ってあった浜田庄司の大鉢」を贈った(三木淳、石井彰一、稲村隆正「写真界を語る　集団フォト時代・その2」『日本写真家協会会報』No.69、一九八五年五月)。
(224)『朝日新聞報道写真傑作集　一九五二』朝日新聞社、一九五一年
(225) 伊奈信男「報道写真とその鑑賞」『朝日新聞報道写真傑作集　一九五二』
(226) 前出(225)「報道写真とその鑑賞」
(227) 西橋眞太郎「報道写真とはなにか」『朝日新聞報道写真傑作集　一九五二』
(228) 前出(227)「報道写真とはなにか」
(229) 渡辺勉「写真展評」『カメラ』一九五二年四月号

(230)「報道写真談義　第6回　対談　名取洋之助　木村伊兵衛」『カメラ』一九五二年九月号
(231)「報道写真談義　対談　名取洋之助　木村伊兵衛」『カメラ』一九五二年一一月号
(232) 前出(230)「報道写真談義　第6回　対談　名取洋之助　木村伊兵衛」
(233) 前出(230)「報道写真談義　第6回　対談　名取洋之助　木村伊兵衛」
(234)「連載対談・第6　写真におけるリアリズムとはなにか?」『カメラ』一九五一年一二月号
(235) アンリ・カルティエ＝ブレッソン、Henri Cartier-Bresson, 1908-2004
(236) 木村伊兵衛「私の作画精神」『アサヒカメラ』一九五二年四月号
(237) 亀倉雄策「写真の鑑賞　松島進の作品」『写真の教室』一九五一年一〇月号
(238) 前出(54)「東京フォト・ジャーナリズムの流れ　座談会」
(239) 前出(54)「東京フォト・ジャーナリズムの流れ　座談会」
(240)「月例第一部入選作合評」『カメラ』一九五二年九月号
(241) 前出(240)「月例第一部入選作合評」(傍点は原文のママ)。文中注によれば、「チョロスナ」とは、「小手先だけのスナップ」。
(242) 土門拳、木村伊兵衛、真継不二夫、伊奈信男、金丸重嶺、田中雅夫「歳末放談　題名のない座談会」『写真の教室』一九五二年一二月号
(243) 木村伊兵衛「スナップ写真審査評」『アサヒカメラ』一九三六年二月号
(244) 田中雅夫、濱谷浩「対談　批評家と作家」『カメラ』一九五二年八月号
(245) 前出(244)「対談　批評家と作家」
(246) 渡辺勉「写真月評　原爆記録写真の扱い方――岩波の「広島」を推す――」『カメラ』一九五二年一一月号
(247) 前出(246)「原爆記録写真の扱い方――岩波の「広島」を推す――」

chapter 9

第九章　『ヒロシマ』と『筑豊のこどもたち』

一　『ヒロシマ』

次第に生活が安定し、写真が人々の生活に根ざしていく中で、土門のリアリズム写真運動は写真雑誌を席捲した。議論は様々に起こったが、月例投稿欄に組写真の部が設けられ、社会を追う報道写真の手法がアマチュアに定着していった。学生だった川田喜久治[1]、東松照明[2]が一九五三年の『カメラ』月例写真のベストテンに入るなど、次代を担う写真家もこの運動の中で育っていった。

一九五二年には『週刊読売』『週刊サンケイ』が創刊し、一九五五年には『週刊東京』、一九五六年には初の出版社系週刊誌『週刊新潮』が続いて、グラフ頁を備えた週刊誌のブームが起こっていく。傍ら、一九五三年にNHKテレビが本放送を開始し、二年後には受信契約数が一〇万を越える。やがて一九五六年の経済白書には「もはや戦後ではない」と記され、高度経済成長下でテレビが家庭に浸透し、一九五八年の受信契約数は一〇〇万を、翌年の皇太子結婚で馬車パレードが中継された頃には二〇〇万を突破する。報道写真が展開されるグラフ頁をもつ週刊誌と速報性のあるテレビが一九五〇年代の大衆をリードするビジュアルメディアとして発展していく中で、熱い言葉で写真を語る土門にアマチュアは心酔した。

その過程の一九五四年四月、土門は講演会「リアリズム写真の進むべき道」で、「一九五四年の春をもって第一期リアリズム写真は一応終わった。(3)」と宣言した。「第一期リアリズムは、いわば十万人のアマチュアがみんなうまくなって、卒業した。小学校はそれで終わったということですね。それはいま言ったように日常的、スナップ的なモチーフと表現、ことに悪く言うと自然主義的、複写的な表現ですからね、あるモチーフのあるがままの状態を機械的にそのまま正確に写すという……(4)」と、これまでがアマチュアへの初歩手ほどきであったと語った。

さらに、「われわれはほんとに現実そのものをはっきりわれわれ自身の目で見て行こう、そういう反省が敗戦を機に日本国内にうんと盛り上がったわけですね。そうした敗戦直後の時代的な雰囲気と国民的な感情というものをわれわれの写真に反映させて、物そのもの、あるがままにという現実直視、そういう立場が非常に歴史的な必然性をもったのじゃないかと思うんです」と、リアリズム写真の隆盛を社会的、歴史的に位置づけて、「もっと深い、もっと美しい、もっと逞ましいモチーフや写真の表現を考えなくちゃならぬ」と「第二期リアリズム(5)」への前進を促した。(6)

土門の動きが注目される中、一九五五年一月に彼の初めての個展が高島屋八階の富士フォトギャラリーで開催された。渡辺勉によれば、「一ヶ月にも満たぬ短期間に撮った八十五点を『たそがれの銀座』『築地明石町』『佃島』『日本橋界隈』『正月の浅草』『江東のこども』」というくくりで展示したものので、「『写真の展覧会というやつはどうもきらいである』という土門拳が、周囲からすすめられて開いた」[7]ものであった。

しかし、この展覧会の内容は、「現実の解釈を造形的にまとめすぎている」と受け止められ、「このような傾向はややもすれば『大芸術』となり、したがつて画家や美術評論家からは拍手喝采をもつて迎えられるかも知れないが、民衆と共に今日を生きなければならない写真ではなくなる」[8]と批判された。

展示された写真はテーマ毎に括られていたが、グラフに掲載される報道写真とは遊離していたようだ。名取洋之助は、「君のは何かテーマがありそうで、全体がまとまつていない。話がありそうで、ない。君は一枚一枚をみてくれといつてならべているかもしれないが、それでは意味がない」と指摘し、「わざわざむずかしく、一枚の写真で語らなくても、三枚でも五枚でも、七枚でもいいのじやないか。一枚一枚は少しまずくても、全体の話をすることが大切なのではないだろうか。君がただの写真の技術の先生になつたり、たつた一枚の写真をうつすために、一生写真と取つくむ写真芸術家になつてしまつて……、そんなことを想像するだけでも、ひどく悲しくなる」[9]と残念がった。壁面に写真をかける展覧会は一枚毎に見せるが、グラフは組写真の見開き頁で物事を語る。読ませようとする名取の報道写真にとって、展覧会の見せ方は「報道写真」たり得ず、土門の志向の変化を感じたのであろう。

展覧会を見て土門が写真の先生や写真芸術家になりつつあると受け止めたのは、名取だけではなかった。渡辺も、「私がどうにも共感できないのは、土門拳を慕つて集つてくる弟子達の手になる彼のさまざまな撮影振りを語る写真が、会場の入口に並んでいることである。なぜこのようなショウをやる必要があるのだろうか[10]」と記している。写真へ向かう姿勢としてリアリズムをアマチュアに主張していたはずの土門は、いつの間にか彼らのスターに祭り上げられており、土門もそれを良しとして、ファンサービスのような写真も展示されたのだ。この頃に土門の現像と引き伸ばしを担っていた中村春雄や月例審査会場となった料亭の主らは「新橋派」、浅草のカメラ店を拠点とする月例常連アマチュアは「浅草派」と称していたが、土門はそんな取り巻き連を引き連れてナイトクラブの夜遊びにふけってもいたという[11]。

この夏に木村伊兵衛と対談した名取は、「写真はうまくなければいけないとか、きれいでなければいけないとか、そんなことはないんで、木村さんの場合は、写真を見てもまずいとかうまいとか、そんなことがちつともない。木村さんの場合、変てこりんな作品もある。それを平気で木村さんは見せている。それがまた雑誌にどう載ろうが構わない。土門はそうじやなくて、いい写真でなければいけない。しかも編集部に注文して、レイアウトまで自分でしなければ気が済まない[12]」と、グラフで活躍すべき土門が芸術写真の大家のように振る舞う事を嘆いた。応えた木村も、「表現において絵画に対する劣等感を持つているんですよ。しかしメカニズムによつてそれを破つて行けると思うんですよ。それがシャッターチャンスとか技術が出て来て、この間の個展のような写真が出て来ちやうんですよ。あの『日本橋』と『江東の子供』と何のかかわりがあるかといいたい[13]」と、鋭く切り捨てた。こうした批評は土門にも届いたはずだが、彼は一九五六年一月号から研光社の『フォトアート』で月例審査に就き、彼を慕うアマチュアも『カメラ』から移って、相変わらずの「土門党」を形成していた。

一九五六年の名取は、「現在、月例写真に集まつてくる何万枚という写真の九割までが社会を対象にしている、一応生活があるし人間が出てくるわけです。それは結構なんだが、しかしそれが単なる写真の約束事になつてしまつた。形は社会のスナップだけれども、アマチュアの気持ちの中はサロン写真というか俳句写真と何も変わらない」「アマチュアの方がいたずらできるんだから、もつといたずらして、いろいろな試みをやつてくれる方がいい(14)」と、形骸化する写真を残念がった。「リアリズム」は型としてなぞられ、陳腐化するばかりだった。飽和状態のリアリズムへの反動のように芸術的な主観主義写真(15)が提唱されるなどして、写真雑誌の中での「リアリズム」ブームは、収束の気配を見せ始めた。

そんな一九五七年、モスクワで八月に開催される世界青年学生平和友好祭での写真審査に木村伊兵衛の代行として土門が行くと決まった。『カメラ』月例の常連であった八木下弘に、「おい！　八木下、俺は今度ソ連へ行くことになった。リュックサックも特別あつらえで用意した。帰りにはパリに寄って、ピカソを撮るんだ!!(16)」と告げるほど張り切っていた。ところが、外貨事情のために五〇〇人分の渡航要請に対して一五〇人にしかビザが下りず、土門は行けなくなってしまったのである。

失意の土門は、同年七月二三日に、『週刊新潮』の依頼で、被爆した市民のその後を取材するために、文字原稿を担当する草柳大蔵、飯塚信雄と共に初めて広島へ行った。後に振り返った彼は、「職業写真家であるぼくは、いわば『商売』のひとつとして行ったのだった。その限りにおいては、ぼくが広島へ行ったことなどは、何もとりたてて言うほどのことはない。ただその後に、カメラを手にする人間としての、使命感みたいなものに駆りたてられて、憑かれたように広島通いするようになったという点で、またその結果こういう本［ヒロシマ］を出すことになったという点で、その日はぼくの生涯にとって忘れがたい日となった[17]」と記している。

取材過程を回想した草柳は、広島の原爆被害調査施設である「ＡＢＣＣ[18]の中に入ってみると、診察だけはしてくれるが、治療はしてくれない、それればかりではなく、ＡＢＣＣはニューヨークと結びついていて、メカニックの中で事が運ばれているのがわかる　それを知ると土門さんはやにはにおこり出したのです[19]」と、述べている。占領期の報道規制対象であった被爆の実態は、土門の知り得ないことだった。また、一九五二年の独立後相次いだ原爆暴露の本も衝撃的ではあったが、「一九四五年（昭和二十年）八月六日と九日の広島・長崎の、いわば、『歴史的資料』ともいうべきもの[20]」と、過去の話としてしか受け止めていなかった。しかし、「『ヒロシマ』は生きていた。それをぼくたちは知らなすぎた。いや正確には、知らされなさすぎたのである[21]」と、初めて見知った原爆被災者の生活実態に感じた強い義憤が、彼を突き動かした。

このときの取材は、「八月六日の遺産　はじめてルポされたＡＢＣＣの実態」として、土門の写真五頁と草柳の本文記事八頁にまとめられて『週刊新潮』八月一二日号に掲載された。土門月例の常連から同誌のグラフ頁カメラマンになっていた川田喜久治によれば、記事制作は「だいたい三日ぐらいで原稿を作っておりますから、時間的な関係でレイアウトを終わると印刷に回るというわけで、「編集者とカメラマンが」ディスカッションしている暇がありませんよ[22]」という忙しさだった。土門の記事も、こんな風にまとめられたのだろう。だが、彼は依頼された撮影では終わらせず、以降一一月までに六回通い、延べ三五日で五四〇〇枚を撮影したのである[23]。

彼の撮影意図は、被爆者の生活を告発することにあった。原水爆実験禁止世界大会など「原水爆問題のそういう国際的な舞台におけるはなやかな高揚のかげに、日本の広島の場末には一升五十円の外米も買えずに腹をすかしている被爆者がいる。被爆者の医療は全額国庫負担となり、白亜の原爆病院が建っても、その原爆病院に入院するのに持っていく蒲団がないばっかりに入院もできずにいる被爆者がいる。

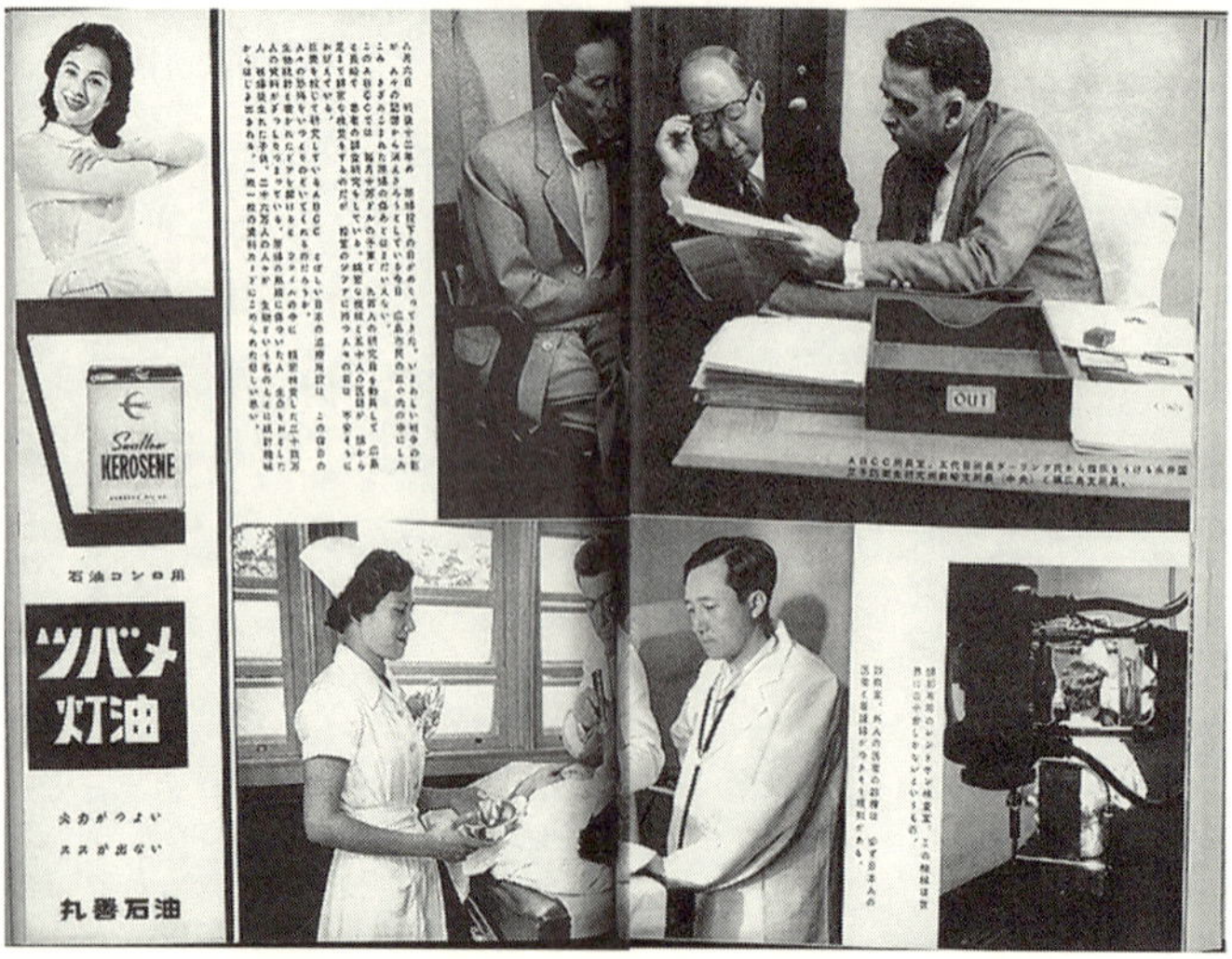

図94　「八月六日の遺産　はじめてルポされたABCCの実態」『週刊新潮』1957年８月12日号

また、当然入院加療を必要とするほど症状が悪化しているにもかかわらず、あとに残る家族の生活を思うとそれもできずに、ニコヨンに出て働きながら、みすみす死期を早めている被爆者もいる[24]」という、やりきれない現状があった。「ぼくの『ヒロシマ』のばあいハッキリ時代の証人として、自分の怒りというものをぶっつけてるんだからね。どっちでもない立場において、ものをみてるはずはないんだね。あれは被害者側の身になって、加害者にたいする告発をしてるわけなんだ。漫然と撮ってやしない[25]」という、熱い心情をぶつける撮影だった。

同年一〇月の集団フォト第七回展に、土門は、ヒロシマをテーマとする「深い闇の世界で」を出品した。福島辰夫は、「最近の彼の仕事としては、めずらしく力の入ったものだが、それ以外になにか彼として新しい内容がうちだされているわけではなく、見ていると作品がとらえたうらさびしい世界がいやになってくる[26]」と評した。土門の写真は評価するのだが、時間と共に忘れかけていた戦争の暗部をむき出しに見せられて心穏やかでいられないという論評だ。

土門が月例を担当していた『フォトアート』一九五七年一一月号に「本誌特写土門拳『盲目の双生児と原爆乙女』」が掲載されると、賛否両論が起こった。

『アサヒカメラ』の「鑑賞と批評」欄で伊奈信男と対談した画家の東郷青児は、「これは写真としてはひどく感動するんだ、ショッキングなものだから。しかしつらいですよ、見ていてね。これほどまで現実的に扱うという土門君の態度、これがちょっと抵抗を感じさせる[27]」と、否定的だった。「リアルにものに取り組んでゆく行き方は、写真としては面白いのかも分からないが、ぼくらは何か偽悪的な感じを受ける。写真のよし悪しは別としても、あと味の悪い感動だ[28]」と、抵抗を感じる原因を冷徹なリアリズム描写ゆえと指摘した。

これに対して、伊奈信男は「『問題は、不条理な実存に対する抵抗にある』と非常に怒っているわけだ。でも全部が全部、これで押さなくてもね、どこかに救いのあるところがあってもいい。写真的にはものがものだから、確かに受ける力は強い[29]」と、現実を直視させようとするだけでなく、写し方や組み方で緩急を心得た写真を求めた。東郷はさらに、「しかしそういう〔被写体の〕強さに写真家が頼るのはちょっと危険だと思う。報道写真ならともかく、芸術作品として見る場合には、もっと救いの道があっていい[30]」と、社会と直結するグラフ誌とは違う写真愛好家向けの内容を望んだ。

『日本カメラ』一九五七年一二月号の批評欄「十一月のベストテン」でも、「盲目の双生児と原爆乙女」が話題になった。戦中に雑誌制作で苦労した伊藤逸平は、「人によって、こういう哀れな姿をなにもわざわざ刊行物に発表しなくともいいではないかという意見もあるようだが、このような不幸な子どもたちは世の中に存在しないものとして『臭いものに蓋』主義で横を向く態度の方がよほど冷酷無惨ではなかろうか?」と、発表する意義を強調した。同欄で、三瀬幸一は、「写真は見た目に美しく明るく朗らかでなくてはならないと主張する人たちには目をそむける現実だろう。だが写真は単なる現実の美醜に好悪の選択だけですますわけにはゆくまい。真実と批判こそが大切な要素になってくる。乞食写真に出発した土門のリアリズムの思潮が、ここに再び盲目の双生児を捉えて現実を苛責なく批判する。多少感傷的なきらいはあるが、奇を好む氏の悪い癖がでたなどと評するのは当らない」と、やはり好意的な意見を寄せている。

一方、名取は、座談会の中でこの仕事について触れて、「土門、木村の両横綱が本格的な仕事を求めて写真雑誌のワクからはみ出していくかが興味のある点」と、「写真芸術家」ではない仕事を写真雑誌の中で展開させたことに着目したが、「土門という人間からいえば、盲に感激したり原爆娘に感激して、夢中になって仕事ができるという彼の性格だからやむを得ないとしても、土門位の横綱にればやはり受けて立つというか、何でもない街の中を撮りながら横綱相撲をとってもらいたいな」と、被写体の衝撃性をストレートに出していることに苦言を呈した(31)。

話題をさらう中で、土門の写真集『ヒロシマ』の計画が発表された。一九五七年一二月号の『フォトアート』には、同年同月に総頁一五二頁で刊行予定と記されたが、一九五八年二月号に総頁数一八〇頁と増頁で訂正予告し、土門の「さきに発表した発売日を遅らせては、すでに前金注文、予約申込みして下さった読者に申し訳けないが、編集、印刷、製本などに入念の上にも入念を期したいので、研光社の永井社長にたのんで、一カ月ほどのばしてもらった」という言葉も記された。

編集は、戦前から彼が懇意にしていた『婦人画報』編集者の川辺武彦が担当した。本書にかける土門の熱意は尋常でなく、川辺によれば「私が写真集『ヒロシマ』を編集、レイアウトする時は高輪の小さなわが住いに文房具を持ってしばしば現われた。レイアウト用紙、物差し、画板、三角定規と到れりつくせりである。物差しには年月日と私の名前が書いてあり、画板には当時こっていた焼き火箸で『土門より川辺へ』とフランス語で書いてあった(32)」という入れ込みようだった。

渾身の力を注いだ写真集『ヒロシマ HIROSHIMA』は、一九五八年三月に一七五頁、総アート紙、定価二三〇〇円で発売された。撮り直しに現地を再訪するなどしてネガ枚数は五八〇〇枚に達し、写真集編集のために八〇〇枚が引き伸ばされて、その内の一七一枚が使用された(33)。

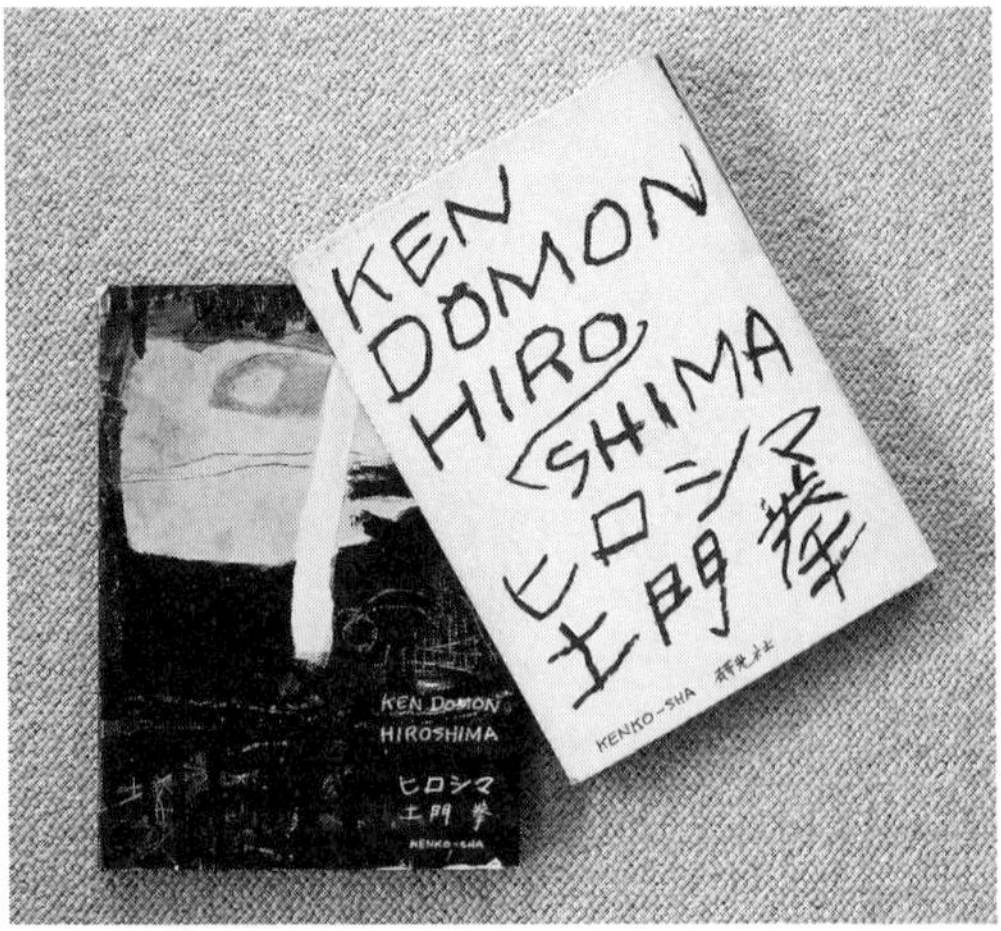

図95　土門拳『ヒロシマ HIROSHIMA』研光社，1958年［J］

土門と川辺と永井嘉一研光社社長は、『フォトアート』一九五八年七月号の対談「『ヒロシマ』をめぐって」で写真集製作裏話を語り会った。永井は、「この本を編集しているとき編集部の女の人が、脳震盪を起こしちゃったんですよ、写真を見ていて、相当ショッキングなんでね」と打ち明けている。川辺も、「大体最初の手術のところが気持ちが悪くて見ないというのがずいぶんいるわけですよ」と、リアルな写真が与える強い衝撃を述べた。

しかし土門は、「手術の写真が多すぎるというけれどもね、あれは最初の計画でいくと、総計にして十六頁減らしているわけだ。もっと懇切丁寧に手術を押していきたいと思ったんだよ」と譲歩したことを述べ、「フォトアートの広告も、『写真集ヒロシマ』とうたっているわけで、写真集と言ったっていいし、そううたうよりしようがないかもしれないけれども、僕個人の意見では、写真集という気持ちじゃないですね。一個の『ヒロシマ』という主題の著書であるということだな」と、「作品」を集めた写真集ではなく全体の主張に目的がある著書であることを語った。川辺も、「七月に行って、三月に出版されれば、写真の本としては最も早い方だな。ほかにないでしょう。これは小説の書き下ろしの単行本みたいなものですからね。こういうのは今までの写真集にはないでしょう」とルポルタージュとして直ぐにまとめた意義を評価した。

一方、対談に同席した伊藤逸平は、「できるだけ大勢の人に見てもらわなければならぬ性質の主題であるにかゝわらず、二千三百円という値段はあまりにも非大衆的であり、限られた人の手にしかこの本が渡らない、その点を残念がる意見もだいぶあると思うんですよ、しかし現在この本を出す条件の中で大新聞社と違って、大きな宣伝機構と販売機構をもたない、こうした形で自分たちの企画を実現する以外に方法がなかったと思う」と、値段に対する問題点を指摘した。土門も、「あれが百円で売れたら、その方がいいにきまっているけれども、そんなことじゃ作れませんよ、そんなことをしたら、研光社は一ぺんに潰れちゃいますよ」と現実を見つめながら、「少くとも僕は、百円の本にしたならば、何十万の人が見るということはウソだと思うね。仮定の可能性という上には僕は立たない。見れる条件にある人見るだけの機運にある人が見てくれればいいんですよ」と続けている。そして、「五年も六年もかかって人間の世界を突っ込んだらいいということもある《ママ》　しかしそれは繰返し方の方法じゃないかと思うんですよ、十三年後の広島を見てびっくりしちゃって、これを早く知らせなければならぬという気持ちがあったんですよ」と、彼自身の強い衝撃をすぐに届けたいという動機が製作の基になっていることを明かした。

『ヒロシマ』を語る土門の言葉は尽きない。『カメラ毎日』一九五八年八月号では、被写体とのやり取りなども打ち明けた。「ぼくの『ヒロシマ』一巻は、いわば写真家としてのぼくのささやかな被爆

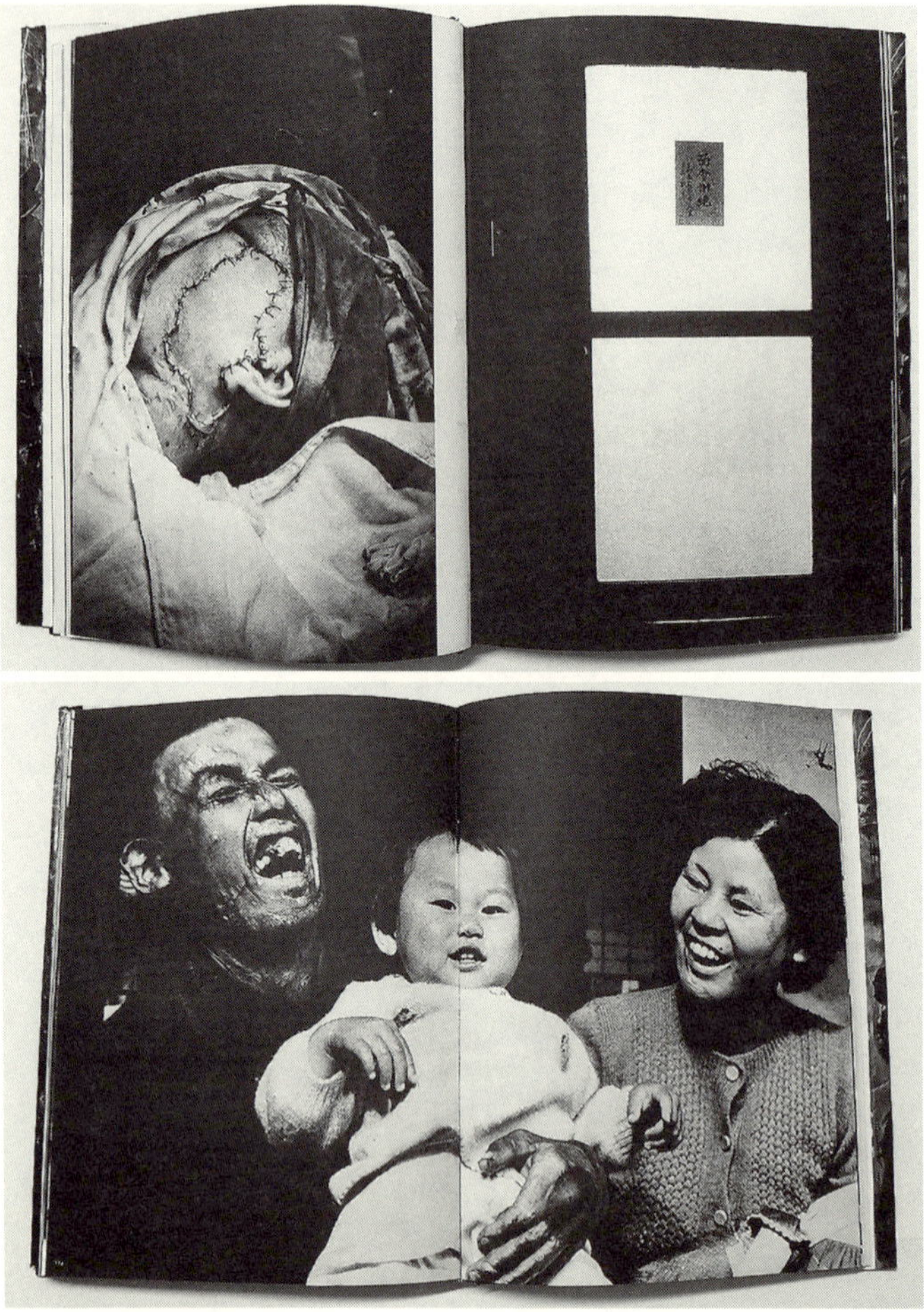

図96　土門拳『ヒロシマ HIROSHIMA』 研光社，1958年［J］

者援護運動である。政治家は政治家としての、科学者は科学者としての、文学者は文学者として、それぞれ援護の仕方があるであろう。写真家としてのぼくは写真を撮るより能がないから、カメラを通してできるだけのことをしたまでである。それは去年の七月、原爆病院ではじめて被爆者の姿を見たとき、決意したものだった」と、週刊誌の取材を始めてすぐに写真での援護を決めたことや、「原爆病院の患者の一部には、一時、撮影拒否運動まで起りかけた。そういう険悪な動きを阻止できたのは、ぼくの気持ちを理解してくれた患者たちの説得と、撮影を拒否する個人には決してカメラを向けないとぼく自身が表明し、それを実行したからだった」と、被写体を説得して撮影を続けたこと、そして、「去年の後半は広島通いと写真の整理に明け暮れて、稼ぎらしい稼ぎはできなかった。それでカメラやレンズや蔵書を売り飛ばして年を越したものの、身辺の者にかけた苦労は大変なことだった。年が明けても原稿やら校正やらで、丸六十日間こたつのそばにすわりっきりだったし、三月の末に本ができたときは、完全にスッテンテンになっていた。今度の仕事などはぼくとしては記録的な急テンポで仕上げたほうだが、それでも今日までほとんど丸一年間ヒロシマ騒ぎで明け暮れたことになる(34)」と、家族の存在も忘れて没頭し、情熱のままに『ヒロシマ』を作り上げたことを記している。

被写体が嫌がっていたのに説き伏せたのは、土門にとっては自らの思念に理解を得た手柄話だっただろう。しかし、こんな熱意を迷惑がる被写体もいたわけで、本書は土門自身が満足するために製作された面もあったことを、図らずも吐露している。

八木下は、「出版記念会が催されることになった前夜、『おい八木下、俺はソ連に行かなくてよかったな？』と明石町の［土門邸］二階で、私の眼をじっと見入るようにおっしゃった(35)」と振り返っている。土門にとって、この一冊は、「物そのもの、あるがままにという現実直視、そういう立場が非常に歴史的な必然性をもった[36]」リアリズムによる報道写真の成果であり、また、ソ連に行ったらパリにも行って……と目前のこととして計画した国際的活躍の代わりでもあったのだ。

こうして刊行された『ヒロシマ』には様々な声が上がった。

濱谷浩は、「必要なのは、写真というものに対する新しい考え方、その時代に最も必要な写真の機能の発揮に努力と創意を捧げる精神――その根底に、『人間の幸福』をつかもうとする写真家の心情です」とあるべき写真家の姿を記す中で、「私は外国のすぐれた写真家や、進歩的な業績について述べてきましたが、いま、ここに日本の誇るべき新しい写真の一本《ママ》を手にしました。土門拳氏の労作『ヒロシマ』です。これこそ、私のいわんとする本論を立派に裏付けてくれたものです。読者諸氏の必見を望んでやみません[37]」と絶賛した。

一九四九年刊行の『LIVING HIROSHIMA』に携わった中島健蔵は、「この写真集の入口には、入学試験の関門のようなものができている。いまさらヒロシマなんか……と思っている人々や、ただ美しい写真をながめて楽しもうとしている人々をふるいにかけるような、原子病患者の手術の写真がそれである。この関門は少々きびしすぎるかもしれない」「美的感覚で味わうには適しない超リアリズムである」「そして、この写真集は、これを受けとめるか、これに対して顔をそむけるか二つに一つしか道がないことを感じる。わたくしは受けとめようと思う[38]」と、手術シーンを多く入れた彼の意図を評価した。

伊藤逸平は、手術の写真が多すぎると再批判し、値段に対しても、「いずれ普及版でもつくって、もっと買いやすくし、この著者のいわんとするところをより広く理解認識してもらうべきではなかったか？　さらに、この本は佐野繁次郎[39]の装丁という、いかにも芸術ぶった顔をしているが、この本の内容は芸術とはゼッタイに無関係なのである。ブレッソンの画集をミロが装丁したこととはわけがちがう。もし土門拳に大時代な芸術作品集的な刊行意識の片りんが心の底に一つでもひそんでいたとすれば、この本はアイマイな混迷の中にあるといわねばならない[40]」と、美しい造本にも苦言を呈した。

原爆被災者の現状を訴えるというテーマは大方が好意をもって受け止めたが、これを浸透させるには定価が高すぎて写真集の体裁が趣味的だという批判が多かった。名取は、出版翌年の『朝日新聞』に寄せた「写真の趣味性・実用性」の中で、「世界中どこに出しても恥かしくない労作である。だが土門拳の訴えは、二千三百円をこの本に投じ得ない人々の上を、空しく過ぎてしまわざるを得ない。百円の定価にして、たとえ紙質や印刷を悪くしても、何万、何十万という人たちに訴え得る本にした方が、どれだけ土門拳の気持に応えることができただろう。趣味の写真と実用の写真を区別しない写真界の精神が、ここでは本の体裁、出版方法に影響しているのだ[41]」と批判した。

名取が編集に携わっていた『岩波写真文庫』は、一九五〇年から一九五八年の終刊[42]まで一〇〇円の定価を守った。同シリーズは一九五三年には戦後第一回の菊池寛賞を受賞し、類似企画が多数刊行されるなど社会に広く受け入れられて、写真による教養文庫という形式が確立した。こんな訳で彼から「百円」という値段が出てきたのだろう。

しかし、前述したように、土門は当初から「百円の本にしたならば、何十万の人が見るということはウソだと思うね」「見れる条件にある人見るだけの機運にある人が見てくれればいいんですよ」と、

「百円の本」を買う者を相手にしていなかった。彼の「ささやかな被爆者援護運動」は、「被害者側の身になって、加害者にたいする告発をしている」ものであり、大衆に向けたものではなかった。そんな土門に向けられた「百円」にせよという批判は、写真集の定価や体裁のみならず、「物そのもの、あるがままにという現実直視、そういう立場が非常に歴史的な必然性をもった」[43]リアリズム写真を撮りながら見る人を選ぶ、彼の報道写真に対する姿勢への苦言でもあったのだ。

ところで、岩波写真文庫は、県別シリーズの一冊として『広島県――新風土記――（岩波写真文庫二三八）』を一九五七年九月に刊行していた。ここでは、広島平和記念都市建設法によってインフラ整備が進み、復興する街と向上のために働く人々が写されている。そして、「人口四十二万の軍都はわずか十四万の廃都と化した。今日もなお原爆症でたおれる人があるほどの悲劇であった。広島の歴史の上ばかりでなく、世界史上の大事件であった」としながら、「原爆症でたおれる人」の現状は伝えておらず、「広島市は『恒久の平和を実現しようとする理想の象徴として』既に建設の第一歩を超え見事に再現された」と、原爆を昔話のように扱っている。五年前の『広島――戦争と都市――（岩波写真文庫七二）』は、前半が被災当時、後半が刊行時の状況だった。岩波写真文庫の県別シリーズは各都道府県観光課などの協力を得て制作されており、基本的に県内全般を一般的に等しく扱っている。個人の立場をとった『ヒロシマ』との違いは刊行物の目的の違いでもあり、強い情熱で押す土門と、メディアの性格を計って全体を組み立てる名取の違いでもあろう。

甲論乙駁の中、『ヒロシマ』は毎日出版賞、日本写真批評家協会賞、そして、一九六〇年に東ベルリンで開催された国際報道写真展で金賞を受賞した。土門と永井は、ソ連共産党中央委員ミーチン、

『プラウダ』編集長サーチュコフに本書を贈呈した。(44)少し後には、「サルバタから来た商人」が『ヒロシマ』を世界の運命を握る十二名の人に送ったといい、その名前と送った受けとりを送ってきました。アイゼンハワー（米）、マクミラン（英）、ジャック・ケネディ（米）、ドゴール（仏）、ローマ法王ヨハネス二十三世、イスラエルのベングリオン首相、ナセル、ネール、フルシチョフ、周恩来（中国）などでした」(45)と報告された。「見れる条件にある人見るだけの機運にある人」、あるいは、彼の「ささやかな被爆者援護運動」の届け先は、こうした世界の指導者たちであったのだ。

二　『筑豊のこどもたち』

一九五九年八月、石炭から石油へのエネルギー政策転換によって、三井鉱山は三井炭鉱労働組合連合会に対し六山（三池、田川、山野、砂川、芦別、美唄）で六〇〇〇人の希望退職者を提案した。組合側は、毎火曜、金曜に二四時間ストライキを決行してこれに抵抗し、三井鉱山は三池炭鉱（三川、四山、宮浦の三鉱山）の労組幹部などを対象に一五〇〇人にのぼる指名退職勧告状を発送した。九月二五日には、炭鉱失業者とその家族を救う目的で福岡市の主婦達一〇人が呼びかけた運動「黒い羽根」募金運動が東京でもスタートし、『週刊新潮』一〇月一二日号は鈴木文武による「黒い羽根の素顔　不況にあえぐ筑豊炭鉱地帯」(46)を掲載した。

出版社「パトリア書店」の若き編集者であった丸元淑生は、週刊誌投稿欄の炭坑失業者寄稿を読んで、福岡県東京事務所や通産省石炭局を回った。そして、一〇月半ばに土門を訪ねた。

丸元の自伝的小説「遠い朝」などから、この時の二人のやり取りが伺える。丸元は、土門のことを「五十代も後半の、すでに写真界の重鎮だったが、単に有名なだけでなく、東京の下町の子どもたちを撮りつづけた作品があったし、つねに対象の奥にあるものを正確にとらえようとする姿勢が一貫」[47]していると評価していた。土門の書斎で「筑豊炭田地帯の地図をひろげて、通産省の石炭局が、どのような法案を用意し、『黒い羽根』運動が、どんな妨害や障害に直面しているか」[48]を話すと、「写真家はぎょろっとした目で私たちを睨んだきり、二時間近く一言も口をきかなかった。いささか辟易しかけていたとき、写真家はふいに席を立って、部屋から出ていってしまった。戻ってきた写真家は、新聞紙の束と雑誌を一かかえ手にしていた。新聞をひろげると彼は、その写真を指差して、『これは何せんですか』と、訊いた。『はっ』私には何のことやら咄嗟には意味がつかみかねた。『何せんですか』と、写真家は重ねて訊いた。私は写真家が新聞の写真の製版の網目をいっているらしいことに気づいた」[49]。その後、「九十線でザラ紙に刷れますか」「百円の定価にしたら何頁の本になりますか」[50]という造本についての質問が続いた。

「黒い羽根運動」の根源にある石炭問題をテーマに写真を撮ることについて熟考した結果、土門がまず考えたのは写真集の造本だった。「六十四頁の写真集にした場合、返品ゼロで収支の限界は一万一千部だった。つまり、一万一千部印刷して、それを完全に売り切っても利益はゼロなのだ。写真家は私の社がその危険を敢えておかすならば、自分も利益のないこの仕事を引き受けようといった」[51]。「完全にスッテンテン」になりながら『ヒロシマ』を創り、その定価や造本が話題になって報道写真に対する態度までが問題にされる渦中で、土門は、新聞なみの印刷で「百円」の写真集なら引き受けると決めたのである。

一一月、土門は大学生の北沢勉を助手にして二〇貫の荷物を持ち、撮影服に身を固めて三等寝台車に乗り込んだ。現地から出版社への第一報は、「気負い込んでやって来たが、想像したほどではないのだ。この程度の貧困なら、東京の江東にも随分ある。写真集としては、このままでは弱いような気もする。誰かに、石炭不況そのものの解説をたのんだ方がよいかもしれない(52)」と、当初は文字解説を主にする気持ちもあったようだ。しかし、第二報は、「これだけの貧窮の中にあって、なぜ、彼らが暴動を起さないのか、ぼくには判らない。それがマケ犬の忍従なのか、九州人のネバリ強さなのか。日本人の圧迫されつづけた歴史をそれは物語っている(53)」と変化し、「テーマを『筑豊のこどもたち』と決めるや、こどもたちのために、かれはキャラメルの大箱を買い込んで出かけた。米の買えない貧家には米もさげていった。一銭にもならない撮影どころか貯金をからっぽにしての撮影行(54)」を始めたのだった。

土門が対談の中で、「『ヒロシマ』のばあいハッキリ時代の証人として、自分の怒りというものをぶっつけてる(55)」と言ったのはこの頃で、同時期の座談会では、「悪しき状態を、よき状態に変えるようにカメラを通じて参加して行く気構えをもたないと、社会大衆に訴えるアクチュアリティのある写真は撮れないと思う(56)」とも述べている。

また、少し後には、「写真家になろうとする人は、金もうけをしようと思ってもいいけど、人間としてくだらなかったら問題にならない。いい写真を一枚、二枚とっても何のこともない。世の中の進歩につくすということを考えないで、テメエの身ばかり考えていてはダメだ(57)」とも語っている。社会に尽くす意義ある写真を目指していた土門は、持ち込まれたテーマによる「百円」写真集の製作を最初の動機にしていたが、現場へ行って、炭鉱住宅に住む人々が直面する貧困に対して、再び怒りを覚えて、我れを忘れて撮影に臨んだ。

土門は、この写真集が「芸術ぶった顔」とされないように、日本工房以来の盟友・亀倉雄策に託そうと最初から決めていたようだ。亀倉が振り返って、「『筑豊のこどもたち』が企画されたのは、去年の十月ごろで一カ月で撮り終わり、十一月に全部写真を渡すからレイアウトをしてほしいという。この進行ぶりは土門の歴史始まって以来のスピードだと驚いた。そしてザラ紙に刷って百円という日本一やすい写真集にするという。『ヒロシマ』がテーマに反して豪華本過ぎて現実感にとぼしいという批評を受けて答えた形である。やっぱり土門時間で約束より一カ月おくれて暮れの二十三日ごろ、いそがしい最中にどっと何百枚という写真を私の眼前になげ出して北海道に行ってしまった。私の困ったのは想像していただけると思う。第一、写真の内容がさっぱりわからない。とどけに来た出版社の人たちもよくわからない。ともかく土門のメモにしたがってレイアウトしたが、やっぱり出来た本を見たら原形をとどめぬくらい直してあった(58)」と、経緯を記している。

実は、土門は一二月二二日に動脈硬化の脳出血で倒れて、自宅療養に入っていた。この時の病状は軽度で、亀倉が創ったレイアウトに手を入れることも可能だったようだ。「写真集にも、いろんな形式があっていいはずだ。ぼくは、この写真集だけは美しいグラビヤ用紙でではなく、ザラ紙で作りたかった。丸めて手にもてる、そんな親しみを、見る人々に伝えたかった。昔ふうにいうならば、いわば、《尻っぱしょりの》写真集にすることが一番ふさわしいように思えたのだ(59)」と、庶民的で軽快なものにしようという気持ちで製作にあたっていた。

『週刊新潮』一九六〇年一月一八日号は、土門の写真四点をグラビア五頁に組んだ「炭田地帯のこどもたち」を掲載し、『カメラ毎日』一九六〇年二月号にも「筑豊の姉妹」が掲載された。パトリア書店の社長は丸元に「初版を九千部にするよ

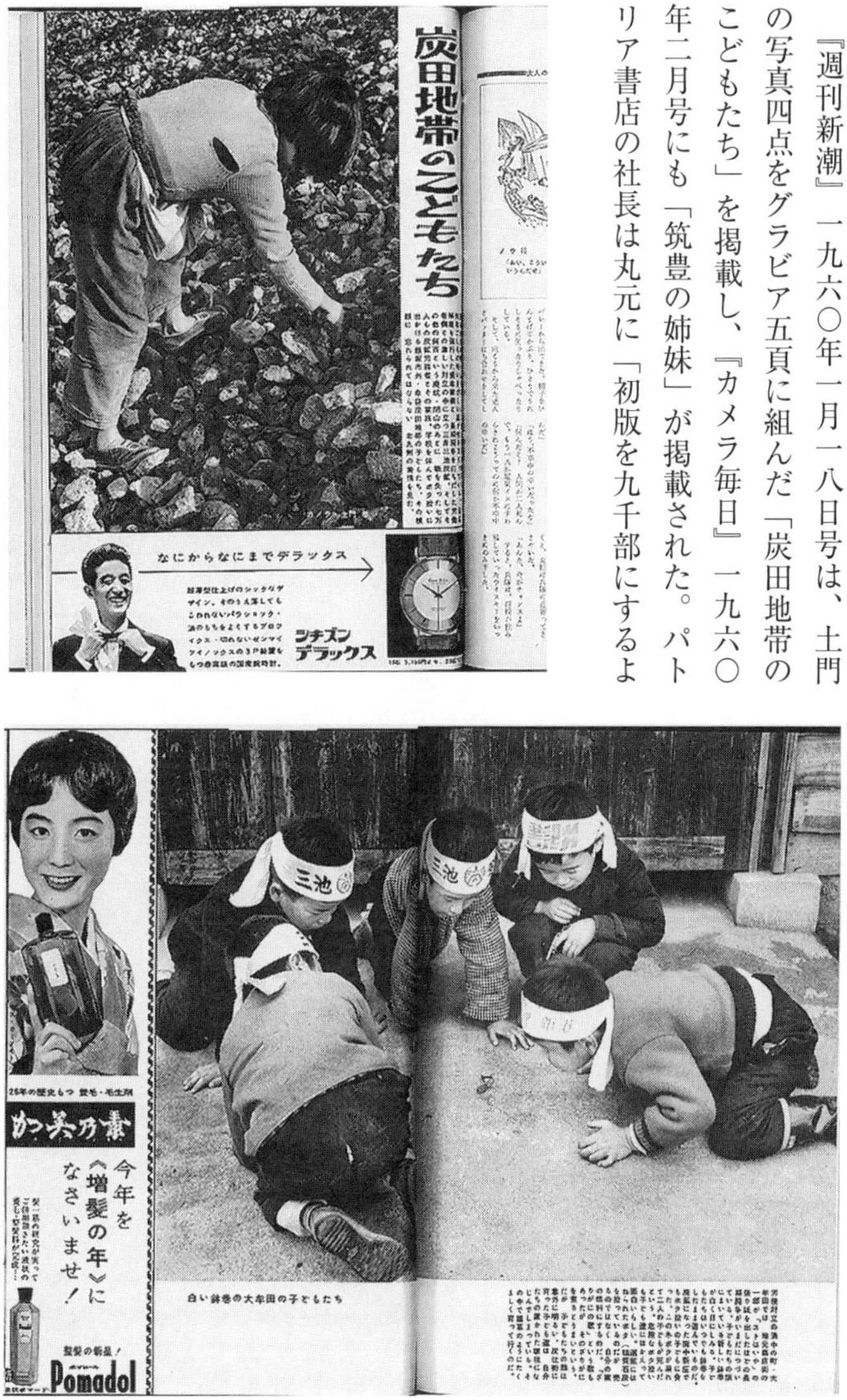

図97　「炭田地帯のこどもたち」『週刊新潮』　1960年１月18日号

うに」[60]と指示し、三池労組が全面ストライキに突入した一九六〇年一月二五日に『筑豊のこどもたち　土門拳写真集』が刊行された。B5判九六頁で定価一〇〇円の本書は、週刊誌と同じように表紙のみアート紙、本文頁はザラ紙に活版の網点印刷で刷られた。

土門は、脳出血の治療のために二月半ばから四月二三日まで飯田橋警察病院に入院したが、時事的な話題である三池闘争に関連する写真集刊行を受けて、週刊誌『週刊スリラー』二月五日号が「特別読物　土門拳と筑豊のこどもたち」として土門や丸元らのインタビューを載せた。同月二〇日、永六輔がラジオでこの写真集を紹介し、これを聞いた津田塾大学の学生が約一週間を田川児童相談所のボランティアとして過ごした。週刊誌やラジオで取り上げられて女子大生に影響を与えるほど話題を呼んだ『筑豊のこどもたち』は、同月二七日に第三刷を発行した。

土門党も本書を購入した。『フォトアート』一九六〇年四月号「読者の声」には、「『ヒロシマ』二千三百円というのは正直の所、ベラボーに高いなあ、と思いながらも、漸く購入した土門ファンですが、今度はザラ紙に印刷した百円の写真集『筑豊のこともたち』という、これはまたベラボーに安い写真集が出現。土門先生の極端なヘソ曲りぶりが出ているようで思わず笑ってしまいました。しかし内容は深刻且つ重大な炭坑問題です。できるだけ多くの人に見てもらえるようにしたいものです」という手紙が寄せられている。それぞれに、時代を切り取った『ヒロシマ』と『筑豊のこどもたち』は、写真集としての特徴も注目をあつめていた[61]。

同年三月一日から一〇日まで、「筑豊のこどもたち　土門拳写真展」（東京数寄屋橋・富士フォトサロン）が開催された。九パートに分けて一〇〇点で構成されたこの展覧会は一般紙にも取り上げられて、同月八日付『毎日新聞』では、「我々の生活のまわりで、写真が無数に使われているが、社会的な問題をとり上げて、強く訴える作品は非常に少ない。そうしたことを考えると、土門のこの作品の評価もおのずと出てくるだろう。そして、これらの作品は、F2、五〇ミリというアマチュアでも持っているような、標準レンズで制作されているということも、技術的な面で明記

図98　『筑豊のこどもたち　土門拳写真集』　パトリア書店，1960年

されてよい」[62]と、好意的に紹介された。

この頃の土門は、展覧会で「写真をでかく伸すことは嫌いだし、だいいち会場の壁にさがっているんでは見物人とのあいだに距離ができる。写真ってものはもともと手で持って見るものなんだ」としながら、「『筑豊のこどもたち』は、カメラ・キャンペーンとしてあの実情を訴えるという趣旨からいっても、展覧会もやって一人でも多くの人に見てもらい、知ってもらい、そして援助の手をさしのべてもらいたいというわけだから承知したんだ」[63]と述べている。そして、「あの一冊にもられたものじゃすまない、もっと徹底的に撮り徹底的に掘りさげなくちゃいけないと思うんだ。ボクの健康と時間がゆるさなかったことと、救援が急を要するんであんなものになったのだが、写真的には実に幼稚なもんですよ」[64]と省みている。

こんな土門の気持ちを知っていたのか、飯沢匡は、三月二〇日付『朝日新聞』に次のように記した。「今、写壇では『写真は果して思想を伝え得るか』ということが問題になっていると聞くが、この写真展を見ても別に思想は伝えていない。しかし人をうつことは確実である。それはどこまでも感覚的なものだ。土門氏は悲惨さを見事に、えぐり出して示す。氏が廃坑の二十万に及ぶ失業者に同情して、この現実に怒っていることは明らかにわかるが、ではそれがどんな思想から出発しているかは皆目、わからない。だれだって悲惨さにはけんお（嫌悪）の念を持ち同情を起こす。だからといって、それが思想とはいえない。カメラマンが特定の思想を持つとしても、その作品が、その思想を伝えないことは別問題で一向かまわないことではないのだろうか」と、これらの写真から土門の感情が伝わってくることを高く評価した。そして、「テーマとしてこどもを選んだことは見るものの感覚と同情に強く訴える点で賢明であったといえる」[65]と、冷静な感想を記している。『アサヒグラフ』で一九五一年から一九五四年まで編集長を務めた飯沢には、写真のキャンペーン効果が推し量れたのだろう。

三月二八日に、三井炭鉱労働組合連合会・三池炭鉱（三川、四山、宮浦の三鉱）労組（第一組合）と会社側が組織した三井新労組（第二組合）が全面衝突して三〇〇人以上が負傷し、翌二九日には、第一組合員の久保清が第二組合に混じっていた暴力団の組員に短刀で刺されて死亡した（組員は同日逮捕）。三井三池労働争議は一企業の労組問題から炭鉱業界全体の問題に発展し、日本炭鉱労働組合が事態を収集しようと斡旋に乗り出したが決裂しつつあった。

マスコミが三池争議に一層注目する中、子どもの生活をテーマとした土門の作品は婦人雑誌にも取り上げられた。『婦人画報』四月号は、三頁のグラフ記事「筑豊炭鉱にすむ子供たち　母親のいない姉妹」を、『女性自身』四月二〇日号はボランティアをしていた女子大生についての記事「ノート筑豊の子どもたち　この子たちのために訴える」に土門の写真を掲載した。五月二五日には、『筑豊のこどもたち』をモデルにしたテレビドラマ「石の山の泉」（西野達吉作、北林谷栄・宇野重吉出演）がＮＨＫで放映された。

丸元は、「ある日、何冊かの写真集の注文が舞い込んだ。翌日はその数が増えて、堰が切れたように連日注文が来はじめた。何千冊とあった在庫があっという間に底をついてしまうほどの殺到ぶりに驚いて、増刷にとりかかったけれども、印刷のスピードが注文のそれに追いつかないほどの注文がつづいた」[66]と記している。『筑豊のこどもたち』は、ベストセラーになり、最終的には一〇万部が刊行されたという。反響の大きさには反作用もあり、筑豊に住んでいた詩人の森崎和江は、「『筑豊のこどもたち』が東京で刊行されたとき、私の家に遊びに来る炭坑の若者たちは、『あれが筑豊のこどもなら、蝶々とんぼも鳥のうち』と笑った(67)」と、土門の視点で筑豊の全てが決めつけられてしまう状況だったことを振り返っている。

五月一二日には、三井三池でピケを張る第一組合と、それを排除しようと介入した警官隊が衝突して、双方で一八〇人が負傷した。一方で、同年一月に岸信介全権団が訪米してアイゼンハワー大統領と調印した新安保条約（日米安全保障条約）が五月二〇日未明に衆院本会議で自民党単独によって可決し、デモ隊一万人が国会を包囲する騒ぎが起こった。土門は脳出血療養のため伊豆湯ヶ島温泉に四月二五日から五月六日頃まで滞在していたが、帰宅後の五月二四日には、「予防拘禁」を可能にしようとする警職法改正問題を巡る学者と文化人の集会とデモに参加した。

六月四日、土門を交えた写真家が文化人グループとともにデモに参加し、一一日には安保阻止国民会議第一八次統一行動のために、土門ら写真家協会会員を含む芸術家・文化人グループ三〇〇〇人が隊列を組んで芝公園からアメリカ大使館・国会まで行進して「戦争写真はもういやだ！(68)」とシュプレヒコールを繰り広げた。写真家が警職法改正と新安保条約に反対したことについて、木村伊兵衛は、「軍事同盟の持つ機密保持法などによって、再び取材活動がおさえつけられ、憲法の保障する『表現の自由』が奪われるようになってはたまらないから(69)」と記している。

六月一五日に芸術文化人グループのデモに右翼が乱入し、同日には東大生の樺美智子がデモ隊と警察の衝突によって死去するなどの混乱の中、一九日には新安保条約が自然成立した。争乱の六月に、土門は「報道写真に置ける顕著な活躍と、昨年発表された日本及び日本人の本質をつかんだ一連の作品」で日本写真協会賞を受賞した。

安保批判の会に属した写真人デモが継続する七月、三井三池で長期ピケを張る第一組合と第二組合が衝突し、三〇〇人以上の負傷者が出た。福岡地裁が和解案を提示したが決裂し、総評が大牟田市で一〇万人集会を開催して、支援の全学連やオルグ団が第一組合に合流して一万人が炭鉱を象徴するホッパー前でピケを張った。一四日、自民党大会で岸信介総裁は辞任して池田勇人新総裁が選出され、岸は首相官邸で右翼暴漢に襲われて負傷した。敗戦から一五年たった一九六〇年は、正に、安保と三池の闘争の年であった。

そんな七月一八日、土門は、脳出血で半身が不如意であったにも拘わらず、三池闘争撮影のため伊藤知巳、開高健とともに飛行機で現地入りした。岩波書店の総合雑誌『世界』へのグラフ掲載を自ら申し出ての取材だった。

伊藤によれば、翌日、ホッパーのある三川鉱正門前でこんなやりとりがあったという。「私たちの車が近づいた途端『止れッ‼』という大喝とともに、五、六人の六尺棒をもった男たちが前面に立ちふさがり『キサン（貴様）たちは何者かッ！』とすごい形相で怒鳴った。私はあわてて車の窓を開け『写真家の土門です。『世界』グラビアの取材の為に中に入ります。闘争本部の諒解はとってあります』と答えた。すると『えっ土門シェンシェイですか』『おい土門シェンシェイぞ！』と彼が小声で仲間に伝達した途端、六人は車の横に迅速に整列、棒を垂直に立て直立不動の姿勢をとり、班長らしき男がこう怒鳴った。『土門シェンシェイ！『筑豊のこどもたち』まことに有難うございました‼』そして一斉に上半身を二十度角ぐらいに折る旧軍隊式の敬礼をした。『どうぞよか写真バ撮ってつかあさい。さ、どうぞお通り下さい』――さきほどの凄い形相はどこへやら、彼らの表情はゆるみ、土門に対する明るい親愛の情が顔一杯に輝いていた。これには土門の方がショックを受けていた。自分の写真がこれほど現地労働者の共感と支持を得ていようとは……。それは思いもかけぬことであった」[70]。旧軍隊からの復員者が多い殺伐とした闘争の中で最大限に敬愛の情を示された土門は、大衆に訴える報道写真の、「百円」写真集の力を目の当たりにしたのである。リアリズムによるアマチュア写真家との連帯感を喜んでいた土門だ。見知らぬ労働者が捧げた敬意と信頼に強烈な印象を受けたであろうことは想像に難くない。

八月一三日、三井三池会社側は中労委の第三次斡旋案を受諾して闘争は収束に向かった。八月一五日、『筑豊のこどもたち』の主役とも言える「るみえ姉妹」の父が死去して姉妹が四日後に田川市の児童相談所に引き取られたのを知った土門は、追加取材を行なった。九月六日の炭労臨時大会で斡旋案の条件つき受諾が決定されて三池闘争は終わり、一〇月二九日に提示された「離職者の完全失業対策」などの条件が労組側に受け入れられて両者は生産協定に調印し、一二月一日には第一組合の全面ストが解除された。

『筑豊のこどもたち』が第三回日本ジャーナリスト会議賞を受賞する中で、一一月には、『るみえちゃんはお父さんが死んだ　続・筑豊のこどもたち』が研光社から刊行された。九六頁で一〇〇円のこの写真集は、「副題の示す通り、昨年はじめに出てセンセーションを起こした『筑豊のこどもたち』の続編で、体裁も定価も同じだが、前編のザラ紙印刷がグラビア印刷になり、発行所も変わった」ものだが、「この子どもたちに集約されている問題の根本は、少しも解決されていないことを考えさせる点で、やはりすぐれたグラフ・キャンペーンというべきだろう」[71]と紹介された。

同じ頃に、パトリア書店は毎日新聞大阪本社の永田登三による百円写真集『ヒロシマ・一九六〇』（一九六〇年八月）を刊行したが、土門の『ヒロシマ』や『筑豊のこどもたち』のようには話題にならなかった。[72]『筑豊のこどもたち』は、出版社の力ではなく、また、社会的なテーマというだけでもなく、土門の写真の力によってベストセラーとなったことを証明している。

続編刊行と同年同月には、映画『筑豊のこどもたち』（東宝、内川清一郎監督、加藤大介主演）が封切りした。社会問題に映画がどのように取り組むのかに対して、土門の視点が大きな示唆を与えたのだ。かつて、一九三九年に、「報道写真は、一巻のニュース映画にも、一編の『ミツキーマウス』にも、忍術何とかの娯楽映画にも負けてゐる」としていた土門だが、この度は、彼のリアリズムによる写真が、演出によって創られる映画をリードしたのだ。

『筑豊のこどもたち』『るみえちゃんはお父さんが死んだ　続・筑豊のこどもたち』の二冊は、「時宜を得た社会的問題に取り組んだ写真集として型破りの普及版写真集として発表し広く一般に炭坑問題を訴え感銘を与えた」という理由で、第二回毎日芸術賞を受賞した。『フォトアート』一九六

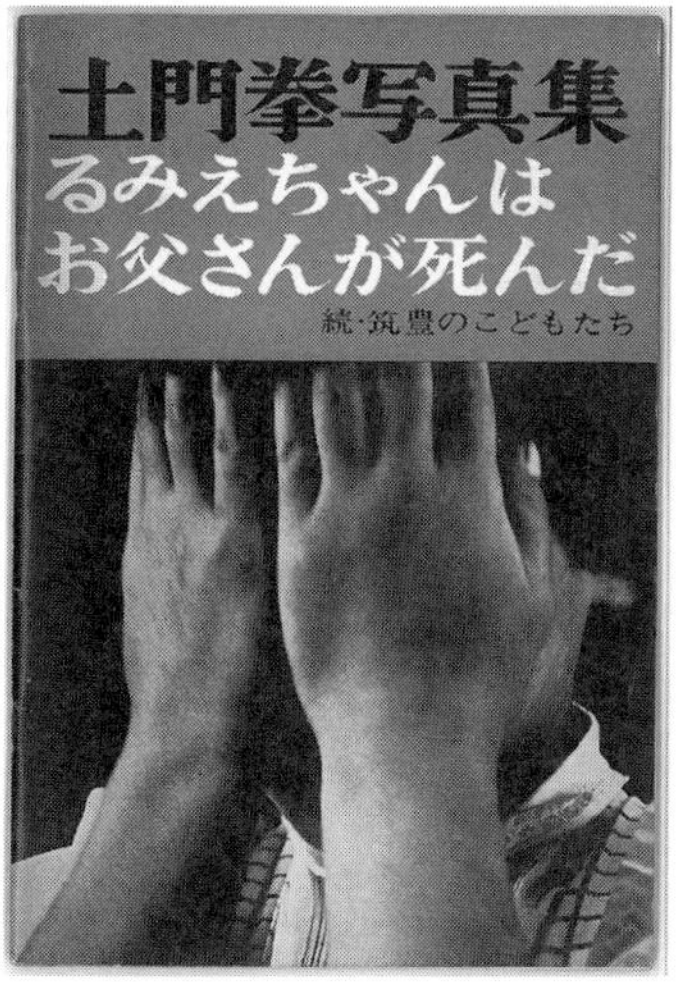

図99　『るみえちゃんはお父さんが死んだ　続・筑豊のこどもたち』　研光社，1960年

図100 東宝シナリオ選集『筑豊のこどもたち』

一年二月号は、「それにしても、去年の写真界は、土門拳の『筑豊…』に明けて、同じく『るみえちゃん…』で暮れたといってもいいほどで、一人の写真家のキャンペーンものが、これほど話題を呼んだのは、今までにないことだし『写真』というものが、単なる芸術とか趣味からはなれて『報道』するという役割を如実に示したことでも画期的なことといえる(73)」と振り返った。

三井三池や安保の闘争が収まると、半身の動きがスムーズでなくスナップ撮影が困難になった土門は、四×五判の大型カメラによる「古寺巡礼」シリーズの撮影を開始した(74)。

この後、『筑豊のこどもたち』と同型式の写真集でカメラ・キャンペーンを計る写真家が続いた。土門月例の常連であった河又松次郎は、『筑豊のこどもたち』と同判型同紙質の一〇〇円写真集『小児マヒとたたかう母と子』を一九六一年に研光社から刊行した。他の同型写真集(75)は、サリドマイド薬害や交通戦争、沖縄闘争、ベトナム戦争などの社会問題をテーマにしたが、アート紙にグラビア印刷で、定価も一〇〇円ではなく三〇〇円以上であった。一九六〇年の『週刊朝日』は定価三〇円、『アサヒグラフ』は七〇円、『アサヒカメラ』は二〇〇円。週刊誌本文頁

図101　同時代に刊行された同型式の写真集［J］

と同じザラ紙で作った「丸めて手にもてる、そんな親しみを、見る人々に伝え」る「《尻っぱしょりの》写真集」も、実は、さほど安い物ではなかった。後発の同型写真集は、負債を負いかねない無理な定価設定よりも、意図を伝える印刷のクオリティを求める方向に向かったと言えよう。

三　表現と思想

二年足らずの間に刊行された『ヒロシマ』と『筑豊のこどもたち』は、土門の代表作として、また、時代を表現した写真集として等価である。しかし、写真集の画質・装丁の面からは対照的であった。前述のように、『ヒロシマ』がＢ４判ハードカバーでアート紙にグラビア印刷の高品質（佐野繁次郎装幀、定価二三〇〇円）であるのに対し、『筑豊のこどもたち』は更紙に粗い網点で印刷されホチキスで中綴じされたＢ５判週刊誌並の品質（亀倉雄策装幀、定価一〇〇円）だ。世界の指導者に相応しい『ヒロシマ』と日本の市井に向けた『筑豊のこどもたち』は、いずれも土門の意思で写真集の形式が整えられている。土門は、どのような写真をとるべきかというだけでなく、伝えたい内容を世界のリーダーや識者に届けるには、また、日本の市井の人々に届けるには、どの様な紙や印刷で、また、どのようなデザイン、レイアウトで制作すれば効果的かを考えて制作に当たっていた。

前述のように、一九六〇年に『筑豊のこどもたち』展を見た飯沢匡は、「この写真展を見ても別に思想は伝えていない。しかし人をうつことは確実である。それはどこまでも感覚的なものだ。」「テーマとしてこどもを選んだことは見るものの感覚と同情に強く訴える点で賢明であったといえる[76]」と記した。この言葉は、一九三七年の「支那宣伝者の一片の騙りの写真」に世界が反応し、大衆の興奮に訴える効果があるとして国策宣伝に写真が使われるきっかけとなったことを思い出させる。こどもの姿に託して発信された写真に大衆が感覚的に反応するのは、戦争の前も後も変わらず、それが人情というものであろう。土門が伝えたかったのは、一三年後のヒロシマにおける現実や、筑豊の炭鉱住宅に住む子どもたちを見て感じた「怒り」であった。心身の痛みや貧困という現実を直視し、リアリズムに徹した写真をとるためにカメラを持つ手は冷徹であったとしても、心は熱く沸き立っていた。その熱を伝える刊行物のために、彼の国策宣伝以来約二〇年の「報道写真」経験が生かされたのだ。撮影技術は無論のこと、日本工房に所属していた間に携わった欧米向けのハイブロウな『NIPPON』や国内の一般向け『写真週報』、アメリカの世論を左右していた『LIFE』、そして、国際文化振興会での仕事、デザイナーとの協力など、あらゆる対象に向けたあらゆる媒体への仕事の経験すべての上に、

『ヒロシマ』と『筑豊のこどもたち』が花開いたのである。

ところで、戦後の世論を動かしたカメラ・キャンペーンも、戦中の宣伝写真と立場が違うだけで「報道写真」に変わりはない。違いを見出そうとするならば、飯沢の言う「それがどんな思想から出発しているか[77]」が問題になるだろう。戦中の報道写真は、例えば、「情報局に於いてテーマ会議を開催し、これを契約写真家又は直属写真班員に撮影せしめ[78]」るもので、背景にある「写真報国」という考え方は土門のものでもあった。では、敗戦の世に『ヒロシマ』と『筑豊のこどもたち』を製作するに至った土門には、如何なる思想信条があったのだったのだろうか。

土門は、一九六五年一〇月九日に京都教育文化センターで開催された写真文化講演会で「私のリアリズム」と題して、「今日ただいまの庶民の状態、現実というものを対象に選んで、それを写す。そのカメラワークを通じ、あるいは写真の仕上げなり発表なりを通じて、その写真を撮ったアマチュア自身が、社会の現実にすこしずつ目覚めさせられていくんじゃないか。それでぼくは社会的リアリズムといったんだけれども、これは完全にごまかしだったんです。本当はぼくはそのときに、社会主義リアリズムといいたかったんです。しかしぼくがそんなことをいい出したら、たくさんのアマチュアはこわがって逃げるんじゃないか。またカメラ雑誌もとてものせきれないだろう。そういうような状態だったんです[79]」と話しをまとめている。

これに従えば、彼には一九五〇年に月例選評を始めた時から社会主義思想があり、『ヒロシマ』や『筑豊のこどもたち』を撮った際にもその考えがあったと受け止められる。顧みれば、若き土門はマルクス主義へ傾倒しており、永井とともに『ヒロシマ』を贈呈したのはソ連共産党中央委員ミーチンと『プラウダ』編集長サーチュコフであった。講演会の翌一九六六年には革新派のリアリズム写真集団（一九六三年設立、田村茂会長）顧問に、木村伊兵衛、中島健蔵とともに就任しており、この頃の土門には確かにそのような思想傾向があったと言えよう。

一方、前述のように、戦中の対外宣伝写真に携わっていた頃の土門はこれに「心からの共感と賛意」を感じ、国策と協調する写真界の中で国粋主義的な言動をとり、傍ら、米人写真家シュライナーと仕事をした直後の一九三九年にはアメリカの「デモクラシーといふものに打たれる」とも述べている。彼の社会主義的思想は、若き日の素地の上に、一九四三年の「対外宣伝雑誌論」によってもたらされた挫折や、リアリズム写真を推進する月例選評で多数の一般アマチュアと親しみ、『筑豊のこどもたち』で庶民や労働者から得たシンパシーへ感応し、そして、激しいデモにも関わらず日米安保を通した政権への反発などによって、次第に築き上げられ、強固になっていったのだろう。順を追って見ると、『ヒロシマ』『筑豊のこどもたち』制作時は、国策宣伝を担っていた時とは明らかに信条が異なっている。戦争と敗戦を経て、彼の撮影手法が演出からリアリズムへ変化したように、思想にも変遷があって社会主義に傾倒していたのだろう。

しかし、『筑豊のこどもたち』撮影直後に脳出血の発作を起こして半身に不自由が残った土門が取り組んだのは、政治や経済に直結するテーマではなく、日本の伝統美である寺社の撮影であった。リアリズム写真の成果を内外に認められながらも革新思想に基づくテーマへ突き進まなかったのは、土門が仕事の上では自らの哲学や思想に殉じる立場をとらなかったことを意味している。戦中の揺らぎを合わせてみれば、彼の「報道写真」の根幹にあったのは、思想よりも、自らの感受性を「人をうつことは確実」な写真に結実させたいという思いだったのではないだろうか。

注

（1）川田喜久治、1933-
（2）東松照明、1930-2012
（3）土門拳「リアリズム写真の進むべき道」『カメラ』一九五五年六月号
（4）前出（3）「リアリズム写真の進むべき道」
（5）前出（3）「リアリズム写真の進むべき道」
（6）土門拳第一回個展は一九五五年一月二五日～三〇日
（7）渡辺勉「カメラギャラリー」『カメラ』一九五五年四月号
（8）前出（7）「カメラギャラリー」
（9）名取洋之助「写真のひろば　土門、木村個展への一所見」『カメラ』一九五五年四月号
（10）前出（7）「カメラギャラリー」
（11）藤田良一「土門拳・その周囲の証言 16 第一期リアリズムと新橋派」『アサヒカメラ』一九七九年四月号
（12）対談　木村伊兵衛・名取洋之助「現代写真作画講座　生きた写真とは何か・2」『カメラ』一九五五年八月号
（13）前出（12）「現代写真作画講座　生きた写真とは何か・2」
（14）大宅壮一、光吉夏弥、名取洋之助「座談会　一枚写真からの開放」『サンケイカメラ』一九五六年八月号
（15）オットー・シュタイナート（Otto Steinert, 1915-1978）が企画して、ラスロ・モホリ・ナジ、ハンス・ハマーシュケントなどの写真を紹介した一九五一年にドイツで開催された展覧会『サブジェクティブ・フォトグラフィ

[subjective photography]」』に端を発す。『サンケイカメラ』が一九五五年から記事に取り上げて、一九五六年に同誌主催の『国際主観主義写真展』を開催（東京、日本橋高島屋）した。同展は、シュタイナートが選んだ一四カ国、七五名の作品に、日本主観主義写真連盟会員の滝口修造、阿部展也、本庄光郎、奈良原一高、石元泰博、植田正治、大辻清司ほかの作品が加えられた。

(16) 八木下弘「大入満員」『特集フォトアート』No.16（通巻一六六号）一九七二年一二月
(17) 「はじめに」『ヒロシマ』研光社、一九五八年
(18) ABCC（Atomic Bomb Casualty Commission）とは、原子爆弾による傷害の実態を詳細に調査記録するために、広島原子爆弾投下直後にアメリカが設置した機関。
(19) 「ヒロシマ出版記念会」『フォトアート』一九五八年八月号
(20) 前出（17）「はじめに」『ヒロシマ』
(21) 前出（17）「はじめに」『ヒロシマ』
(22) 織田浩、川田喜久治、山田健二「座談会　新鋭グラフ写真家に聞く」『カメラ毎日』一九五八年一〇月号
(23) 「魔の遺産〝ヒロシマ〟に熱情をかたむける土門拳」『フォトアート』一九五七年一二月号
(24) 前出（17）「はじめに」『ヒロシマ』
(25) 土門拳、松下崇夫「フォトアートコンテスト研究部対談作画講座　第一二回　写真家の意識と向背」『フォトアート』一九五九年一二月号
(26) 福島辰夫「写真展月評」『アサヒカメラ』一九五七年一二月号
(27) 東郷青児、伊奈信男「鑑賞と批評」『アサヒカメラ』一九五七年一二月号
(28) 前出（27）「鑑賞と批評」
(29) 前出（27）「鑑賞と批評」

(30) 前出(27)「鑑賞と批評」
(31) 名取洋之助、伊藤逸平「座談会　曲り角に来た写真界――一九五七年の回顧と一九五八年の展望――」『フォトアート』一九五八年一月号
(32) 川辺武彦「明石町のあけくれ」『本の窓』一九九五年五月号
(33) 土門拳、川辺武彦、伊藤知巳、永井嘉一「『ヒロシマ』をめぐって」『フォトアート』一九五八年七月号
(34) 土門拳「私は何もしてやれなかった　原爆写真集『ヒロシマ』について」『カメラ毎日』一九五八年八月号
(35) 前出(16)「大入満員」
(36) 前出(3)「リアリズム写真の進むべき道」
(37) 濱谷浩「新しい写真を生みだすために　中級写真講座⑥　写真の進歩、写真の価値」『日本カメラ』一九五八年六月号
(38) 中島健藏「不幸な人間像」『読売新聞』一九五八年四月二十三日夕刊(『フォトアート』一九五八年七月号ヒロシマ広告に収録)
(39) 佐野繁次郎、1900–1987。洋画家。
(40) 伊藤逸平「書評」『カメラ毎日』一九五八年六月号
(41) 名取洋之助「写真の趣味性・実用性」『朝日新聞』一九五九年九月四日
(42) 一九五四年創刊の『角川写真文庫』や『アサヒ写真ブック』など。
(43) 前出(3)「リアリズム写真の進むべき道」
(44) 「土門拳のヒロシマ」『赤旗』一九五八年八月一三日
(45) 「病床で活躍する土門拳」『フォトアート』一九六〇年五月号
(46) カメラ・本誌鈴木文武「黒い羽根の素顔　不況にあえぐ筑豊炭鉱地帯」『週刊新潮』一〇月一二日号

(47) 丸元淑生「遠い朝」『文学界』一九八〇年一二月号
(48)「特別読物　土門拳と筑豊のこどもたち」『週刊スリラー』二月五日号
(49) 前出（47）「遠い朝」
(50) 前出（47）「遠い朝」
(51) 前出（47）「遠い朝」
(52) 前出（48）「特別読物　土門拳と筑豊のこどもたち」
(53) 前出（48）「特別読物　土門拳と筑豊のこどもたち」
(54) 前出（48）「特別読物　土門拳と筑豊のこどもたち」
(55) 前出（25）「フォトアートコンテスト研究部対談作画講座　第一二回　写真家の意識と向背」
(56) 土門拳、東洋介、臼井薫、河又松次郎、田崎力、田中一郎、元谷督太郎「対談　写真家は見者の位置に——フォトアート招待作家六人を囲んで」『フォトアート』一九五九年一二月号
(57) 前出（48）「特別読物　土門拳と筑豊のこどもたち」
(58) 亀倉雄策「著者を語る　『筑豊のこどもたち』の土門拳氏」『朝日新聞』一九六〇年二月一八日
(59) 土門拳「著者のことば」『筑豊のこどもたち』パトリア書店、一九六〇年
(60) 前出（47）「遠い朝」
(61) 現在も両書を対比して見る動きは変わらない。最近の例に、金子隆一、アイヴァン・ヴァルタニアン「土門拳—筑豊のこどもたち—一九六〇」『日本写真集史一九五六—一九八六』（赤々舎、二〇〇九年）、岡部信幸「土門拳　創造する眼差し」『土門拳の昭和』（クレヴィス、二〇〇九年）などがある。
(62)「いきどおりの声　土門拳写真展　筑豊のこどもたち」『毎日新聞』一九六〇年三月八日
(63)「ある日の写真家　ただいま病気中　土門拳」『カメラ毎日』一九六〇年四月号

(64)前出(63)「ある日の写真家　ただいま病気中　土門拳」
(65)「写真展から　土門拳『筑豊のこどもたち』引き伸ばし展　鮮明で別な迫力」『朝日新聞』一九六〇年三月二〇日
(66)前出(47)「遠い朝」
(67)森崎和江「筑豊のこころ」『土門拳全集2』小学館、一九八五年
(68)伊藤知巳「今月の話題・問題」『フォトアート』一九六〇年八月号
(69)木村伊兵衛「裏窓」『アサヒグラフ』一九六〇年八月一四日号
(70)伊藤知巳「三池闘争と土門拳」『土門拳全集11　筑豊のこどもたち』小学館、一九八五年
(71)A「今月の広場」『アサヒカメラ』一九六一年一月号
(72)小田光雄によれば、『筑豊のこどもたち』は「週刊誌サイズの束も背文字もない本であるから、書店の書棚に入らず、当然のことながら雑誌コーナーでの面見せ販売しかできない。ブームが去れば、在庫のすべてが雑誌と同様に一勢に返品される」ために、「パトリアはこれ［『筑豊のこどもたち』］で大成功しながら、やがて倒産、丸元は一時、オーストラリアに避難」(小田光雄「古本屋散策(50)パトリア書店丸元淑生」『日本古書通信』七一巻五号二〇〇六年五月一五日)したという。『筑豊のこどもたち』が倒産の直接原因ではないが、経営が浮つくほどの大ブームであった。
(73)「今月の話題　毎日芸術賞を受けた「るみえちゃんはお父さんが死んだ」『フォトアート』一九六一年二月号
(74)『古寺巡礼』は一九六三年から一九七五年にかけて全五巻が出版された。
(75)田村茂「北ベトナムの証言　みな殺し作戦の実態　田村　茂写真集」新日本出版社、一九六七年/田村　茂「こどもの告発　サリドマイド児は生きる　写真集　田村茂撮影」サリドマイド被害児救済会、一九六七年/高山清隆『交通戦争と子どもたち』栄光出版社、一九六七年/嬉野京子『沖縄一〇〇万の叫び　祖国復帰のねがい』新日本出版社、一九六八年など

(76) 前出(65)「写真展から　土門拳『筑豊のこどもたち』引き伸ばし展　鮮明で別な迫力」
(77) 前出(65)「写真展から　土門拳『筑豊のこどもたち』引き伸ばし展　鮮明で別な迫力」
(78) 「情報局ノ組織ト機能」『戦前の情報機構要覧　言論統制文献資料集成　第二〇集』日本図書センター、一九九二年
(79) 土門拳「私のリアリズム」『写真リアリズム』№10、一九六五年一二月

chapter 10

第一〇章　戦争責任

一　写真家の順応性

一九六〇年の三井三池争議や日米安全保障条約締結の頃、土門たち戦中世代もデモへの参加などで抵抗を示したが、学生ら若者たちによる異議申し立てが渦巻いた。写真雑誌でも、前世代との価値観の違いを主張する、いわゆる「名取東松論争」[1]のような意見交換が行なわれ、若い世代の写真家たちは既製概念を否定する中で戦中から続く「報道写真」を否定していく。そして、「社会的リアリズム」をも越えて、やがて、内面の記録に重きを置く「パーソナルドキュメンタリー」へと向かっていくのである。

さて、一九七二年に写真家が集った座談会で、戦争前後の写真意識について東松照明が渡辺義雄に訊ねた。「リアリズム写真運動は、当時のプロを直接巻き込まなかったけど、若手プロには間接的に影響をおよぼしたと思う。ところで、前回いいましたけど、写真家の意識は戦前から戦後へかけて地続きであって切れないと、つまり終戦後四、五年の間に、プロが立ち返り、またいろいろなアマチュアの写真団体が復活して、もちろん写真雑誌もそうですけれども、それが戦前と形式、内容ともに切れてなかった。が、ここに至って、リアリズム写真運動が起こって、それで切れたかということですが」「リアリズム運動は写真家のはじめての意識革命だったかどうか……」(2)。東松は、形式・内容ともに写真界は戦前と変わらないが写真家の意識に違いはあるのか、あるとすれば、それは土門が呼びかけたリアリズム写真運動の成果なのかと問いかけていた。

渡辺は、次のように答えた。「リアリズムといったって、客観的になると、大体戦争協力ということもリアリズムですね、当時は。だから個人のほんとうの主観的なリアリズムをもってたかどうかということね、戦後になったらパッと変身できるということに非常に疑問をもったんですよ。ほんとうにそれが自分のものだったのかどうかね。だから主観的に考えた場合に、果たして本人のリアリズムかどうかということでね。客観的にみたらリアリズムらしいものがあっても、そこらあたりのことはね、ぼくは非常に疑問をもつんですがね。だからあなたがいま断絶があったか、継続したか、連続があったかということは、非常に大きな問題だと思うんですよ」。「転向なんてことばが昭和のはじめごろあったけれども、終戦と同時に転向ということばがなくなったんですよ。その時点で私なんかもっとそういうことが追究《ママ》されてもいいと思いましたよ。すぐに仕事ができたという順応性というのは、どういうものかと私は感じましたけれどもね」(3)。

渡辺は、戦中に帝国の宣伝宣撫写真に携わった者が、敗戦後直ぐそれと反する立場からの仕事に携わった「順応性」を、「どういうものか」と感じていた。「仕事」というからにはプロ写真家を指しているわけだが、その意識を語るに際して「断絶」「継続」「連続」という言葉とともに「順応性」を使い、それを「転向」の流れで使っているのは、東松が問いかけた「意識革命」という言葉に感応したのだろう。

鶴見俊輔によれば、「転向」とは「一九三〇年代以降、日本の日常語の語彙の中に入って広く使われるようになった」言葉で、「国家権力のもとに起る思想の変化」であり、「国家が強制力を用いる」、または、「個人、あるいは集団が、圧力に対して彼、あるいは彼ら自身の選択によって反応する」「強制力が働くということと自発性があるということが、この現象にとって二つの欠くことのできない側面」と定義している。[4]

本書で見てきたように、何を何のために撮影するのかへの「強制力と自発性」は、戦中も敗戦後も、そして、アマチュアにもプロにも働いていた。渡辺は、リアリズム写真運動は「アマチュアの作家活動してる人たちにとっては多少影響あったでしょうが、プロの人たちはそういうものに影響されませんよ」「関心がないというよりも、影響されていたらかなわんでしょう、自分の生活に」とも述べ、[5]戦中から活躍していたプロ写真家は、戦後も仕事として撮影に従事していたことを注意喚起している。

しかし、彼が「転向」という強い言葉を出したのは、戦中の写真が思想的、政治的な行為と直結させられていたことを了解していたからだろう。戦中と敗戦後ではクライアントの思想が違うが、それに対応した事をプロの「順応性」と言っているのだ。そして、そんな写真家の「順応性」こそが、体制への奉仕という報道写真の「連続性」を導いたのであり、むしろ、革命を起こすべき定まった思想がなかったことを「どういうものか」と感じていたようだ。

二　反省のゆくえ

一九八三年、濱谷浩は渡辺との対談の中で写真家に戦犯該当者がいるかと尋ねた。対する渡辺は、「恐らくいないでしょうね。みんな命ぜられてやる方でしたから」(6)と答え、濱谷は次のように受けた。「国家宣伝に協力しただけで……。まあ、ぼくにいわせれば、林謙一あたりがそういう戦犯意識みたいなものを一番持っていいんです、責任者として。ところが、戦争中の自分に対する罪意識を心から出すっていう人はいなかったんじゃないですか。割合、文学者はそういう自分の心を戦後あからさまにしました。写真じゃ人殺せないんだよ（笑い）。ぼくなんかはうその写真つくって、世間に申し訳ないっていう気持ちは強いですから、そのことはいち早く物にも書いたし、座談会でもしゃべってるけど、伊兵衛さんの場合にはそれはやらなかったな。別にそれほどの問題じゃないとは思うけど、そういうことをそれぞれの心の中に入れておくんじゃなくて公表することも、写真界が一歩前進するための大事なことではあったんですね」(7)。

「命ぜられてやる方」と答えた渡辺は、日米開戦の一九四一年時点で三四歳。日本報道写真協会理事長就任を控えた働き盛りだった。省みて、戦中には「推されて自然と軍や情報局と関係の深い役廻りになつた」ので、戦後は「報道写真はもうあきらめたというか、怖いと思う。それが、建築写真の道へ行く裏にはあると思います」(8)と、被写体を限定するようになった経緯を振り返っている。また、別の機会には、「私らもそのことは敗戦——負けたというんですね。それまでは戦争に協力していたという気持ちがありますしね。それで私が日本報道写真協会の理事長で、いろいろなことでもって、人が出征するのを送るという立場で、だから戦後の教育には絶対タッチしてはいかんという自責の気持ちでしたね。そのため、なかなかふつうの人と同じようには活動できなかったですね[9]」とも語った。

だが、実際の渡辺は、一九四六年四月号の『生活文化』に戦後初めて寄稿してから現実的に仕事に取り組んでいる。「日本人の家が焼けて、家を建てるにしても、建築家は勉強不足だから、アメリカさんの建築技術を習う必要がある[10]」という主旨で、占領軍の建築写真集『DEPENDENTS HOUSING[11]』に携わった。さらに、金丸重嶺に誘われて一九五〇年に日本大学芸術学部写真学科講師として教鞭を執り始め、一九五二年に同大助教授、一九五八年に同大教授となり、一九七八年に名誉教授となるまで長く務めた。また、一九五八年から一九八一年まで写真家の職能組織である「日本写真家協会」会長を務め、一九九〇年から一九九五年までは日本初の写真専門美術館である東京都写真美術館初代館長となった。結局は写真関連の教育や公職に長く携わるようになる渡辺にとって、戦争に協力したという自覚から自らを律した謹慎期間は写真家としては八カ月、そして、指導者としては大学に勤めるまでの五年間であった。

一九七二年には木村との対談で戦中の仕事を振り返り、「万国博は、その当時の国際交流の唯一の場だった。国際報道写真協会としては、日本を知らせるための場だと思った。いまになって、政府に踊らされて仕事をしていたというふうに若い人からは批判されますが、そこらあたりはむずかしいところですな[12]」とも述べている。渡辺は、帝国への奉仕に対する批判に一理を感じつつ、世界と対峙する報道写真を切り開く写真家であった誇りを、戦後も保ち続けていた。

対する濱谷は、日米開戦の一九四一年時点で、二六歳の東方社写真部員だった。彼は仲間から非難を受けつつも国家宣伝と無関係の庶民生活を撮り続け、演出の強い写真やモンタージュによる「うその写真」を使う東方社を一九四三年に辞した。若い彼は仲間のとりまとめをする立場になく、自分の思うように動いていたと考えられる。敗戦後は「廿一年から廿二年の春にかけて」「戦争中の行きずまつた思考力、荒れ果てた仕事から、脱出するための計画的な仕事」として「越後にいる七人の芸術家」[13]を撮影した。下谷区（現・台東区）生まれの濱谷は疎開先の越後で妻帯し、東京近くに転居したのは占領が終わる一九五二年だった[14]。自ら、「うその写真つくって、世間に申し訳ないっていう気持ちは強い」とも述べているが、こうした反省を述べる言葉の裏に、身を引いた事を誇示する気持ちが隠れてはいないだろうか。

濱谷は、オリエンタル写真工業に所属していた一九三三年から一九三七年まで渡辺の薫陶を得ている。伊奈信男は、両者を頑固としながら「渡辺君の頑固さの裏にあるものは反省過剰ともいうべきものであるが、浜谷君の場合、頑固と裏はらのものは反省不足である」[15]と二人を評している。戦争に対する言葉の違いは、彼らが置かれていた立場のみならず、性格の違いにも起因するのだろう。しかし、濱谷と渡辺は、経験も敗戦後の仕事ぶりも違うのだが、戦中の仕事に対しては「国家宣伝に協力しただけ」という意識でさほどの開きがない。

他の写真家たちは、どのように戦中の報道写真を振り返っているだろうか。三〇年後の対談で、藤本四八は、「内閣情報局の出した『写真週報』だけが残ってた。それをみんなで取り合った」「写真撮りたいわけよ、みんな。国策もヘチマもねえんだよ（笑い）。軍部に協力しなきゃ……」と述べ、田村茂は「フイルムをくれねえんだから」[16]と受けている。自嘲するように語り会う彼らは、仕事がしたい、思うような写真を撮りたいという欲求で前進していたように受け取れる。

本書で明らかにしてきたように、報道写真を推進していた写真家たちの仕事が宣伝写真に転換されてからの方が活動が盛んになり、人材も増加して組織化された。例えば、土門拳は日本工房に入社した後、一九三八年に濱谷ら仲間と語らって青年報道写真研究会を創り、三二歳だった一九四一年には財団法人国際文化振興会嘱託として撮影に勤しむ一方で日本報道写真家協会常任幹事として報国写真に向かった。報道写真に自己実現を求めた写真家の多くは、「協力しただけ」というそっけない態度ではなく、組織を創って為政者との共存共栄を目指した。よい写真が撮りたい、よい仕事がしたいという写真家としての欲求を時勢に乗せたのである。

一九四六年五月創刊の雑誌『スタート』巻頭記事は、「文化人の戦争責任は如何に問わるべきか」という座談会で、匿名の詩人、批評家、作家、新聞人、教育家が文化人の実名を挙げて語り合っている。その中の「ヂャーナリズムの責任」という項で、「軍の出方をちやんとのみこんでゐて、軍をうまく騙つた奴もゐる」「誰です」「例の東方社を創立した連中ですよ。改組された後の人たちは別でせうが。みんな考へたのは、あの際に於ける自己保身なんですよ。僕だつて自分を鞭うてば、さういふボロが出ると反省する。あくまでも良心の問題ですね。それを潔く、僕は後悔したい」[17]と作家と詩人がやりとりしている。濱谷に「戦争中の自分に対する罪意識を心から出す」ことがなかったと言われた木村伊兵衛は、敗戦後にこんな見方をされた東方社を創設した一人だった。

木村も、亡くなる直前の一九七三年に、自らの「戦争責任」を語っている。「戦争中はそんなようなことをして、ぼくは対外雑誌をやったりして、いま考えると、戦争責任もあるでしょうけれども、写真専門学校の連中がどんどん戦争にとられちゃうのを、徴用で入れかわり立ちかわり、毎日二十人ぐらいずつ暗室へ入れていましたよ」「戦争に行かせないために、東方社にかかえ込んで、なにかやらせているわけですよ。撃ちてしやまんをやりながら……」(18)と話した。木村は、「対外雑誌」、つまり、国威を喧伝する『FRONT』制作に「戦争責任」があったと言う一方で、若者の良心的徴兵回避の場を設定したかのように語っている。一九四一年に東方社写真部長だった木村は四〇歳。戦中に若者を「徴用」できたのは、命じる力を備えていたからである。『報道写真』一九四一年七月号に掲載の東方社広告には「写真部実習生として、今後報道写真家たらんとする青年を数名募集いたします。尚　実習以外報道写真家のための綜合的知識の指導もいたします」と明記されている。木村が「入れかわり立ちかわり」暗室に入れたという専門学校生は、「実習生」という立場だったのかもしれない。しかし、こうした「徴用」は、若者に抵抗の場を与えるためではなく、彼自身が報道写真の場を継続するために「軍をうまく騙」って得た仕事のために設定されたのではなかったか。

一方では自らを庇いながらも口にされた木村の「戦争責任」、渡辺の「戦争協力」は、彼ら個人の表現に対するものではなく、体制の宣伝写真であることを知りながらそれに乗じ、彼らが携わった組織と体制の共存共栄を目指したことへ向けた言葉のように受けとめられる。社会と深く関わる「報道写真」は、一九三〇年代には尖端的な写真表現だった。これに邁進した写真家は、欧米のグラフ誌に寄稿し、採用されることで、自らの力が世界水準であることを確信した。彼らの「報道写真」は日本の近代性や伝統を伝えて、時には政治的、思想的な影響力を持った。そんな中、軍部や内閣情報部が宣伝に写真を使おうと注目した。写真家は、自らの力で世界の見方を変えよう、国を盛り立てようと奮い立ち、次第に、組織を作って体制との仕事を始めた。写真家たちは、写真をもって世界に、そして、戦争に対したのであり、だからこそ、意義深い仕事をしたという誇りを戦後も維持していたのだ。

しかし、個々に強い自負心を持っていた彼らだったが、戦時下には工業製品である感光材料を握られ、次第に内閣情報部や軍部の注文通りに撮影する下請けとして扱われ、占領期にも自由を装った不自由を余儀なくされた。もしも日本が勝利していれば、彼らも一定の達成感を味わえただろう。だが、敗戦を迎えて残ったのは、信じていた帝国への失望と、自負心の反動としての大きな虚無感だったのではないか。だからこそ、敗戦後の木村は「何を撮つてい、のか」さえ考えられなくなり、渡辺は「ふつうの人と同じように活動できない」と思うようになったのではないか。敗戦前の一九四三年に「こちらだつて何も現在の対外宣伝雑誌がいいと思つてゐるわけぢやない」[19]と情報官に言われた土門が味わった感覚も、同じような失望と虚無感であったと推察される。

小説家の高見順は、敗戦前後の日記を一九六四年に刊行するにあたって、「泰平の世に育った若い評論家たちからエジキにされること必定で、すでに、ことのほか反省好きのくせに、敗戦後の私には戦力協力《ママ》に対する反省がないということで糾弾されたが、あの時期の私としては、自分の過去を平あやまりにあやまる卑屈も、自己弁護の卑怯さもいやだった」[20]と記している。陸軍報道班員として徴用を受けてビルマや中国へ渡り、大東亜文学者大会に出席するなどした高見の戦中は、報道写真に携わっていた写真家たちの戦中と重なる。彼の言葉は、主体的に動いた木村が「戦争中の自分に対する罪意識を心から出す」ことがなかった心境に通じるだろう。「粋なものですよ」が決まり言葉だったという江戸っ子の木村には、卑屈も卑怯も真平御免だったに違いない。

「戦争責任」を語った頃の木村は、「リアリズム写真家集団の役員であり、社会主義的リアリズムの講元」になっていた藤本四八との対談でも、「いまの報道写真、ルポルタージュということ、それからリアリズムということね、そういういき方に対してもう一度結論を出して、現代の若い人の写真に対して批判をしなきゃだめだよ」「わりあいにあの人［森山大道、篠山紀信］たちはすぐに写真をおれたちの生理だと言うけれども、ぼくに言わせれば、もう少し生理だという前に、人間として考えなくちゃならぬものが残っているんじゃないかという気がするんだけどね[21]」と述べている。一世を風靡する次世代の写真家への批判は、自らの写真の力を信じて時代と社会に寄り添った、その昔の自負に満ちた自分自身への苦言でもあったと感じる。

三　戦争の効用

同じ写真でも、編集、レイアウト、キャプションが変われば受け止め方が変わる。組み写真を印刷することによって成立する報道写真では、「写真」は重要ではあるが、構成要素に過ぎない。時勢の中で積極的に「宣伝写真」に携わった写真関係者は多数いたが、「協力」に止まったという写真家の認識は、こんなところからも生じただろう。

では、日本に「報道写真」の概念を移入し、日本工房を立ち上げてこれを推進し、間もなく写真家から編集者、プロデューサーに立場を変えていた名取洋之助は何を考えていたのだろうか。彼は、社会への強い影響力を意識して編集や企画立案へとシフトしていた。要素ではなく全体に携わる方向に、自ら向かったのだ。

一九四一年時点の名取は、三一歳の国際報道工芸株式会社社長であった。誰よりも精力的に仕事を切り開いて「若き元老」[22]と称され、その会社は敗戦まで宣伝写真の重要な戦力であり続けた。木村や渡辺と同じく自負心を持って仕事を進めたわけだが、前述したように、既に一九四三年に自らの「宣伝写真」について反省の弁を記し、一九四四年に兵士の綱紀粛正のために啓発宣伝を始め、軍部への抗議文など直接的な行動を起こしていた。一九五二年の写真雑誌でも、「戦争中は、上海で印刷工場の経営をしたり、また報道写真はイコール宣伝写真であり、宣伝写真には主義主張を持たせるべきだと考えて、軍報道部に協力して写真を制作する過まちを犯したりして終戦を迎えました」[23]と記している。彼は、戦争責任を自覚していたと言えるだろう。

一方で、次のような言葉を遺している。「私がドイツで写真術と報道写真（この言葉は伊奈信男氏がルポルタージュ・フォトを訳したものです）の基礎を覚え、日本に帰つて来たのはサロン写真全盛の時代でした。写真といえばサロン写真と新聞のニュース写真があるだけで、ほかには営業写真館の肖像写真しかありませんでした。私は木村伊兵衛氏や伊奈氏、後に土門氏などと共に日本工房をつくり、写真による海外宣伝雑誌『ニッポン』を製作してそのいずれでもない写真、一枚でなく何枚かの写真によつて語る仕事をして、サロン写真、ニュース写真と対抗してきました。報道写真展をひらいて物語る写真のＰ・Ｒもしました。しかし戦争前の私たちの勢力は写真界全体からみればまことに微々たるものでした。戦争がはじまると事情はかなり変りました。あらゆる写真が写真による宣伝に動員されました。宣伝である以上、現実を正しく伝えるということよりも写真の信実性を逆用して戦意昂揚のために使われたのは当然ですが、写真は語れる、見る写真だけでなく、読ませる写真があることを一般の人々に教えたのは確かです。戦争が私たちの立場を広く認めさせたのは否定しがたい事実です。戦争が終つて間もなく視覚教育が盛んに云われるようになつたのも、アメリカの指金だけでなく、このような戦争中の経験がかなりあずかつて力になつていました。絵や映画の教育方面への利用と共に写真もニュース写真や芸術写真だけでなく『岩波写真文庫』のような写真の新しい利用がひろく行われるようになりました。写真が語れるということ、特に何枚かの写真によつて語る組写真の効果が一般に認められました[24]」。

一九五六年に刊行された名取の著書『組み写真の作り方』に掲載されたこの一文は、彼が概念を移入した我が国の報道写真を総括している。彼の理想は、ビジュアルコミュニケーションツールとしての「報道写真」の確立だった。全体を動かしていたという自覚を持ち、敗戦後には自らの組織を作らなかった程に自粛した一方で、彼は、戦争が報道写真を発展させたことを認めている。敗戦後に引き揚げた彼はすぐに編集現場に復帰し、一九五〇年代には『カメラ』『サンケイカメラ』などの写真雑誌で断続的に「報道写真」の指導を行なった。「何枚かの写真によつて語る仕事」を発展させたいという欲求は強く、渡辺同様、彼の反省は誇りと表裏一体のものだったと言えよう。

岩波写真文庫刊行終了後の一九五九年、名取は日本教育テレビ（現・テレビ朝日）嘱託となった。サンニュースフォトス社長だった松岡謙一郎が、同社設立の一九五七年に取締役に就任しており、教育放送局としての本放送開始にあたって名取が迎えられたのだ。

一九五八年に実験放送を見た名取は、「『動く写真』であった映画は、あっという間に大きくなり写真から独立した存在となった。テレビも画像がよくないとか、内容が幼稚だから買わないなどの声をよそに、これもすぐ大きくなり、コミュニケイションの重要な手段になってしまった」「映画は、暗闇で見なければならないという不便さを、すぐ逆用して『夢を見せる機械』になってしまった」「テレビはその逆に、明るいところ、それも自分の家の茶の間で見るのだからあの手は使えないわけである。しかし写真のように個人がパチパチやる仕事と違い、大資本をもってやらなければならないものだけに、その経済力が人を動かしたり考えさせたりして、その点をいかにうまく有効に使うかをすぐ見つけ出してしまうであろう[25]」と、コミュニケーション技術が経済と組織との複合体である事実を述べてテレビの将来をも予見している。

彼は、同社の番組「陛下とともに」「反常識の眼」などに携わり、岩波写真文庫で仕事をした羽仁進、東松照明らがその制作スタッフとなった。しかし、当時のテレビ用機材は開発途上にあり、スタジオの中で動きの不自由な重いカメラを使わなければ番組は作れなかった。名取は、「一つの機械をマスターするには時間がかかる。一人の人間が一つの機械を使いこなせるようになるまでには多くの時間が必要で、写真の場合など何代目かの人になってはじめて実用化し、一般化した[26]」とも記している。ライカのように洗練された小型カメラとともに世界を巡った彼は、スタジオに籠もって不自由な機材を使う番組制作に打ち込めなかったのか、間もなくテレビの仕事から手を引いた。

「私はほんとうの写真家ではありません。写真をもっぱらアジりまわるアジテーターです。けれども、日本の写真の歴史がまだ若く、報道写真がまだ未熟である以上、私のようなアジテーターも存在する場所があるのではないでしょうか[27]」とも記した名取は、報道写真を啓蒙し続け[28]、一九六二年に病没するまで小型カメラを手にヨーロッパを巡った。

四　写真における「戦争責任」

戦中の写真家は、協力であれ、共存共栄であれ、体制と関わって仕事を発展させた。報道写真というコミュニケーション手段は、名取が記したように、戦争がなければこれほどまでに認められなかったかもしれない。しかし、どんなに優れた写真家も、写真編集者も、国家の宣伝写真システムを構築したわけではなかった。報道写真を公的組織で運用するべく動いたのは体制側、つまり、本書で記した中で言えば、内閣情報部の林謙一と陸軍の清水盛明、大坪義勢だった。

「人が出征するのを送るという立場」にいた渡辺が「戦争責任」を感じたというが、その出征を命令する体制側にいた者は敗戦に当たってどんな感慨をもったのだろうか。濱谷は、戦犯意識を持つべき者として林謙一の名を挙げている。まず、一九四一年に三五歳だった林内閣情報官の敗戦後を見てみよう。

一九四六年にセレベスから引き揚げてきた林は、八月には内閣官房総務課勤務が決まっていた。同年一〇月に一身上の都合により退官し一一月に同課事務嘱託となったのは、公職追放の結果であった。しかし、この直後に、役所の斡旋によって日本交通公社内に設けられた全日本観光連盟事業部長となり、一九四八年九月には内閣の観光事業審議会委員を命ぜられるなど、外郭団体での役職や公的立場を保持した。日本写真公社が日本交通公社の一部局になっていたことを考え合わせると、林には、「報道写真」を「観光宣伝写真」として発展させることが期待されていたのではないか。

戦中の彼は生え抜きの官吏として公務に服したわけではなく、「写真報道事業」のために新聞記者から内閣情報官に転じて邁進した。名取同様に能動的であっただけに敗戦後には思うところがあっても不思議では無いが、それについて触れた言葉は見つけられない。一九五〇年代以降には自らの母の伝記小説『おはなはん』(29)を記した他に多数のエッセイを出版したが、それらの中にも「戦争責任」あるいは「戦争協力」について自責の念を述べる語句はない。一九七八年にまとめられた内閣情報部時代についてのインタビューでは、「世論操作技術の水準はかなり高かったですね」と問われて、「それだけ必死だったのですね。国の存亡にかかわるわけですから(30)」と答えている。「写真報道事業」は彼の信念だが軍部に飲み込まれたのは時勢ゆえととらえていたならば、戦争責任への認識レベルは渡辺や名取と同じである。

戦後の林は、ヴォルフの『ライカ写真』を刊行した元シュミット商店の井上鍾の隣家に住み、アマチュア愛好家のライカ観を記したパンフレットなどに寄稿している。写真雑誌への寄稿も時折あって、国際報道写真協会の仲間だった木村や渡辺が戦中と同じように活躍する写真界は、林も同様に受け入れていた。

一方、陸軍の二人はどうだったろうか。清水は一九四五年四月に中将に昇格し、駐イタリア武官として敗戦を迎えた。一年ほどたった頃、出版社を始めようとしていた旧日本工房専務飯島実の自宅を「S中将が見なれない平服姿」で訪ね、辞を低くして、「校正係でいいから雇ってくれないか」と申し出たという。「まだ四十歳そこそこの事業会社の専務ではあったにしろ軍関係では佐官待遇の顧問でしかなかった私に頭を下げられるのだから、よくよくのことだったに違いない」と思ったが、適当なポストもないし、ＧＨＱ監督下にある出版社に元中将の職業軍人を雇うこともできないと思った飯島はこれを断り、せめてものもてなしとして取って置きのウィスキーとご馳走を出したと振り返っている。(31)「Ｓ中将」は清水のことを指すと考えられる。清水は職業軍人であり、林と違って、戦争が終わった後は帰る組織が無かった。敗戦後は写真界との関係も途絶えており、戦争責任を示した文言も今のところ見つかっていない。

大坪は、戦中の一九四五年一月五日に陸軍大佐として逝去し、位階追陞されている。大坪に利用された朝原吾郎について、渡辺義雄は、「何も職務権限のないはずの人が、個人的な趣味で「アマチュア統合を」やっていた」「戦後、肺病で死にましたけれども、物凄い人でした。そういう特殊な心理状態を持っていた人が扇動したんです(32)」と座談会で語った。同席した伊奈信男が、「大坪さんは参謀本部の防諜の方の係りをやってたんだ(33)」と付け加えている。

忘れてならないのは、大坪について冷静な発言をした伊奈が外務省文化事業部の嘱託として美術・写真を担当し、一九四〇年に同事業部が情報局へ吸収された後は映画関係の情報官(34)として体制側に地位を占めていたことだ。

伊奈は、名取の語る「ルポルタージュ・フォト」を「報道写真」と翻訳して以降、盟友木村のブレーンとして常にこれと関わった。一九三二年の『光画』創刊号以降、思想と表現と技法を一体で論じ、木村のみならず、写真界全体に影響を及ぼした。

一九四〇年、四二歳の伊奈は、「新しき写真が其の上に打ち建てられるべき新しき基礎とは、新しき写真理論でなければならない。理論無くして作品無く、作品無くして理論は有り得ない。そして、現代の如き転換期に於ては、新しき理論は新しき作品に先行し、それを創造し得るのである。何故ならば、理論は新しい時代、新しい体制によつて提起せられた新しい使命、新しい問題の解決を容易ならしめる最も重要なる力となり武器となるからである[35]」と謳い挙げて、写真を言葉によってリードしていた。

そんな彼の戦後の仕事は、写真史についての寄稿が多く、一九六八年にニコンサロンの名誉館長就任後も歴史に残る名作展を多数手がけた。しかし、「報道写真」が体制と寄り添うための言説を展開していた写真評論家の中でもとりわけ影響力があり、しかも情報官であったにもかかわらず、伊奈は戦中への踏み込んだ批評を行っていない。対談などで戦争前後について語る時の伊奈は、資料提供と事実確認担当というスタンスをとった。元々美学研究者だが、学問的とでも言うべき淡々とした発言や芸術思潮の中で写真を論じる言葉は、感覚的、体験的な写真家の言葉と対になって戦中の様子を浮き彫りにしている。あくまで傍観者的な立場を貫くこんな伊奈の態度を、「戦中の自分自身の立場への批判の態度のあらわれとしてもみることができ[36]」るという見方もある。言葉をもって写真界に場を得ていた伊奈は、その戦中の立場にも関わらず、敗戦後も木村、林同様に受け入れられていた。

注

(1) 一九六〇年の『アサヒカメラ』で、渡辺勉の「新しい写真表現の傾向」(九月号)に対して名取が「新しい写真の誕生」(一〇月号)を寄稿し、それに東松が反論した主張が、後に「名取・東松論争」と言われた。東松は、「写真の動脈硬化を防ぐためには『報道写真』にまつわる悪霊を払いのけて、その言葉が持つ既成の概念を破壊することだ」(「若い写真家の発言・1　僕は名取氏に反論する」一一月号)と記した。「いわゆる報道写真家」「いわゆる報道写真」という言い回しもあり、日米開戦の一九四一年に一一歳だった東松にとって、「報道写真」とは「悪霊」がまとわる既成概念であった。ロマネスク撮影でヨーロッパに通っていた名取からの返答はなく、「論争」と言えるようなやり取りはなかった。

(2) 伊奈信男、渡辺勉、伊藤知巳、渡辺義雄、林忠彦、目島計一、細江英公、松本徳彦、東松照明「座談会　戦後の日本写真界を語る　その2」『日本写真家協会会報』No.31、一九七二年五月

(3) 前出(2)「座談会　戦後の日本写真界を語る　その2」

(4) 鶴見俊輔『戦時期日本の精神史　一九三一〜一九四五年』岩波現代文庫、二〇〇一年

(5) 前出(2)「座談会　戦後の日本写真界を語る　その2」

(6) 渡辺義雄「写真界を語る　濱谷浩がきく渡辺義雄の周辺」『日本写真家協会会報』No.63、一九八三年五月

(7) 前出(6)「写真界を語る　濱谷浩がきく渡辺義雄の周辺」

(8) 前出(6)「写真界を語る　濱谷浩がきく渡辺義雄の周辺」

(9) 伊奈信男、渡辺勉、伊藤知巳、渡辺義雄、林忠彦、目島計一、細江英公、松本徳彦、東松照明「座談会　戦後の日本写真界を語る　その1」『日本写真家協会会報』No.30、一九七二年一月

(10) 前出(6)「写真界を語る　濱谷浩がきく渡辺義雄の周辺」

(11)『DEPENDENTS HOUSING』GIZYUTU SHIRYO KANKOKAI、一九四八年
(12)「木村伊兵衛放談室7 ゲスト渡辺義雄」『アサヒカメラ』一九七二年七月
(13)濱谷浩「写真作画の心構え」『アマチュア写真叢書第五集 写真上達の秘訣』一九四九年七月号。七人の芸術家とは、会津八一、小杉放庵、安宅安五郎、相馬御風、堀口大学、小田獄夫、松岡譲。
(14)神奈川県中郡大磯に転居し、没するまで在住した。
(15)伊奈信男「写真家の横顔一一 濱谷浩君のこと」『アサヒカメラ』一九五二年一二月号
(16)「写真界を語る 田村茂と藤本四八 その周辺 その2」『日本写真家協会会報』No.65、一九八四年一月
(17)匿名座談会「文化人の戦争責任は如何に問はるべきか」『スタート』一九四六年五月創刊号
(18)木村伊兵衛「木村伊兵衛放談室 18 ゲスト伊奈信男、渡辺勉」『アサヒカメラ』一九七三年六月号
(19)土門拳「友へ」『カメラ』一九四六年二月号
(20)「序」『高見順日記』勁草書房、一九六四年(「あとがきのあとがき」『敗戦日記』中公文庫、二〇〇五年)
(21)木村伊兵衛・藤本四八「木村伊兵衛放談室 21」『アサヒカメラ』一九七三年九月号
(22)「声と顔(一) 国際報道工芸社長名取洋之助氏を訪ねて」『写真文化』一九四一年九月号
(23)名取洋之助「報道写真談義 5」『カメラ』一九五二年八月号
(24)名取洋之助『組写真の作り方(フオト・ライブラリー 7)』慶友社、一九五六年
(25)名取洋之助「写真、映画、テレビ」『サンケイカメラ』一九五八年三月号
(26)前出(25)「写真、映画、テレビ」
(27)名取洋之助「私の作画精神」『アサヒカメラ』一九五二年一月号
(28)雑誌へ寄稿したエッセイなどを綴って編まれた『写真の読みかた』(岩波新書、一九六三年)は、現在も版を重ねて読み継がれている。

(29) 林謙一『おはなはん』文藝春秋、一九六六年。NHK朝の連続テレビ小説でドラマ化されて一世を風靡した。
(30)「林謙一——国家宣伝は必死になってやるもんだ」渋谷重光『宣伝会議選書　昭和広告証言史』宣伝会議、一九七八年
(31)「S中将」のエピソードは、飯島実のエッセイ「人生の曲がり角①」(『大東同人』刊行年月不明)による。
(32) 伊奈信男、渡辺義雄、金丸重嶺、木村伊兵衛「座談会　わが写真界の潮流　その2」『アサヒカメラ』一九五四年六月号
(33) 前出(32)「座談会　わが写真界の潮流　その2」
(34) 伊奈は、第五部第二課情報官として、映画、演劇などによる宣伝を担当した。
(35) 伊奈信男「新体制下に於ける写真家の任務」『カメラアート』一九四〇年九月号
(36) 金子隆一「伊奈信男の写真史観」『日本映像学会』No.33、一九八六年一月

chapter 11

第一一章「報道写真」の終焉

一九七三年一二月号『アサヒカメラ』は、七二歳の木村伊兵衛を特集した。荒木経惟、大倉舜二、北井一夫、篠山紀信らコマーシャルを主体に活躍する人気写真家たちが集った座談会[1]では、彼らの「発見」した木村について、「呼吸するとおんなじに撮ってる」(大倉)、「メカニズムのこと、実によく知ってるんだよ」(篠山)、「ひょっとしたら、印刷のこと、ものすごく知ってるかもしれないな」(荒木)、「オリジナル［プリント］とかなんとかいわないって」(北井)などと語り合っている。

木村は、一九五四年と一九五五年に渡欧し、一九五七年には『アサヒカメラ』と口絵作品掲載の特別契約を交わして同誌顧問格となり、渡欧成果は同誌や朝日新聞社刊行の写真集などで披露された。一九五三年頃から『アサヒカメラ』を眺めていた大倉が一番早くから木村の写真を見ていたが、出席者全体は、戦前の木村についてほとんど知らない。それでも、「年とったのに即して、そう無理しないでスッと入って行く」(北井)、「木村さんのだけはマネできない」(篠山)、「結局、好きなんだろうね、オレ、あの人のこと」(荒木)などと言い交わし、長老・木村のテクニックや人柄に敬意を表している。

木村は、同誌で一九七一年から一九七四年まで連載した「街角で」のために、スナップショットのス撮影を行なっていた。共に報道写真を発展させた名取洋之助は、一九五九年にヨーロッパのロマネスクに魅せられて撮影を重ねていたが、一九六二年に病没した。また、共にリアリズムの旗を掲げた土門拳は、一九六八年に脳溢血の二度目の発作に襲われて車椅子の生活になり、一九七〇年代には助手に支えられながら古寺巡礼シリーズを大型カメラで撮影していた。金丸重嶺は日本大学理事、学長を歴任して学務に勤しみ、同大教授として金丸を支えた渡辺義雄は主に大型カメラで伊勢神宮などの社寺を被写体としていた。座談会が持たれた頃、戦前から報道写真に向かった仲間では、木村だけがライカを手に街を撮り続けていた。(2)(3)

さて、座談会と同年、渡辺勉が次のように木村へ問いを投げかけている。「かつては報道写真をめざしたこともあり、しばしば報道写真という言葉もお使いになっている。そしてドイツから帰ってきた名取さんも、これから報道写真を一緒にやるにふさわしい才能の持主として、木村さんをスカウトして日本工房を作ったわけですが、ぼくはやっぱり木村さんは報道写真家ではない、また、なれる人でもない。いままでの業績も、ほとんど報道写真ではないと思っているんです」「報道写真における使命観とか、積極的なテーマ主義というのは、木村さんには体質的にも向ないし、そういう写真家じゃないような気がするんです」(4)。あろうことか、戦中に共に東方社同人でもあった渡辺が、一九七〇年代には木村を「報道写真家ではない」と断定しているのである。

一九五二年に報道写真とニュース写真の違いが盛んに論じられていたが、その違いについては写真家がこだわっただけで明確に定義づけられず、次第に、マスコミ報道で使われる写真全てが「報道写真」と言われるようになった。一九七〇年前後の報道における大きなテーマの一つは、東西イデオロギーの対立が拡大させたベトナム戦争だった。ベトナムの南北統一をかけた内紛の背後に中国、ソ連、アメリカなどが関与し、一九六五年にアメリカが北ベトナムを爆撃以降一九七五年のサイゴン陥落まで周辺諸国を巻き込んで激しい戦闘が続いていた。日本からは沢田教一(5)、一ノ瀬泰造(6)らが、また、フランス、イギリスなどから多くのカメラマンが従軍取材し、長引く戦況を伝える写真は反戦運動や反米運動を拡大させた。戦場の様子はテレビでも中継され、ビートルズやジェーン・フォンダなど若者に影響の大きいポップスターが反戦運動をリードし、徴兵を拒否して自由に生きようとする若者の「ヒッピー」ムーブメントが世界中に広がっていた。こんな中で、戦場であれ、若者文化であれ、自らの写真で思想的、政治的な立場を表明しようとする写真家が増えていた。

この時期に発せられた渡辺の「木村さんは報道写真家ではない」という言葉は、彼が左右の思想や自己の主張を報道メディアに載せるために写真を撮っているのではないという意味であった。渡辺の言葉を受けた彼は、「とにかく人間の生活をとりあげたものは、どんな写真でも報道だというわけですね。広い意味の報道だから、リアリスティックなものは、すべて報道というふうになるんです。ぼくは、いわゆる芸術写真やサロンピクチュアはきらいなんで、なんとか人間のふれあいを撮りたいということで、そんならやっぱりルポルタージュだ、というふうに考えたわけです。ですから、今から30何年も前のときと分類というか、考え方というか、鑑賞する側にとっても、そういうふうなことは全部あれでしょう、変っちゃってんじゃないでしょうかねえ」(7)と、時代と「報道写真」の変化を噛み砕いて答えた。

報道写真の理論が一九三〇年代の「ルポルタージュ」から一九四〇年代の「報導写真」、そして、敗戦後の一九五〇年代「リアリズム」から一九六〇年代の「ドキュメンタリー」へと変転しても、また、イデオロギーや社会の変転で「鑑賞する側」の受け止め方が変わろうとも、木村の意識は一貫して「人間の生活」にあったというのだ。

この頃の木村は、一般的な意味での「報道」は主眼としていなかったが、その「報道写真」意識は一九三〇年代から変わっていなかった。一九七〇年代には、写真の「オリジナルプリント」を売買するギャラリーが成立していた。しかし、木村は、「ある特定の人個人にオリジナルプリントを売るという形式じゃなくて、多くの人に見てもらうことのほうが写真だ、仮に何十%かトーンがくずれても、やっぱり印刷で見せるべきだ(8)」と渡辺勉や北井一夫に語っていた。「サロンピクチャアはきらい(9)」だった木村は、多くの人に見てもらうために印刷を必要としたのだ。

翌年、木村は病没し、写真雑誌はこぞって特集を組んでその死を悼んだ。そして、さらに翌年の一九七五年、『アサヒカメラ増刊　現代の写真'75』は、伊奈信男の提案によって「近代写真の終焉」をテーマに掲げた。

この時の伊奈は、機械文明の帰結としてカメラを駆使する近代写真から「はみ出したものがたくさんでてきた(10)」と写真の現状を述べている。「ストレートフォトグラフィーのようなメカニズムを尊重したやり方でも、なんか変質しつつある」「ルポルタージュとはどっちかというと伝達することに重きをおいてるんだね。それからドキュメントはご承知のように記録するということに重きをおいてる」「ルポルタージュが押し付けがましいということになってきた」「だけどもとは同じなんですよ」と分析し、「これからの写真を考えていこうというのがぼくの考えなんですよ。近代写真を終わらせておいて（笑い）[11]」というのだ。

芸術部門間の境界がなくなってきているのだから、写真もワクを作らず自由に考えたいと言う伊奈が終わらせるべきとしていた「近代写真」とは、即ち「報道写真」であった。

座談会に同席した金丸重嶺は「近代写真はフォトジャーナリズムを生んだということじゃないかな、一九三〇年にかけて」と振り返り、「フォトジャーナリズムのピークが一九六〇年、それで六〇年あたりから後退期に入ってきて、そしてそこには多岐にわたる表現が生まれて、新しい写真の考え方が生まれたのが六〇年以降の現象だと思う[12]」とした。渡辺勉は、「ルポルタージュという形になっていった中で、物を見る目が画一化してきたというか図式化していってしまった。そして写真家の主体性みたいなものがだんだん喪失されていく、ことにルポルタージュは、ライフなどその代表的な例だといってもいいと思うが、なにか制度の目みたいなものが強くなって、写真家がどう現実にかかわっているかという息づかいみたいなものが組織の中に埋没していってしまった。そういう中で近代写真が大げさにいえば敗退していくという傾向がしだいにあった[13]」と述べている。

一九六〇年以降にルポルタージュやフォトジャーナリズムが後退期に入っていたという同席者の発言は重い。伊奈が、一九三二年の『光画』創刊号で、「現代の如き大工業的、技術的様相を持つ社会に於て、写真こそは、最もこの社会生活と自然とを記録し、報導し、解釈し、批判するに適した芸術」であると記してから三〇年後、写真は身の回りにあふれ、社会の価値観は多様化し、写真家の主張も強くなり、編集による誘導や解釈の画一化は受け入れられなくなっていた。四〇年後に当たる一九七二年、『LIFE』は一二月二九日号（通算一八六二号）で休刊した。対談がもたれた一九七五年には、印刷により多くの人に伝えることを使命とした「報道写真」に「これからの写真」はないと思われたのだ。

しかし、一九四〇年には「新しき理論は新しき作品に先行」するとリードしてきた伊奈が、この度は、「写真の限界が拡大された」「自由に考えた方がいい[14]」と言いながら、それを明確なビジョンとして示していない。「はみだしたもの」がどの様なものになっていくのか、多用する写真の方向を読む気力が既に無く、終焉宣言は単に「報道写真」を終わらせることが目的のように受け止められる。一九三三年に「ルポルタージュフォト」を「報道写真」と訳した彼は、名取亡く、土門、渡辺が年老い、共に駆けてきた盟友木村亡き後、彼らと一緒に人生を賭けた「報道写真」の幕を下ろすのが役目だと考えたのだろうか。

この年、伊奈は『アサヒカメラ』で「昭和・写真五十年史」の連載を始めていた。芸術写真から近代写真への流れ、『光画』の仲間や報道写真に邁進した戦中戦後の写真家たちについて文献を引用しながら歴史を伝えている。既に七七歳になっていた彼の人生の総括とも言うべき連載で、この三〇回の連載[15]に改訂を加えて、一九七八年四月に『写真・昭和五十年史』が上梓されている。これも晩年なればこその仕事と言えよう。

さて、連載を一冊の本にまとめる際は字句を足したり引いたりするものだが、戦時を振り返った部分の編集は誰によるものだったのだろうか。連載では、「昭和五十年史」を完全なものにするには、「満州事変、日華事変、および太平洋戦争に従軍した新聞・通信社の重要写真家について触れなければならない」と前置きして、朝日新聞社の『支那事変写真全輯』（一九三八年）や毎日新聞社の『毎日

グラフ別冊　日本の戦歴　満州事変から太平洋戦争まで』（一九六五年）、静岡連隊の写真集を作った柳田芙美雄、同盟通信社の『ジャパン・フォト・アルマナック　十六年版』（一九四〇年）に「すぐれたコンバット・ピクチュアが収録されている木村勇雄」などをあげながら、「とにかく、日本全国としては大変な数の写真家が、戦争報道だけのために動員されていたことは想像に難くない。したがって、これらのことについて書くことは、日本新聞協会かなにかでするべき仕事であり、筆者のような微力非力のものの能力を超えるものである。ここを素通りしてしまうことを許されたい[16]」（傍点白山）としている。ところが、単行本では「日本新聞協会かなにかでするべき仕事であり」という字句が削除されて、「とにかく、日本全国としては大変な数の写真家が、戦争報道だけのために動員されていたことは想像に難くない。したがって、これらのことについて書くことは、筆者のような微力非力のものの能力を超えるものである。やむを得ず、ここを素通りしてしまうことを許されたい[17]」（傍点白山）と傍点字句が追加されている。

新聞・通信社という組織の中で活躍した写真家については、個人の意志とは別の観点からの解説が必要なので、伊奈の考えは順当である。しかし、繰り返しになるが、伊奈が新聞写真について「微力非力」と自らを規定し、その組織にいたものでなければ書く任にあらずとするのであれば、情報官であり、理論によって「報道写真」全体に、また、盟友木村らに影響を与え続けた力強い存在であった者として、戦時の写真と写真家について書くべき事はまだあったのではないだろうか。事実確認だけではなく、「どんな思想から出発しているか」について、写真家の「順応性」や栄光と挫折について、そして、様々な要素が絡み合って形成する写真界について。だが、報道写真終焉宣言の三年後、『写真・昭和五十年史』を上梓してまもなく、八〇歳の伊奈信男は世を去った。

「報道写真」を標榜した日本工房の設立から八〇年以上、占領終了からも六〇年以上を経た。しかし、今日も、私たちは「報道写真」とは何か、その変容を探り続けている。社会と密接に関わり、個々の感情に直接働きかける「写真」を深く読み解くために。そして、その断絶と継続とは如何なるものであったのか、現在の写真が寄って立つものを探るために。

注

（1）荒木経惟、大倉舜二、北井一夫、篠山紀信「座談会　木村伊兵衛の発見」『アサヒカメラ』一九七三年一二月号

（2）金丸重嶺は一九六〇年から一九七二年まで日本大学理事。

（3）金丸重嶺は一九六三年から一九六四年まで日本大学学長。

（4）「木村伊兵衛　〝ただの人〟を撮って四十年」『アサヒカメラ増刊　現代の写真'73』朝日新聞社、一九七三年

（5）沢田教一、1936-1970

（6）一ノ瀬泰造、1947-1973

（7）前出（4）「木村伊兵衛　〝ただの人〟を撮って四十年」

（8）大倉舜二、北井一夫、渡辺勉「座談会　木村伊兵衛の眼・こころ」『アサヒカメラ』一九七六年五月号

（9）前出（8）「座談会　木村伊兵衛の眼・こころ」

（10）伊奈信男、金丸重下嶺、渡辺勉「座談会　近代写真の終焉」『アサヒカメラ増刊　現代の写真'75』一九七五年

（11）前出（10）「座談会　近代写真の終焉」

（12）前出（10）「座談会　近代写真の終焉」

（13）前出（10）「座談会　近代写真の終焉」
（14）前出（10）「座談会　近代写真の終焉」
（15）伊奈信男の「昭和・写真五十年史」は、『アサヒカメラ』一九七五年一月号から一九七七年七月号まで三〇回連載。
（16）伊奈信男「昭和・写真五十年史⑳　乞食写真と絵画主義の台頭　戦後写真の混乱期」『アサヒカメラ』一九七六年八月号
（17）伊奈信男『写真・昭和五十年史』朝日新聞社、一九七八年

おわりに

私の勤務している日本カメラ博物館は、一九九六年に「名取洋之助作品展　アメリカ・一九三七年」を開催した。この際、資料として展示した対外宣伝グラフ誌『NIPPON』などの書誌を担当した私は、写真の戦中が曖昧なままであることに気づいて調査研究を始めた。そして、新たに見つけた公文書などにより、この時期の写真は内閣情報部や外務省、陸海軍の宣伝システムと密接な関係にあることが明らかになった。

現在、美術館などの壁に掛けられている「作品」は、当時のグラフ誌などの「仕事」として撮られたものであった。強制された写真雑誌統廃合は、これまで言われていたような「用紙不足」という消極的なものではなく、宣伝システムを円滑に運営する積極的なものとして成され、「被害者」だと思っていた写真界にも推進する者がいた。そして、この時期には取り立てて語るべきものがないかと思っていた大衆アマチュアも、報国写真のシステムに組み込まれていた。写真と社会は、何処を取っても、寄り添って互いを必要とする密接な関係にあった。

内閣情報部や軍部など、体制側で報道写真を組織化する行動をとった者は、敗戦後に公職へ戻れなかったが、戦時の言動への反省はなかった。公的機関の日本写真公社、大日本写真報国会など戦争のために創設された組織は敗戦とともに消滅したが、会社組織の国際報道、東方社、山端写真研究所などは、仲間で集って仕事を続けた。報道写真に邁進した多くの写真家は、自責の念を持つ者もあったが「責任」を突き詰めず、写真雑誌の経営者や編集者らは自らを被害者と位置づけて仕事に戻った。戦後も組織を率いて活躍した山端祥玉だけが公職追放措置を受けたが、このことは写真雑誌などには記録されていなかった。

伊奈信男は、一九六三年の「フォトルポルタージュ（報道写真）」についてのエッセイで、「事実とは何か。それはそこに在り、あるいは生起しつつあるもので、客観的な存在であるから、問題はほとんどないといってよい。しかし、真実とは何かとなると、そこにはいろいろな問題がある。ある主題があるとして、そこに在る事実のすべてが伝えられるならば問題はないのであるが、それは実際においては不可能である場合が多い。ある主題に関するいかなる事実を真実としてとり上げるかという問題があり、また事実を認識する人間（作者）が在る場所（空間）や時間によって、同一の事実といえども、かならずしも同一の様相をもって現れるとは限らないという問題がある。とするならば、それらのうち、いかなるものを真実と認めるかという選択の行為にともなって、作者の主観的判断が入りこんでくるのである」（伊奈信男「事実に即して真実を伝えよう」『アサヒカメラ』一九六三年一〇月号）と記している。戦中をテーマにしたとき、この言葉の重みは増す。本書を書き進める上で、何度も読み返した一文だ。

元より、戦時下の母国に自負心をもって報いようと行動した写真家に対して「戦争責任」を追及することが本書の意図ではない。しかし、敗戦後に写真界の各々がそれぞれに発言し、あるいは、口をとざして、基本的事実の共通認識さえなかったことが、これまで写真に関する戦争責任が総括されていないと言われていた所以ではないか。一九六〇年に東松照明が「いわゆる報道写真」を否定したのは、こんな状況に苛立っていたからではないか。

果して、失敗や挫折は知に変換されたのだろうか。近隣諸国との緊張や二〇二〇年のオリンピック東京大会決定など、一九三〇年代を髣髴とさせる状況にある今日、「報道写真」に起っていたことが現在の尖端メディアに見られはしないだろうか。

＊

執筆にあたり、写真関係資料は主に日本カメラ博物館JCIIライブラリーで、国際文化振興会資料は主に国際交流基金JFICライブラリーで、その他公文書は外務省外交資料館、防衛省防衛研究所史料閲覧室、国立公文書館、及び、アジア歴史史料センターのウェブ資料などを閲覧した。研究を続ける間に各館とも所蔵目録や資料のウェブ公開が進み、手探りで資料を探査した当初と隔世の感を禁じ得ない。

国家宣伝や報国写真について、ひたすらに資料と格闘し続けることができたのは、研究の始まりに出会った名取洋之助という人物が魅力的だったからだ。原弘は、「若くして大きな抱負をもち、理想と現実の間でばかばかしいほどムキになってたたかってきた青年」(「一冊の本二五五　名取洋之助『写真の読みかた』」『朝日新聞』一九六六年三月一三日)と彼を評した。また、玖夫人は、「洋之助は、多くの欠点を持った人間であった。ただ、仕事に対する態度は立派だったと思う」(「あとがき」『人間　動物　文様』慶友社、一九六三年)と彼の没後に記している。今の私は、これらの言葉は一人名取にのみ向けられたものではなく、本書に記した全ての写真家に通じるように思える。一九三〇年代から一九六〇年代は、報道写真の理想と現実の戦いの時代であった。この時代を生きた総ての写真関係者に、改めて敬意を表したい。

資料提供や研究上の助言を多くの方にいただいた。特に、飯沢耕太郎、池田真魚、石川保昌、金子隆一、川畑直道、倉石信乃、桑原涼、小林裕幸、多川精一、竹葉丈、名取襄一、名取美和、深川雅文、堀宜雄、松本徳彦、森仁史、柳本尚規、山端祥吾、山本武利氏には一方ならぬご助力をいただいた。

私にとって幸運だったのは、二〇〇〇年に堀宜雄氏が名取洋之助と日本工房についての共同研究を提案してくれたことだ。彼と共に、日本工房で仕事をした竹中登美、藤本四八、下島正夫、熊田五郎(千佳慕)、飯嶋実夫人など関係各位へのインタビューを行ない、横浜美術館、土門拳記念館、資生堂企業資料室、特種東海製紙Ｐａｍなどの資料を閲覧した。堀氏は、二〇〇六年に「名取洋之助と日本工房　1931-45」展を全国巡回させ、同展図録の共編者となった私は、編集者の桑原涼氏に書く事の厳しさを問われた。写真、印刷、デザイン、出版に造詣の深い桑原氏には、多くの示唆もいただいた。このお二人との出会いが、私の研究を加速してくれた。

二〇〇二年から東京造形大学非常勤講師を務めた八年間、学生と共に毎週『LIFE』を読んだ。同誌の日本関連記事を何度も眺めるうちに疑問がわき起こり、夢中で調査したことが幾度となくあった。研究の進展をもたらしてくれた同大との邂逅に深く感謝している。

また、二〇〇九年から千葉大学融合科学研究科後期博士課程に身を置いたことで、小林裕幸先生、青木直和先生ご指導の下に土門の『ヒロシマ』と『筑豊のこどもたち』について梅干野剛、上野裕理、仲原孝史氏らと研究を深めることができた。本書では割愛したが、感性を科学的に考察する研究も続けていきたい。

研究も執筆も、家族の励ましなくしてはあり得なかった。また、出版に当たっては、吉川弘文館の永田伸氏にご尽力戴いた。筆を置くにあたり、お世話になった多くの方に感謝とお礼を申し上げます。

二〇一四年七月

白山眞理

初出一覧

＊本書は、二〇一三年に千葉大学大学院融合科学研究科に受理された博士論文「報道写真の成立と展開――一九三〇～一九六〇――」のうち、写真集のメディア的研究の章を割愛し、加筆したものである。主な既出論文は下記の通りで、出典のないものは書き下ろし。

第一章　「報道写真」の成立――木村伊兵衛、名取洋之助、土門拳の活躍

・「木村伊兵衛における『新興写真』と『社会的表現』」『日本写真芸術学会誌』第九巻二号（二〇〇一年一二月）

・「対外宣伝への道――名取洋之助が外遊（一九三六―三七）で得たもの」『日本写真芸術学会誌』第八巻二号（二〇〇〇年一月）

第二章　「写真報国」に踏み出す内閣情報部

第三章　陸軍と外務省の「宣伝写真」

・「反日宣伝に対抗する報道写真」『インテリジェンス』第四号（二〇〇四年五月）

・「写真プロパガンダ化作戦『報道写真』から『宣伝写真』へ」『アジア遊学』（勉誠出版、二〇〇八年七月）

・「日本の対外宣伝を担った外国人写真家たち」『日本写真芸術学会誌』第一九巻一号（二〇一〇年六月）

第五章　アマチュア包囲網

・「写真雑誌の軌跡――概説」『写真雑誌の軌跡』（JCIIライブラリー、二〇〇一年六月）

第七章　戦　中――「用」の完全遂行

・「名取洋之助の挫折――国際文化振興会との一九三六―四五年」『日本写真芸術学会誌』第九巻一号（二〇〇〇年六月）

第八章　占領期と戦後の「報道写真」

・「週刊サンニュースと名取学校」『『週刊サンニュース』の時代――報道写真と名取学校――』（JCIIフォトサロン、二〇〇六年）

・「『岩波写真文庫』のこと」『にっぽん一九五〇年代――「岩波写真文庫」の世界――』（JCIIフォトサロン、二〇〇七年）

＊写真の出典はキャプションに以下の通り示した。「J」は一般財団法人日本カメラ財団所蔵、無印は個人蔵。

略年表

年	月	写真（名取・木村・土門ほか）	社会等（林・伊奈ほか）
一九二九年	一一月	木村伊兵衛（二八歳）、花王石鹸の発売元である長瀬商会広告部に嘱託として入社	
一九三一年	四月		林謙一（二五歳）、東京日日新聞に記者として入社
	六月	名取洋之助（二一歳）、遊学中のドイツで報道写真家となる	
	九月		柳条湖事件に端を発する満洲事変勃発（一九三二年三月、満洲国建国宣言）
一九三二年	二月	～五月　名取、ウルシュタイン社特派員として日本を取材	
	五月	木村・野島康三・中山岩太ら、『光画』創刊（～一九三三年一二月）	伊奈信男（三四歳）、『光画』創刊号に寄稿し二号より同人となる
一九三三年	七月	日本に拠点を移した名取、木村・原弘・岡田桑三らと「日本工房」設立	伊奈、日本工房同人となる

一九三四年	四月		財団法人国際文化振興会、外務省の外郭団体として発足
	五月	木村ら、日本工房を離脱して「中央工房」設立	伊奈、中央工房に参加
	八月	木村、中央工房内に「国際報道写真協会」設立	伊奈と林、国際報道写真協会に参加
	一〇月	日本工房、『NIPPON』創刊（〜一九四四年九月）	
一九三五年	五月		鉄道省観光局、『TRAVEL IN JAPAN』創刊
	七月		国際文化振興会、名取・木村・渡辺義雄に現代日本の文化と生活に関するストックフォト撮影依嘱
	八月		外務省文化事業部第三課が新設され、伊奈は嘱託となる
	九月	国際報道写真協会改組（代表：三浦直介）	
	一一月	土門拳（二六歳）、宮内写真館を辞して日本工房へ入社	社団法人同盟通信社設立
一九三六年	六月	〜一九三七年九月　名取、オリンピックベルリン大会取材・米国大陸横断取材などで独米を外遊	

	一一月		米国タイム社、週刊グラフ誌『LIFE』創刊
一九三七年	七月		盧溝橋事件により日中開戦
	八月		『LIFE』八月三〇日号、「日本人：最も因習的な国民」を掲載
	九月	この頃、日本写真家協会設立（会長：松平康昌侯爵、常務理事：成沢玲川）	内閣情報委員会（一九三六年七月発足）、内閣情報部に拡大改組 陸軍中佐清水盛明（四一歳）、内閣情報官を兼務
	一〇月		『LIFE』一〇月四日号、「海外からの写真：上海南駅のこの写真を一億三六〇〇万人が見た」を掲載 改正「軍機保護法」施行（撮影制限強化） 内閣情報部「写真報道事業」協議
	一一月	名取と山端祥玉（五〇歳、一九二七年にジーチーサン商会設立）、内閣情報部嘱託となる	
	一二月	～一九三八年一月　国際報道写真協会の木村と渡辺義雄（三〇歳）、外務省情報部の委嘱により上海を撮影	
一九三八年	一月	～三月　日本工房、上海派遣軍特務部報道班へ名取と小柳次一を臨時派遣	林、写真宣伝のために内閣情報部事務嘱託となる

二月		内閣情報部、思想戦展覧会開催 内閣情報部、『写真週報』創刊（〜一九四五年七月一一日号）。
四月	日本工房制作の『COMMERCE JAPAN』創刊（〜一九四二年三月?）	国家総動員法公布
六月頃		陸軍写真製作所「プレスユニオン」が成立し、清水の斡旋により名取と山端祥玉が携わる
七月		報道写真の政府統轄機関「写真協会」設立 中支派遣軍司令部、宣伝実施要項の『謀略宣伝要領』作成
八月		内務省、出版物検閲統制強化
九月	名取、広東の同盟通信社内に「South China Photo Service」開設	
一〇月	国際報道写真協会、『写真文化』創刊（〜一九三九年二月）	外務省文化事業部提唱の日本写真外交連盟設立 中支那派遣軍司令部、「写真撮影製作取締規定」作成
一一月	日本工房制作の『SHANGHAI』創刊（〜一九三九年三月）	
一二月		清水、陸軍省情報部長となる（〜一九三九年一一月）

一九三九年	一月	土門、日本工房から嘱託写真家として国際文化振興会へ移籍	
	三月	『フォトタイムス』特派員（阿部芳文、渡辺勉）が九ヵ月間満洲滞在	「軍用資源秘密保護法」公布（撮影制限強化）
	四月	『カメラクラブ』編集長（鈴木八郎）満洲滞在 日本工房制作の『CANTON』（〜一九三九年一一、一二月号?）と『華南画報』（〜一九四〇年三月?）創刊	「写真協会」は財団法人に改組
	五月	日本工房は「国際報道工芸株式会社」に拡大改組	
	七月	『アサヒカメラ』編集長（松野志気雄）満洲滞在	陸軍省、朝日新聞社と全関東写真連盟共同主催の「郷土将士カメラ慰問」後援決定
	九月	この頃、国際報道工芸新京支社（Manchoukuo Photo Service）開設	ドイツがポーランドに侵攻し、第二次世界大戦勃発 林、内閣情報部情報官となる
	一二月		この頃、清水は大使館付き武官としてイタリアへ赴任
一九四〇年	四月	国際報道工芸新京支社、『MANCHOUKUO』	汪兆銘、南京政府成立

月	写真関連事項	一般事項
	創刊（〜一九四〇年？）	
	国際報道工芸制作の『EASTERN ASIA』創刊（〜一九四二年？）	
	この頃、国際報道工芸内に名取書店設立	
五月	木村、南満洲鉄道の招待で約四〇日間満洲を撮影	
六月	「八写真雑誌社推薦満洲撮影隊」、満洲を一ヵ月間撮影	感光材料の公定価格設定
		日本写真感光材料製造工業会設立
八月	陸軍省と内閣情報部関係者を囲む「時局とアマチュア」座談会開催	陸軍省、内務省、内閣情報部関係者と写真雑誌編集長による「写真と防諜座談会」開催
	木村・渡辺ら、「写真文化研究会」設立	
	この頃、名取は上海に拠点を移す	
九月	土門ら、「日本報道写真家協会」結成	日独伊三国同盟調印
一〇月	「写真と防諜の標語」募集開始	「大政翼賛会」発会式
		「興亜写真報国会」結成
一二月		内閣情報部、外務省情報部、陸軍省情報部、海軍省軍事普及部、内務省警保局図書課などが統合されて情報局となる
		伊奈・林、情報局情報官となる

一九四一年	一月	内務省指導の統廃合により、『カメラ』（アルス）など月刊写真雑誌一三種が四種となる	財団法人写真協会、『報道写真』創刊（〜一九四四年三月）
	三月		軍機保護法改正（撮影制限強化）
	四月	朝日新聞社に事務局を置く「全日本写真連盟」改組 岡田、「東方社」創立（写真部長：木村、美術部長：原）	
	一一月		興亜写真報国会、『日輪』創刊（〜一九四三年一一、一二月）
	一二月	「日本報道写真家協会」は「日本報道写真協会」（理事長：渡辺義雄）に改組 国際報道工芸、『カウパアプ・タワンオーク（東亜画報）』創刊（〜一九四四年八月？） 名取、上海のミリントンプレスを「太平印刷出版公司」として経営	真珠湾攻撃により、日米開戦 日本写真感光材料製造工業会、日本写真感光材料統制株式会社に改組
一九四二年	一月	東方社、『FRONT』創刊（〜一九四四年）	
	四月	朝日新聞社、『アサヒカメラ』を廃刊	
	八月	日本報道写真協会撮影隊、満洲を取材 この頃、土門は満洲や華北を撮影	

	九月	東方社の木村ら、『FRONT』のために満洲を取材	
一九四三年	一月	国際報道工芸株式会社、「国際報道株式会社」に改称	日本写真感光材料販売株式会社設立
		ジーチーサン商会、「山端写真科学研究所」に改称	
	二月	土門、アルス写真文化賞受賞	「出版事業令」公布
	四月		興亜写真報国会、「慰問撮影」開始
	九月	国際報道、国際文化振興会外郭団体となる	大政翼賛会、宣伝啓発企画部門を情報局に移管
		この頃、東方社の木村らは『FRONT』のために華北を取材	この頃、伊奈は日本移動映写連盟に勤める
	一〇月	この頃、土門は国際文化振興会を辞す	
		アルスは、他社と合同して「北原出版」となる	林、海軍司政官としてセレベス民政府に赴任
	一一月	北原出版、『写真文化』を『写真科学』に改題（〜一九四五年五-六月号）	興亜写真報国会、『日輪』廃刊
一九四四年	二月		情報局、「写真宣伝協議会」設置
	三月	写真団体大同団結の「大日本写真報国会」発会	岩波書店、国際報道株式会社ほかと合同

	四月		財団法人写真協会、「財団法人日本写真公社」に改組
	五月		財団法人日本写真公社、『報道写真』を『日本写真』へ改題
	一〇月		「決戦与論指導方策要綱」閣議決定
	一二月		日本写真公社・東方社・新聞社写真班など、空襲被害撮影の「国防写真隊」を編成
一九四五年	八月	西部軍司令部報道班員の山端庸介、長崎被爆状況撮影	米軍は広島（六日）、長崎（九日）に原子爆弾投下
	八月	国際報道、山端写真科学研究所は解散	天皇、ポツダム宣言受諾をラジオで告知 マッカーサー、占領軍最高司令官として来日
	九月	〜一〇月、東方社の林重男、菊地俊吉は広島、長崎を撮影	ミズーリ号上で降伏文書調印式挙行 占領軍、新聞紙規定として「プレスコード」発令（〜一九四八年七月まで事前検閲、一九四九年一〇月まで事後検閲）
	一〇月	山端（祥）、「サンニュースフォトス（Sun News Agency）」設立	新聞各紙、天皇とマッカーサーの写真を掲載
	一一月	東方社は「文化社」（代表：山室太柁雄）に	日本写真公社、日本交通公社に新設された写真文

年	月		
		改組	化部に合併
	一二月	サンニュースフォトスは天皇一家の撮影開始	
一九四六年	一月	山端（祥）、宮内省大臣官房総務課事務嘱託となる	新聞各紙、天皇の「人間宣言」記事にサンニュースフォトス撮影写真を掲載
	二月	写真雑誌『カメラ』復刊（〜一九五六年八月）	『LIFE』二月四日号、「Sunday at Hirohito's. Emperor poses for first informal pictures」を掲載 GHQボナー・F・フェラーズは、マッカーサーが天皇を日本の指導適格者と認めると高松宮に告知
	四月	文化社、PX向け写真集『東京・一九四五年秋』刊行（七月に国内向け刊行） 山端（祥）、「サン写真新聞社」を興して『サン写真新聞』創刊	林、引き揚げて五月に内閣事務官となる（一〇月内閣事務官任免、一一月内閣事務嘱託）
	一二月	名取、中国より引き揚げ 文化社（代表：井筒有）は、『マッセズ』創刊	

		山端（祥）、ジーチーサンを再興して名取が入社	
		この頃、木村はサンニュースフォトスに入社	
一九四七年	二月	トッパン、『天皇』刊行	
	八月	〜一〇月、木村・菊地・大木実は広島を撮影（一九四九年に広島県観光協会より『Living Hiroshima』刊行）	
	一一月	山端（祥）、公職追放該当者に指名される	
		サンニュースフォトス、『週刊サンニュース』創刊（〜一九四九年三月）	
一九四八年	九月		林、観光事業審議会書記となる
一九四九年	二月	松岡謙一郎、サンニュースフォトス代表取締役となる	
		名取、ジーチーサンを退社	
	四月	この頃、木村はフリーランスとなり、サンニュースフォトスの産業写真を請け負う	
	一〇月	朝日新聞社、『アサヒカメラ』を復刊	
一九五〇年	一月	土門、『カメラ』月例選者となってリアリズム写真を推進	

	五月	「日本写真家協会」設立（会長：木村、～一九五八年）	
	六月	岩波書店、『岩波写真文庫』創刊（～一九五八年）	朝鮮戦争始まる
一九五二年	四月		講和条約発効
	八月		『アサヒグラフ』『岩波写真文庫』『サン写真新聞』は原爆被害記録写真を掲載
			この頃、林は全日本観光連盟業務部長
一九五四年	六月	名取、内藤初穂らと日本工房を再興（一九五六年三月に離脱）	
一九五七年	七月	～一一月　土門は広島を撮影（一九五八年三月に玄光社より『ヒロシマ』刊行）	この頃、林は日本国有鉄道広報部委員、日本交通公社嘱託、全日本観光連盟参与
一九五八年		名取、日本教育テレビ嘱託となる	
		渡辺、日本写真家協会会長となる（～一九八一年）	
一九五九年	九月		エネルギー政策転換による炭鉱失業者支援の「黒い羽根運動」起こる
	一一月	土門、パトリア書店の依頼で筑豊を二週間取材（一九六〇年一月に同書店より『筑豊のこ	

		どもたち』刊行）	
		名取、ヨーロッパ美術都市シリーズ企画のため渡欧（～一九六〇年四月）	
一九六〇年	三月		三井三池闘争先鋭化
	五月		自民党が新安保条約を単独可決し、デモ隊が国会包囲
	九月	～一二月　名取は企画取材のため渡欧（この後、一九六二年一〇月まで断続撮影）	
	一一月	東松照明（三〇歳）、『アサヒカメラ』に「若い写真家の発言・1　僕は名取氏に反論する」（いわゆる名取東松論争）を寄稿	

人名索引

＊名取洋之助，木村伊兵衛，土門拳をのぞく主な人物を掲出

あ　行

か　行

さ　行

た　行

な　行

は　行

ま　行

や　行

ら　行

わ　行

著者略歴
一九五八年、東京都生まれ
一九八一年、昭和女子大学文学部卒業
二〇一二年、千葉大学大学院融合科学研究科単位取得退学。学術博士
現在、日本カメラ博物館運営委員

〔主要編著書〕
『名取洋之助と日本工房―1931-45―』（堀宜雄と共編、岩波書店、二〇〇六年）
『名取洋之助―報道写真とグラフィック・デザインの開拓者―』（平凡社、二〇一四年）

〈報道写真〉と戦争
―一九三〇―一九六〇―

二〇一四年（平成二十六）一〇月一日 第一刷発行
二〇一五年（平成二十七）四月十日 第三刷発行

著　者　白《しら》山《やま》眞《ま》理《り》
発行者　吉川道郎
発行所　株式会社　吉川弘文館
郵便番号一一三―〇〇三三
東京都文京区本郷七丁目二番八号
電話〇三―三八一三―九一五一〈代表〉
振替口座〇〇一〇〇―五―二四四
http://www.yoshikawa-k.co.jp/
印刷＝藤原印刷株式会社
製本＝株式会社　ブックアート
装幀＝黒瀬章夫

ISBN978-4-642-03834-8

満州事変から日中全面戦争へ（戦争の日本史）　伊香俊哉著　二五〇〇円
アジア・太平洋戦争（戦争の日本史）　吉田　裕・森　茂樹著　二五〇〇円
ポツダム宣言と軍国日本（敗者の日本史）　古川隆久著　二六〇〇円
植民地と戦争責任（戦争・暴力と女性）　早川紀代編　二六〇〇円
占領から独立へ　1945―1952（現代日本政治史）　楠　綾子著　二六〇〇円
独立完成への苦闘　1952―1960（現代日本政治史）　池田慎太郎著　一八〇〇円

吉川弘文館
表示価格は税別